高等学校金融科技专业精品教材

FINANCIAL BIG DATA
PRACTICE TUTORIAL

金融大数据
实践教程

永胜　额尔敦格日乐　主　编
杨瑞成　陈柱　魏磊　　副主编

东北财经大学出版社　大连
Dongbei University of Finance & Economics Press

图书在版编目（CIP）数据

金融大数据实践教程/永胜，额尔敦格日乐主编. —大连：东北财经大学出版社，2024.8. —（高等学校金融科技专业精品教材）. —ISBN 978-7-5654-5343-4

Ⅰ. F830.41

中国国家版本馆CIP数据核字第2024TH6645号

东北财经大学出版社出版

（大连市黑石礁尖山街217号　邮政编码　116025）

网　　址：http://www.dufep.cn

读者信箱：dufep@dufe.edu.cn

大连图腾彩色印刷有限公司印刷　　东北财经大学出版社发行

幅面尺寸：185mm×260mm　字数：507千字　印张：23.25　插页：1

2024年8月第1版　　　　　　　　　　2024年8月第1次印刷

责任编辑：魏　巍　　赵宏洋　　　　　　责任校对：赵　楠

封面设计：原　皓　　　　　　　　　　　版式设计：原　皓

定价：55.00元

教学支持　售后服务　　联系电话：（0411）84710309

版权所有　侵权必究　　举报电话：（0411）84710523

如有印装质量问题，请联系营销部：（0411）84710711

前　言

党的二十大报告指出："加快发展数字经济，促进数字经济和实体经济深度融合，打造具有国际竞争力的数字产业集群。"大数据、云计算、人工智能、区块链等新技术为金融业提供了坚实的技术基础，推动着金融业的创新与进步。在数字经济时代，金融从业者不但要掌握传统金融业务知识，而且要树立大数据思维，具备大数据处理能力。因此，培养一批既懂金融又懂技术的复合型人才已成为当务之急。基于此，我们编写了《金融大数据实践教程》一书，以期满足新时期金融业对数字化人才的需求。

本书立足数字经济的时代背景，将全书内容分为两个部分，共12章。第一部分包括第1章至第5章，此部分是掌握Python语言的基础：第1章介绍Python语言的运行环境及其安装和应用；第2章至第5章分别介绍了Python基础、数据类型、可视化、数据获得方法等内容。第二部分包括第6章至第12章，此部分主要讲解金融大数据的具体应用场景：第6章和第7章介绍了用Python语言实现经典金融工具功能的分析方法；第8章介绍了用Python语言建立金融大数据分析基础；第9章介绍了用Python语言编写指标选股程序；第10章介绍了多层感知机、卷积神经网络、递归神经网络的时间序列预测方法，以及用Interpret库对模型输出进行解释的方法；第11章介绍了用机器学习模型实现单股择时策略，并讲解了用SHAP、ELI5、PDP、LIME库解释模型输出的代码；第12章介绍了编写区块链程序的方法。

本书具有以下特点：

1.坚持价值引领，落实立德树人

党的二十大报告指出："全面贯彻党的教育方针，落实立德树人根本任务，培养德智体美劳全面发展的社会主义建设者和接班人。"本书以习近平新时代中国特色社会主义思想为指导，深入贯彻党的二十大精神，坚持为党育人、为国育才。结合每章内容特点，在章首提出"素养目标"，在章后设置"育德启智"栏目，融入制度自信、诚实守信、爱岗敬业、家国情怀、守正创新等思政元素，构建全面覆盖、类型丰富、层次递进、相互支撑的课程思政体系，使学生在学习专业知识的同时，接受思想政治教育，培养正确的世界观、人生观和价值观，提高学生的社会责任感、创新精神和实践能力。

2.内容通俗易懂，实践应用性强

为使本书内容易于理解和掌握，编者在每行代码后都进行了功能说明，读者在学习过程中仔细阅读代码后面的注释就可以理解相关内容，从而增加了本书的易读性和易理解性。计算机语言的实质是人和机器沟通的语法；金融的本质是资产的跨期配置，就是在时间轴上调整资源后达到对主体最有利的状态。大数据、云计算、人工智能、区块链等新技术的组合逻辑应该是互联网和物联网的普遍应用生成了大数据，大数据的4V特征需要整合算力，云计算和人工智能、新型金融的安全推广应用需要区块链技术的支撑。基于此，本书围绕大数据、云计算、人工智能、区块链4个方面内容，应用Python语言掌握金融大数据实践方法，内容具有系统性和连续性，实践应用价值较强。

3.数字资源丰富，打造新形态教材

为方便读者学习，本书创新教材呈现方式，配备了丰富的数字资源，包括"知识课堂""操作视频""思政课堂""知识检测"等，并以二维码的形式呈现。其中，"知识课堂""操作视频"讲解了书中的重难点知识和操作方法，便于读者掌握所学内容；"思政课堂"以动画的形式引导读者树立正确的世界观、人生观、价值观，寓价值引领于知识传授和能力培养之中；"知识检测"通过扫码答题的形式，能够有效检测本章学习效果。同时，本书还配有教学课件、数据代码包，读者可登录东北财经大学出版社网站（www.dufep.cn）下载使用。

本书由内蒙古财经大学永胜、呼和浩特民族学院额尔敦格日乐任主编，内蒙古财经大学杨瑞成、陈柱、魏磊任副主编。具体编写分工如下：额尔敦格日乐编写第1章至第4章；陈柱编写第5章；魏磊编写第6章；杨瑞成编写第7章；永胜编写第8章至第12章。全书由永胜总纂定稿。

本书适用于金融学、金融工程、金融科技及其他相关专业本科生和研究生。

本书是"数字化技术驱动下供应链金融的信用脆弱性修复与韧性提升：聚焦'可解释机器学习+区块链+复杂网络'等前沿技术的应用"（国家自然科学基金项目，项目编号：72261028），"金融科技背景下新形态金融专业教学课程改革"（教育部产学合作协同育人项目，项目编号：220602078160745），"内蒙古有力有序防范化解地方债务风险研究"（内蒙古自治区哲学社会科学规划项目，项目编号：2024ZZB051），"农村金融生态环境对数字普惠金融发展的空间溢出效应研究"（内蒙古经济数据分析与挖掘重点实验室项目，项目编号：SZ23006），"社科类本科课程数字教材编制研究"（内蒙古财经大学教改项目，项目编号：JGKT202389），"金融数据分析"精品在线开放课程（内蒙古财经大学研究生精品课程项目，项目编号：2024JPKC02），"统计分析方法与应用"精品在线开放课程（内蒙古财经大学研究生精品课程项目，项目编号：2023JPKC09），"'金融计量学'课程教学创新探索与实践"（内蒙古财经大学本科教育教学改革项目，项目编号：JGKT202398），"财经类专业硕士研究生数字化人才培养模式研究"（内蒙古自治区研究生教育教学改革项目，项目编号：JGCG2023126），"新文科建设背景下西部高校文科教师教学行为评价指标体系构建研究"（内蒙古自治区教育科学"十四五"规划课题，项目编号：NGJGH2022492），"内蒙古规模以上工业企业技术创新效率评价研究"（内蒙古经济数据分析与挖掘重点实验室研究课题，项目编号：SY23003），"教育数字化转型赋能内蒙古高等教育高质量发展的路径"（项目编号：NGJGH2023058），"数字经济赋能中蒙俄经济走廊建设的路径研究"（项目编号：ZMEY202216），"数字经济赋能黄河流域地区高质量发展路径研究"（项目编号：22HYJ23），"数字经济赋能内蒙古农牧业数字化转型的路径研究"（项目编号：

NCYWR22007）等的阶段性成果。本书也是国家级一流本科专业建设点（金融学与投资学）及国家级一流本科课程"证券投资学"资助成果。

由于编者水平有限，书中难免存在疏漏，我们期待使用本书的读者不吝指正。阅读中遇到问题或发现书中不足之处，可以通过以下方式联系作者：微信（601444481）或邮箱（yongsheng2021@163.com），也可以关注"内蒙古财经大学宏观经济与货币管理研究院"网站（https://www.imufe.edu.cn/hgjjyhb）发布的最新代码。

编　者
2024年5月

目　录

附录 / 327

数字资源目录

第 1 章
软件安装

■ 本章导读

　　本章是本书后续内容的基础，重点掌握 Anaconda 的安装和 Jupyter 的应用。PyCharm、Jupyter、Spyder 都是编译器，目前理解一下即可，后期随着编程水平的提高和编程目标的变化，可选择应用相应的编译器。Chrome 是浏览器，与 Jupyter 的兼容性比较强。ChromeDriver 是模拟浏览器，用于爬虫，本书大部分数据从数据平台获取，掌握模拟浏览器的基本应用方法即可。

■ 学习目标

知识课堂1-0

导学

　　知识目标：掌握 Python 语言的运行环境（编译器）；了解模拟浏览器的运行原理。

　　能力目标：能够安装和应用 Anaconda、PyCharm、Chrome、ChromeDriver。

　　素养目标：培养学生坚定制度自信，积极践行社会主义核心价值观。

程序需要一个软件环境来理解和完成程序员的指令。Python程序运行中经常用的软件有 Anaconda、PyCharm、Chrome 以及 ChromeDriver 等。Anaconda 和 PyCharm 是 Python 的集成开发环境（IDE，Integrated Development Environment），是用于提供程序开发环境的应用程序，包括代码编辑器、编译器、调试器和图形用户界面等工具；是集成了代码编写功能、分析功能、编译功能、调试功能等一体化的开发软件。安装两个编译器的原因是它们的功能能够互补。Chrome 是一款由 Google 公司开发的网页浏览器，具有稳定、安全、快速、简洁等特点。ChromeDriver 是一个模拟浏览器，Python 通过它模拟访问网页，结合 Selenium 库模拟鼠标、键盘操作，获得各类型的网页源代码。

1.1　安装和应用 Anaconda

知识课堂1-1

安装和应用
Anaconda

登录 Anaconda 官网下载地址（https://www.anaconda.com/download/），或者直接网页搜索 Anaconda，进入官网，参照自己个人电脑的操作系统（Windows、Mac、Linux）和 CPU 一次能处理最大位数（32 或 64）选择下载最新版本，如图 1-1 所示。

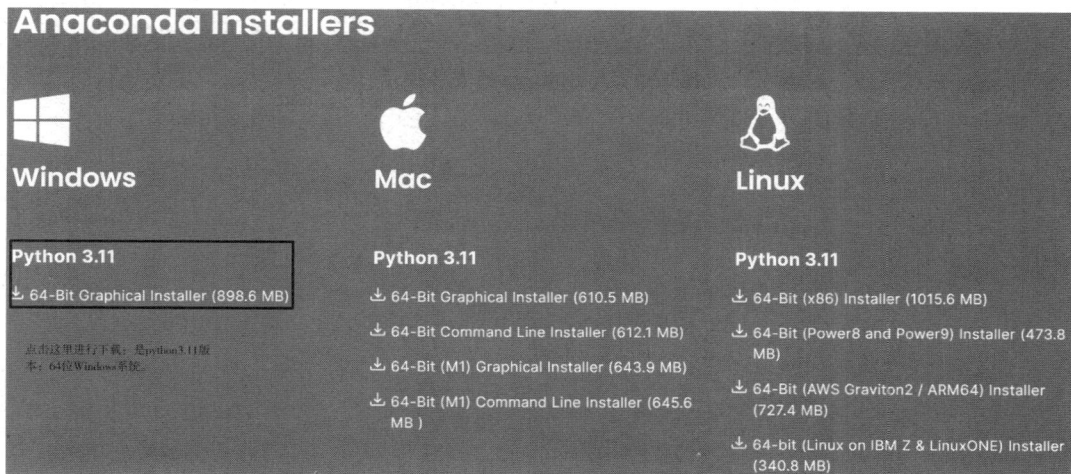

Anaconda Installers

Windows

Python 3.11

⤓ 64-Bit Graphical Installer (898.6 MB)

点击这里进行下载：是python3.11版
本：64位Windows系统。

Mac

Python 3.11

⤓ 64-Bit Graphical Installer (610.5 MB)

⤓ 64-Bit Command Line Installer (612.1 MB)

⤓ 64-Bit (M1) Graphical Installer (643.9 MB)

⤓ 64-Bit (M1) Command Line Installer (645.6 MB)

Linux

Python 3.11

⤓ 64-Bit (x86) Installer (1015.6 MB)

⤓ 64-Bit (Power8 and Power9) Installer (473.8 MB)

⤓ 64-Bit (AWS Graviton2 / ARM64) Installer (727.4 MB)

⤓ 64-bit (Linux on IBM Z & LinuxONE) Installer (340.8 MB)

图 1-1　Anaconda 的官网下载界面

下载完成后，双击运行安装程序。一直点击 "Next" 到 Advanced Installation Option 页，当出现 Add Anacond3 to my PATH environment variable 选项时要勾选，自动配置环境变量（一定要勾选配置环境变量的选项，若未勾选，则需要手动配置环境变量，如果未配置环境变量，则 pip 等命令运行不了），如图 1-2 所示，并跳过 Microsoft VSCode 的安装，最后点击 "Finish" 按钮，完成安装。

点击电脑左下角 "开始" 打开 Anaconda，点击 "Spyder"，如图 1-3 所示。另外，Jupyter 也是一个 IDE，主要特色是编写程序的同时可加入文字注解。

打开 Spyder 后的界面如图 1-4 所示。

点击电脑左下角 "开始" 打开 Anaconda，点击 "Jupyter Notebook"，如图 1-5 所示。

打开 Jupyter 后的界面如图 1-6 所示。

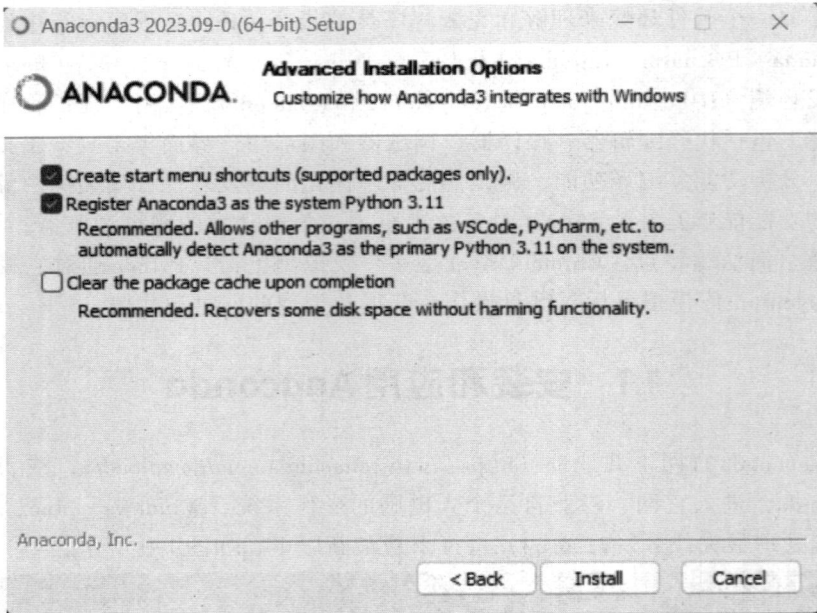

图 1-2 Anaconda 的安装提示

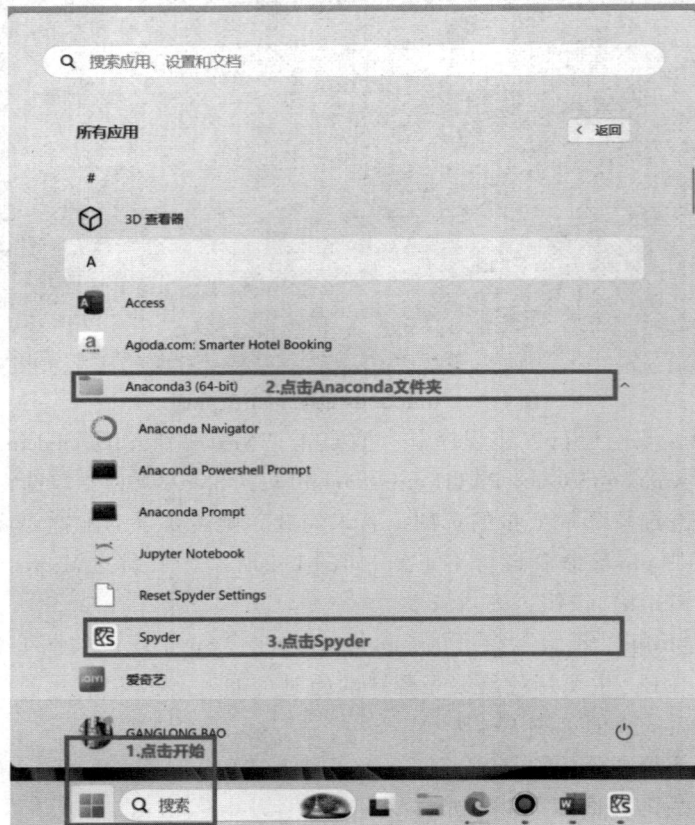

图 1-3 Anaconda 的启动方式

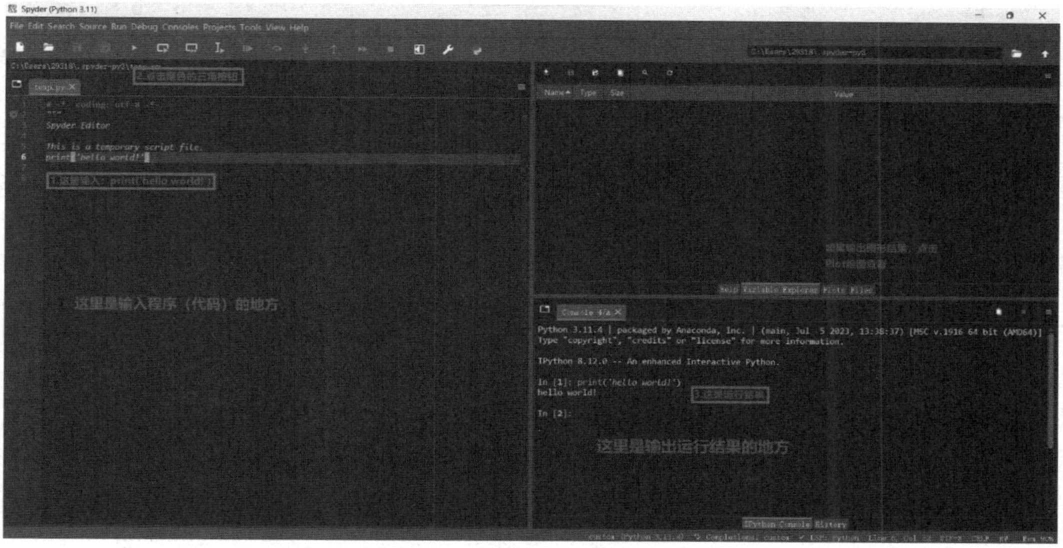

图1-4 Spyder的界面介绍

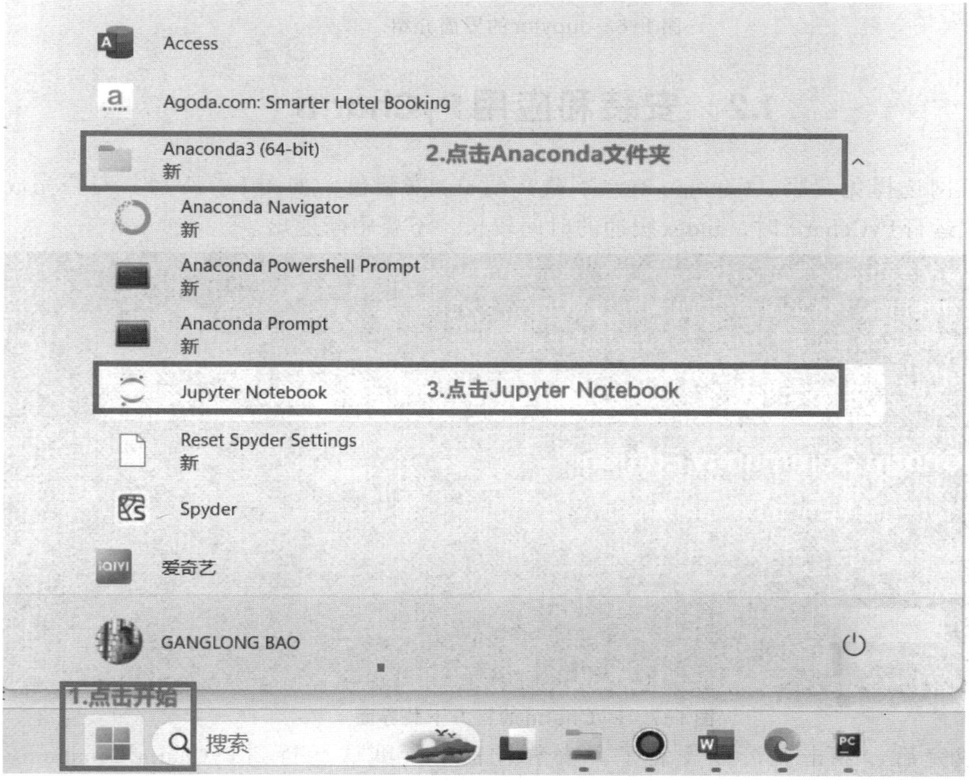

图1-5 Jupyter的启动方式

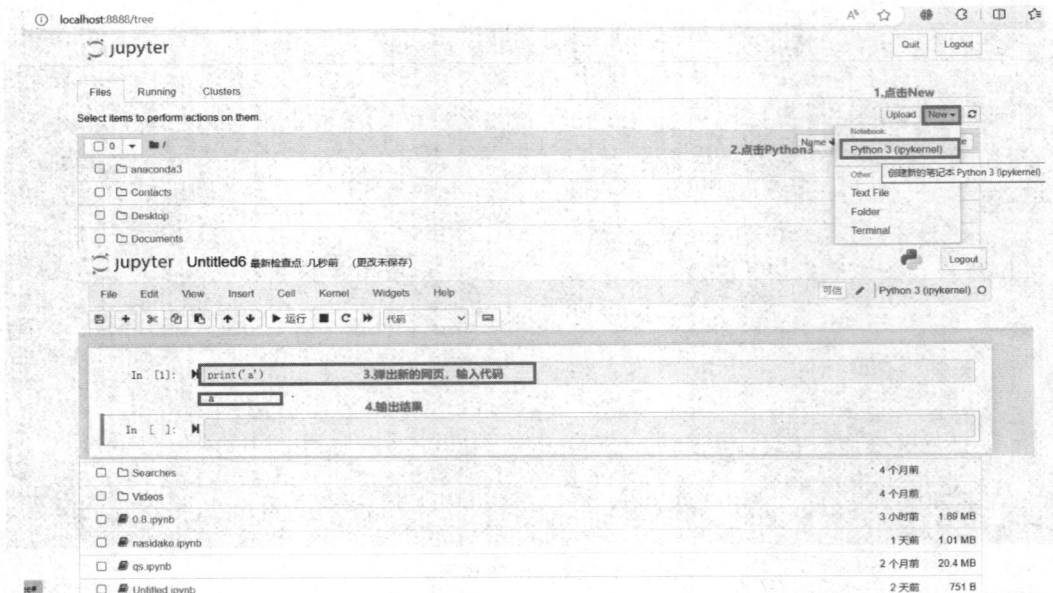

图 1-6　Jupyter 的界面介绍

1.2　安装和应用 PyCharm

　　到官网选择免费版（Community）下载 PyCharm 安装包，如图 1-7 所示。安装完成后第一次运行 PyCcharm 时，Index 缓冲的时间较长，不要中断退出。

图 1-7　PyCharm 的官方下载界面

　　下载完后，双击就可以安装了。安装过程中，默认运行到 PyCharm Community Edition Setup 页上，勾选内容如图 1-8 所示（勾选所有选项也可以），然后选择默认设置到"Finish"，安装就完成了。

　　第一次运行 PyCharm 时应注意以下事项：

　　第一步：点选"Do not import settings"，如图 1-9 所示

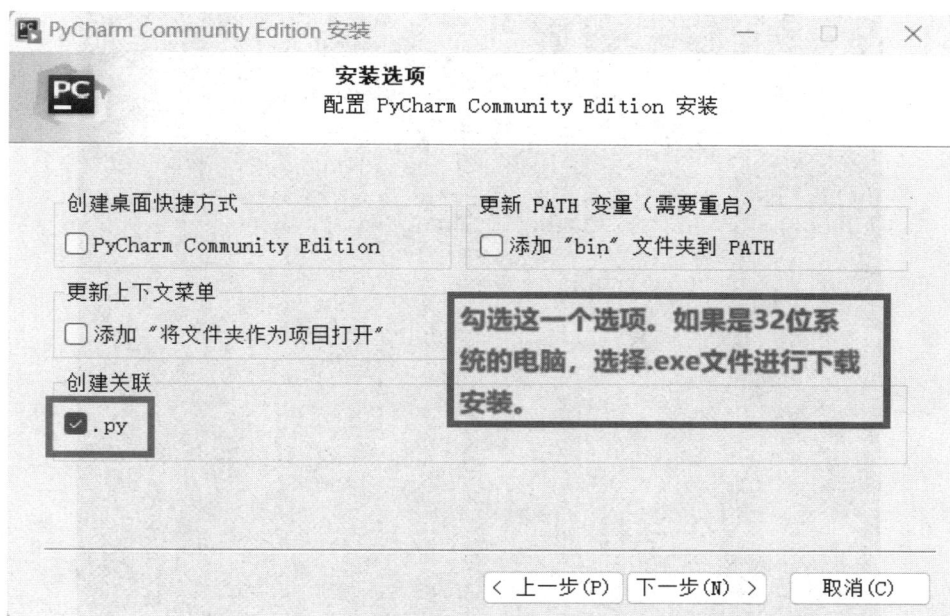

图 1-8　PyCharm 的安装过程介绍

图 1-9　PyCharm 的运行过程介绍

第二步：默认选择黑色风格，长时间看白色背景会刺激眼睛，Customize 中可以在 Color theme 中选择背景颜色。File→Settings 中可以调节字体大小和风格。

第三步：跳过辅助工具的选择。

第四步：点击"Create New Project"创建 Python 项目。

第五步：点击"Projects→New Project"，按图 1-10 进行设置。有时，按照默认路径安装后，找不到 ProgramData 目录，原因是 ProgramData 文件夹是隐藏文件夹；在此电脑 C 盘点击"查看"按钮，勾选"隐藏项目"后，在界面中显示所有隐藏文件夹。

第六步：点击"File"→"New"后按图 1-11 操作。

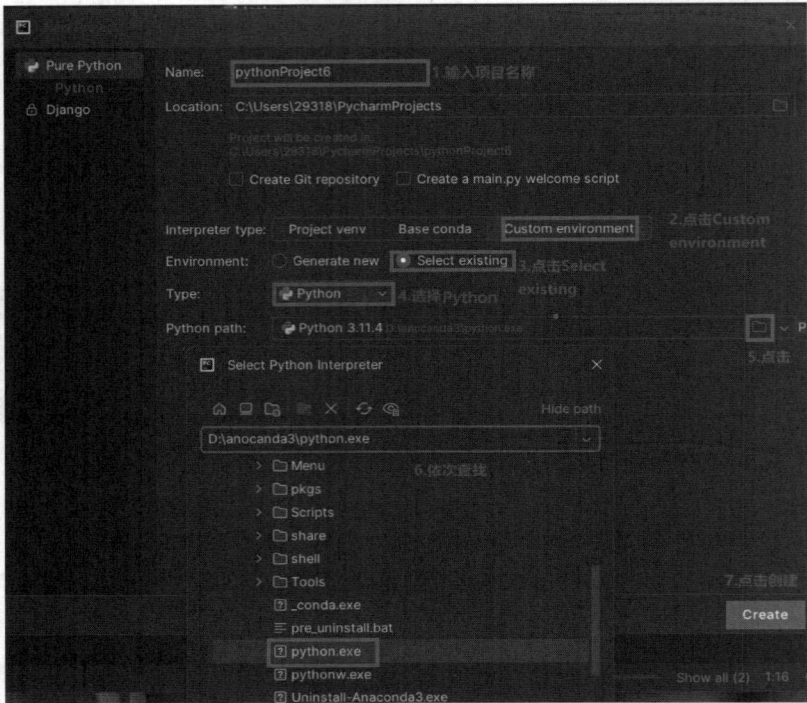

图 1-10   PyCharm 的运行环境设置

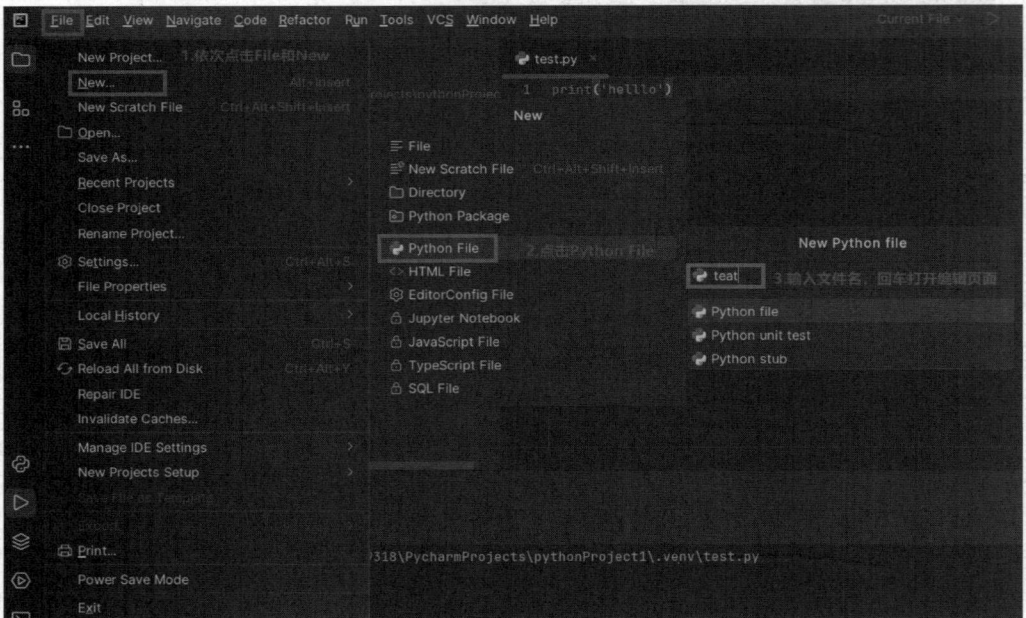

图 1-11   在 PyCharm 中创建新文件

第七步：创建 Python 文件后，在代码输入框中输入 print（'hello world'），然后按图 1-12 操作。

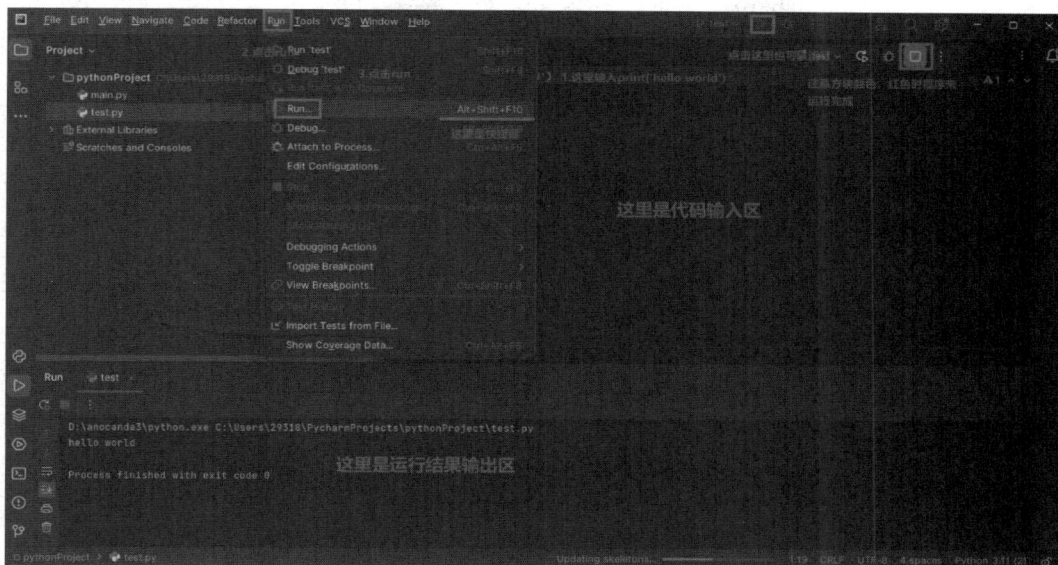

图 1-12 PyCharm 的运行界面介绍

1.3 安装和应用 Chrome

Chrome 的安装和应用相对简单。登录 Chrome 浏览器官方下载界面（https://www.google.cn/chrome/），按图 1-13 所示操作。

知识课堂1-3

安装和应用
Chrome

图 1-13 Chrome 浏览器官方下载界面

安装后运行使用即可，遇到问题可以上网查找解决方法。

注意：此方法会下载最新版本的谷歌浏览器，如需要配合使用 Chromedriver，建议下载旧版本的谷歌浏览器与对应版本的 Chromedriver，即 114.0.5735.134 版本的 Chrome，下 载 链 接 为 https://dl. google. com/release2/chrome/ckhpmzo77o3s7ajtx7nbp6v73a_114.0.5735.134/114.0.5735.134_chrome_installer.exe。

关于 Google 浏览器自动更新问题的解决方法：

在爬虫时，常常会遇到 Google 浏览器自动更新，导致 Google 浏览器驱动不匹配，以及模拟浏览器程序报错，这时可以采用以下两个方法解决这个问题：

第一个方法：首先下载好 Google 浏览器，避免点击 Google 浏览器设置中的"关于Chrome"，然后找到自己安装 Google 浏览器的 update 文件夹，右击找到属性，点击"安全"→"高级"→"禁用继承"，点击"从此对象中删除所有已继承的权限。"，最后点击"应用"确认即可，如图 1-14 所示。

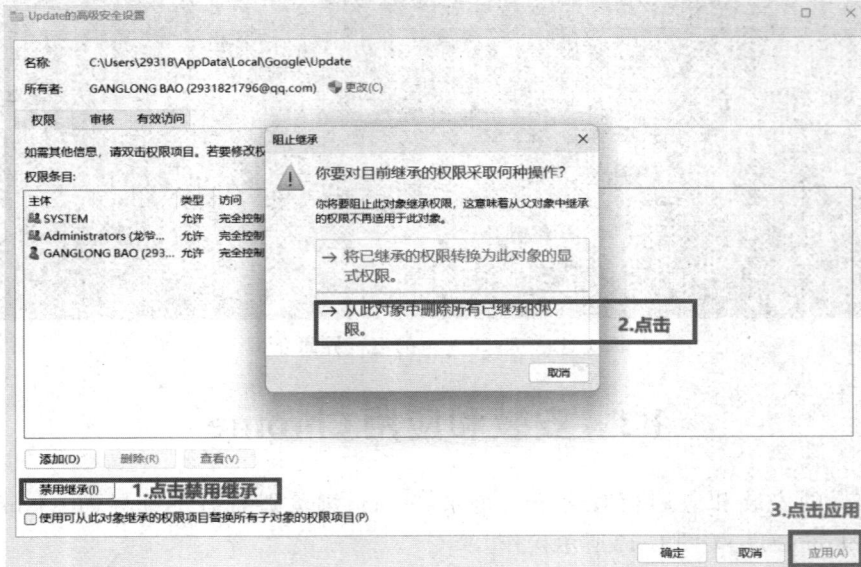

图 1-14 update 禁用界面

第二个方法：打开已安装 Google 浏览器的 Chrome 文件夹，找到 chrome.exe，鼠标右键点击"属性"，点击"安全"→"编辑"，勾选"完全控制"后，点击"应用"或者"确认"即可，如图 1-15、图 1-16 所示。

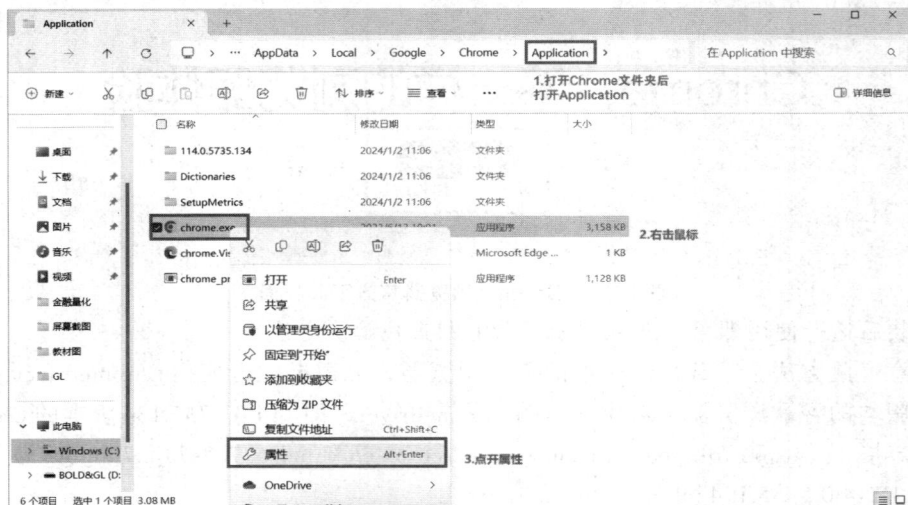

图 1-15 完全控制操作过程（1）

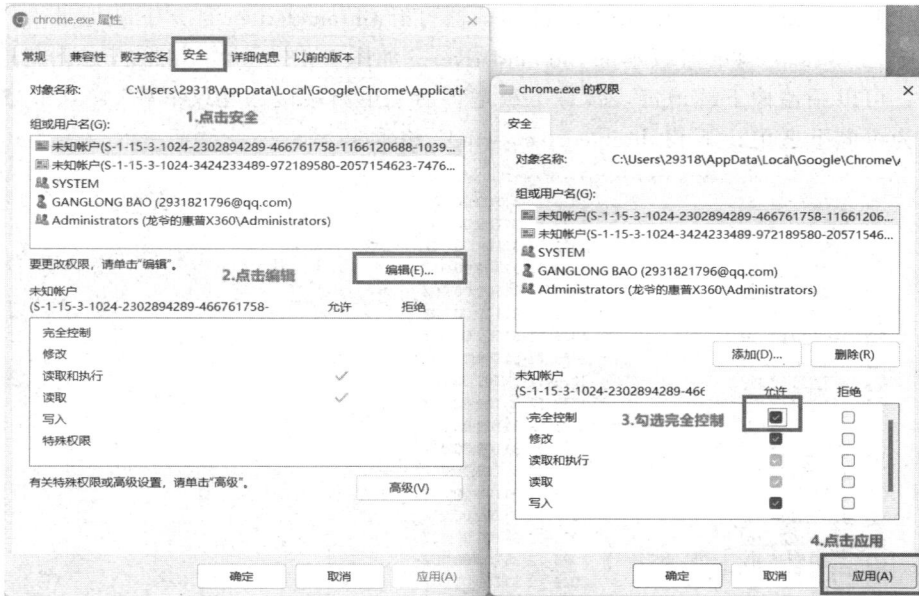

图1-16　完全控制操作过程（2）

1.4　安装和应用ChromeDriver

知识课堂1-4

ChromeDriver的作用是给Pyhton提供模拟浏览器，让Python运行一个模拟的浏览器访问网页，然后用Selenium库进行鼠标及键盘等操作获取网页源代码。Selenium库能够驱动浏览器模拟人的操作，获取网页源代码，批量自动下载网页内容。

安装和应用
ChromeDriver

第一步：查看Chrome的版本，如图1-17所示。

图1-17　查找Chrome浏览器版本方法

第二步：下载 ChromeDriver。通过浏览器打开 ChromeDriver 官方下载地址，选择下载匹配自己 Chrome 浏览器版本的 ChromeDriver，如图 1-18 所示。如果官方下载地址无法打开，可以用镜像下载地址。镜像下载地址由于更新缓慢，建议下载 114.0.5735.90 版本。因为可向下适配，下载 chromedriver_win32.zip 即可。

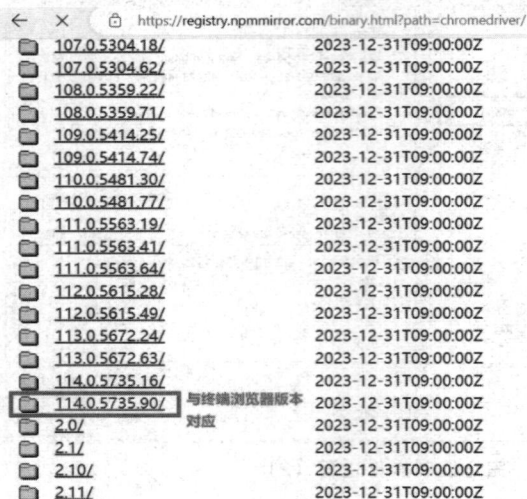

图 1-18   下载适当版本的 ChromeDriver

第三步：配置环境。把 ChromeDriver 配置到环境变量中，让 Python 调用 ChromeDriver。解压已经下载的 chromedriver_win32.zip，得到 chromedriver.exe 文件，把它复制到 Python 安装目录下的 Scripts 文件夹，如图 1-19 所示。

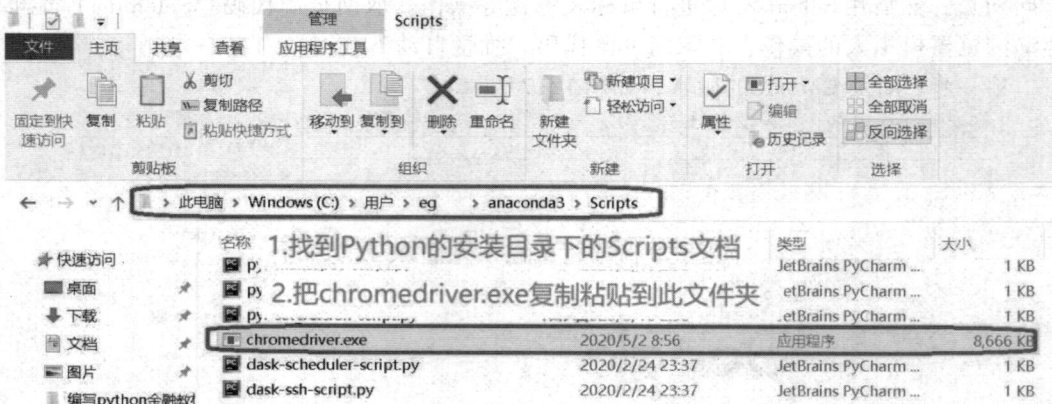

图 1-19   配置 ChromeDriver

查找 Python 安装目录的方法："Win+R"调出运行框，输入"cmd"，在 dos 提示符下输入"where python"，就可以找到 Python 的安装路径。粘贴完成后，在 dos 提示符下输入"chromedriver"后回车，显示"Only local connections are allowed."，表明安装 ChromeDriver 成功。

第四步，简单应用。在 dos 提示符下输入"pip install selenium"，等待安装完成。安装 Selenium 时如果以上方法行不通，可以打开 PyCharm，点击"file"，然后点击

"settings"找到项目名称，点击python解释器，在搜索框中输入"selenium"，找到并选中后点击"安装"，操作过程如图1-20所示。

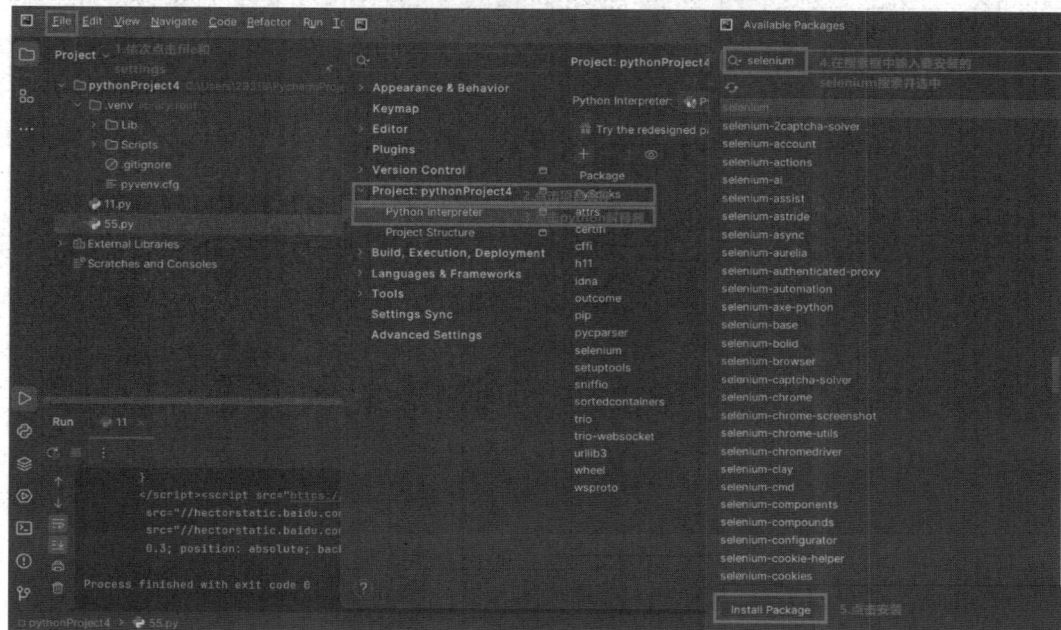

图1-20 安装Selenium过程

安装Selenium库之后，打开PyChram运行如下程序：

```
from selenium import webdriver
from selenium.webdriver.common.keys import Keys
from selenium.webdriver.common.by import By
# 1.在模拟浏览器中打开百度
driver = webdriver.Chrome()# 假设使用的是 Chrome 浏览器,需要下载对应的
ChromeDriver并配置到环境变量中
driver.get("http://www.baidu.com")
# 2.在模拟浏览器中打开百度后,搜索栏中输入"内蒙古财经大学"
search_box = driver.find_element(By.ID,"kw")# 百度搜索栏的id为"kw"
search_box.send_keys("内蒙古财经大学")
# 3.在模拟浏览器中点击"百度一下"
search_button = driver.find_element(By.ID,"su")# 百度搜索按钮的id为"su"
search_button.click()
# 4.获得网页代码
page_source = driver.page_source
print(page_source)
# 关闭浏览器
# driver.quit()
```

输出结果如图1-21所示。

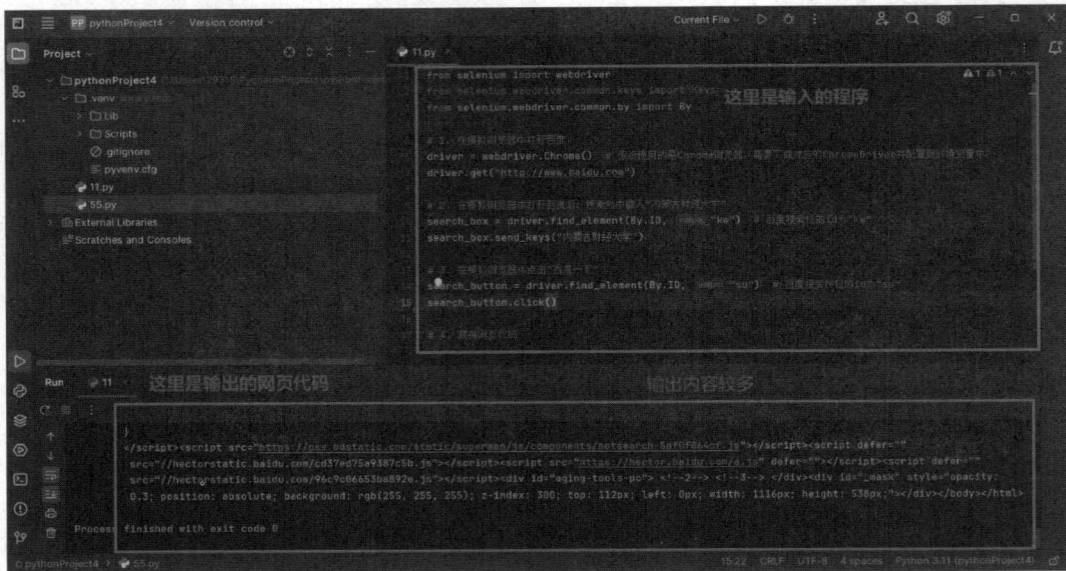

图1-21 通过ChromeDriver获得网页代码

XPath路径的查找方法，如图1-22所示。

图1-22 XPath路径的查找方法

1.5 安装和应用ChatGPT

知识课堂1-5

安装和应用
ChatGPT

1.5.1 安装 ChatGPT

第一步，安装微软浏览器 Microsoft Edge 后，打开浏览器→点击右上角的三个小点→点击"扩展"（如图 1-23 所示）。

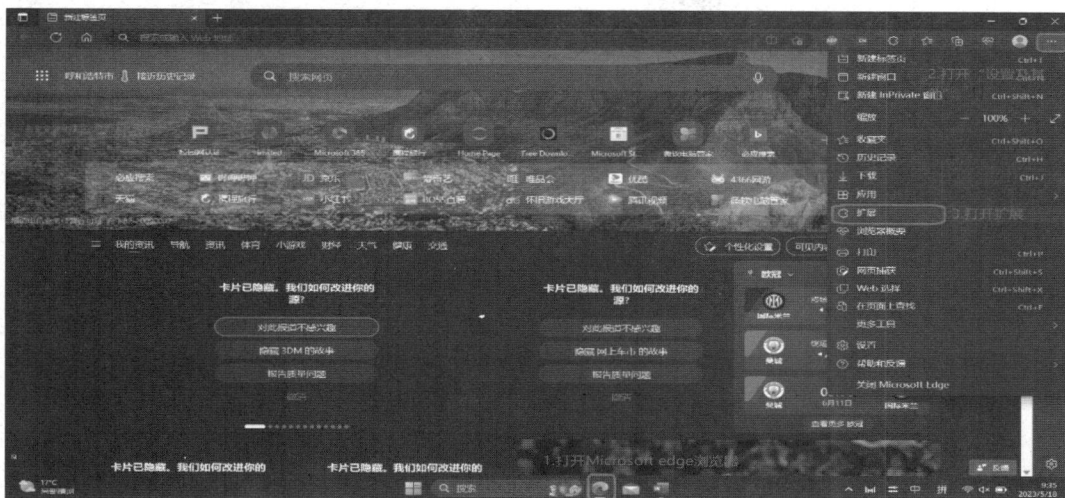

图 1-23 安装 ChatGPT 的第一步

第二步，点击"打开 Microsoft Edge 加载项"（如图 1-24 所示）。

图 1-24 安装 ChatGPT 的第二步

第三步，点击 Microsoft Edge 外接程序商店，在搜索栏中输入"Toggle ChatGPT Sidebar"，点击后方的蓝色"获取"（如图 1-25 所示），出现如下提示："将'Sider-ChatGPT 侧边栏，支持 GPT-4'添加到 Microsoft Edge?"。

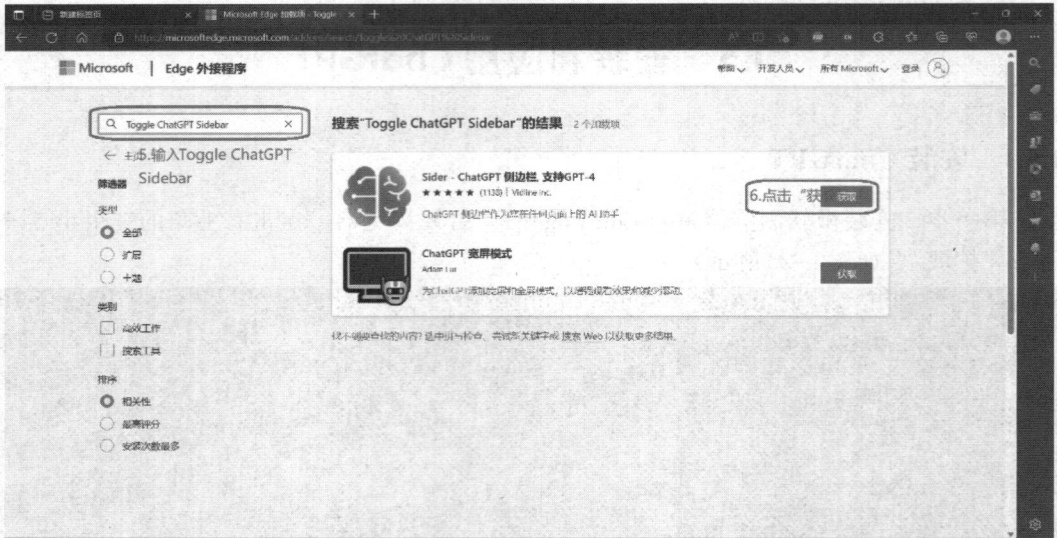

图 1-25　安装 ChatGPT 的第三步

　　第四步，点击"添加扩展"。等待下载完毕之后会自动弹出 Sider ChatGPT Sidebar 页面，按照提示打开"扩展"后，选择"在工具栏中显示"，即可安装完成（如图 1-26 和图 1-27 所示）。

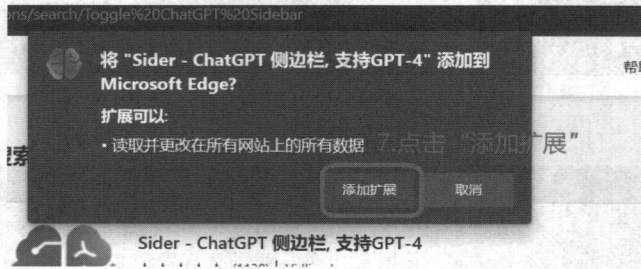

图 1-26　安装 ChatGPT 的第四步（1）

图 1-27　安装 ChatGPT 的第四步（2）

1.5.2　应用 ChatGPT

输入手机号填写验证码完成注册，然后点击浏览器最上方的工具栏（或者右下方的）图标，就可以使用 ChatGPT 了（如图 1-28 所示）。

图 1-28　ChatGPT 位置

关于使用次数的说明如下：ChatGPT3.5 版，每天免费使用 30 次，每邀请一位新用户可以增加 5 次 3.5 版本使用次数以及 1 次 4.0 版本的使用次数。建议打开 ChatGPT 插件后，关闭搜索页面中的"在搜索结果页面旁边显示 ChatGPT 响应"，否则每次网页搜索都会减少 ChatGPT 使用次数。

下面应用 ChatGPT 获得基于 Python 语言的 MACD 技术指标量化投资策略代码，并对代码进行修改获得能够运行的代码。

首先，打开 ChatGPT 输入帮助需求（如图 1-29 所示）：基于 Python 语言给我写出下列代码：使用 tushare 库获取"中国平安"（000001）股票从 2010 年 1 月 1 日到 2020 年 12 月 31 日的股票价格数据，并计算 MACD 技术指标。接着，根据 MACD 指标数值，创建交易信号，如果 DIF>DEA 且前一天的 DIF<=DEA 就意味着出现了买入信号，将其持仓状态设为 1；如果 DIF<DEA 且前一天的 DIF>=DEA，则意味着出现了卖出信号，将其持仓状态设为 0。将 DIF、DEA 和 MACD 指标添加到原始数据中，计算出每天的收益率和持仓量，并使用 pyfolio 库绘制回测报告。

修改 ChatGPT 输出的代码后获得完整的 MACD 技术指标量化投资策略代码。

注意：该代码没有实践指导意义，仅为了内容的完整性编写了修改后可运行的代码。

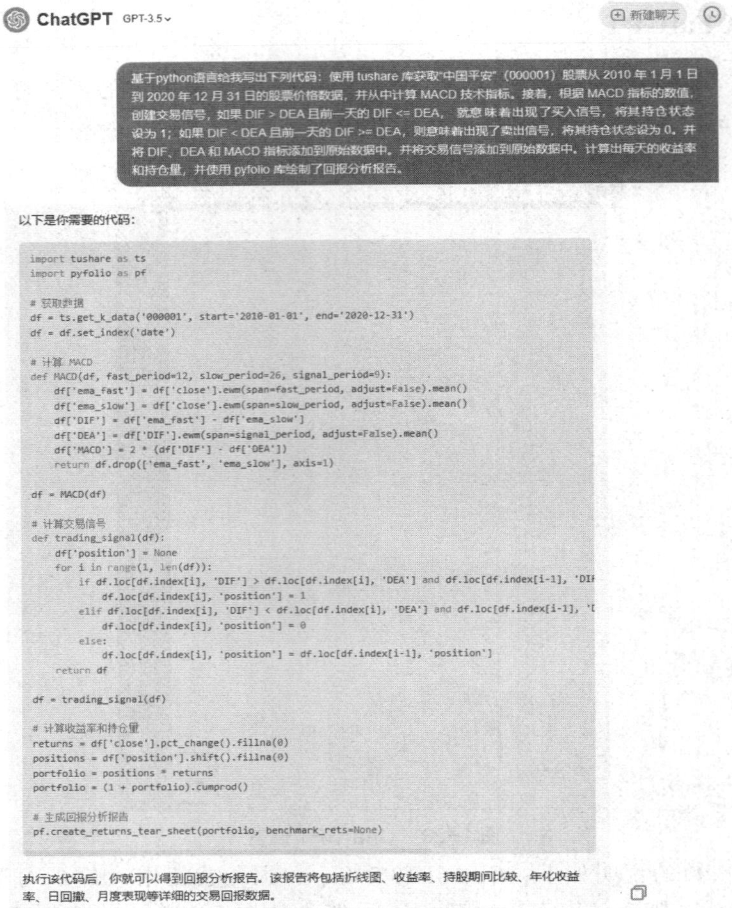

图 1-29 ChatGPT 的应用

MACD(Moving Average Convergence Divergence)是一种技术分析指标,用于判断股票价格趋势的变化和股票买卖的时机。本文将介绍如何使用Python编写MACD技术指标投资策略。

1. 获取股票数据

```python
import tushare as ts
df = ts.get_k_data('600008',start='2020-01-01',end='2020-12-31')
df = df.set_index('date')
```

获取了股票600008.SH 的日行情数据,时间范围为2010年1月1日至2020年12月31日

2. 计算MACD指标

```python
def macd(df,fast_period=12,slow_period=26,signal_period=9):
    df['ema_fast']= df['close'].ewm(span=fast_period,adjust=False).mean()
    df['ema_slow']= df['close'].ewm(span=slow_period,adjust=False).mean()
```

```
    df['DIF']= df['ema_fast']– df['ema_slow']
    df['DEA']= df['DIF'].ewm(span=signal_period,adjust=False).mean()
    df['MACD']= 2 * (df['DIF']– df['DEA'])
    return df.drop(['ema_fast','ema_slow'],axis=1)
df = macd(df)
```

使用 pandas 库中的 ewm 函数来计算指数移动平均值。fast_period、slow_period 和 signal_period 分别表示快线、慢线和信号线的时间周期,默认值分别为 12、26 和 9

3. 判断买卖信号

```
def trading_signal(df):
    df['position']= None
    for i in range(1,len(df)):
        if df.loc[df.index[i],'DIF']> df.loc[df.index[i],'DEA']and df.loc[df.index[i-1],'DIF']<=df.loc[df.index[i-1],'DEA']:
            df.loc[df.index[i],'position']= 1
        elif df.loc[df.index[i],'DIF']< df.loc[df.index[i],'DEA']and df.loc[df.index[i-1],'DIF']>= df.loc[df.index[i-1],'DEA']:
            df.loc[df.index[i],'position']= 0
        else:
            df.loc[df.index[i],'position']= df.loc[df.index[i-1],'position']
    return df
df = trading_signal(df)
```

#用 pandas 库中的 loc 函数来访问 DataFrame 中的数据。当 MACD 线上穿 DEA 线时,将持仓标记为1,表示买入;当 MACD 线下穿 DEA 线时,将持仓标记为0,表示卖出;否则,保持上一期的持仓情况

4. 回测策略

```
import pyfolio as pf
returns = df['close'].pct_change().fillna(0)#获得股票日收益率,缺失数据填写0
positions = df['position'].shift(1).fillna(0)#持仓信息前移一天
portfolio = positions * returns#日收益率乘持仓情况(持仓状态为1,清仓状态为0),获得每日收益
portfolio = (1 + portfolio).cumprod()#每日收益累乘获得期间收益
portfolio1=portfolio.to_frame().reset_index()#以下 4 行程序是把 str 类型的时间改为 strftime 类型的时间,使其符合 pf 输入要求;本行是把索引改为列
portfolio1.columns=['data','ret']#列重命名
portfolio1['data']= pd.to_datetime(portfolio1['data'])#把时间列格式改为 strftime 格式
portfolio1.set_index('data',inplace=True)#把时间列改为行索引
pf.create_returns_tear_sheet(portfolio1['ret'])
```

操作视频1-1

软件安装

知识检测

1）单项选择题

（1）下列选项中，不是 Python 运行环境的是（　　）。

A.Jupter　　　　　　　　B.Spyder　　　　　　　　C.PyCharm　　　　　　　　D.Matlab

（2）应用 ChromeDriver 的原因是（　　）。

A.模仿人的操作　　　　B.IDE 要求　　　　C.便于应用 F12 键　　　D.运行流畅

（3）下列关于 XPath（路径）的解释中，错误的是（　　）。

A.在 Web 开发中，XPath 可以用于解析 HTML 文档中的元素和属性，从而实现网页爬虫、数据抽取等功能

B.在数据挖掘中，XPath 可以用于选择和提取 XML 文档中的数据，从而实现数据清洗、数据预处理等功能

C.在自然语言处理中，XPath 可以用于选择和提取 XML 文档中的语言学信息，从而实现文本分类、信息抽取等功能

D.在金融大数据分析中，XPath 可以用于提取 XML 文档中的财务信息，从而实现建模运算和挖掘有效因子等功能

（4）成功用模拟浏览器爬取数据的程序，半年未运行，再运行时报错的可能原因不包括（　　）。

A.网站页面结构发生改变：如果网站页面结构发生了变化，例如元素位置、名称、属性等发生了变化，那么原来的爬取程序可能无法正确识别和定位元素，从而导致程序无法正常运行

B.网站反爬虫措施趋严：如果网站更新了反爬虫系统，例如增加了验证码、限制了爬取频率等措施，那么原来的爬取程序可能会被阻止访问或被拒绝采集数据，从而导致程序无法正常运行

C.Python 库或浏览器版本升级：如果 Python 库或浏览器版本升级，那么可能会导致原来的爬取程序出现兼容性问题，无法正确运行

D.程序代码出现错误：如果原来的爬取程序中存在语法错误、逻辑错误或其他错误，那么程序在重新运行时可能会出现错误或异常情况

（5）下列关于 Python IDE 的说法中，错误的是（　　）。

A.Jupyter 适用于交互式数据分析和可视化

B.Spyder 适用于科学计算和数据分析

C.Matlab 适用于数据计算

D.PyCharm 适用于大型项目的开发

2）多项选择题

（1）以下各项中，属于 ChromeDriver 主要作用的有（　　）。

A.启动和控制 Chrome 浏览器：ChromeDriver 可以启动和控制 Chrome 浏览器，包括打开和关闭浏览器、设置浏览器窗口大小、最大化和最小化浏览器窗口、设置浏览器的代理和用户代理等

B.模拟用户操作：ChromeDriver 可以模拟用户在浏览器中的操作，包括点击、输入文本、提交表单、切换窗口、滚动页面等

C.获取和操作页面元素：ChromeDriver 可以获取页面中的元素，包括文本、链接、按钮、复选框、下拉框等，还可以对页面元素进行操作，例如获取元素属性、修改元素属性、截图等

D.自动化测试：ChromeDriver 可以用于自动化测试，例如测试网站的功能、性能、兼容性等，还可以结合 Selenium WebDriver 进行自动化测试

（2）以下各项中，属于MySQL主要作用的有（　　　）。

A. 数据存储：MySQL可以用来存储大量结构化数据，包括用户信息、产品信息、订单数据等。它提供了高效的数据存储和检索机制，能够处理大规模的数据

B. 数据管理：MySQL提供了丰富的数据管理功能，包括创建和管理数据库、表、索引、视图、存储过程、触发器等。它支持常见的数据类型和约束，可以确保数据的完整性和一致性

C. 数据查询和操作：MySQL支持SQL语言，可以进行复杂的数据查询、过滤、排序、聚合等操作。通过SQL语句，可以方便地从数据库中提取所需的数据，并进行各种计算和分析

D. 数据备份和恢复：MySQL提供了备份和恢复功能，可以对数据库进行定期备份，以防止数据丢失或损坏。在发生故障或错误时，可以使用备份文件进行数据恢复

E. 数据安全和权限管理：MySQL提供了安全性和权限管理机制，可以对用户和角色进行身份验证和授权，限制对数据库的访问和操作。可以设置不同的权限级别，确保数据的安全性和保密性

3）判断题

（1）关于IDE，初学者应该选用Jupyter。（　　　）

（2）ChromeDriver是自动化测试工具，可以帮助用户实现对Chrome浏览器的自动化控制和操作，提高测试效率和准确性。（　　　）

知识检测1-1

第1章

4）思考题

（1）常用的几种编译器所针对的用户有什么特点？

（2）应用模拟浏览器的主要原因是什么？应注意什么？

🖱 育德启智

基础环境的重要性——以中国特色社会主义制度为例

（1）什么是中国特色社会主义。中国特色社会主义，是科学社会主义理论逻辑和中国社会发展历史逻辑的辩证统一，是根植于中国大地、反映中国人民意愿、适应中国和时代发展进步要求的科学社会主义。习近平总书记指出："我们坚持和发展中国特色社会主义，推动物质文明、政治文明、精神文明、社会文明、生态文明协调发展，创造了中国式现代化新道路，创造了人类文明新形态。"[①]

中国特色社会主义道路是实现社会主义现代化的必由之路，是指引中国人民创造自己美好生活的必由之路；中国特色社会主义理论体系是指导党和人民沿着中国特色社会主义道路实现中华民族伟大复兴的正确理论，是立于时代前沿、与时俱进的科学理论；中国特色社会主义制度是当代中国发展进步的根本制度保障，是具有鲜明中国特色、明显制度优势、强大自我完善能力的先进制度；中国特色社会主义文化积淀着中华民族最深层的精神追求，代表着中华民族独特的精神标识，是中国人民胜利前行的强大精神力量。

（2）为什么中国人民选择社会主义？1840年鸦片战争以后，中国饱受西方列强的侵略和欺凌，一代又一代志士仁人为了求得祖国独立和富强进行了艰辛的探索。其中，农民阶级浴血奋战的太平天国运动和义和团运动以失败告终，地主阶级改良派开展的洋务运动破产了，资产阶级改良派发动的戊戌变法仅维持103天就被顽固派破坏，资产阶级革命派领导的辛亥革命也没有改变旧中国的社会性质和中国人民的悲惨命运。

近代中国百年探索的历程说明，资本主义道路在中国走不通，一方面是因为帝国主义不允许中国走资本主义道路谋求强盛；另一方面是因为中国的封建势力与帝国主义勾结，极力反对中国走资本主

① 资料来源：习近平：在庆祝中国共产党成立100周年大会上的讲话［EB/OL］.［2021-07-15］. https://www.gov.cn/xinwen/2021-07/15/content_5625254.htm?eqid=ca5507560045887a00000004648f00b4.

义道路。可见，已经沦为半殖民地半封建社会的中国，不具备建立资本主义国家的条件。中国共产党诞生后，中国共产党人把马克思列宁主义基本原理同中国革命具体实践相结合，创立了毛泽东思想，实现了马克思主义中国化的第一次历史性飞跃。中国共产党团结带领各族人民浴血奋战，完成新民主主义革命，建立了新中国，这符合历史发展的客观规律，具有历史的必然性。

（3）中国特色社会主义制度的优越性。1949 年 10 月 1 日中华人民共和国的成立，标志着中国进入了社会主义革命和建设时期。从 1953 年到 1956 年，我国用不到五年的时间，就基本实现了过渡时期总路线规定的任务，即在一个相当长的历史时期内，逐步实现国家的社会主义工业化，并逐步实现国家对农业、对手工业和对资本主义工商业的社会主义改造。生产资料私有制的社会主义改造基本完成，标志着社会主义制度在中国的确立。

如今，改革开放和社会主义现代化建设深入推进，书写了经济快速发展和社会长期稳定两大奇迹新篇章，我国的发展具备了更为坚实的物质基础、更为完善的制度保证，实现中华民族伟大复兴进入了不可逆转的历史进程。在经济建设方面，我党提出并贯彻新发展理念，着力推进高质量发展，推动构建新发展格局，实施供给侧结构性改革，制定一系列具有全局性意义的区域重大战略，我国经济实力实现历史性跃升。在文化建设方面，精神文明建设不断加强，文化事业和文化产业日益繁荣，科学教育水平不断提高，人们的精神面貌发生了深刻的变化，展现了中国社会的活力和创造力。在法治建设方面，社会主义法治国家建设深入推进，全面依法治国总体格局基本形成，中国特色社会主义法治体系加快建设，司法体制改革取得重大进展，社会公平正义保障更为坚实，法治中国建设开创新局面。在社会发展方面，人民的生活水平实现了从温饱不足到全面小康的历史性跨越，人民群众获得感、幸福感、安全感更加充实、更有保障、更可持续，共同富裕取得新成效。这些成就表明，中国特色社会主义道路是符合中国国情的，为中国人民带来了实实在在的利益，也为世界提供了有益的经验和启示。

思政元素：制度自信　知史爱党

学有所悟：党的二十大报告指出："中国特色社会主义制度的最大优势是中国共产党领导。"我们应坚定中国特色社会主义制度自信，积极践行社会主义核心价值观，为实现中华民族伟大复兴的中国梦贡献自己的力量。同时，我们也要认识到，任何制度的形成和发展都需要经历历史的检验和实践的磨砺。我们要在实践中以更加积极的历史担当和创造精神不断完善和发展中国特色社会主义制度，使其更好地适应时代发展的需要。只有这样，我们才能不断推动社会进步和发展，实现中华民族伟大复兴的目标。

思政课堂 1-1

基础环境的重要性——以中国特色社会主义制度为例

第 2 章

Python 基础

■ 本章导读

本章是用Python语言编程的基础，学习前未接触过编程的学生应当重点学习全部内容，有编程基础的学生应当重点学习"获得帮助""控制语句""函数与库"等内容。

计算机语言的核心是按照机器能够"理解"的格式表达人的意图，一般编译器会尽可能把人的表达方式与机器的理解方式相互统一，如Jupyter中输入"3+3"后运行输出为"6"。面对相对复杂的运算时，则需要逐步编写运算顺序，因此只进行一次相对复杂的计算时，编写程序不一定比人工计算更加经济，用计算机语言进行运算的优势在于重复应用和重复运行。基于上述观点，我们将重复应用的代码打个包，并将其命名为"类"，需要时重复调用，就可以提高代码的使用效率；若该"包"功能强大，能够包含相关范围的较多功能，我们则称其为"库"。我们用dir命令查阅可以应用的库名，根据库名用help命令查看该库的功能或使用说明书。重复运行方面，我们可以经常应用控制语句，控制语句的核心是满足某种条件则运行相应模块，不满足则运行另一个模块或后续语句，其中应当谨慎和正确应用break和continue命令。从控制语句可以看出，计算机的晶体结构限制其只能按照二选一模式，即"0"和"1"方式运行。

■ 学习目标

知识课堂2-0

导学

知识目标：掌握Python语言所用的变量、属性、方法、函数以及常用逻辑结构。

能力目标：能够读懂Python语言编写的程序。

素养目标：培养学生敢闯敢试、敢为人先的创新精神，解放思想、求真务实的求是精神，风险共担、艰苦创业的拼搏精神，尊重民意、以人为本的民主精神。

2.1　基础名词介绍

在未实际编程或没有其他计算机语言学习经历的情况下，接触基础名词时会感到抽象，不过编程前了解基础名词对理解编程结构有很大的帮助，建议初步理解基础名词后再在实际编程中加深理解。

知识课堂2-1

基础名词介绍

2.1.1　类

类（class）是面向对象编程（OOP）概念，是一种用户自定义的数据类型，它可以封装属性和方法。通过类，我们可以创建（定义）具有共同"属性"和"行为"的对象，这些属性和方法可以在类的实例（即对象）上使用。显然，类可以看作对象的蓝图或模板，通过它创建具有特定属性和行为的对象。

在 Python 中，使用 class 关键字来定义一个类。下面是类的创建和应用的一个简单的例子：

```
class MyClass:
    #类的属性
    attribute = "内蒙古财经大学。这是一个值!注意它的调用方法,没有括号,即无法传递参数。"
    #类的方法
    def method(self):
        print("金融大数据实践。这是一个功能!注意它的调用方法,有括号,可以传递参数。")
#在上面代码中定义了一个名为MyClass的类,该类有一个属性attribute和一个方法method。这个类的实例可以访问这些属性和方法
#使用类名和括号创建类的实例(对象)
obj = MyClass()
#通过对象加点(obj.)访问类的属性和方法
print(obj.attribute)#输出:内蒙古财经大学。这是一个值!注意它的调用方法,没有括号,即无法传递参数
obj.method()#输出:金融大数据实践。这是一个功能!注意它的调用方法,有括号,可以传递参数。比如:类中增加"def method2(self,a):换行后编写 print a";用 obj.method2(5)调用该方法,输出为5
```

2.1.2　对象、属性、方法、

对象（object）：对象是类的实例。它是内存中分配的一块空间，用于存储数据（属性）和方法。对象代表了现实世界中的事物（实例），例如一个人、一只猫或一个项目。

属性（attribute）：属性是对象的特性或数据元素。在 Python 中，通过点符号"."来访问对象的属性。上例中，obj 的对象，可以通过 obj.attribute 来访问其属性。

方法（method）：方法是与对象关联的函数。它定义了对象可以执行的操作。在 Python 中，可以通过点符号 ".方法名()" 来调用对象的方法。上例中，obj 的对象，可以通过 obj.method() 来访问其方法。

总的来说，对象是类的实例，它具有属性和方法。属性和方法定义了对象的特性和行为。在 Python 中，使用类和对象可以更有效地组织和管理代码，实现代码重用和数据封装，从而简化编程任务，降低阅读代码的难度。

2.2　获得帮助

用 Python 语言编写程序遇到问题时，可以通过以下工具独立解决问题：

一是官方文档。Python 的官方文档包括基础知识、内置的模块和函数，以及第三方库的使用说明等。例如，想了解内置的 print 函数时，可以在 Anaconda Powershell Prompt 中输入 "pydoc print"。二是搜索引擎。我们可通过搜索引擎解决具体问题或者了解某个库（框架）的使用方法，将问题或者错误信息输入到搜索引擎后，通常会找到相关的教程、论坛讨论帖或者问题的解答，一般情况下 CSDN 以及 Github 提供的答案比较有效。三是 Stack Overflow。Stack Overflow 是一个专门的程序员问答网站，许多编程问题都能在这里找到答案。四是 Python 中国社区。Python 有非常活跃的开发者社区，可以在社区论坛、邮件或者聊天室中提问，通常会有人愿意帮助解决问题。五是源代码。对一些开源的 Python 库或框架，我们可以直接阅读源代码来理解其工作原理，理解 Python 的高级特性和最佳实践。六是 IDE 和编辑器的帮助功能。许多 Python 的集成开发环境（IDE）和编辑器（如 PyCharm、VSCode、Jupyter 等）都有内置的帮助功能。可以通过帮助菜单或者快捷键来查找关于语言特性、库或框架的详细信息。下面详细介绍 IDE 和编辑器的帮助功能中的 dir 和 help 函数。对其他工具的应用，读者可在实践中自行了解体验。

2.2.1　dir()函数

dir() 是 Python 中的一个内置函数，用于列出对象的所有属性和方法。它返回一个包含对象所有属性和方法的列表。以下是 dir() 函数的一些常见用法：

1）列出对象的所有属性和方法

在上面的例子代码后运行 print（dir（obj）），输出是（注意加粗部分是我们建立的属性和方法，其余前后带有两个下划线 "__" 符号的属性通常是特殊属性或方法，它们不能被直接引用，但它们可能在某些操作中被自动调用。双下划线前缀代表私有属性或方法，双下划线后缀用于避免与 Python 的关键字冲突）：

['__class__', '__delattr__', '__dict__', '__dir__', '__doc__', '__eq__', '__format__', '__ge__', '__getattribute__', '__getstate__', '__gt__', '__hash__', '__init__', '__init_subclass__', '__le__', '__lt__', '__module__', '__ne__', '__new__', '__reduce__', '__reduce_ex__', '__repr__', '__setattr__', '__sizeof__', '__str__', '__subclasshook__', '__weakref__', **'attribute'**, **'method'**, **'method2'**]

2) 检查对象的类型

print(obj.__class__)#输出:<class '__main__.MyClass'>

3) 列出模块的所有属性和方法

import math

print(dir(math))

输出为：

['__doc__', '__loader__', '__name__', '__package__', '__spec__', 'acos', 'acosh', 'asin', 'asinh', 'atan', 'atan2', 'atanh', 'cbrt', 'ceil', 'comb', 'copysign', 'cos', 'cosh', 'degrees', 'dist', 'e', 'erf', 'erfc', 'exp', 'exp2', 'expm1', 'fabs', 'factorial', 'floor', 'fmod', 'frexp', 'fsum', 'gamma', 'gcd', 'hypot', 'inf', 'isclose', 'isfinite', 'isinf', 'isnan', 'isqrt', 'lcm', 'ldexp', 'lgamma', 'log', 'log10', 'log1p', 'log2', 'modf', 'nan', 'nextafter', 'perm', 'pi', 'pow', 'prod', 'radians', 'remainder', 'sin', 'sinh', 'sqrt', 'tan', 'tanh', 'tau', 'trunc', 'ulp']

4) 列出内置函数的属性和方法

print(dir(abs))#输出为：

['__call__', '__class__', '__delattr__', '__dir__', '__doc__', '__eq__', '__format__', '__ge__', '__getattribute__', '__getstate__', '__gt__', '__hash__', '__init__', '__init_subclass__', '__le__', '__lt__', '__module__', '__name__', '__ne__', '__new__', '__qualname__', '__reduce__', '__reduce_ex__', '__repr__', '__self__', '__setattr__', '__sizeof__', '__str__', '__subclasshook__', '__text_signature__']

5) 查找特定属性或方法

if 'attribute' in dir(obj):#检查是否存在名为'attribute'的属性
    print("属性存在!")#如果存在,输出"属性存在!"
else:
    print("属性不存在!")#如果不存在,输出"属性不存在!"

输出为“属性存在!”

2.2.2　help()的用法

help()用于获取对象（如模块、类、函数等）的帮助信息。在交互式环境中直接调用 help()来获取帮助，也可以将对象作为参数传递给 help()函数来获取该对象的帮助信息。

1) 获取某数据类型的帮助信息

help(list)

输出为（摘选，list 类型的详细信息，包括它的构造函数、方法、属性和其他相关信息）：

Help on class list in module builtins：

class list(object)

| list()-> [ ]

| ...

2）获取特定函数的帮助信息

```
help(len)
```

输出为：

Help on built-in function len in module builtins：

```
len(obj,/)
```

　　Return the number of items in a container.

2.2.3　dir和help的组合应用

　　用到不在内置模块的对象时，先用import导入相应模块，然后用dir查看对象结构，确定某一对象后用help函数调阅相应用法。比如，用import导入math模块，用dir()查看math模块有哪些方法dir(math)，注意不加引号（模块对象不是字符串）；通过dir查看radians函数，用help(math.radians)调阅radians函数的应用方法；注意用help(radians)会提示名字错误，原因是radians函数是math模块中的，必须指定函数详细路径，如help(math.radians)；命令radians(180)报错，也是没有详细路径引起的，应该用math.radians(180)。

　　运行程序：

```
import math
import pandas as pd
print(dir())#显示内置模块,编写的类,引入模块
print(dir(math))#显示math模块内的结构
print(dir(pd))#显示pandas库内的对象
help(math.radians)#显示radians方法的应用方法
print(dir(pd.DataFrame))#显示pandas库内的对象
help(pd.DataFrame.abs)#显示pandas.core.frame模块中abs函数的用法
```

　　输出结果为：

　　显示内置模块，编写的类，引入模块

['In', 'MyClass', 'Out', '_', '_13', '_14', '__', '___', '__builtin__', '__builtins__', '__doc__', '__loader__', '__name__', '__package__', '__spec__', '_dh', '_i', '_i1', '_i10', '_i11', '_i12', '_i13', '_i14', '_i15', '_i16', '_i17', '_i18', '_i19', '_i2', '_i20', '_i21', '_i22', '_i23', '_i24', '_i25', '_i26', '_i27', '_i28', '_i29', '_i3', '_i30', '_i31', '_i32', '_i33', '_i34', '_i4', '_i5', '_i6', '_i7', '_i8', '_i9', '_ih', '_ii', '_iii', '_oh', 'abs_alias', 'exit', 'get_ipython', 'math', 'obj', 'open', 'pd', 'quit']

_____

　　显示math模块内的结构

['__doc__', '__loader__', '__name__', '__package__', '__spec__', ……
'radians', 'remainder', 'sin', 'sinh', 'sqrt', 'tan', 'tanh', 'tau', 'trunc']

_____

　　显示pandas库内的对象

['BooleanDtype', 'Categorical', 'CategoricalDtype', 'CategoricalIndex', 'DataFrame',

$'DateOffset', 'DatetimeIndex', 'DatetimeTZDtype', \cdots\cdots$

$'to\_datetime', 'to\_numeric', 'to\_pickle', 'to\_timedelta', 'tseries', 'unique', 'util',$ $'value\_counts', 'wide\_to\_long']$

——————

显示 radians 方法的应用方法

Help on built-in function radians in module math：

radians(x,/)

Convert angle x from degrees to radians.#把角度 x 从度转换为弧度

——————

显示 DataFrame 模块的内容

$['T', '\_AXIS\_ALIASES', '\_AXIS\_IALIASES', '\_AXIS\_LEN', '\_AXIS\_NAMES',$ $'\_AXIS\_NUMBERS', '\_AXIS\_ORDERS', '\_AXIS\_REVERSED', 'abs',$

……

$'transpose', 'truediv', 'truncate', 'tshift', 'tz\_convert', 'tz\_localize', 'unstack', 'update',$ $'values', 'var', 'where', 'xs']$

——————

显示 pandas.core.frame 模块中 abs 函数的用法

Help on function abs in module pandas.core.generic：

abs(self)-> 'Self'

　Return a Series/DataFrame with absolute numeric value of each element.

　This function only applies to elements that are all numeric.

　Returns

　———————

　abs

　　Series/DataFrame containing the absolute value of each element.

　See Also

　————————

　numpy.absolute ：Calculate the absolute value element-wise.

　Notes

　—————

　For ``complex`` inputs,``1.2 + 1j``,the absolute value is

　:math:`\sqrt{ a^2 + b^2 }`.

　Examples

　————————

　Absolute numeric values in a Series.

　>>> s = pd.Series([-1.10,2,-3.33,4])

　>>> s.abs()

　0　1.10

1　2.00

2　3.33

3　4.00

dtype:float64

Absolute numeric values in a Series with complex numbers.

>>> s = pd.Series([1.2 + 1j])

>>> s.abs()

0　1.56205

dtype:float64

Absolute numeric values in a Series with a Timedelta element.

>>> s = pd.Series([pd.Timedelta('1 days')])

>>> s.abs()

0　1 days

dtype:timedelta64[ns]

Select rows with data closest to certain value using argsort (from
`StackOverflow <://stackoverflow.com/a/17758115>`__).

>>> df = pd.DataFrame({

...　　'a':[4,5,6,7],

...　　'b':[10,20,30,40],

...　　'c':[100,50,-30,-50]

...})

>>> df

　　a　b　c

0　4　10　100

1　5　20　50

2　6　30　-30

3　7　40　-50

>>> df.loc[(df.c - 43).abs().argsort()]

　　a　b　c

1　5　20　50

0　4　10　100

2　6　30　-30

3　7　40　-50

2.3　变量

在 Python 中，变量是一个存储数据的容器。用于存储各种类型的数据，如整数、浮
点数、字符串、列表、字典等。

2.3.1　声明变量

在 Python 中，变量没有被声明的话，直接赋值就声明新变量，并且变量的类型可以随着赋值而改变。比如：

a=1#声明一个变量a并赋值为1

b=a#声明一个变量b并且用a的值赋值

a=−1#声明一个变量a并且赋值为整数型

a=1.5#赋值为浮点数

a=1+5j　#赋值为虚数

a=True　　#赋值为布尔型

2.3.2　命名规则

变量的名称叫作标识符。标识符必须由字母、数字、下划线构成；不能以数字开头；标识符不能是 Python 关键字。Python 的关键字包括：False、class、finally、is、return、None、continue、for、lambda、try、True、def、from、nonlocal、while、and、del、global、not、with、as、elif、if、or、yield、assert、else、import、pass、break、except、in、raise 等。

2.4　数值类型

在 Python 中，数值类型用于表示数值数据，包括整数和浮点数。Python 提供了几种不同的数值类型，Python 内置的数值类型包括：整型（integer）、浮点型（float）、复数（complex）、布尔型（bool）。

知识课堂2-4

数值类型

2.4.1　整型

Python 中为防止溢出，对变量的存储动态分配空间，所以整数没有设置范围，其表示方法如下：

a=333111#十进制整数333111

b=0bl0l #0b 为前缀,表示二进制整数5

c=0xff# 0x 为前缀,表示十六进制整数255

d=0o111#0o 为前缀,表示八进制整数73

2.4.2　进制转换

用 Python 内置函数 hex( )、oct( )、bin( )、int( )，可将数字转换为16进制、8进制、2进制、10进制数值。注意，进制转换只改变数字的表达形式，不改变其大小。

hex(323)# 把十进制323转为十六进制0x143

oct(323)# 把十进制323转为八进制0o503

bin(323)# 把十进制323转为二进制0b101000011

```
#反过来运算的方法:
int(323)# 把十进制 323 转为十进制 323;默认为十进制
int('0x143',16)#用 int()转换十六进制 0x143 为十进制 323;括号内第 1 个参数是要转换
```
的字符串,第 2 参数是对应的进制
```
int('0b101000011',2)# int()转换二进制 0b101000011 为十进制 323;括号内第 1 个参数
```
是要转换的字符串,第 2 参数是对应的进制
```
int('0o503',8)# int()转换八进制 0o503 为十进制 323;括号内第 1 个参数是要转换的字
```
符串,第 2 参数是对应的进制

2.4.3　浮点型

在 Python 中，输入浮点数的方法如下：（在 PyCharm 的 python console 栏中输入）

```
a=1.0
type(a)
Out[1]:float
1.
Out[2]:1.0
2.5e10
Out[3]:25000000000.0
2.5e-10
Out[4]:2.5e-10
2.5e308
Out[5]:inf#缓存溢出
```

2.4.4　布尔型

布尔型只有 True 和 False 两种值，注意首字母要大写。

2.4.5　数值类型转换

数值类型转换是指 Python 内置数值的一种类型转换为另一种类型的方法。

```
a=100.
int(a)
Out[1]:100
complex(a)
Out[2]:(100+0j)
float(a)
Out[3]:100.0
```

为避免精度损失，Python 在类型转换过程中，按照 complex>float>int 的顺序自动升级。例如，整型运算中如果出现浮点数，那么结果会自动升级为浮点数。比如：

```
1+5/4+(1+2j)
```

```
Out[1]:(3.25+2j)
1+5/4
Out[2]:2.25
```

2.5　字符串类型

在 Python 中，字符串是一种不可变的数据类型，用于表示文本数据。字符串是由零个或多个字符组成的序列，每个字符都可以是任何 Unicode 码点。用单引号（′）、双引号（"）或三引号（"""）来表示字符串变量。字符串是不可变的，一旦创建了一个字符串对象，就不能修改它的内容。但是，可以通过拼接、切片、替换等操作来创建新的字符串。Python 中的字符串类型提供了许多内置的方法和操作符来处理字符串。例如，可以使用 split() 方法来分割字符串，使用 join() 方法来连接字符串，使用 replace() 方法来替换字符串中的子串，使用 strip() 方法来去除字符串两端的空白字符等。另外，爬虫代码中，基于 re 模块，可用正则表达式对字符串进行匹配和替换操作。

知识课堂 2-5

字符串类型

2.5.1　转义字符

在 Python 中，转义字符是一种特殊的字符序列，用于表示无法直接输入的字符。转义字符以反斜杠（\）开头，后面跟着一个特定的字符。转义字符可以用来表示各种控制字符和特殊字符，如换行符（\n）、制表符（\t）、退格符（\b）等。常用转义字符及其功能见表 2-1。

表 2-1　　　　　　　　　　　　　　常用转义字符及其功能表

转义字符	功能	转义字符	功能
\ （在行尾时）	续行符	\000	空
\\	反斜杠符号	\n	换行
\′	单引号	\v	纵向制表符
\"	双引号	\t	横向制表符
\a	响铃	\r	回车
\b	退格	\f	换页

转义字符用于输出不能直接输出的字符，例如：

```
s='Hello! I\'m  Professor Yongsheng.'#单引号内有单引号的情况
print(s)
```

要输出不加转义的字符串时，在前面加一个 r，比如指定文件目录时常用：

```
df=pd.read_excel(r'C:\文件路径\168701.xlsx')
```

通过使用转义字符，可以在字符串中插入一些特殊的字符或控制字符，从而实现一些特殊的功能。在字符串前面加上 r 或 R 可以将字符串标记为原始字符串，使得转义字符不起作用，如 r'\n' 表示字符串中的 \n 不会被解释为换行符。

2.5.2　格式化字符串

在 Python 中，格式化字符串是一种将变量或表达式的值插入到字符串中的方法，用于生成包含动态内容的字符串。它可以将不同类型的数据转换为字符串，并将其插入到指定的位置，从而实现动态生成字符串的功能。格式化字符串具有如下作用：

一是动态生成字符串：格式化字符串可以根据不同的数据生成不同的字符串，使得字符串内容可以根据需求动态变化。这在需要根据不同条件或变量生成不同文本内容的场景中非常实用，如生成日志信息、报告、邮件等。

二是提高代码可读性：使用格式化字符串可以将变量和字符串的拼接操作简化为一行代码，提高代码的可读性和简洁性。相比于使用字符串拼接操作符（+）或字符串连接方法（str.join()），格式化字符串更加直观和易于理解。

三是灵活控制格式：格式化字符串可以通过格式化指令来控制生成字符串的格式，如指定小数位数、日期格式、对齐方式等，使生成的字符串符合特定的要求，满足不同的格式化需求。

四是避免类型转换错误：使用格式化字符串可以自动将不同类型的数据转换为字符串，避免了手动进行类型转换的麻烦和可能引发的类型错误。Python 提供了多种格式化字符串的方法，以下介绍使用字符串格式化符号和 f-string（格式化字符串字面量）的方法。

（1）字符串格式化符号：使用百分号（%）来标识要插入的变量或表达式。例如，%s 表示字符串，%d 表示整数，%f 表示浮点数等。例如：

```
name = "永胜"
age = 46
print("我的名字是%s,今年我%d岁。" % (name,age))
```

输出为：我的名字是永胜，今年我 46 岁。

（2）f-string（格式化字符串字面量）：在字符串前加上字母 f，然后在字符串中使用大括号 {} 来标识要插入的变量或表达式。例如：

```
name = "永胜"
age = 46
print(f"我的名字是{name},今年我{age}岁。")
```

输出为：我的名字是永胜，今年我 46 岁。

2.5.3　字符串运算

在 Python 中，字符串运算是一种对字符串进行操作的方法，主要包括字符串连接（+）、是否包含（in）、字符串重复（*）、截取（[]）等，比如：

```
a='FinTech'
b='imufe'
print(a+b)
print(a*3)
```

```
print('Fin' in a)
print('imu' not in b)
print(a[0:3])
```

输出结果依次为:

FinTechimufe

FinTechFinTechFinTech

True

False

Fin

表2-2列举了常用的字符串操作符及其功能,编写程序时可以参考。

表2-2　　　　　　　　　　　　字符串操作符及其功能表

操作符	功能
+	连接两个字符串,返回连接的结果
*	重复一个字符串
in	判断字符串是否包含
not in	判断字符串是否不包含
[]	截取一个或一段字符串

2.5.4　字符串内建方法

字符串内建方法不会改变字符串本身的值,而是会返回一个新的字符串。常用的字符串内建方法有:

```
print('内蒙古财经大学培养金融科技专业学生'.count('学'))#输出结果为:2;"学"出现的次数,添加参数后可以确定搜索起始位和结束位
print('内蒙古财经大学培养金融科技专业学生'.find('学'))#输出结果为:6;"学"第一次出现的位置,添加参数后可以确定搜索起始位和结束位
print('FinTech'.isalpha())#输出结果为:True;判断是否不为空并且全是字母
print('600001'.isdigit())#输出结果为:True;判断是否不为空并且全是数字
print('.'.join(['600967','SH']))#输出结果为:600967.SH;以特定的分割符把一个可迭代对象连接成字符串
a = '   abc   '#abc前后均有3个空格
print(repr(a.lstrip()))#输出结果为:'abc   ';删除左侧空格;可以指定字符
print(repr(a.rstrip()))#输出结果为:'   abc';删除右侧空格;可以指定字符
print(repr(a.strip()))#输出结果为:'abc';删除所有空格;可以指定字符
b='内蒙古 财经大学'
print(b.split())#输出结果为:['内蒙古','财经大学'];默认以空格分割形成列表
code='159997.OF'
```

print(code.startswith('159'))#输出结果为:True;判断起始字符是否为指定字符

print(code.replace('.OF','开放式基金'))#输出结果为:159997开放式基金;用指定字符替代指定字符

字符串内建方法及其功能见表2-3（方括号内是可选参数）。

表2-3 字符串内建方法及其功能

方法	功能
count（X［,start［,end］］）	返回 X 在字符串非重叠出现的次数，可指定开始和结束位置
find（X［,start［,end］］）	检查 X 是否在字符串内，可指定开始和结束位置
isalpha()	判断字符串是否不为空并且全是字母
isdigit()	判断字符串是否不为空并且全是数字
join（iterable）	以字符串为间隔，将 iterable 内的所有元素合并为一个字符串
lstrip（［chars］）	移除字符串左边的连续空格，如果指定字符的话则移除指定字符
replace（old,new［,count］）	替换原字符串中出现的 old 为 new，可指定最大替换次数
rstrip（［chars］）	移除字符串右边的连续空格，如果指定字符的话则移除指定字符
split（sep=None,maxsplit=-1）	将字符串以 sep 字符为间隔分割成一个字符串数组，如果 sep 未设置，则以一个或多个空格为间隔
startswith（prefix［,start［,end］］）	判断一个字符串是否以一个字符串开始
strip（［chars］）	等同于同时执行 lstrip 和 rstrip
zfill（width）	用 0 在字符串前填充至 width 长度，如果开头有 +/-符号会自动处理

2.6 运算符

2.6.1 概念介绍

知识课堂2-6

运算符

在 Python 中，运算符用于对数值或变量进行算术或逻辑运算。执行运算的对象叫作操作数。比如在表达式 1+2 中，"+"为运算符，1 和 2 为操作数。在 Python 中，常用运算符有算术运算符、比较运算符、逻辑运算符、赋值运算符；不常用的运算符有成员运算符和身份运算符。

2.6.2 运算符应用方法

1）算术运算符

Python 支持加"+"、减"−"、乘"*"、除"/"、取余"%"、乘方"**"、取整除

"//"等运算。它们是二元运算符,需要接受两个操作数,然后返回一个运算结果。

```
a=7
b=2
add=a+b#a 加 b,结果为 9,整数
sub=a-b#a 减 b,结果为 5,整数
mul=a*b#a 乘 b,结果为 14,整数
div=a/b#a 除以 b,结果为 3.5,浮点数
mod=a%b#a 除以 b 后取余数,结果为 1,整数
pow=a**b#a 的 b 次方,结果为 49,整数
dbi=a//b#a 除以 b 后取整数,结果为 3,整数
```

2)比较运算符

比较运算符是二元运算符,将两个表达式的返回值进行比较,返回一个布尔型变量。比较运算符运算规则见表2-4。

表 2-4 　　　　　　　　　　　　　　　　　**比较运算符运算规则**[①]

运算符	作用	举例	返回值
==	判断两个操作数的值是否相等	a==b	a、b 相等则返回 True
! =	判断两个操作数的值是否不等	a! =b	a、b 不相等则返回 True
>	判断左边操作数是不是大于右边操作数	a>b	a 大于 b 则返回 True
>=	判断左边操作数是不是大于或等于右边操作数	a>=b	a 大于等于 b 则返回 True
<	判断左边操作数是不是小于右边操作数	a<b	a 小于 b 则返回 True
<=	判断左边操作数是不是小于或等于右边操作数	a<=b	a 小于等于 b 则返回 True

3)逻辑运算符

逻辑运算符是布尔代数[②]中的与 and、或 or、非 not,返回一个布尔型变量。通过逻辑运算符可以连接任意个表达式进行逻辑运算,返回布尔类型的值,规则见表2-5。

表 2-5 　　　　　　　　　　　　　　　　　**逻辑运算符运算规则**

运算符	作用	举例	返回值
and	两个表达式同时为真结果才为真	1 < 3 and 2 < 4	返回 True
or	两个表达式有一个为真结果就为真	1 > 3 or 2 < 4	返回 True
not	表达式为假,结果为真;表达式为真,结果为假	not 1 > 2	返回 True

4)赋值运算符

赋值运算符"="是常用的二元运算符。赋值运算符把等号右边表达式的值赋值给

---

①　a==b 时 a, b 不相等, 返回 False, 其他都一样。
②　布尔代数起源于数学领域, 是一个用于集合运算和逻辑运算的公式:〈B, ∨, ∧, ¬〉。其中 B 为一个非空集合, ∨和∧为定义在 B 上的两个二元运算, ¬为定义在 B 上的一个一元运算。通过布尔代数进行集合运算可以获取到不同集合之间的交集、并集或补集, 进行逻辑运算可以对不同集合进行与、或、非。

左边的变量，左边的变量必须是可以修改的。

```
a=10
b=20
c=a+b#赋值运算符把等号右边表达式的值赋值给左边的变量
print(c)#输出结果为30
3=c#报错SyntaxError:can't assign to literal,左边的变量必须可以修改
```

5）复合赋值运算符

复合赋值运算符将一个变量本身作为左侧的操作数，然后将相关的运算结果赋给本身（看懂即可，尽量少用）。复合赋值运算符的运算规则见表2-6。

表2-6　　　　　　　　　　　复合赋值运算符的运算规则

运算符	作用	举例（a=10）	返回值
+=	赋值为相加的结果（a=a+3）	a+=3	返回13
-=	赋值为相减的结果（a=a-1）	a-=1	返回9
*=	赋值为相乘的结果（a=a*2）	a*=2	返回20
/=	赋值为除以一个数的结果（a=a/2）	a/=2	返回5
%=	赋值为除以一个数的余数（a=a%2）	a%=3	返回1
**=	赋值为它本身的x次幂（a=a**2）	a**=2	返回100
//=	赋值为除以一个数的商的整数部分	a//=3	返回3

6）运算符优先级

Python中不同的运算符具有不同的优先级，高优先级的运算符会优先于低优先级的运算符计算，比如乘法的优先级比减法高，幂运算的优先级比乘法高等。运算符的优先级见表2-7。

表2-7　　　　　　　　　　　运算符的优先级

	运算符	说明（以优先级从高到低顺序排列）
号括	()	圆括号的优先级最高，从里到外
算术运算符	**	乘方
	~, +, -	按位取反、数字的正负
	*, /, %, //	乘、除、取模、取整除
	+, -	加减
按位运算符	<<, >>	移位运算符
	&	按位与
	^	按位异或

续表

运算符	说明（以优先级从高到低顺序排列）
|	按位或

	运算符	说明（以优先级从高到低顺序排列）
比较运算符	>	大于
	>=	大于等于
	<	小于
	<=	小于等于
	！=	不等
	==	是否相等
	is，is not	是否为
	in，notin	是否包含
复合赋值运算符	+=	赋值为相加的结果
	-=	赋值为相减的结果
	*=	赋值为相乘的结果
	/=	赋值为除以一个数的结果
	%=	赋值为除以一个数的余数
	**=	赋值为它本身的 x 次幂
	//=	赋值为除以一个数的商的整数部分
逻辑运算符	and	逻辑与
	or	逻辑或
	not	逻辑否

2.7　控制语句

2.7.1　概念介绍

　　控制语句的作用是控制程序运行流程，实现相对复杂逻辑。程序语句默认执行顺序结构。选择结构和循环结构分别对应条件语句和循环语句。顺序结构、选择结构和循环结构都属于控制语句。做完一件事后紧接着做另一件事时用顺序结构；在某种条件成立的情况下做某件事，反之做另一件事时用选择结构；反复做某件事，直到满足某个条件为止时，用循环结构。图形表示程序结构时，一般用圆角矩形表示程序的开始和结束，直角矩形表示执行过程，菱形表示条件判断。下面介绍 if、while、for、缩进、break、

知识课堂2-7

控制语句

continue、pass、try、format等控制语句内容。

2.7.2 顺序结构

顺序结构的代码逐行执行。比如以下代码的输出依次为：1、2、3。

```
print('1')
print('2')
print('3')
```

2.7.3 选择结构

1）if语句

选择结构通过if语句实现，其语法为：

```
if条件1:#条件1成立,执行代码块1后选择结构语句结束,不成立就转到条件2语句
    代码块1
elif条件2:#条件2成立,执行代码块2后选择结构语句结束,不成立就转到下一条条件
语句
    代码块2
……
    elif 条件 n-1:#条件n-1成立,执行代码块n-1后选择结构语句结束,不成立就转到下
一条条件语句
    代码块n-1
else:#上述条件不成立,执行代码块n后选择结构语句结束
    代码块n
```

应用选择结构时须注意两点：一是代码块前有4个空格（缩进）；二是elif和else及其代码块可以省略，比如简单的if语句是（满足条件则运行代码块；不满足条件则运行代码块的下一行代码，没有下一行代码程序结束）：

```
if条件:
    代码块
```

2）if语句的应用

```
a = -1
if a < 0:# 如果a小于0则输出"a小于0"
    print('a 小于 0')
elif a < 1:# ,如果a不小于0而小于1则输出"a 小于 1"
    print('a 小于 1')
else:# 如果上述两个条件不满足则输出"a大于1"。注意a同时满足a<0和a<1两个条件,但是a<0在前面,最终输出仅为 "a小于0",不运行后续程序
    print('a 大于 1')
```

输出结果为：

a 小于 0

3）缩进

在上一节中，代码块之前的 4 个空格就是缩进。拥有相同缩进的代码为一个代码块。为说明缩进，运行以下代码：

```python
if 0 > 1:
    print('1不执行')#条件不成立,不执行
print('1执行')#跟条件没关系,执行
if 0 > 1:
    print('2不执行')#条件不成立,不执行
    print('2执行')#条件不成立,不执行
```

输出结果为：1执行

对于第 1 段代码，print('1不执行')和 if 语句属于同一个代码块，条件成立后运行 print('1不执行')；但是 print('1执行')不在同一个代码块，因此不受 if 语句限制，一定会被执行。而在第 2 段代码中，print('2不执行')和 print('2执行')属于同一个代码块，如果 if 语句条件不成立，那么 print('2不执行')和 print('2执行')都不会执行。还有，可以在代码块中嵌套另一个代码块，以 if 语句的嵌套为例：

```python
a=0
b=0
c=0
if a>b:#第4行
    if a>c:
        print('a最大')
    elif c>a:
        print('c最大')
    else:
        print('a和c最大')
elif a<b:#第11行
    if b>c:
        print('b最大')
    elif c>b:
        print('c最大')
    else:
        print('b和c最大')
else:#第18行
    if a>c:
        print('a和b最大')
    elif a<c:
        print('c最大')
    else:
```

```
print('a,b 和 c 相等')
```

输出结果为：a，b 和 c 相等

最外层代码块的缩进是 0，包括所有代码。然后，根据 if 语句以第 4、11、18 行分成 3 个代码块，其缩进为 4；在这 3 个代码块内嵌套 if 语句又分成了 3 个代码块，其缩进为 8。为理解缩进的意思或嵌套的含义，读者可以自行改变 a、b、c 的赋值，查看相应输出结果。

2.7.4　循环结构

实现循环结构的两个关键字是 while 和 for。

1）while 循环

while 循环的语法：

while 条件：
　　代码块

如果条件满足就执行代码块，直到条件不满足为止；如果条件不满足，那么代码块不会被执行。while 循环和 if 语句的区别是，从 if 的单次执行变成了 while 的反复执行，以及条件除了用来判断是否进入代码块以外还被用来作为是否终止循环的判断标准（while 语句的代码块必须对条件变量进行修改）。

运行以下代码：

```
a = 0
while a<3:#判断 a 是否小于 3;如果小于 3 执行代码块;如果大于或等于 3 那么跳出循环
语句,执行代码块下一条语句
    print(a)#输出 a 的值
    a=a+1#a 加 1 后赋给 a;然后跳转到 while 后面的条件上
#输出结果为:
0
1
2
```

运行说明如下:前 3 次循环时条件 a < 3 为真,因此继续循环,而第 4 次循环时,a=3,条件 a < 3 为假,跳出 while 循环

2）for 循环

for 循环的语法：

for 循环变量 in 可迭代对象：
　　代码块

或者：

for x in y:
　　循环体

执行流程：x 依次表示 y 中的一个元素，遍历所有元素循环结束。

for 语句的执行相对抽象，用例子说明比文字解释相对好理解。因此，分别用 for 语

句遍历字符串、列表、元组、字典的例子说明 for 语句的使用方法。

```python
#遍历字符串
s='I love FinTech'
for i in s:
    print(i)
#遍历列表
l=['财经','金融','科技']
for i in l:
    print(i)
#遍历字典
d={'a':'stock','b':'bond'}
for key in d:#遍历字典时遍历的是键
    print(key,d.get(key))
for key,value in dict.items(d):#遍历字典时遍历了键和值
    print(key,value)
#遍历
for i in range(3):#range可以生成从0开始到3的连续整数的迭代对象
    print(i)
# 强制转换为列表
print(list(range(1,11)))
# 列表生成式:快速生成具有特定规律的列表
print([str(i*i)for i in range(1,11)])
```

运行结果为:

```
I

l
o
v
e

F
i
n
T
e
c
h
--------
```

```
财经
金融
科技
----------
a stock
b bond
----------
a stock
b bond
----------
0
1
2
----------
[1,2,3,4,5,6,7,8,9,10]
----------
['1','4','9','16','25','36','49','64','81','100']
```

for 循环实际上用到了迭代器的知识，我们目前掌握用 range 和 for 写出一个循环即可。

2.7.5 中断或跳过

1）break 和 continue

break 语句用来中断循环语句，即循环条件没有 False 条件或者序列还没被完全递归完，也会停止执行循环语句，跳出整个循环。continue 语句跳过当前循环的剩余语句，继续进行下一轮循环。

```
i=0
while i<=50:
    i=i+1
    if i==2:
        continue#i=2时跳出本次循环到while语句,因此输出结果中没有2
    elif i==4:
        break#i=4时跳出整体循环,因此输出结果中没有4到51。
    i=str(i)
    print(i+'循环继续')
    i=int(i)
print('跳出整体循环')
```

输出结果为：

1循环继续

3循环继续

跳出整体循环

2) pass

为保证语法正确，可以使用pass作为一个代码块，但是pass本身没有任何效果。比如 a >=0时什么都不执行，但是什么都不写的话，不符合Python的缩进要求，因此应用pass语句。

```
a=1
if a>=0:
    pass
else:
    print('a 小于 0')
#没有输出结果。如果a=-1那么输出为:a小于 0。
```

2.7.6 异常处理

异常是指在程序执行过程中一个事件发生而影响了程序的正常执行，它是Python对象，表示一个错误。当Python脚本发生异常时需要捕获处理，否则程序会终止执行。捕捉异常时用try/except语句。try/except语句检测try语句块中的错误，从而让except语句捕获异常信息并处理。如果不想在异常发生时结束程序，只需在try里捕获即可。try语句经常在实战环境中24小时运行时应用，非常重要。

try/except语句语法如下：

```
try:
    <语句> #运行的代码
except <名字>:
    <语句> #如果在 try 部分引发了'name'异常
except <名字>,<数据>:
    <语句> #如果引发了'name'异常,获得附加的数据
else:
    <语句> #如果没有异常发生
```

try的工作原理：当开始一个try语句后，Python就在当前程序的上下文中作标记，当异常出现时就回到这里，try子句先执行，接下来会发生什么依赖于执行时是否出现异常。如果在try后的语句执行时发生异常，Python就跳回到try并执行第一个匹配该异常的except子句，异常处理完毕，控制流就通过整个try语句（除非在处理异常时又引发新的异常）。如果在try后的语句里发生了异常，却没有匹配的except子句，异常将被递交到上层的try，或者到程序的最上层（这样将结束程序，并打印默认的出错信息）。如果在try子句执行时没有发生异常，Python将执行else语句后的语句（如果有else的话），然后控制流通过整个try语句。

```
try:
    fh = open('测试文档','w')#把参数 w 改为 r 时,输出"Error:没有找到文件或读取文件
```

失败"
　　　　fh.write('这是一个测试文件,用于测试异常,可以删除!')#打开的文档内写入以上文字
　　except IOError:
　　　　print ('Error:没有找到文件或读取文件失败。')#如果出错执行此条
　　else:
　　　　print ('内容写入文件成功,别忘了删除文档,文档在默认目录下,文档名为测试文档。')#没有出错就执行此条
　　　　fh.close()#惯例,打开文档后必须关闭

输出结果为：

内容写入文件成功，别忘了删除文档，文档在默认目录下，文档名为测试文档。

2.8　函数与库

知识课堂2-8

函数与库

　　函数是一段可重复使用的代码块，用于执行特定的任务或操作。函数可以接收输入参数，执行一系列的操作，然后返回一个结果。函数可以被多次调用，以便在程序中的不同位置重复使用相同的代码逻辑。函数可以帮助我们组织和模块化代码，提高代码的可读性和可维护性。

　　库（或模块）是一组相关的函数、类和变量的集合，用于提供特定的功能或工具。库通常是由其他开发者编写的，供其他人使用。库可以包含多个函数和类，这些函数和类可以在程序中被导入和使用。库可以提供各种各样的功能，如数学计算、文件操作、网络通信等。使用库可以避免重复编写代码，提高开发效率。

2.8.1　函数

1）函数的定义和调用

Python中用def定义函数，比如自定义复利频次转换函数：

def Frq_Com_Int(frequency):#建立一个复利频次函数,功能是把年利率转换为半年、季度、月度利率。参数为复利频次,半年为2
　　r=0.04#给定年利率为4%;函数中可以把年利率设定为参数传递,为便于理解仅传递一个参数
　　Rc=100*(1+r/frequency)**frequency#复利频次转换数学公式;frequency为传递过来的参数
　　return Rc#返回值;返回了频次转换后的终值
print(Frq_Com_Int(2))#用函数名调用函数,传递了相应参数;打印返回值;输出结果为:
104.04

　　从代码中可以发现：def是定义函数的关键字，写在最前面；Frq_Com_Int是函数名；（frequency）是函数的参数，多个参数用逗号隔开；结尾用冒号，接着缩进编写函数运行的具体内容；return的作用是结束函数并返回到之前调用函数处的下一句，返回

的对象是 return 后面的表达式；然后用 Frq_Com_Int（2）调用自定义函数 Frq_Com_Int 并传递参数 2，函数运行结束后的返回值为 104.04；最后 print 函数打印返回值。

Python 的自定义函数参数形式有：不带默认参数、带默认参数、任意位置参数、任意键值参数等，其应用方法相对简单，请读者通过网络自行查阅。

2）作用域

作用域是一段程序代码中限定某一名字（变量）可用性/有效性的范围。作用域具有提高程序的逻辑性，增强程序的可靠性，减少名字冲突等作用。

Python 按照以下 LEGB 顺序去查找变量，如果都找不到就报错。

L：Local（本地）是函数内的名字空间，包括局部变量和形参。

E：Enclosing（封闭）是外部嵌套函数的名字空间。

G：Global（全局）是全局函数定义所在模块的名字空间。

B：Builtin（内建）是内置模块的名字空间。

为深入理解，请运行和阅读以下程序：

```
a=1#定义一个全局变量
def Scope():
    global a#global 使全局变量 a 在当前作用域内可见;没有此代码无法访问和改变全局变量 a
    b=2#定义一个局部变量
    a=a+1#访问到了全局变量 a
    def Enclosing():
        nonlocal b#为修改非局部变量,用 nonlocal;nonlocal 与 global 的区别是仅在上一层闭包内可修改
        b=b+2 #访问到了闭包中的变量 b
    Enclosing()
    print(b)
Scope()
print(a)
#print(b)#此行程序会报错,原因是在全局内无法调用封闭区(E)内的变量 b
```

输出结果为：4 和 2。

2.8.2　库

库是汇集在一起的经常应用的程序。为减少重复劳动，提高开发效率，可以直接使用已经编制、调试、封装后的库，如 Requests（http）、Scrapy（爬虫）、wxPython（GUI）、Pillow（图形库）、SQLAlchemy（数据库）、Twisted（网络应用开发）、NumPy（数学方法）、SciPy（算法和数学工具）、matplotlib（绘制数据图）、Pyglet（3D 动画和游戏开发引擎）、Scapy（数据包探测和分析）、nltk（自然语言工具）等。用于金融分析的 Python 库，见常用库及其功能附录 5。

1）库的应用

模块、库、包的区别是定义与所指范围不同。模块包含有组织的代码片段；包是一个有层次的文件目录结构，它定义了由模块或子包组成的应用程序执行环境；库是具有相关功能模块的集合。本节中的库包含这三个概念。

用 import 导入库的基本语法是：

（1）import 库名。

（2）import 库名1［as 别名1］，库名2［as 别名2］，…。将变量、函数、类等所有成员导入指定库中。使用库中的成员时，需要用该库名（或别名）作为前缀。

（3）from 库名 import 成员名1［as 别名1］，成员名2［as 别名2］，…。将指定的成员而不是全部成员导入库中。使用该成员时，直接使用成员名（或别名）。

注意，用［］括起来的部分，可以省略。

为理解导入库的方法，请阅读以下例子：

```
import random
print(random.randint(1,10))
#引入时以库名作为前缀
import random as rnd
print(rnd.randint(1,10))
#引入时以别名作为前缀
from random import randint
print(randint(1,10))
#引入时以成员名作为前缀;该方法导入了某一个方法
from random import *
print(randint(1,10))
#引入时以成员名作为前缀;该方法导入了全部方法
```

2）库的安装

用 pip 安装各种第三方库，如安装 finta 库的方法：

打开 Windows 的命令提示符，输入："pip install finta" 回车；或在 Anaconda Prompt 中输入 "pip install finta" 回车，如图 2-1 所示。

图 2-1　pip 安装第三方库

3）库的帮助

登录网址 https://docs.python.Org/3/，在文档界面右上角的搜索栏中输入拟了解内容的关键词，如输入 "math" 后如图 2-2 所示。

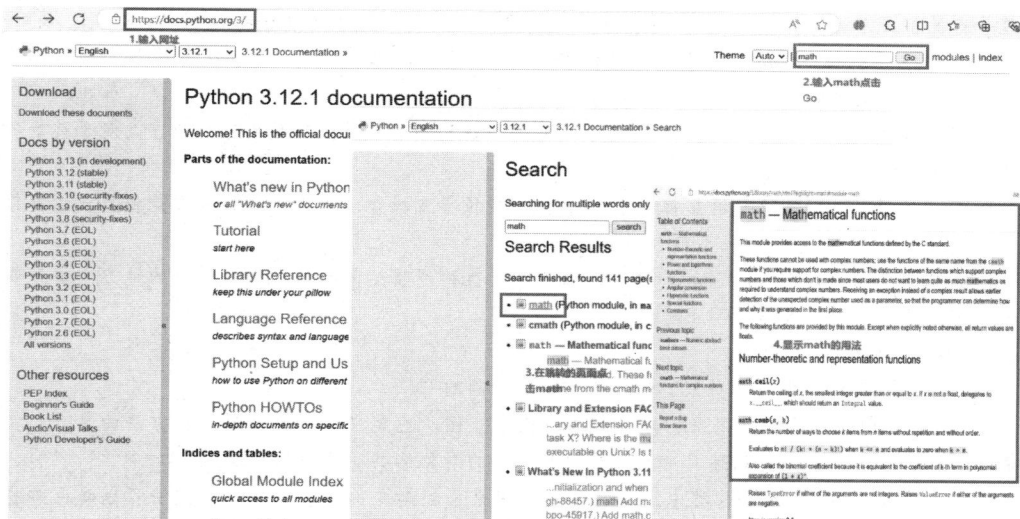

图2-2 库的帮助界面

操作视频2-1

Python 基础

知识检测

1）单项选择题

（1）关于Python中dir()函数的说法，错误的是（ ）。

A.是Python内置函数，用于列出指定模块、对象或当前作用域中的所有属性和方法

B.返回一个包含所有属性和方法名称的列表，可以用于查看对象或模块中的所有可用属性和方法

C.不会列出对象的值或方法的实现细节，只是简单地列出名称

D.用于列出指定目录中的所有文件和子目录的命令，可以列出文件名、文件大小、创建时间、修改时间等信息

（2）下列各项中，不属于Python中常用数值类型的是（ ）。

A.整数（int）和浮点数（float）

B.符号（symbol）和图表（chart）

C.复数（complex）和布尔值（bool）

D.分数（fraction）和十进制数（decimal）

（3）以下关于转义字符的解释，错误的是（ ）。

A.\n：表示换行符，用于在字符串中插入一个换行符；\t：表示制表符，用于在字符串中插入一个水平制表符

B.\r：表示回车符，用于在字符串中插入一个回车符；\\：表示反斜杠，用于在字符串中插入一个反斜杠

C.\'：表示单引号，用于在字符串中插入一个单引号；\"：表示双引号，用于在字符串中插入一个双引号

D.\b：表示退格符，用于在字符串中插入一个退格符；\xhh：表示一个Unicode字符；hhhh是四个十六进制数字，用于在字符串中插入一个指定的Unicode字符

（4）在Python中，关于运算符的说法，错误的是（ ）。

A.等号运算符（=）：等号运算符用于赋值操作，将右侧的值赋给左侧的变量。容易出错的地方是

将等号运算符误写为相等运算符（==），导致赋值操作无效或产生错误的结果

B. 取整除法运算符（//）：取整除法运算符（//）用于返回两个数相除的整数部分。容易出错的地方是对于负数的取整除法，结果会向上取整

C. 模运算符（%）：模运算符（%）用于返回两个数相除的余数。容易出错的地方是对于负数的模运算，结果的符号与被模数的符号相同

D. 异或运算符（^）：异或运算符（^）用于执行按位异或操作。容易出错的地方是将异或运算符误写为幂运算符（**），导致结果不符合预期

E. 逻辑运算符（and、or、not）：逻辑运算符用于执行逻辑运算操作。容易出错的地方是将逻辑运算符误用于位运算，导致结果不正确

2) 多项选择题

（1）以下关于类、方法、对象、属性的描述，正确的有（　　）。

A. 类（class）：类是一种用来创建对象的模板或蓝图。它定义了对象的属性和方法的集合。类可以看作一种数据类型，用来描述具有相同属性和行为的对象的共同特征

B. 方法（method）：方法是类中定义的函数，用来描述对象的行为或操作。方法可以访问和操作类中定义的属性，并且可以被对象调用。方法可以分为实例方法和类方法，实例方法是对象特有的，而类方法是类共享的

C. 对象（object）：对象是类的实例化结果，是具体的、具有独立内存空间的实体。对象可以调用类中定义的方法，访问和修改类中定义的属性。每个对象都属于某个类，可以具有相同的属性和方法，但其属性的值可能不同

D. 属性（attribute）：属性是类中定义的变量，用来描述对象的特征或状态。属性可以是数据属性（存储数据）或方法属性（存储方法）。对象可以通过属性来存储和访问数据，也可以通过属性来调用方法

（2）以下关于help()作用的描述，正确的有（　　）。

A. 获取对象的文档字符串：当传入一个对象作为参数时，help()函数会返回该对象的文档字符串。文档字符串是对对象的描述和说明，通常包含对象的用途、参数、返回值等信息。通过查看文档字符串，开发者可以了解对象的功能和使用方法

B. 查看模块、函数、类等的帮助信息：除了对象，help()函数还可以接收模块、函数、类等作为参数，用于获取它们的帮助信息。帮助信息通常包括对象的文档字符串、属性、方法、参数列表等详细信息，帮助开发者理解和使用这些对象

C. 基于查看模块、函数、类等的帮助信息，获取对象的文档字符串，交互式帮助等方法，该函数可以为开发者提供具有实践意义的程序代码

D. 交互式帮助：在Python交互式解释器中，直接调用help()函数并传入参数，可以进入交互式帮助模式。在交互式帮助模式下，可以通过输入对象名字或相关命令来获取帮助信息，提供更方便的查看和搜索帮助信息的方式

（3）在Python中，常用的控制语句有（　　）。

A. if语句：if语句用于根据条件执行不同的代码块

B. while语句：while语句用于在条件满足的情况下重复执行代码块

C. for语句：for语句用于遍历序列或可迭代对象中的元素，并执行相应的代码块

D. break语句：break语句用于跳出当前循环，执行下一条语句

E. continue语句：continue语句用于跳过当前循环中的某个元素，继续执行下一次循环

F. pass语句：pass语句用于占位，表示不执行任何操作

G. try/except语句：try/except语句用于捕获异常，并执行相应的代码块

3）判断题

（1）类是创建对象的模板，方法是描述对象行为的函数，对象是类的实例化结果，属性是描述对象特征的变量。类、方法、对象和属性之间相互关联，共同构成了面向对象编程的基础。　　　（　　）

（2）help()函数是 Python 提供的一个用于获取帮助信息的工具，可以帮助开发者了解和使用对象、模块、函数、类等。它是学习和使用 Python 的重要辅助工具。　　　（　　）

（3）格式化字符串是一种方便、灵活和可读性高的字符串生成方法，它可以根据需求动态生成字符串，并提供了灵活的格式控制选项，使得字符串的生成更加简洁、直观和符合特定要求。　（　　）

知识检测 2-1

（4）函数是一段可重复使用的代码块，用于执行特定的任务。而库是一组相关的函数、类和变量的集合，用于提供特定的功能或工具。函数是库的组成部分，而库是由多个函数和类组成的。函数可以被包含在库中，也可以独立存在。　　　（　　）

第 2 章

4）思考题

（1）while 和 for 语句有什么类似之处，break 和 continue 语句有什么类似之处？

（2）应用 dir 或 help 解决编程中遇到的问题的便利性如何，与相关库的官方网站说明有什么不同？

育德启智

面向对象的程序设计思路——以家庭联产承包责任制为例

家庭联产承包责任制是中国农村改革的重要举措，也是分工理论的一种实践。家庭联产承包责任制将土地使用权赋予农民，允许农民自主经营农业，并按照合同约定向集体经济组织交纳一定的费用，从而打破了传统的平均主义分配方式，极大地激发了农民的生产积极性，提高了农业生产效率。

家庭联产承包责任制的积极作用在于：（1）家庭联产承包责任制促进了农业生产结构的调整。农民可以根据市场需求和自身条件，选择适合的作物和种植方式，优化资源配置，提高农作物的产量和质量。（2）家庭联产承包责任制增加了农民收入。农民通过自主经营农业获得了更高的收益，改善了生活状况，同时也为农村经济的发展奠定了基础。（3）家庭联产承包责任制推动了农村产业升级。随着农业生产的不断发展和技术的进步，农民逐渐从单一的种植业转向多元化经营，发展农产品加工业、服务业等产业，促进农村经济全面发展。

总之，家庭联产承包责任制通过赋予农民土地使用权和生产经营自主权，调动了农民的生产积极性，优化了资源配置，提高了农业生产效率，为农村经济社会发展带来了巨大的变革和效益。

思政元素：创新精神　求是精神　拼搏精神　民主精神

思政课堂 2-1

学有所悟：家庭联产承包责任制不仅是一场经济改革，而且是一次深刻的社会实践。它赋予农民自主权，激发了他们的生产积极性，推动了农业生产力的解放和发展。这一制度变革不仅提高了农业生产效率，增加了农民收入，而且促进了农村产业升级和经济社会全面发展。家庭联产承包责任制的实施，充分证明了只有坚持改革创新，才能不断适应时代发展的需要，推动社会的进步。同时，我们也应该看到，这场改革的成功离不开农民的支持，他们敢闯敢试、敢为人先的创新精神，解放思想、求真务实的求是精神，风险共担、艰苦创业的拼搏精神，尊重民意、以人为本的民主精神，是当代中国宝贵的精神财富，也是我们每个人在追求个人价值和社会发展中都应该秉持的宝贵品质。

面向对象的程序设计思路——以家庭联产承包责任制为例

第 3 章

数据类型

■ 本章导读

数据处理是数据分析的基石。数据是现实世界的抽象表达，经过特定结构或表达方式记录后，可以形成一维、二维或多维数据结构。一维数据是由单一属性或变量组成的数据集，如时间序列数据；二维数据通常以表格或矩阵的形式呈现，如电子表格数据；多维数据包含更多的维度，如具有共同属性的多个表格的集合可视为三维数据，时空数据可能是四维或更高维度的数据。

为兼顾人类便于理解和计算机能够"读懂"，在编程过程中，经常用列表、字典、Datetime、Series、ndarray、DataFrame等方式记录或存储数据。在不嵌套的情况下，用列表、Series、ndarray类型记录一维数据，用DataFrame数据结构记录二维数据，可以采用嵌套方式扩展上述数据记录方式的维度。

在学习过程中，应重点掌握Pandas库的DataFrame数据结构，它是数据存储和计算的基础，也是其他数据类型组合应用的焦点。另外，数据的产生一般带有日期和时间标签，而且日期和时间的进制方式比较特殊，在未形成Datetime数据类型前无法进行加减运算，因此熟练掌握Datetime数据类型对时间序列数据的应用具有重要作用。

■ 学习目标

知识目标：掌握Python语言中常用数据类型的概念和应用方法，打好金融数据处理的逻辑基础。

能力目标：能够应用列表类型、字典类型、Datetime数据类型、Series类型、ndarray对象、DataFrame数据结构类型进行相关操作。

素养目标：培养学生爱党爱国爱社会主义的情感，引导学生树立为国家富强、民族昌盛而奋斗的志向。

知识课堂3-0

导学

3.1　列表类型

在 Python 中，列表（list）是一种有序的集合，可以包含任何类型的对象，如数字、字符串、其他列表等。列表中的元素按照它们被添加到列表中的顺序排列。可以使用索引来访问列表中的元素，从 0 开始计数。创建列表的方法是使用方括号[ ]，元素之间用逗号"，"分隔，并且可以在列表中包含不同类型的元素，例如：liebiao＝［100，"二"，3.4，［5，6］］。列表的常用内置方法和操作符包括：liebiao［位次］、len( )、append( )、insert( )、remove( )、index( )、count( )、sort( )、reverse( )，还有操作符如＋可以用来连接列表，＊可以用来复制列表等。

应用方法如下：

（1）访问（赋值或修改）列表的第一个元素

liebiao[0]# 输出:100

print(liebiao)# 输出:[100,′二′,3.4,[5,6]]

（2）返回列表的长度

print(len(liebiao))# 输出:4

（3）向列表的末尾添加一个元素

liebiao.append("新元素")

print(liebiao)# 输出:[100,′二′,3.4,[5,6],′新元素′]

（4）在指定位置插入一个元素，这里是在第二个位置插入元素

liebiao.insert(1,"新元素插入")

print(liebiao)# 输出:[100,′新元素插入′,′二′,3.4,[5,6],′新元素′]

（5）删除第一个匹配的元素，这里删除的是′二′

liebiao.remove("二")

print(liebiao)# 输出:[100,′新元素插入′,3.4,[5,6],′新元素′]

（6）返回第一个匹配的元素的索引，这里返回的是′新元素′的索引

print(liebiao.index("新元素"))# 输出:4

（7）返回元素在列表中出现的次数，这里返回的是′新元素′出现的次数

print(liebiao.count("新元素"))# 输出:1

（8）对列表进行排序，这里按照元素的自然顺序排序

Liebiao=[8,6,5,7]

Liebiao.sort()

print(Liebiao)# 输出:[5,6,7,8]

（9）对列表进行反转

Liebiao.reverse()

print(Liebiao)# 输出:[8,7,6,5]

（10）使用+操作符连接列表

new_list = Liebiao + ["新元素"]

print(new_list)# 输出:[8,7,6,5,新元素]

（11）使用*操作符复制列表

repeated_list = Liebiao * 2

print(repeated_list)# 输出:[8,7,6,5 ,8,7,6,5]。

说明：可以输入 print（help（list）），查阅其他列表的使用方法，请自行阅读和试验 clear、copy、extend、index、insert、pop 等方法。

3.2　字典类型

在 Python 中，字典是一种可变容器类型，可以存储任意类型对象。字典的每个键值对用 "："分割，每个键值对之间用 "，"分割，整个字典包括在 " ｛｝ "中。

3.2.1　有关字典的术语

（1）键：键是字典中的唯一标识，用于快速查找和访问值。键必须是唯一的，可以是任何不可变的数据类型，如字符串、数字或元组。

（2）值：值可以是任何数据类型，包括数字、字符串、列表、字典等。值的变化取决于具体使用场景。

（3）键值对：键值对是字典的基本组成单元，每个键值对都包含一个键和一个值。在 Python 中，键值对的顺序和添加顺序没有必然联系。

3.2.2　字典的常用操作

（1）创建字典：可以使用大括号 ｛｝ 或 dict()函数来创建字典。

my_dict = {"key1":"value1","key2":"value2"} 或 my_dict = dict(key1= "value1",key2= "value2")

（2）访问字典中的值：可以通过键访问字典中的值。

value = my_dict["key1"]

print(value),将返回与键 "key1" 对应的值 "value1"

（3）修改字典中的值：可以直接使用键修改对应键值对的值。

my_dict["key2"]= "new_value",将修改键 "key2" 的值为 "new_value"

（4）删除字典中的键值对：可以使用 del 语句或 pop()方法删除字典中的键值对。

del my_dict["key1"]或 my_dict.pop("key2")

（5）查询字典中的键或值：可以使用 keys()方法获取字典中所有的键，使用 values()方法获取字典中所有的值。

keys = my_dict.keys()和 values = my_dict.values()

（6）清空字典：使用 clear()方法可以清空字典中所有的键值对。

my_dict.clear()

（7）检查字典中是否存在某个键：使用 in 运算符或 get()方法可以检查字典中是否存在某个键。

知识课堂3-2

字典类型

操作视频3-2

字典的常用操作

exists = "key2" in my_dict 或 exists = my_dict.get("key2")is not None

字典的其他操作方法可根据编程需要输入 print（help（dict）） 查阅。

例如，输入 print（help（dict.pop）） 后获得：

Help on method_descriptor：

pop(...)

    D.pop(k[,d])-> v, remove specified key and return the corresponding value.

    If the key is not found, return the default if given; otherwise, raise a KeyError.

None

3.3 Datetime 数据类型

3.3.1 概念解释

数据整理时一般需要把其他变量在一个基准变量的维度上整合列示。整理金融数据时的基准变量通常选择时间（日期），因此 Datetime 数据类型在数据整理过程中具有非常重要的作用。

Python 内置了 Datetime 对象，它包括日期和时间部分，存储和显示格式为 YYYY-MM-DD HH：MM：SS，可以精确到微秒。Datetime 对象的年月日参数不能为空，默认情况下时分秒自动填充为 0。

运行以下两行程序可以查看它的用法：

```
from datetime import datetime
print(help(datetime))
```

3.3.2 常见操作

为整体理解和应用 Datetime，先用以下程序从同花顺下载数据和相应日期。

```
from iFinDPy import *
import pandas as pd
thsLogin = THS_iFinDLogin('******','******')#使用时更换用户名和密码
df=THS_HQ('600000.SH','open,high,low,close,volume,amount,turnoverRatio','','2023-12-01','2023-12-16')#下载航天发展的数据
thsLogout = THS_iFinDLogout()
print(df)#打印数据,共 11 行 9 列
print(type(df.data))# df.data 的类型是<class 'pandas.core.frame.DataFrame'>
print(type(df))# df 的类型是<class 'iFinDPy.THSData'>;请注意 df.data 数据类型和 df 数据类型的区别
df.data.to_excel(r'C:\Users\****\Desktop\datetime1.xlsx')#保存数据,按自己电脑的存储路径更改
df=pd.read_excel(r'C:\Users\****\Desktop\datetime1.xlsx')#再读取数据时,df 自动换成
```

DataFrame 类型

```
print(type(df))# <class 'pandas.core.frame.DataFrame'>
print(type(df['time']))#time 列的类型为<class 'pandas.core.series.Series'>
a=df.iloc[1,1]#获得 df 的第 2 行,第 2 列
print(a)# 2023-12-04
print(type(a))# <class 'str'>,注意其数据类型不是日期类型,而是字符串类型
```

1）形成 Datetime 格式日期时间

（1）转换字符串格式日期类型为 Datetime。用 to_datetime 函数把指定对象转换为 Datetime 类型，相关程序如下：

```
import pandas as pd
df=pd.read_excel(r'C:\Users\****\Desktop\datetime1.xlsx')#按自己电脑的存储路径更改
df=df.iloc[:5,:4]# 为了显示方便,获得表格的前 5 行 4 列数据
print(df.info())#输出数据信息,特别注意 time 的类型为对象,前面是字符串。
df['time_dt']=pd.to_datetime(df['time'])# 用 to_datetime 函数把指定 time 转换为 datetime 类型;在 df 后面追加一列,列名为 time_dt
print(df.info())#输出数据信息,发现 time_dt 列的数据类型为 datetime64[ns]
```

输出结果为：

```
<class 'pandas.core.frame.DataFrame'>
RangeIndex:5 entries,0 to 4
Data columns (total 4 columns):
 #  Column  Non-Null Count  Dtype
---  ------  --------------  -----
 0  time     5 non-null      object
 1  thscode  5 non-null      object
 2  open     5 non-null      float64
 3  high     5 non-null      float64
dtypes:float64(2),object(2)
memory usage:292.0+ bytes
None
<class 'pandas.core.frame.DataFrame'>
RangeIndex:5 entries,0 to 4
Data columns (total 5 columns):
 #  Column  Non-Null Count  Dtype
---  ------  --------------  -----
 0  time     5 non-null      object
 1  thscode  5 non-null      object
 2  open     5 non-null      float64
```

　3　high　5 non-null　float64

　4　time_dt 5 non-null　datetime64[ns]

dtypes:datetime64[ns](1),float64(2),object(2)

memory usage:332.0+ bytes

None

说明：0 time 5 non-null object 的意思依次是：第一列，列名 time，有5个值，没有空值，数据类型是对象。

（2）转换加载数据日期时间为 Datetime。

```
import pandas as pd
df=pd.read_excel(r'C:\Users\****\Desktop\datetime1.xlsx',parse_dates=[0])#指定 Excel 文档的第1列转为 datetime,原第1列为字符串类的日期#按自己电脑的存储路径更改
df=df.iloc[:5,:4]# 为了显示方便,获得表格的前5行4列数据
print(df.info())#显示数据信息
```

输出结果为：

RangeIndex:5 entries,0 to 4

Data columns (total 4 columns):

```
 #  Column      Non-Null Count  Dtype
---  ------      --------------  -----
 0  Unnamed:0   5 non-null      int64
 1  time        5 non-null      datetime64[ns]
 2  thscode     5 non-null      object
 3  open        5 non-null      float64
```

dtypes:datetime64[ns](1),float64(1),int64(1),object(1)

memory usage:288.0+ bytes

None

2）切分日期时间

```
import pandas as pd
df=pd.read_excel(r'C:\Users\****\Desktop\datetime1.xlsx')#按自己电脑的存储路径更改
df['time_dt']=pd.to_datetime(df['time'])
# df['year1']=df['time'].dt.year#与上一个注释的行相互对应,如果直接运行此行程序将报错;同时运行上一行注释程序后不报错
df['year2']=df['time_dt'].dt.year#提取年部分
df['month'],df['day']=(df['time_dt'].dt.month,df['time_dt'].dt.day)#时分秒依此类推;双赋值
print(df[['time','time_dt','year2','month','day']].head())#显示相应列的前5行(默认5行)
print(type(df.loc[0,'year2']))#提取 numpy 类型的年度数据
```

输出结果为：

```
    time    time_dt    year2 month day
0  2023-12-01 2023-12-01  2023   12   1
1  2023-12-04 2023-12-04  2023   12   4
2  2023-12-05 2023-12-05  2023   12   5
3  2023-12-06 2023-12-06  2023   12   6
4  2023-12-07 2023-12-07  2023   12   7
<class 'numpy.int32'>
```

3）时间运算

（1）Datetime 的加减。

```python
import pandas as pd
df=pd.read_excel(r'C:\Users\****\Desktop\datetime1.xlsx')#按自己电脑的存储路径更改
df=df.iloc[:,0:1]#获得时间列,并保持 df 为 DataFrame 类型
df['time_dt']=pd.to_datetime(df['time'])#把字符串类型的'time'转换成 datetime 类型的'time_dt'
df['dvalue']=df['time_dt']-df['time_dt'].min()#'time_dt'列的各值减最早的日期赋给'dvalue'列;datetime 可以 min 运算,也可以加减
# df['dvalue']=df['time']-df['time'].min()#此代码报错,字符串之间不能进行减运算
print(df.head(3))
```

输出结果为：

```
    time    time_dt   dvalue
0  2023-12-01 2023-12-01  0days
1  2023-12-04 2023-12-04  3days
2  2023-12-05 2023-12-05  4days
```

（2）Datetime 的方法。

```python
import pandas as pd
df=pd.read_excel(r'C:\Users\****\Desktop\datetime1.xlsx')
df=df.iloc[:,0:3]#获得时间列,并保持 df 是 DataFrame 类型
df['time_dt']=pd.to_datetime(df['time'])#把字符串类型的'time'转换成 datetime 类型的'time_dt'
df['dvalue']=df['time_dt']-df['time_dt'].min()#'time_dt'列的各值减最早的日期赋给'dvalue'列;datetime 可以进行 min 运算,也可以加减。
# df['dvalue']=df['time']-df['time'].min()#此程序报错,字符串之间不能进行减运算
df['wd']=df['time_dt'].dt.isocalendar().week#获得样本数据的本年度第几周数据
df1=df.groupby(['wd']).size()#获得样本数据在指定周内出现的次数
print(df1)
```

输出结果为：

wd

```
48   1
49   5
50   5
dtype：int64
```

4）用时间拆解表格

```
import pandas as pd
df=pd.read_excel(r'C:\Users\****\Desktop\datetime1.xlsx')#按自己电脑的存储路径
更改
df['time_dt']=pd.to_datetime(df['time'])#把字符串类型的'time'转换成datetime类型的
'time_dt'
df2=df.loc[(df.time_dt.dt.isocalendar().week==49)]#获得第49周的所有列
print(df2)
```

输出结果为：

```
time        thscode  open  high ... turnoverRatio  time_dt
1  2023-12-04  600000.SH  6.86  6.87 ... 0.064250     2023-12-04
...  ...
5  2023-12-08  600000.SH  6.60  6.68 ... 0.100571     2023-12-08
```

5）基于时间对其他数据的移动

```
import pandas as pd
df=pd.read_excel(r'C:\Users\****\Desktop\datetime1.xlsx')
df['time_dt']=pd.to_datetime(df['time'])#把字符串类型的'time'转换成datetime类型的
'time_dt'
# df1=df.drop(df.iloc[:,0:1],axis=1)#删除原始数据中未命名的列
df1['shifted_1day_open']=df['open'].shift(1)#把开盘价下移一天,并在DataFrame中增加
新的列
df1=df1.drop(df1.iloc[:,4:9],axis=1)#为了显示方便,删除不必要的列
print(df1)
```

输出结果为：

```
thscode  open  high  shifted_1day_open
0  600000.SH  6.85  6.90   NaN
1  600000.SH  6.86  6.87   6.85
... ... ...
10  600000.SH  6.66  6.70   6.70
```

6）更改时间跨度

```
import pandas as pd
df=pd.read_excel(r'C:\Users\****\Desktop\datetime1.xlsx')#按自己电脑的存储路径
更改
df['time_dt']=pd.to_datetime(df['time'])#把字符串类型的'time'转换成datetime类型的
```

```
'time_dt'
    df=df.set_index(['time_dt'])#用 time_dt 作为行索引
    df=df.drop(df.iloc[:,4:10],axis=1)#保留前 4 列
    df=df.drop(df.iloc[:,0:2],axis=1)#保留前 3、4 列
    print(df)
    down=df.resample('W').mean()#用周作为时间跨度,并对相应变量的周值取平均值
    print(down)
```

输出结果为：

```
        open  high
time_dt
2023-12-01  6.85  6.90
2023-12-04  6.86  6.87
2023-12-05  6.82  6.82
2023-12-06  6.70  6.71
2023-12-07  6.61  6.64
2023-12-08  6.60  6.68
2023-12-11  6.64  6.72
2023-12-12  6.68  6.73
2023-12-13  6.70  6.75
2023-12-14  6.70  6.72
2023-12-15  6.66  6.70
        open   high
time_dt
2023-12-03  6.850  6.900
2023-12-10  6.718  6.744
2023-12-17  6.676  6.724
```

3.4 Series 类型

3.4.1 概念解释

知识课堂3-4

Series 类型

Series 类型由一组数据及与之相关的数据索引组成。Series 是一个带有标签的一维数组，可以保存任何类型的数据，包括整数、字符串、浮点数、Python 对象。Series 有一组索引与数据对应，可以通过标签（index）来访问 Series 中的数据。Series 像字典类型，它的索引与元素是映射关系；也像是一个 ndarray 类型，它可以通过 series_name [index] 的方式访问。

Series 的特点还包括：（1）自动索引，Series 会自动创建一个索引对象，该对象与数据项一一对应。可以通过索引来访问或修改数据项。（2）单一数据列，Series 只包含

单一数据列，不像 DataFrame 那样可以包含多个数据列。（3）标签化数据，与普通数组不同，Series 中的数据项可以具有标签或名称，这些标签或名称可以用于更灵活地访问和操作数据。（4）灵活的数据处理，Series 提供了许多用于数据清洗、转换和分析的函数和方法，使数据处理和分析更加方便和高效。

3.4.2　常见操作

1）创建 Series

操作视频 3-4

Series 常见
操作

```
import pandas as pd
#通过列表创建 Series
l1 = [2,'si',6]
ls1=pd.Series(l1)
print(ls1)
#通过字典创建 Series
ds1=pd.Series({'0':1,'1':'si','2':6})
print(ds1)
print(type(ds1))
```

输出结果为：

```
0    2
1    si
2    6
dtype：object
<class 'pandas.core.series.Series'>
```

2）读取和修改 Series 某一元素

```
import pandas as pd
#通过列表创建 Series
l1 = [2,'si',6]
ls1=pd.Series(l1)
#通过字典创建 Series
ds1=pd.Series({'0':1,'1':'si','2':6})
ls1[1]='四'#更改 ls1 的第二个元素
ds1['1']='四'#注意上一行代码和本行代码的区别
print(ls1)
print(ds1)
```

输出结果为：

```
0    1
1    四
2    6
dtype：object
```

3）增加和删除 Series 的元素

```
import pandas as pd
ds1=pd.Series({'0':1,'1':'si','2':6})
ds1['open']=1.20#增加一个元素,index 为 open
print(ds1)
ds1=ds1.drop('1')#删除 index 为 1 的元素
print(ds1)
```

输出结果依次为：

```
0        1
1        si
2        6
open     1.2
dtype：object
```

```
0        1
2        6
open     1.2
dtype：object
```

4）增加和删除 Series 的缺失值

```
import pandas as pd
ds1=pd.Series({'time':'2020-12-30','code':'600001','open':6})
ds2=pd.Series(ds1,index=['time','close','open','code'])
print(ds2)
ds3=ds2.isnull()
#ds3=ds2.notnull()#返回与上一行代码相反的 boll 值
print(ds3)
```

输出结果依次为：

```
time     2020-12-30
close    NaN
open     6
code     600001
dtype：object
```

```
time     False
close    True
open     False
code     False
dtype：bool
```

5）Series 的合并

若字段同时存在且为数值型，则合并字段的值为数值相加；若字段同时存在且为字符型，则合并字段的值为字符拼接；若字段同时存在，但其中一个 Series 字段的值为 NaN，则合并字段的值为 NaN；若字段不同时存在，则合并字段的值为 NaN。

```
import pandas as pd
ds1=pd.Series({'time':'2020-12-30','open':6})
ds2=pd.Series({'time':'2020-12-31','code':'600001','open':6,'close':7})
ds3=ds1+ds2
print(ds3)
```

输出结果为：

```
close          NaN
code           NaN
open            12
time    2020-12-302020-12-31
dtype：object
```

请通过 help（pd.Series）方法自行掌握 Series 类型的数学运算、统计和分析、排序、函数应用和映射等功能。

3.5　ndarray 对象

3.5.1　概念解释

Numpy 中的 ndarray（N-dimensional array）对象是指一种多维数组对象，用于存储数据。它由元素组成，每个元素都有一个相同的数据类型。ndarray 对象最重要的属性是 shape 和 dtype。shape 表示数组的维度，而 dtype 表示数组的元素类型。

知识课堂3-5

ndarray 对象

3.5.2　常见操作

1）创建 ndarray

操作视频3-5

创建 ndarray

```
import numpy as np
list1=[0,5.0,6.0,120]#建立列表
list2=[[0,1,2,3],[0,5.0,6.0,120]]#建立二维列表
arr1=np.array(list1)#通过列表建立 ndarray
arr2=np.array(list2)#通过二维列表建立(2行,4列)二维 ndarray
arr3=np.zeros((3,2))#用内置方法建立所有元素为 0 的(3行,2列)ndarray
arr4=np.arange(5)#用内置方法建立 0 到 4(不包括 5)的 ndarray
arr=np.array(['1.1','-3.3','0.334'],dtype=np.string_)#数字被定义成字符串的情形
arr5=arr.astype(float)#把字符串的数改为浮点型的数值
print(arr1)
```

```
print(type(arr1))
print(arr2)
print(arr3)
print(arr4)
print(arr5)
```

输出结果依次为：

```
[  0.   5.   6. 120.]
```

```
<class 'numpy.ndarray'>
```

```
[[  0.   1.   2.   3.]
 [  0.   5.   6. 120.]]
```

```
[[0. 0.]
 [0. 0.]
 [0. 0.]]
```

```
[0 1 2 3 4]
```

```
[ 1.1  -3.3   0.334]
```

2）运算

```
import numpy as np
arr=np.array([[1,2,3],[4,5,6]])
arrmul=arr*arr#相乘运算,对应元素间相乘
arrdiv=arr/arr#相除运算,对应元素间相除
arrdiv2=arr/2#用某一数除,每个元素都除
arrplus=arr+arr#相加运算,对应元素间相加
arrsub=arr-arr#相减运算,对应元素间相减
arrpow=arr**0.5#对每个元素进行幂运算
```

依次输出如下：

```
[[1 2 3]
 [4 5 6]]
```

```
[[ 1  4  9]
 [16 25 36]]
```

```
[[1. 1. 1.]
 [1. 1. 1.]]
```

[[0.5 1. 1.5]

[2. 2.5 3.]]

[[2 4 6]

[8 10 12]]

[[0 0 0]

[0 0 0]]

[[1.   1.41421356 1.73205081]

[2.   2.23606798 2.44948974]]

3）抽取 ndarray

```
import numpy as np
#一维数组
arr=np.arange(10)
arr1=arr[3]#取第4个数值
arr2=arr[3:6]#取4至6的数值,类型为 numpy.ndarray
#多维数组
narr=np.array([[1,2,3],[4,5,6],[7,8,9]])
narr1=narr[1][2]#获得第二行的第三个数值;三位时也依此类推,依次降维即可
narr[1][2]=0#取值和赋值可以倒着来
narr2=narr[:2]#获得前两行
narr3=narr[:2,1:]#获得前两行和后两列的交叉区域
```

print(arr1)、print(arr2)、print(type(arr2))、print(narr1)、print(narr)、print(narr2)、print(narr3)的结果依次为：

3

[3 4 5]

<class 'numpy.ndarray'>

6

[[1 2 3]

[4 5 0]

[7 8 9]]

```
[[1 2 3]
 [4 5 0]]
```

```
[[2 3]
 [5 0]]
```

3.6　DataFrame数据结构类型

3.6.1　概念解释

知识课堂3-6

DataFrame数据结构类型

DataFrame是一个表格型的数据结构（属于pandas库），既有行标签（index），又有列标签（columns），也被称为异构数据表。所谓异构，指的是表格中每列的数据类型可以不同，比如可以是字符串、整型或者浮点型等。DataFrame既有行索引也有列索引，可以被看作由Series组成的字典（共用同一个索引）。DataFrame可以理解为一个类似Excel的数据结构的2D数组，包含行索引（index）、列索引（columns）和值。

用DataFrame时，一般提前导入以下三个库：

```
import pandas as pd
import numpy as np
import matplotlib.pyplot as plt#用于画图
```

DataFrame是Python与外界交互的重要节点，是外界事物量化后的储存方式，是记录、应用数据的出发点，因此熟练掌握DataFrame对Python编程具有非常重要的作用。

3.6.2　常见操作

1）创建DataFrame

操作视频3-6

创建DataFrame

（1）通过字典对象创建DataFrame：

```
#引入相关库 import pandas as pd 等
import pandas as pd
import numpy as np
#整体上用字典建立,但每列的建立方法有所不同
df = pd.DataFrame({'A':2021.,'B':pd.Timestamp('20231202'),'C':pd.Series(1,index=list(range(4)), dtype= 'float32'), 'D': np. array([3]*4, dtype= 'int32'), 'E': pd. Categorical(["teacher","student","teacher","student"]),'F':'FinTech' })
print(df)
print(df.dtypes)#查看不同列的数据类型
```

输出结果为：

```
   A       B          C   D  E        F
0  2021.0  2023-12-02 1.0 3  teacher  FinTech
1  2021.0  2023-12-02 1.0 3  student  FinTech
```

2 2021.0 2023−12−02 1.0 3 teacher FinTech

3 2021.0 2023−12−02 1.0 3 student FinTech

不同列的数据类型为

A　　　float64

B　 datetime64 〔ns〕

C　　　float32

D　　　int32

E　　　category

F　　　object

（2）读取和存储 Excel 文档：

df=pd. read_excel(r'C: \Users****\Desktop\168701. xlsx')# 添 加 文 件 路 径 ,这 里 是 A168701.SZ基金相关数据

print(df)

输出结果为：

```
      日期    开盘价 最高价 最低价 收盘价 均价
0 2020−11−16  1.070  1.083  1.067  1.079  1.0756
1 2020−11−17  1.079  1.079  1.061  1.071  1.0669
2 2020−11−18  1.064  1.086  1.063  1.073  1.0712
3 2020−11−19  1.066  1.086  1.063  1.082  1.0722
4 2020−11−20  1.075  1.085  1.072  1.079  1.0770
5 2020−11−23  1.069  1.088  1.069  1.081  1.0796
6 2020−11−24  1.084  1.090  1.075  1.081  1.0832
7 2020−11−25  1.086  1.086  1.069  1.069  1.0767
8 2020−11−26  1.066  1.067  1.056  1.060  1.0647
9 2020−11−27  1.060  1.070  1.052  1.065  1.0619
10 2020−11−30  1.066  1.100  1.066  1.076  1.0864
11 2020−12−01  1.082  1.109  1.082  1.104  1.0946
```

存储数据时用 df.to_excel （r'C: \Users****\Desktop\shuju.xlsx'）添加文件路径，在相应路径下打开 shuju.xlsx 文档后，可以发现数据已被保存。

2）查看数据

（1）查看 DataFrame 中头部和尾部的行：

df=pd. read_excel(r'C: \Users****\Desktop\168701. xlsx')# 添 加 文 件 路 径 ,这 里 是 A168701.SZ基金相关数据

print(df.head(2))#其中 2 可以换成所需的数字,查看头部两行

print(df.tail(2))#查看尾部两行

输出结果为：

```
      日期    开盘价 最高价 最低价 收盘价  均价
0 2020−11−16  1.070  1.083  1.067  1.079  1.0756
```

1 2020-11-17 1.079 1.079 1.061 1.071 1.0669

　　日期　开盘价 最高价 最低价 收盘价 均价

10 2020-11-30 1.066 1.100 1.066 1.076 1.0864

11 2020-12-01 1.082 1.109 1.082 1.104 1.0946

（2）显示索引、列和底层的 numpy 数据：

```
#引入相关库,读取数据后:
df.set_index(['日期'],inplace=True)#更改默认索引为日期
print(df.index)
print(df.columns)
print(df.values)
```

输出结果为：

DatetimeIndex(['2020-11-16','2020-11-17','2020-11-18','2020-11-19',
　　　　　　'2020-11-20','2020-11-23','2020-11-24','2020-11-25',
　　　　　　'2020-11-26','2020-11-27','2020-11-30','2020-12-01'],
　　　　　　dtype='datetime64[ns]',name='日期',freq=None)

Index(['开盘价','最高价','最低价','收盘价','均价'],dtype='object')

[[1.07　1.083　1.067　1.079　1.0756]

[1.079　1.079　1.061　1.071　1.0669]

…　…　…

[1.082　1.109　1.082　1.104　1.0946]]

（3）其他查看数据命令：

```
df.describe()#快速统计汇总数据
df.T#对数据转置
df.sort_index(axis=1,ascending=False)#按轴进行排序
df.sort_values(by='最高价')#按值进行排序
```

3）选择数据

（1）通过行或列选择：

```
#引入相关库,读取数据后:
a=df['开盘价']#用['列名']选择一列
b=df[0:1]#通过[]选择一个或多个行,左闭右开
print(a)
print(type(a))
print(b)
print(type(b))
```

输出结果为：

输出一列

0　　1.070

1　　1.079

…　…

10　1.066

11　1.082

Name：开盘价，dtype：float64

<class 'pandas.core.series.Series'>#按列选择时，数据类型是 Series；按列添加数据时应考虑数据类型。

输出一行

　日期　开盘价 最高价 最低价 收盘价 均价

0 2020－11－16　1.07　1.083　1.067　1.079　1.0756

<class 'pandas.core.frame.DataFrame'>#按行选择时，数据类型还是 DataFrame；按行添加数据时应考虑数据类型。

（2）通过标签（索引）选择：

```
#引入相关库,读取数据后：
df.set_index(['日期'],inplace=True)
c=df.loc['2020-11-17']#获得指定行
d=df.loc[:,['开盘价','均价']]#获得指定列的全部数据,冒号前后为空表示行没有限制
e=df.loc['2020-11-23':'2020-11-25',['开盘价','均价']]#抽取连续行与指定列交叉部分的数据
f=df.loc['2020-11-23',['开盘价','均价']]#获得指定一行与指定列交叉部分的数据
g=df.loc['2020-11-16','开盘价']#指定行和列获得一个数值
h=df.at['2020-11-16','开盘价']#用 at 指定行和列获得一个数值
```

依次输出结果为：

开盘价　1.0790

最高价　1.0790

最低价　1.0610

收盘价　1.0710

均价　1.0669

Name：2020－11－17 00：00：00，dtype：float64

－－－－－－－－－－－－－－－

　　　开盘价　　均价

日期

2020－11－16　1.070　1.0756

2020－11－17　1.079　1.0669

…　…

2020－12－01　1.082　1.0946

－－－－－－－－－－－－－－－

　　　开盘价　均价

日期

2020-11-23 1.069 1.0796
2020-11-24 1.084 1.0832
2020-11-25 1.086 1.0767

开盘价   1.0690
均价   1.0796
Name：2020-11-23 00：00：00，dtype：float64

1.07

1.07

（3）通过位置选择：

```
#引入相关库,读取数据后:
df.set_index(['日期'],inplace=True)
k=df.iloc[3]#获得第四行,带列名的二维数据
l=df.iloc[3:5,0:2]#获得第4到6(不包括6)行和1到2列的交叉部分数据,切块
m=df.iloc[[1,2,4],[0,2]]#获得指定行和指定列交叉的具体数据,获取第2、3、5行和第
1、3列
n=df.iloc[1:3,:]#获得2到4(不包括4)整行数据,切片
o=df.iloc[:,1:3]#获得2到4(不包括4)整列数据,切片,注意带行索引
p=df.iloc[1,1]#获得第2行第2列点数据
```

依次输出结果为：
开盘价   1.0660
最高价   1.0860
最低价   1.0630
收盘价   1.0820
均价   1.0722
Name：2020-11-19 00：00：00，dtype：float64

         开盘价 最高价
日期
2020-11-19 1.066 1.086
2020-11-20 1.075 1.085

         开盘价 最低价
日期
2020-11-17 1.079 1.061

2020-11-18 1.064 1.063
2020-11-20 1.075 1.072

　　　　　　开盘价 最高价 最低价 收盘价 均价
日期
2020-11-17 1.079 1.079 1.061 1.071 1.0669
2020-11-18 1.064 1.086 1.063 1.073 1.0712

　　　　　最高价　　最低价
日期
2020-11-16 1.083 1.067
…　…
2020-12-01 1.109 1.082

1.079

（4）条件选择：

```
#引入相关库,读取数据后:
df.set_index(['日期'],inplace=True)
df['涨跌幅']=df['收盘价']-df['开盘价']#每行收盘价减开盘价得到的数据形成新列,列名为涨跌幅
q=df[df['涨跌幅']<0]#获得指定列中负值的行
r=df[df < 0]#获得负值
s= df[df['最高价'].isin(['1.079',1.086])]#获得指定列中包括指定数据的行
```

依次输出结果为：
　　　　　开盘价 最高价 最低价 收盘价 均价 涨跌幅
日期
2020-11-17 1.079 1.079 1.061 1.071 1.0669 -0.008
2020-11-24 1.084 1.090 1.075 1.081 1.0832 -0.003
2020-11-25 1.086 1.086 1.069 1.069 1.0767 -0.017
2020-11-26 1.066 1.067 1.056 1.060 1.0647 -0.006

　　　　　开盘价 最高价 最低价 收盘价 均价 涨跌幅
日期
2020-11-16 NaN NaN NaN NaN NaN　 NaN
…　…
2020-11-24 NaN NaN NaN NaN NaN -0.003
2020-11-25 NaN NaN NaN NaN NaN -0.017
2020-11-26 NaN NaN NaN NaN NaN -0.006

…　…
2020-12-01 NaN NaN NaN NaN NaN 　NaN

　　　　　开盘价 最高价 最低价 收盘价 均价 涨跌幅
日期
2020-11-17 1.079 1.079 1.061 1.071 1.0669 -0.008
2020-11-18 1.064 1.086 1.063 1.073 1.0712 0.009
2020-11-19 1.066 1.086 1.063 1.082 1.0722 0.016
2020-11-25 1.086 1.086 1.069 1.069 1.0767 -0.017

4）修改数据

（1）通过数列形成新列：

```
#引入相关库,读取数据后:
df.set_index(['日期'],inplace=True)
s1 = pd. Series([628852.00, 314591.00, 887210.00, 612225.00, 45018.00, 298075.00,
131289.00,175292.00,178652.00,287930.00,1029343.00,1040329.00],index=pd.date_range('
2020/11/16',periods=12,freq='c'))#用12天成交额建立一个数列Series,日期频率为工作日
print(s1)
df['成交额(元)']= s1
print(df)
```

依次输出结果为：
2020-11-16 　628852.0
…　…
2020-11-20 　45018.0
2020-11-23 　298075.0
…　…
2020-11-30 　1029343.0
2020-12-01 　1040329.0
Freq：C，dtype：float64

　　　　　开盘价 最高价 最低价 收盘价 均价 涨跌幅 成交额（元）
日期
2020-11-16 1.070 1.083 1.067 1.079 1.0756 0.009 628852.0
…　…
2020-11-20 1.075 1.085 1.072 1.079 1.0770 0.004 　45018.0
2020-11-23 1.069 1.088 1.069 1.081 1.0796 0.012 298075.0
…　…
2020-11-27 1.060 1.070 1.052 1.065 1.0619 0.005 287930.0
2020-11-30 1.066 1.100 1.066 1.076 1.0864 0.010 1029343.0

2020-12-01 1.082 1.109 1.082 1.104 1.0946 0.022 1040329.0

（2）修改某一值：

\#引入相关库,读取数据后：

df.set_index(['日期'],inplace=True)

df.at['2020-11-17','开盘价']= '修改值'\#通过行、列索引修改指定行和列交叉位置的值

print(df)

输出结果为：

开盘价 最高价 最低价 收盘价 均价

日期

2020-11-16 1.07 1.083 1.067 1.079 1.0756

2020-11-17 修改值 1.079 1.061 1.071 1.0669

2020-11-18 1.064 1.086 1.063 1.073 1.0712

… … …

（3）修改某一值和某一列：

\#引入相关库,读取数据后：

df.set_index(['日期'],inplace=True)

s1 = pd. Series([628852.00, 314591.00, 887210.00, 612225.00, 45018.00, 298075.00, 131289.00,175292.00,178652.00,287930.00,1029343.00,1040329.00],index=pd. date_range('2020/11/16',periods=12,freq='c'))\#用12天成交额建立一个数列Series,日期频率为工作日

df['成交额(元)']= s1

df.at['2020-11-17','开盘价']= '改1'\#修改行名和列名交叉位置的值,原始数据类型为int或float时会报错

df['最低价']= df['最低价'].astype('str')\#改变指定列的数据类型,把float改为str

print(df)

df.iat[0,1]='0'\#通过行列默认索引交叉位修改值

print(df)

df. loc[:,' 成 交 额 (元)'] = [62.8852, 31.4591, 88.721, 61.2225, 4.5018, 29.8075, 13.1289, 17.5292,17.8652,28.793,102.9343,104.0329]\#通过list修改一个列,被修改列名为成交额(元);单位改为万元,未修改列名;修改列名等同于删除列后增加列,这里演示修改某一列值

print(df)

df1=df.copy()\#为保持原始数据不变,建立了新的DataFrame数据结构

df1['最高价']= df1['最高价'].astype('float')\#改变指定列的数据类型,把str改为float

df1['最高价'][df1['最高价']> 0]= -df1['最高价']\#按条件修改值,最高价列中大于零的值全部改为负值

print(df1)

输出结果为：

开盘价 最高价 最低价 收盘价 均价 成交额（元）

```
日期
2020-11-16   1.07  1.083  1.067  1.079  1.0756  628852.0
2020-11-17  改 1  1.079  1.061  1.071  1.0669  314591.0
…     …    …

------------
        开盘价 最高价 最低价 收盘价 均价 成交额（元）
日期
2020-11-16   1.07  0.000  1.067  1.079  1.0756  628852.0
2020-11-17  改 1  1.079  1.061  1.071  1.0669  314591.0
…     …    …

------------
        开盘价 最高价 最低价 收盘价 均价 成交额（元）
日期
2020-11-16   1.07  0.000  1.067  1.079  1.0756  62.8852
2020-11-17  改 1  1.079  1.061  1.071  1.0669  31.4591
…     …    …
2020-12-01  1.082  1.109  1.082  1.104  1.0946  104.0329

------------
        开盘价 最高价 最低价 收盘价 均价 成交额（元）
日期
2020-11-16   1.07  0.000  1.067  1.079  1.0756  62.8852
2020-11-17  改 1 -1.079  1.061  1.071  1.0669  31.4591
2020-11-18  1.064 -1.086  1.063  1.073  1.0712  88.7210
…     …    …
2020-12-01  1.082 -1.109  1.082  1.104  1.0946  104.0329
```

5）缺失值的处理

去掉包含缺失值的行：

```python
#引入相关库
import pandas as pd
import numpy as np
#读取数据 df=pd.read_excel(r'C:\Users\****\Desktop\168701.xlsx')后：
df1 = df.reindex(index=df.index[0:4],columns=list(df.columns)+ ['换手率'])#从 df取 0 到 3 行的四行数据,并在列上增加列名为换手率的列
df1.loc[0:2,'换手率']= 1#换手率列的前 3 行赋值 1,第 4 行为缺失值 NaN
df1['最低价']= df1['最低价'].astype('str')#改变指定列的数据类型,把 float 改为 str
df1.loc[0:0,'最低价']= np.nan#把第 1 行的最低价列改为 NaN,用 np.nan 赋值
print(df1)#查看有缺失值的二维数据
df1.dropna(axis=0,how='any',inplace=True)#去掉有缺失值的行
```

print(df1)#查看效果,整行删除;删除第一列的程序为 df2=df.drop(df.iloc[:,0:1],axis=1)

df1.loc[0:1,′最低价′]= np.nan#把第1行的最低价列改为 NaN

df1.fillna(value=5,inplace=True)#把缺失值填充为 5;注意后向填充或前向填充参数 ′method=′backfill′或′method=′ffill′

print(df1)#查看填充效果

依次输出结果为:

	开盘价	最高价	最低价	收盘价	均价	换手率
日期						
2020−11−16	1.070	1.083	NaN	1.079	1.0756	1.0
2020−11−17	1.079	1.079	1.061	1.071	1.0669	1.0
2020−11−18	1.064	1.086	1.063	1.073	1.0712	1.0
2020−11−19	1.066	1.086	1.063	1.082	1.0722	NaN

———————————

	开盘价	最高价	最低价	收盘价	均价	换手率
日期						
2020−11−17	1.079	1.079	1.061	1.071	1.0669	1.0
2020−11−18	1.064	1.086	1.063	1.073	1.0712	1.0

———————————

	开盘价	最高价	最低价	收盘价	均价	换手率
日期						
2020−11−17	1.079	1.079	5	1.071	1.0669	1.0
2020−11−18	1.064	1.086	1.063	1.073	1.0712	1.0

6）统计应用

#引入相关库,读取数据后:

df=pd.read_excel(r′C:\Users****\Desktop\168701.xlsx′)#按自己电脑的存储路径更改

df.set_index([′日期′],inplace=True)

a=df.mean()#在列方向上取平均

b=df.mean(1)#在行方向上取平均,在本数据集中无意义

c=df[′最高价′].shift(periods=3,freq=None,axis=0)#列方向,向下移动3个数值,上面填充 NaN

d=df.describe()#对数据集进行描述性统计报告

e=df.cumsum()#原始数据集的列方向上累进求和

f=df.apply(lambda x:x.max()− x.min())#在列方向上用函数获得最大值和最小值的差

h=df[′最高价′].value_counts()#统计指定列的每个数值的出现次数

a 至 h 的输出结果为:

开盘价　1.072250

…　…　…

均价　　1.075833

dtype：float64

日期

2020-11-16　1.07492

…　…　…

2020-12-01　1.09432

dtype：float64

日期

2020-11-16　　NaN

2020-11-17　　NaN

2020-11-18　　NaN

2020-11-19　1.083

…　…　…

2020-12-01　1.067

Name：最高价，dtype：float64

	开盘价	最高价	最低价	收盘价	均价
count	12.000000	12.000000	12.000000	12.000000	12.000000
mean	1.072250	1.085750	1.066250	1.076667	1.075833
std	0.008667	0.011363	0.008148	0.011048	0.009376
min	1.060000	1.067000	1.052000	1.060000	1.061900
25%	1.066000	1.082000	1.062500	1.070500	1.070125
50%	1.069500	1.086000	1.066500	1.077500	1.076150
75%	1.079750	1.088500	1.069750	1.081000	1.080500
max	1.086000	1.109000	1.082000	1.104000	1.094600

	开盘价	最高价	最低价	收盘价	均价
日期					
2020-11-16	1.070	1.083	1.067	1.079	1.0756
2020-11-17	2.149	2.162	2.128	2.150	2.1425
…　…　…					
2020-12-01	12.867	13.029	12.795	12.920	12.9100

开盘价　0.0260

…　…　…

均价　0.0327

dtype：float64

```
--------------
1.086    3
1.100    1
…  …  …
1.090    1
Name：最高价，dtype：int64
```

7）合并

为进行合并、分组等表与表之间的操作，重新应用新的数据000547.xlsx进行相关操作。为方便学习，Excel中分9个工作表，分别存储为：整体、左、右、上、下、左上、左下、右上、右下数据。后面8个工作表是整体表格的分割存储。数据下载情况如图3-1所示。实际上，可以用Del、pop( )、drop( )等命令删除相应行后形成相应的8个表，如df.drop([3,5])删除4、5行（inplace=True参数）；del df['最高价']删除最高价列；然后另存工作表即可。

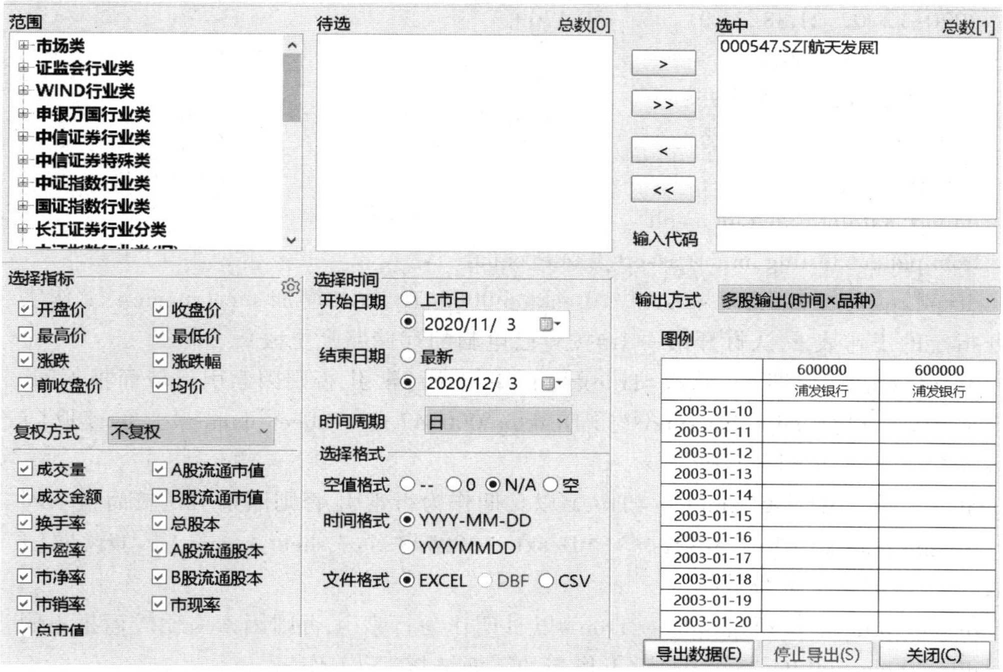

图3-1　从万得下载数据说明（wind金融终端-股票-多维数据-行情序列）

```
#数据读取情况如下：
import pandas as pd
import numpy as np
import matplotlib.pyplot as plt
df=pd.read_excel(r'C:\Users\****\Desktop\000547.xlsx')#增加 sheet_name='工作表名',
打开指定的工作表,默认打开第一个#按自己电脑的存储路径更改
allsheetname=pd.read_excel(r'C:\Users\****\Desktop\000547.xlsx', sheet_name=None)#
```

获得各工作表名

```
print(list(allsheetname))#打印工作表名
df.set_index(['日期'],inplace=True)#以日期作为行索引
df.describe()#对数据集进行描述性统计报告
print(df)
```

输出结果为：

```
['000547','下','右','左上','左下','右上','右下','上','左']
------------------
        前收盘价 开盘价 ... 市现率
日期
2020-11-03  19.99  20.15  ...  -47.9765
2020-11-04  20.58  20.66  ...  -47.7201
 ...  ...  ...
2020-12-02  21.88  21.91  ...  -50.4709
[22 rows x 21 columns]
```

（1）用 concate 上下合并：

```
import pandas as pd
import numpy as np
import matplotlib.pyplot as plt
from pandas.testing import assert_frame_equal
df=pd.read_excel(r'C:\Users\****\Desktop\000547.xlsx')#增加 sheet_name='工作表名',
打开指定的工作表,默认打开第一个#按自己电脑的存储路径更改
df.set_index(['日期'],inplace=True)#以日期作为行索引,否则因索引比较而报不同
dfs=pd.read_excel(r'C:\Users\****\Desktop\000547.xlsx',sheet_name='上')#读取'上'工
作表,获得 df 的上半部分数据
dfs.set_index(['日期'],inplace=True)#以日期作为行索引,否则因索引比较而报不同
dfx=pd.read_excel(r'C:\Users\****\Desktop\000547.xlsx',sheet_name='下')#读取'下'工
作表,获得 df 的下半部分数据
dfx.set_index(['日期'],inplace=True)#以日期作为行索引,否则因索引比较而报不同
dfh=pd.concat([dfs,dfx])#在'上'工作表的下面链接'下'工作表
print(assert_frame_equal(df,dfh))#'上'工作表和'下'工作表合并后与原整体工作表比
较,应该一样,报没有不一样的地方 None;若有不一样,则指出哪里不一样
```

输出结果为：

None

（2）用 merge 左右合并：

```
import pandas as pd
import numpy as np
import matplotlib.pyplot as plt
```

```
from pandas.testing import assert_frame_equal
```
df=pd.read_excel(r′C:\Users****\Desktop\000547.xlsx′)#增加 sheet_name=′工作表名′,打开指定的工作表,默认打开第一个

df.set_index([′日期′],inplace=True)#以日期作为行索引,否则因索引比较而报不同

dfz=pd.read_excel(r′C:\Users****\Desktop\000547.xlsx′,sheet_name=′左′)#读取′左′工作表,获得 df 的上半部分数据#按自己电脑的存储路径更改

dfz.set_index([′日期′],inplace=True)#以日期作为行索引,否则因索引比较而报不同

dfy=pd.read_excel(r′C:\Users****\Desktop\000547.xlsx′,sheet_name=′右′)#读取′右′工作表,获得 df 的下半部分数据#按自己电脑的存储路径更改

dfy.set_index([′日期′],inplace=True)#以日期作为行索引,否则因索引比较而报不同

dfh=pd.merge(dfz,dfy,on=′日期′)#在′左′工作表的右侧链接′右′工作表,′日期′是合并时对照的列

print(assert_frame_equal(df,dfh))#′左′工作表和′右′工作表合并后与原整体工作表比较,应该一样,报没有不一样的地方 None;如果有不一样,则指出哪里不一样

（3）用 append 追填:

```
import pandas as pd
from pandas.testing import assert_frame_equal
```
df=pd.read_excel(r′C:\Users****\Desktop\000547.xlsx′)#增加 sheet_name=′工作表名′,打开指定的工作表,默认打开第一个#按自己电脑的存储路径更改

dfs=pd.read_excel(r′C:\Users****\Desktop\000547.xlsx′,sheet_name=′上′)#读取′上′工作表,获得 df 的上半部分数据

dfx=pd.read_excel(r′C:\Users****\Desktop\000547.xlsx′,sheet_name=′下′)#读取′下′工作表,获得 df 的下半部分数据

dfh=dfs._append(dfx,ignore_index=True)#在′上′工作表的下面追填′下′工作表,并忽略行索引

print(assert_frame_equal(df,dfh))#′上′工作表和′下′工作表合并后与原整体工作表比较,应该一样,报没有不一样的地方 None;如果有不一样,则指出哪里不一样

输出结果为:

None

8）分组

通过万得数据终端获取数据的方式如图 3-2 所示（Wind 金融终端–股票–多维数据–行情序列）。

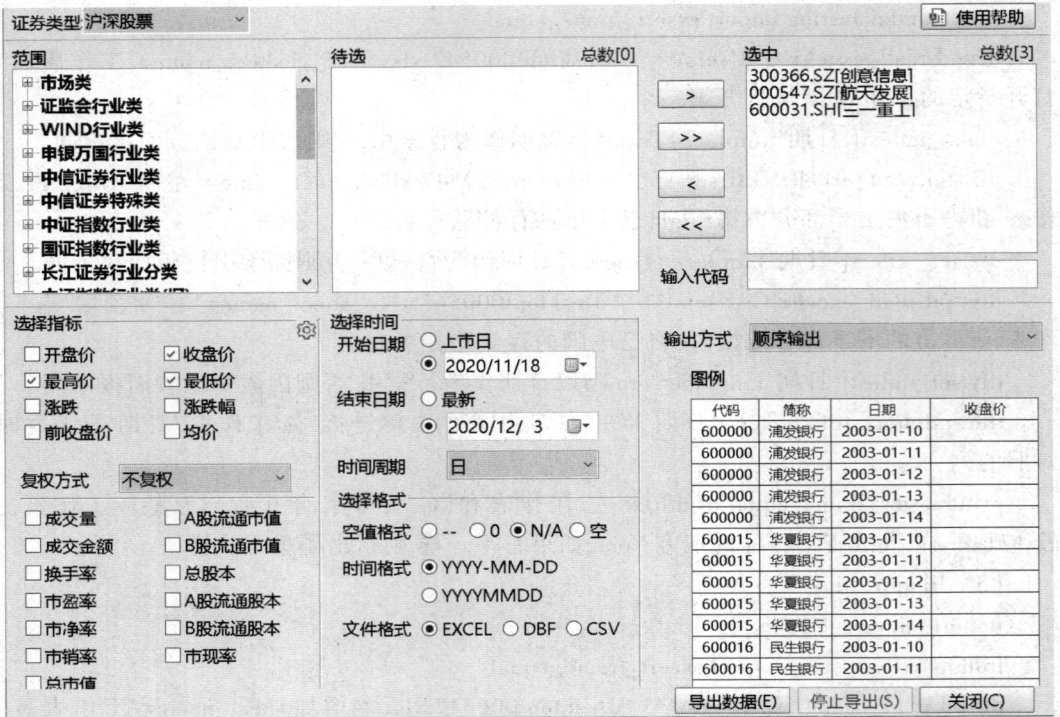

图 3-2　通过万得数据终端获取数据方式

（1）用 groupby 分组后执行函数：

```
#运行如下程序:
import pandas as pd
df=pd.read_excel(r'C:\Users\****\Desktop\顺序输出 300366-000547-600031.xlsx')
a=df.groupby(['日期']).describe()#以日期为组对三只股票进行描述性统计
print(a)
```

输出结果为：

```
       最高价（元）         ...   收盘价（元）
      Count mean std  min ...  25%   50%   75%   max
日期                      ...
2020-11-18 3.0 20.13 8.43 11.47 ... 15.645 20.09 23.795 27.50
2020-11-19 3.0 20.21 8.37 11.43 ... 16.180 21.00 24.445 27.89
...   ...   ...
2020-12-03 3.0 21.79 10.40 11.42 ... 16.335 21.46 26.560 31.66
[12 rows x 24 columns]
```

（2）对多个列进行分组形成一个层次索引，然后执行函数：

```
df.groupby(['日期','代码']).sum()
#不打印运行结果,仅为学习编写此行程序,没有实际意义
```

9）改变行和列维度

用 stack 和 unstack 命令实现行和列的维度变换。

```
import pandas as pd
df=pd.read_excel(r'C:\Users\****\Desktop\顺序输出 300366-000547-600031.xlsx')
df1=df.iloc[0:12,1:4]#获得前 12 行的 2 至 3 列的数据
df2=df1.stack()#降低列维度
df3=df2.unstack()#效果为回退上一步操作;注意参数可以设置为 0、1 或更多值,其值
取决于原始数据结构
print(df1)
print(df2)
print(df3)
```

输出结果依次为：

```
      简称       日期  最高价（元）
0  创意信息 2020-11-18   11.47
1  创意信息 2020-11-19   11.43
...  ...  ...
11 创意信息 2020-12-03   11.42
-----------
0  简称              创意信息
   日期      2020-11-18 00：00：00
   最高价（元）            11.47
...  ...  ...
11 简称              创意信息
   日期      2020-12-03 00：00：00
最高价（元）            11.42
--------------
      简称       日期  最高价（元）
0  创意信息 2020-11-18   11.47
...  ...  ...
11 创意信息 2020-12-03   11.42
```

10）透视

用 pd.pivot_table 实现透视功能，即从原始表中选择两列（简称和日期），作为新表的行和列；再选某一具体研究的变量（某列、最低价）作为内容后表格化展现。

```
import pandas as pd
df=pd.read_excel(r'C:\Users\****\Desktop\顺序输出 300366-000547-600031.xlsx')
df1=pd.pivot_table(df,values='最低价(元)',index=['简称'],columns = ['日期'])
print(df)#原始数据,作为比较而输出
print(df1)#透视结果
```

输出结果为：

```
      代码      简称      日期     最高价  最低价  收盘价
0  300366.SZ  创意信息  2020-11-18  11.47  10.85  11.20
...
12  000547.SZ  航天发展  2020-11-18  20.60  19.88  20.09
...
35  600031.SH  三一重工  2020-12-03  32.22  31.29  31.66
----------
日期      11-18  11-19  11-20  ...  12-01  12-02  12-03
简称                          ...
三一重工  27.35  27.02  27.90  ...  30.72  31.78  31.29
创意信息  0.85   10.82  11.14  ...  10.89  11.02  11.08
航天发展  19.88  19.60  20.70  ...  21.40  21.44  20.92
[3 rows x 12 columns]
```

📝 知识检测

1）单项选择题

（1）读取字典中的某一值时可以用（   ）。

A.in 方法或 get 方法

B.iloc 方法或 loc 方法

C.xiloc 方法或 xloc 方法

D.at 方法或 in 方法

（2）以下代码输出的结果是（   ）。

```
s = pd.Series（[1, 2, 3, 4, 5]）
print（s[2]）
s = pd.Series（[1, 2, 3, 4, 5], index=['a', 'b', 'c', 'd', 'e']）
print（s.loc['c']）
```

A.1，1

B.2，2

C.3，3

D.4，4

（3）arr=np.arange（10）的功能是创建一个包含0到9共10个整数的一维 NumPy 数组。具体来说，np.arange()函数返回一个等差数列，其参数包括起始值、终止值和步长。在这个例子中，起始值为0，终止值为9（不包含），步长为1，因此得到的数组为（   ）。

A. ['0', '1', '2', '3', '4', '5', '6', '7', '8', '9']

B. ['1', '2', '3', '4', '5', '6', '7', '8', '9', '10']

C. [0 1 2 3 4 5 6 7 8 9]

D. [1 2 3 4 5 6 7 8 9 10]

（4）DataFrame 的中实现透视功能的命令是（   ）。

A. pd.pivot_table

B. pd.stack 或 pd.unstack

C. pd.groupby

D. pd.merge

2）多项选择题

（1）Python 中的列表是一种有序、可变的数据结构，可以存储任意类型的元素。列表的常用操作包括（　　）。

A. 创建列表：使用方括号［］或 list（）函数创建一个空列表，或者在方括号中添加元素创建一个有元素的列表

B. 访问元素：使用索引访问列表中的元素，索引从 0 开始。也可以使用负数索引从列表末尾开始访问元素

C. 切片操作：使用切片操作可以获取列表中的一部分元素，语法为［start：end：step］。其中，start 表示起始索引，end 表示结束索引（不包含），step 表示步长，默认为 1

D. 添加元素：使用 append（）方法在列表末尾添加元素，使用 insert（）方法在指定位置插入元素

E. 删除元素：使用 del 语句或 pop（）方法删除列表中的元素。del 语句可以删除指定位置的元素或整个列表，pop（）方法可以删除指定位置的元素并返回该元素的值

F. 修改元素：使用索引或切片操作可以修改列表中的元素

G. 查找元素：使用 in 关键字可以判断一个元素是否在列表中，使用 index（）方法可以查找元素在列表中的位置

H. 统计元素：使用 count（）方法可以统计列表中某个元素出现的次数，使用 len（）函数可以获取列表的长度

I. 排序操作：使用 sort（）方法可以对列表进行排序，使用 reverse（）方法可以翻转列表中元素的顺序

J. 复制列表：使用 copy（）方法或切片操作可以复制一个列表

（2）Python 中的字典是一种无序的键值对集合，用于存储和管理数据。字典支持多种常用操作，包括（　　）。

A. 创建字典：使用大括号 ｛｝ 或 dict（）函数创建一个空字典，或者在大括号中添加键值对创建一个有元素的字典

B. 添加或修改键值对：使用赋值语句可以添加或修改字典中的键值对。例如，dict［key］= value

C. 访问键值对：使用键来访问字典中的值，语法为 dict［key］。如果键不存在，会抛出 KeyError 异常，可以使用 get（）方法来避免异常

D. 删除键值对：使用 del 语句可以删除字典中的键值对，语法为 del dict［key］

E. 判断键是否存在：使用 in 关键字可以判断一个键是否存在于字典中

F. 获取所有键或值：使用 keys（）方法可以获取字典中所有的键，使用 values（）方法可以获取字典中所有的值，可以将这些方法返回的结果转换为列表或其他可迭代对象

G. 获取所有键值对：使用 items（）方法可以获取字典中所有的键值对，返回一个包含元组的可迭代对象

H. 遍历字典：使用 for 循环可以遍历字典的键、值或键值对

I. 复制字典：使用 copy（）方法可以复制一个字典

J. 清空字典：使用 clear（）方法可以清空字典中的所有键值对

（3）在 Python 中，Series 是 pandas 库中的一种数据结构，类似于一维数组或列表，但具有更多的功能和灵活性。Series 可以存储任意类型的数据，并且每个数据都与一个索引相关联。Series 的常用操

作包括（　　）。

A. 创建 Series：使用 pandas 的 Series() 函数可以创建一个 Series 对象。可以传入一个列表、数组或字典作为数据，并可选择性地指定索引

B. 访问元素：使用索引可以访问 Series 中的元素，可以使用整数位置索引或自定义的标签索引

C. 切片操作：可以使用切片操作来获取 Series 中的一部分元素，切片操作与 Python 的列表和数组类似

D. 算术运算：Series 支持各种算术运算，如加法、减法、乘法和除法，这些运算可以对整个 Series 或特定元素进行

E. 过滤数据：可以使用布尔索引来过滤 Series 中的数据，可以根据条件筛选出满足条件的元素

F. 排序数据：可以使用 sort_values() 方法对 Series 中的数据进行排序，默认情况下，按照升序排序

G. 统计描述：可以使用 describe() 方法获取 Series 的统计描述信息，如计数、均值、标准差、最小值、最大值等

H. 处理缺失值：可以使用 isnull() 方法检查 Series 中的缺失值，并使用 dropna() 方法删除包含缺失值的元素，或使用 fillna() 方法填充缺失值

I. 数据对齐：当多个 Series 对象进行运算时，会自动根据索引对齐数据。如果两个 Series 的索引不完全匹配，将使用 NaN 填充缺失值

J. 数据转换：可以使用 apply() 方法对 Series 中的每个元素应用自定义函数，也可以使用 map() 方法根据字典或 Series 对象进行数据映射

（4）在 Python 中，ndarray（N-dimensional array）是 NumPy 库中的一种数据结构，用于存储和处理多维数组。ndarray 的常用操作包括（　　）。

A. 创建 ndarray：使用 NumPy 的 array() 函数可以创建一个 ndarray 对象，可以传入一个列表、元组或其他可迭代对象作为数据，也可以指定数据类型

B. 访问元素：使用索引可以访问 ndarray 中的元素。对于多维数组，可以使用逗号分隔的索引来访问特定位置的元素

C. 切片操作：可以使用切片操作来获取 ndarray 中的一部分元素，切片操作与 Python 的列表和数组类似

D. 形状操作：可以使用 shape 属性获取 ndarray 的形状，即各个维度的大小，可以使用 reshape() 方法改变 ndarray 的形状，也可以使用 resize() 方法直接修改 ndarray 的形状

E. 算术运算：ndarray 支持各种算术运算，如加法、减法、乘法和除法，这些运算可以对整个 ndarray 或特定元素进行操作

F. 统计操作：可以使用 mean()、sum()、min()、max() 等方法对 ndarray 进行统计操作，计算平均值、总和、最小值、最大值等

G. 数组运算：可以使用 transpose() 方法进行数组转置，使用 concatenate() 方法进行数组拼接，使用 split() 方法进行数组分割等

H. 排序操作：可以使用 sort() 方法对 ndarray 进行排序。默认情况下，按照最后一个轴进行排序，也可以指定轴或排序算法

I. 多维数组操作：可以使用 ndarray 的多维操作来处理多维数组。例如，使用 sum() 方法可以计算指定轴的总和，使用 mean() 方法可以计算指定轴的平均值

J. 数组复制：使用 copy() 方法可以复制一个 ndarray，避免对原始数组的修改

（5）在 Python 中，DataFrame 是 pandas 库中的一种数据结构，用于处理和分析结构化数据。DataFrame 类似于 Excel 中的表格，可以存储和操作二维数据。DataFrame 的常用操作包括（　　）。

A. 创建 DataFrame：可以使用 pandas 的 DataFrame() 函数创建一个 DataFrame 对象；可以传入字典、

列表、ndarray 等作为数据；可以从文件中读取数据

　　B. 查看数据：使用 head() 方法可以查看 DataFrame 的前几行数据，默认显示前 5 行；使用 tail() 方法可以查看 DataFrame 的后几行数据，默认显示后 5 行；可以使用 shape 属性获取 DataFrame 的形状

　　C. 访问数据：DataFrame 中的数据可以通过列名或索引进行访问；可以使用 [ ] 操作符加上列名或索引来访问特定列或行的数据

　　D. 切片操作：可以使用切片操作来获取 DataFrame 中一部分数据；可以通过行索引或列名进行切片

　　E. 筛选数据：可以使用布尔索引来筛选 DataFrame 中的数据；可以根据条件筛选出满足条件的行或列

　　F. 添加和删除列：可以使用 [ ] 操作符来添加新的列，也可以使用 del 关键字删除列

　　J. 排序数据：可以使用 sort_values() 方法对 DataFrame 中的数据进行排序；可以根据一个或多个列进行排序

　　H. 统计描述：可以使用 describe() 方法获取 DataFrame 的统计描述信息，例如计数、均值、标准差、最小值、最大值等。

　　I. 处理缺失值：可以使用 isnull() 方法检查 DataFrame 中的缺失值，并使用 dropna() 方法删除包含缺失值的行或列，或使用 fillna() 方法填充缺失值

　　J. 数据转换：可以使用 apply() 方法对 DataFrame 中的每个元素应用自定义函数，也可以使用 map() 方法根据字典或 Series 对象进行数据映射

　　(6) 在使用 pandas 的 to_datetime 函数将指定对象转换为 datetime 类型时，经常出现的错误包括（　　）。

　　A. 错误的日期格式：to_datetime 函数默认使用 ISO 8601 日期格式（yyyy-mm-dd），如果指定对象的日期格式不符合 ISO 8601 格式，将会出现解析错误。在这种情况下，需要通过指定 format 参数来明确 to_datetime 函数对象的日期格式

　　B. 缺失值处理：to_datetime 函数默认将缺失值（如 None、NaN）转换为 NaT（Not a Time）类型。如果指定对象中包含缺失值，并且不希望将其转换为 NaT 类型，需要通过设置 errors 参数为 ignore 来忽略错误

　　C. 错误的数据类型：to_datetime 函数通常用于将字符串类型的日期转换为 datetime 类型。如果指定对象的数据类型不是字符串类型，将会出现类型错误。在这种情况下，需要先将指定对象转换为字符串类型，然后使用 to_datetime 函数进行转换

　　D. 非法日期值：to_datetime 函数对日期值有严格的规定，如果指定对象中包含非法的日期值（如 2 月 30 日），将会出现解析错误。在这种情况下，需要在转换之前先进行日期值的有效性验证

　　3）判断题

　　(1) 以下三行代码的输出结果为 ['财经大学', '2020', 'Fintech']。

list2 = ['财经大学', '2020', 'Fintech', 100, '金融学院', 'python']

temp=list1 [1: 4]

print（temp）　　　　　　　　　　　　　　　　　　　　　　　　　　　（　　）

　　(2) 字典中修改某一值的代码是：用字典名 [键]=要赋的值。　　　　　（　　）

　　4）思考题

　　(1) 有哪些常用数据类型，它们的维度分别是多少？

　　(2) DataFrame 与 Excel 关系密切，把结构化数据统一到 df 格式存储后能够提高编程效率；但为什么还需要用其他方式存储？

　　(3) 人看 ndarray 对象时，理解难度大，但计算机为什么喜欢 ndarray 对象呢？

知识检测3-1

第3章

（4）各数据类型之间的转换对数据处理具有基础作用，你认同此观点吗？为什么？

育德启智

科研基础环境的重要性

华为公司通过实施员工集体所有制的分配制度，发挥了社会主义制度的优越性，克服了资本的逐利性，提高了工作效率，激发了创新活力，从而推动了共同富裕的实现，在特定的国内外环境下获得了举世瞩目的成就。

比如，华为在芯片领域的突破，尤其是其自主研发的麒麟系列芯片，不仅打破了国外芯片企业的垄断，更为中国科技产业的自主创新树立了典范。华为的芯片不仅在性能上达到了国际领先水平，更重要的是，它摆脱了对国外芯片供应商的依赖，保障了华为产品的自主可控。

华为在操作系统软件领域的突破也堪称经典。鸿蒙操作系统（HarmonyOS）作为华为自主研发的操作系统，具备高效、安全、跨平台等特点，支持多种智能终端设备，包括手机、平板、电视等。鸿蒙操作系统的推出，不仅提升了华为产品的竞争力，而且对打破谷歌安卓和苹果iOS在操作系统领域的垄断格局产生了积极影响。

对年轻人来说，学习基础软件技术不仅是掌握一门实用技能，更是个人职业发展的有力保障。在这个日新月异的科技时代，基础软件技术已经成为国家发展的重要基石，是企业竞争的关键因素。年轻人应该紧跟时代步伐，积极投身到基础软件技术的学习和研究中，为国家的发展贡献自己的力量。

思政元素：爱党爱国　守正创新

思政课堂3-1

科研基础环境
的重要性

学有所悟：华为创新的成功，正是社会主义制度优越性的生动体现。通过员工集体所有制和自主研发创新，华为不仅打破了国际垄断，而且推动了共同富裕的实现。这告诉我们，只有坚持党的领导，发挥社会主义制度的优越性，我们才能在科技领域取得更多突破。党的二十大报告指出："加快实施创新驱动发展战略。坚持面向世界科技前沿、面向经济主战场、面向国家重大需求、面向人民生命健康，加快实现高水平科技自立自强。以国家战略需求为导向，集聚力量进行原创性引领性科技攻关，坚决打赢关键核心技术攻坚战。"基础软件技术作为国家发展的重要基石，需要我们这一代年轻人去掌握、去创新。"青年强，则国家强。"当代中国青年生逢其时，施展才华的舞台无比广阔，我们要积极响应国家号召，投身到基础软件技术的研究中，为祖国的现代化建设贡献自己的力量。

第 4 章
可视化

理解数据时，图形发挥着至关重要的作用，能够直观地展示数据的分布、趋势和模式，使复杂的数据集变得易于理解和解释。在教学和论文写作中，图形是不可或缺的工具，能够迅速而有效地传递数据分析的背景和关键信息。通过图形的辅助，读者可以更加深入地理解数据的含义，加强数据的可理解性和沟通性。Matplotlib库具有多样化的绘图类型、高度定制性、灵活的兼容性功能以及简单易用等特点，是数据分析和可视化领域的重要工具之一。qstock库基于Tushare库实现了股票数据获取，基于Pandas库实现了数据处理功能，基于pyfolio库实现了量化回测功能，基于Matplotlib、Seaborn库实现了可视化功能，在处理和分析国内金融市场数据方面有较好的效果。Matplotlib在可视化方面应用广泛，应重点掌握；qstock库在中国金融市场应用方面具有便捷性，但更新相对缓慢，调试好的代码后期容易出现错误。

■■■ **学习目标**

知识课堂4-0

导学

知识目标：掌握应用Matplotlib库、qstock库画图的基本方法。

能力目标：能够应用Matplotlib库画图；能够结合qstock库可视化股票数据。

素养目标：树立正确的审美观和高尚的情操，坚定文化自信，积极弘扬中华优秀传统文化。

4.1 Matplotlib 的应用

Python 中引入 Matplotlib 库后，可以创建静态、动态和可交互的图形。可以登录官网（https://matplotlib.org/）获得帮助。Matplotlib 是一个用于 Python 编程语言的 2D 绘图库，它可以在各种平台上以各种硬拷贝格式和交互环境生成具有出版品质的图形。Matplotlib.pyplot 是绘制各类可视化图形的命令子库，相当于快捷方式，可以简单调用 Matplotlib 中所有的可视化方式。Matplotlib 可以调用函数轻松地绘制出数据分析中的各种图形，如折线图、条形图、柱状图、散点图、饼图等。

知识课堂4-1

Matplotlib 的应用

4.1.1 显示一维和二维关系图

通过 pyplot 可视化非常便捷，如运行下面代码后，输出如图 4-1 所示：

```
import matplotlib.pyplot as plt#引入库
plt.rcParams['font.sans-serif']=['SimHei']#显示汉字,设置字体
plt.rcParams['axes.unicode_minus']=False#显示字符
plt.plot([1,2,3,4])
plt.ylabel('数据')
plt.show()
```

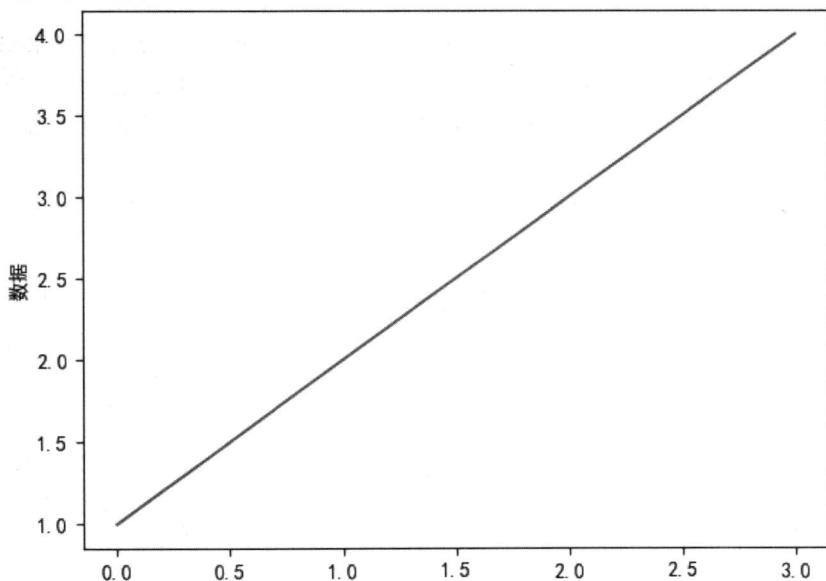

图 4-1　pyplot 的简单例子

从图 4-1 中可以发现，x 轴的范围为 0～3，y 轴的范围为 1～4，原因是：向 ~. matplotlib.plot 提供单个列表或数组，matplotlib 会将其视为 y 值的序列，并自动生成 x 值；由于 Python 的范围从 0 开始，默认的 x 向量与 y 的长度相同，但从 0 开始，因此，x 数据为 [0,1,2,3]。如果要绘制 x 对 y 的图，则可以输入以下代码，输出如图 4-2 所示。

plt.plot([1,2,3,4],[1,4,9,16])

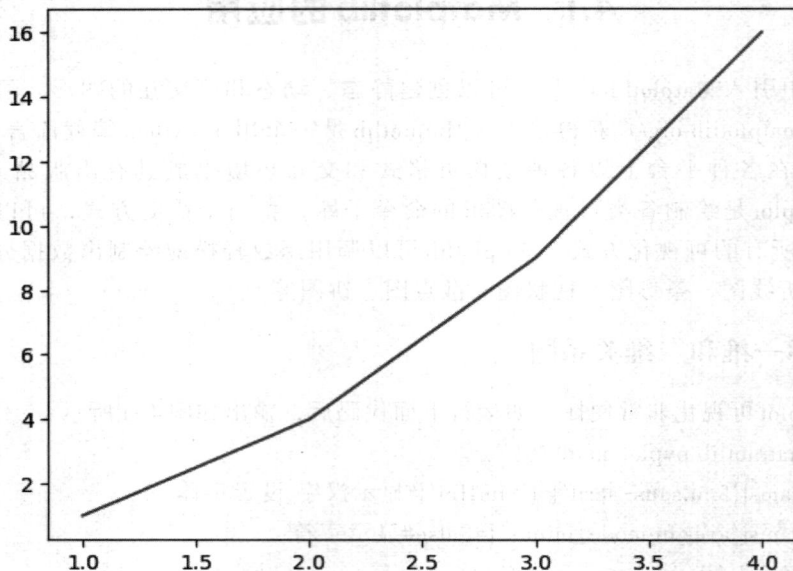

图 4-2   x 对 y 的图

4.1.2   调整图形样式

对于每一对 x、y 参数，都有一个可选的第三个参数控制图形的颜色和线条类型，其默认值是′b-′，用实心蓝色线表示，其输出结果如图 4-1 和 4-2 所示。若想使用红色圆圈绘制上面的图形，则要把第三个参数设置成′ro′，输入以下代码后，输出如图 4-3 所示。

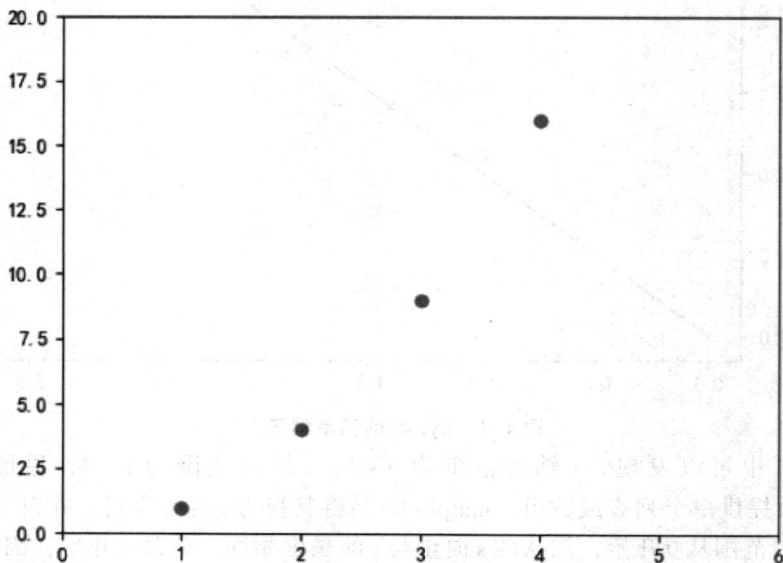

图 4-3   图形控制

```
plt.plot([1,2,3,4],[1,4,9,16],'ro')
plt.axis((0,6,0,20))#设置 x 轴的显示范围[0,6],y 轴的显示范围[0,20]
plt.show()
```

注意：参数设置规范，请参阅 Matplotlib 官网的"API Reference"界面。

4.1.3 用数组（numpy）画图

上面基于 matplotlib 库，应用列表类型数据，完成了画图工作。实际上，所有序列都可在 matplotlib 库内部转换为 numpy 数组。接着使用数组在一个画布中绘制具有不同样式的多条线，相应代码如下，输出如图 4-4 所示。

```
import numpy as np#引入库
t = np.arange(0.,5.,0.2)
#用 np.arange 函数创建一个从 0 到 5 的数组,间隔为 0.2,共 25 个数字
plt.plot(t,t,'r--',t,t**2,'bs',t,t**3,'g^')
#画出三条曲线:第 1 条线是红色的虚线('r--'),对应点 (t,t),即 y = x 的函数图形;第二条
线是蓝色的实心方形线('bs'),对应点 (t,t^2),即 y = x^2 的函数图形;第三条线是绿色的三角
形线('g^'),对应点 (t,t^3),即 y = x^3 的函数图形
plt.show()
```

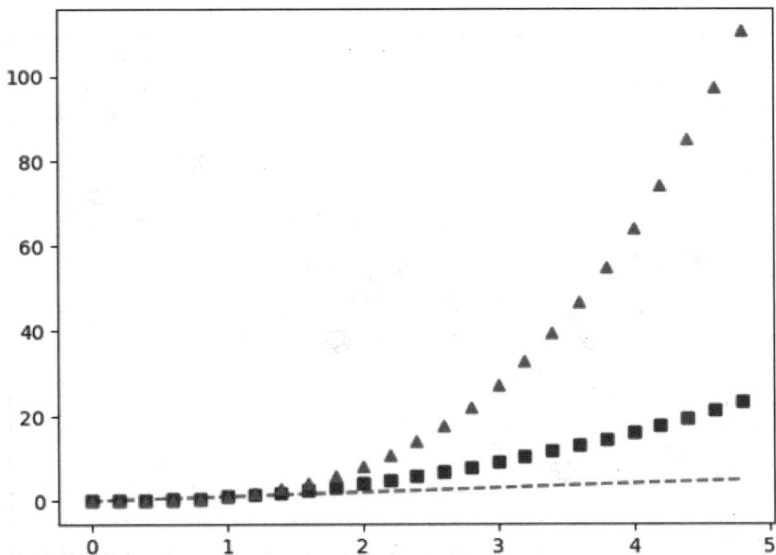

图 4-4　多种图形

4.1.4 用结构化数据画图

使用字典类型（或 pandas.DataFrame 数据结构）画图，代码的主要功能为：创建一个散点图，其中 x 轴是'a'的值，y 轴是围绕'a'的值上下波动的'b'的值，散点的颜色和大小分别由'c'和'd'的值决定。相应代码如下，输出如图 4-5 所示。

```
import numpy as np
import random
random.seed(99)#保持每次输出一样
data = {'a':np.arange(50),'c':np.random.randint(0,50,50),'d':np.random.randn(50)}#创建
```
一个名为 data 的字典,其中包含三个键值对:'a'是一个包含从 0 到 49 的整数的一维 NumPy
数组;'c'是一个包含 0 到 49 之间随机整数的数组;'d'是一个包含从标准正态分布(均值为 0,
标准差为 1)中随机抽取的 50 个数的数组

```
data['b']= data['a']+ 10 * np.random.randn(50)#为 data 字典添加一个键'b',其值是'a'的
```
值加上从标准正态分布中随机抽取的 50 个数的 10 倍

```
data['d']= np.abs(data['d'])* 100#将 data['d']的值取绝对值后乘以 100。这会使'd'的值
```
范围扩大,并确保它们都是正数

```
plt.scatter('a','b',c='c',s='d',data=data,marker='o')#使用 matplotlib 的 scatter 函数绘制
```
散点图。其中:'a'和'b'是 x 和 y 轴的数据,分别来自字典中的键;c='c'表示散点的颜色由字
典中的键'c'决定;s='d'表示散点的大小由字典中的键'd'决定;data=data 将提供给散点图的
数据来源设置为之前创建的字典

```
plt.xlabel('a列')#添加 x 轴标签
plt.ylabel('b列')
plt.show()
```

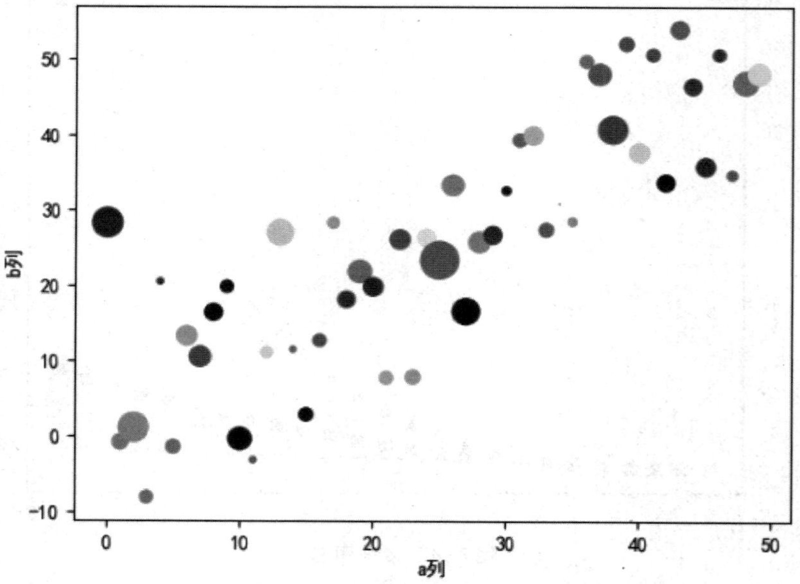

图 4-5　基于结构化数据画图

4.1.5　分类变量绘图

基于 Matplotlib 库,创建分类变量图形代码。代码的功能是:使用 Python 的
Matplotlib 库创建三个子图(subplot),分别展示条形图(bar)、散点图(scatter)和线图

（plot）；每个子图以不同形式展示相同的数据。相应代码如下，输出如图4-6所示。

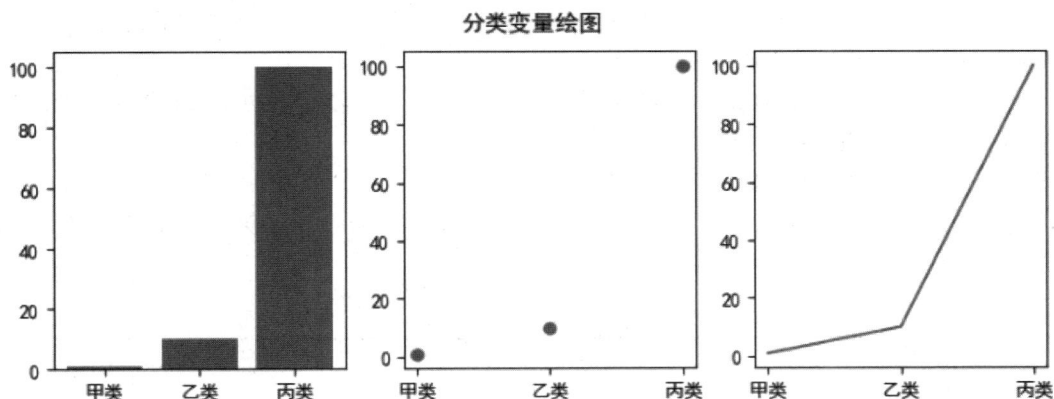

图4-6　分类变量绘图

```
names = ['甲类','乙类','丙类']#定义names列表,包含三个字符串元素,表示三个类别
values = [1,10,100]#定义values列表,包含三个数值,表示与names中每个类别相对应的值
plt.figure(figsize=(9,3))#创建图形窗口,并设置其大小为宽度9和高度3
plt.subplot(131)#创建一个1x3的子图网格,并选择第一个子图来绘图
plt.bar(names,values)#在第一个子图中绘制一个条形图,其中x轴是names列表中的类别,y轴是values列表中的值
plt.subplot(132)#选择第二个子图来绘图
plt.scatter(names,values)#在第二个子图中绘制一个散点图,其中x轴和y轴分别是names和values列表中的值
plt.subplot(133)#选择第三个子图来绘图
plt.plot(names,values)#在第三个子图中绘制一个线图,其中x轴是names列表中的类别,y轴是values列表中的值
plt.suptitle('分类变量绘图')#在图形顶部添加一个标题"分类变量绘图"
plt.show()
```

4.1.6　绘制多坐标轴图

pyplot模块有当前图和当前坐标轴的概念，所有绘图函数都应用于当前坐标轴。函数.pyplot.gca返回当前坐标轴（一个matplotlib.axes.Axes实例），而.pyplot.gcf返回当前图（一个matplotlib.figure.Figure实例）。因此，不用特意设置坐标轴，模块自动完成此功能。相应代码如下，输出如图4-7所示。

```
def f(t):#定义函数,名为f,它接受一个参数t,返回np.exp(-t)*np.cos(2*np.pi*t)的乘积
return np.exp(-t)* np.cos(2*np.pi*t)
t1 = np.arange(0.0,5.0,0.1)#生成从0.0到4.9(步长为0.1)的数组
t2 = np.arange(0.0,5.0,0.02)#生成从0.0到4.99(步长为0.02)的数组
```

plt.figure()#创建一个新的图形窗口

plt.subplot(211)#创建一个子图,它是图形窗口的一部分。数字"211"表示这是一个2×1的子图布局,当前正在处理第1个子图

plt.plot(t1,f(t1),'bo',t2,f(t2),'k')#在子图中绘制函数f(t)。它使用两个时间数组t1和t2,并分别用蓝色圆圈('bo')和黑色线('k')标记它们

plt.subplot(212)#打开图形窗口中的第2个子图

plt.plot(t2,np.cos(2*np.pi*t2),'r--')#在第二个子图中绘制余弦函数的图形。它使用时间数组t2,并用红色虚线('r--')标记这个图形

plt.show()

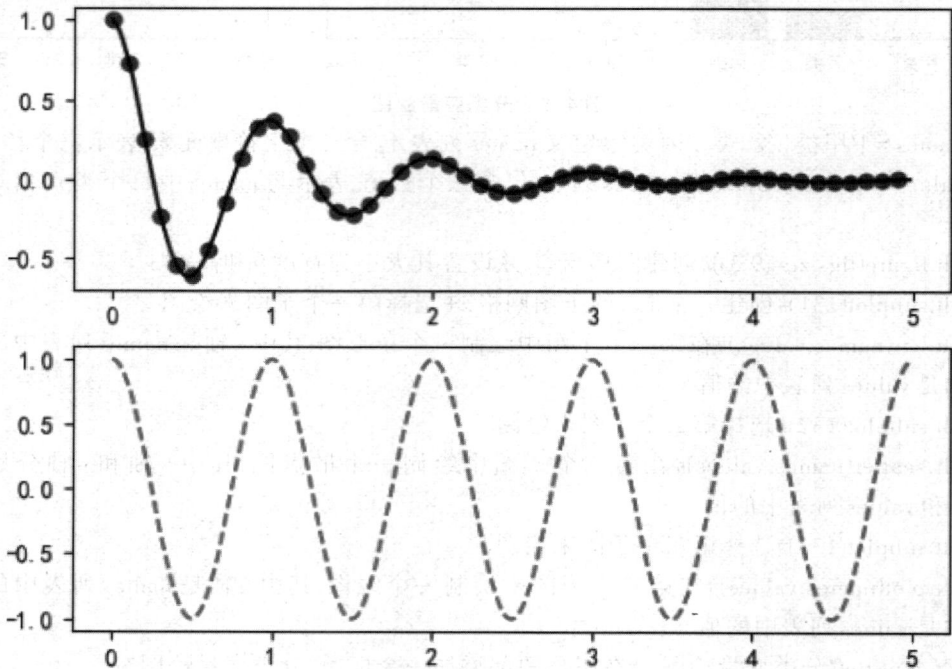

图4-7 多坐标轴图

4.1.7 图形上添加文本

pyplot.text可用于在画布任意位置添加文本,具体用~.matplotlib.xlabel、~.matplotlib.ylabel和~.matplotlib.title在指定位置添加文本。相应代码如下,输出如图4-8所示。

mu,sigma = 100,15#定义变量mu和sigma,分别表示数据的均值和标准差

x = mu + sigma * np.random.randn(10000)#使用NumPy库生成一个包含10000个元素的随机数数组,这些随机数来自均值为mu、标准差为sigma的正态分布

n,bins,patches = plt.hist(x,50,density=True,facecolor='g',alpha=0.75)#用matplotlib库绘制一个直方图。其中:x是要绘制直方图的数据;50是直方图的柱子数量;density=True表示计算归一化的频数,而不是实际频数;facecolor='g'表示柱子的颜色为绿色;alpha=0.75表示柱子的透明度为0.75

```
plt.xlabel('智商值')#设置 x 轴的标签为"智商值"
plt.ylabel('概率')#设置 y 轴的标签为"概率"
plt.title('智商分布柱状图')#设置图的标题为"智商分布柱状图"
plt.text(60,.025,r'$\mu=100,\ \sigma=15$')#在图上的(60,0.025)位置添加文本"μ=100,σ
=15"
plt.axis([40,160,0,0.03])#设置 x 轴的范围是[40,160],y 轴的范围是[0,0.03]
plt.grid(True)#显示网格线
plt.show()
```

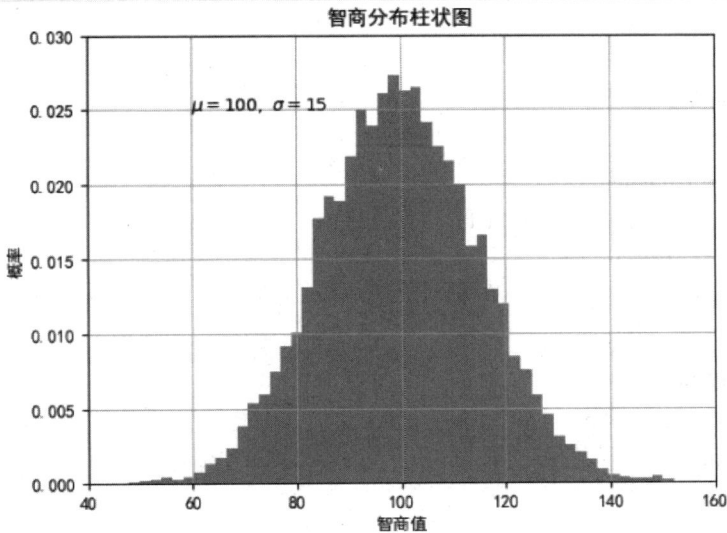

图 4-8 图中增加文本

4.1.8 对数和其他非线性坐标轴

matplotlib.pyplot 库不仅支持线性坐标轴比例，还支持对数和逻辑比例。如果数据跨越多个数量级，可以用 plt.xscale（'log'）改变坐标轴的比例。代码能实现四个具有相同数据和不同 y 轴比例图表的展示功能。相应代码如下，输出如图 4-9 所示。

```
np.random.seed(99)#设置随机种子
# 产生随机数,其范围为 (0,1)
y = np.random.normal(loc=0.5,scale=0.4,size=1000)#生成 1000 个符合正态分布的随机
数,平均值为 0.5,标准差为 0.4
y = y[(y > 0)& (y < 1)]#只保留在(0,1)区间内的随机数
y.sort()#对 y 进行排序
x = np.arange(len(y))#生成一个与 y 长度相同的数组 x,表示 x 轴的坐标
plt.figure()#创建一个新的图形窗口
# linear
plt.subplot(221)#选择 2×2 的子图网格中的第一个子图
```

```
plt.plot(x,y)#绘制 x 和 y 之间的线
plt.yscale('linear')#设置 y 轴为线性比例
plt.title('线性')#设置图标题为"线性"
plt.grid(True)#显示网格线
# log
plt.subplot(222)
plt.plot(x,y)
plt.yscale('log')
plt.title('对数')
plt.grid(True)
# symmetric log
plt.subplot(223)
plt.plot(x,y − y.mean())
plt.yscale('symlog',linthresh=0.01)
plt.title('对称对数')
plt.grid(True)
# logit
plt.subplot(224)
plt.plot(x,y)
plt.yscale('logit')
plt.title('logit')
plt.grid(True)
# Adjust the subplot layout,because the logit one may take more space
# than usual,due to y−tick labels like "1 − 10^{−3}"
plt.subplots_adjust(top=0.92,bottom=0.08,left=0.10,right=0.95,hspace=0.25,wspace=0.35)
```
#调整子图布局,调整了子图的上、下、左、右位置以及子图之间的水平间距和垂直间距。top=0.92:设置子图顶部与图形窗口顶部的距离为 0.92。bottom=0.08:设置子图底部与图形窗口底部的距离为 0.08。left=0.10:设置子图左侧与图形窗口左侧的距离为 0.10。right=0.95:设置子图右侧与图形窗口右侧的距离为 0.95。hspace=0.25:设置子图之间的水平间距为 0.25。wspace=0.35:设置子图之间的垂直间距为 0.35。其目的是确保所有子图都能在图形窗口中正确显示,特别是 logit 子图,由于其 y 轴刻度标签较长,可能需要更多的空间

```
plt.show()
```

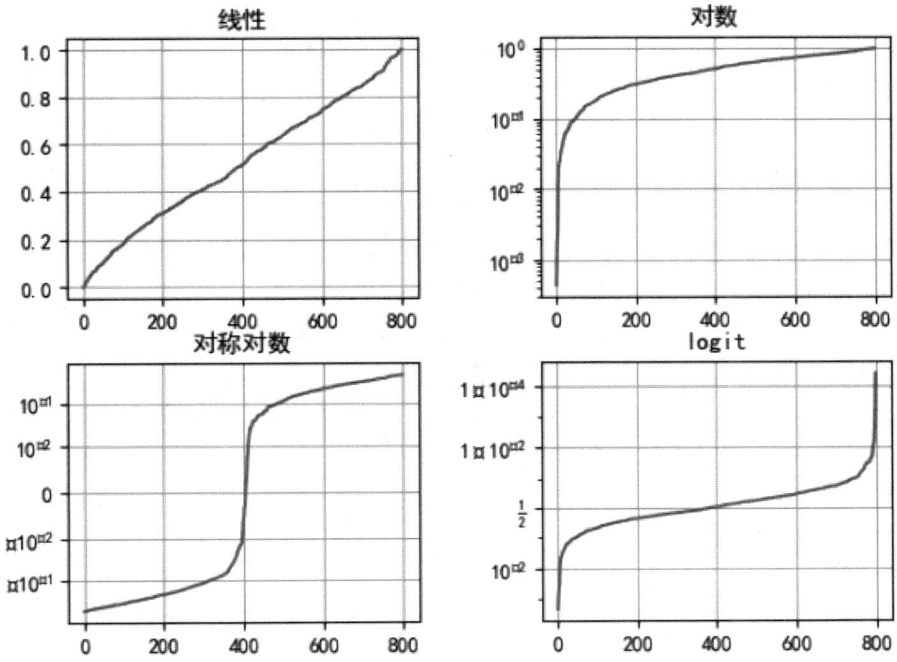

图4-9 不同比例坐标轴

4.1.9 绘制动态图

相应代码如下，输出如图4-10所示。

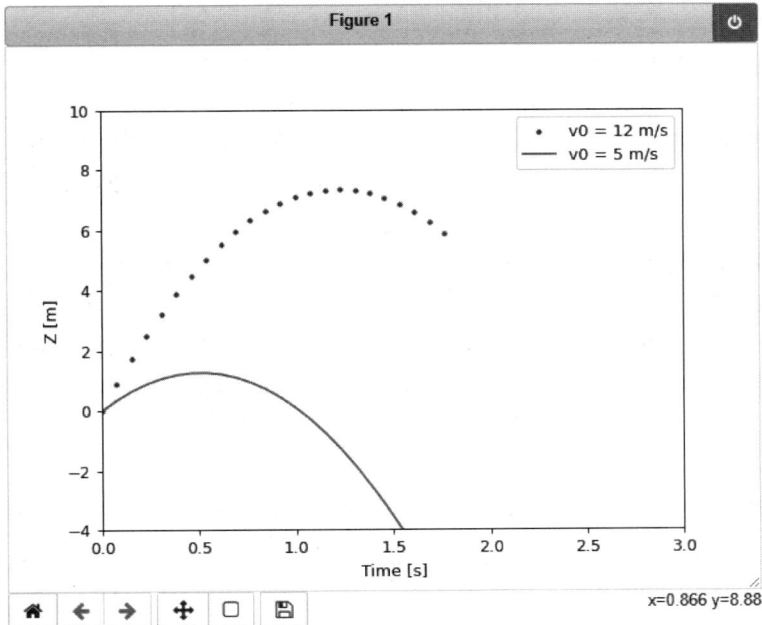

图4-10 动态图

```
%matplotlib notebook
```
#在 Jupyter notebook 中,百分号符号(%)用于表示魔术命令(Magic Commands)。魔术命令是一些特殊的指令,可以在 notebook 中执行特定的操作或配置环境。以下是一些常用的魔术命令示例:%run 运行外部的 Python 脚本文件;%load 加载外部的 Python 脚本文件到 notebook 中;%timeit 测量代码块的执行时间;%debug 进入交互式调试器,用于调试代码;%reset 重置当前命名空间中的变量和名称定义;%matplotlib inline 在 notebook 中显示 matplotlib 图形;%matplotlib notebook 在 notebook 中启用交互式 matplotlib 图形

```
import matplotlib.pyplot as plt#用于绘制图形的主要模块
```
```
import matplotlib.animation as animation#用于制作动画的工具
```
```
import numpy as np#进行数值计算和数组操作
```
```
fig,ax = plt.subplots()#创建新的图形窗口,返回图形对象(fig)和轴对象(ax)。
```
图形对象代表整个图形窗口,轴对象代表图形窗口中的坐标系。可以通过轴对象(ax)在图形窗口中绘制图形

```
t = np.linspace(0,3,40)
g = -9.81
v0 = 12
z = g * t**2 / 2 + v0 * t
v02 = 5
z2 = g * t**2 / 2 + v02 * t
```
#上面6行代码,模拟了自由落体运动。生成了范围在0到3之间的时间数组t,共有40个数据点。定义变量g为重力加速度,v0和v02分别表示不同的初始速度。然后,计算两个高度数组z和z2

```
scat = ax.scatter(t[0],z[0],c="b",s=5,label=f'v0 = {v0} m/s')
line2 = ax.plot(t[0],z2[0],label=f'v0 = {v02} m/s')[0]
```
#通过使用轴对象(ax)的 scatter()和 plot()方法,在图形窗口中创建两个图形元素。scatter 用于绘制散点图,plot 用于绘制线图。传递初始时间和高度数组来指定每个图形元素的位置。并设置颜色、大小和标签等属性

```
ax.set(xlim=[0,3],ylim=[-4,10],xlabel='Time [s]',ylabel='Z [m]')
ax.legend()
```
#调用 set()方法,设置轴对象(ax)的属性,包括 x 轴和 y 轴的范围、标签等。另外,用 legend()方法,在图形窗口中添加图例,显示每个图形元素的标签

```
def update(frame):
    # for each frame,update the data stored on each artist.
    x = t[:frame]
    y = z[:frame]
    # update the scatter plot:
    data = np.stack([x,y]).T
    scat.set_offsets(data)
```

```
# update the line plot:
line2.set_xdata(t[:frame])
line2.set_ydata(z2[:frame])
return (scat,line2)
```

#定义 update()的函数,用于更新动画的帧。frame 参数表示当前帧的索引。在函数内部,使用当前帧的索引切片原始的时间和高度数组,并将数据更新到散点图和线图中。最后,将更新后的图形元素返回

ani = animation.FuncAnimation(fig=fig,func=update,frames=40,interval=30)#用 animation. FuncAnimation 函数创建动画对象 ani,它将调用 update()函数来更新每一帧的图形,传递图形对象(fig)、update()函数、总帧数和每帧之间的间隔时间作为参数

plt.show()#将图形窗口显示出来,展示动画

4.2　结合 qstock 库画图

qstock 库是一个个人量化投研分析开源库,由"Python 金融量化"公众号开发,主要包括数据获取、可视化、选股和量化回测四个模块。qstock 的数据来源于东方财富网、同花顺、新浪财经等网络公开数据,并使用 tushare、akshare 和 efinance 等现有金融数据包作为数据爬虫的参考。在可视化模块中,qstock 基于 plotly.express 和 pyecharts 包,为用户提供基于 web 的交互图形简单操作接口。选股模块提供了同花顺的技术选股和公众号策略选股,包括 RPS、MM 趋势、财务指标、资金流模型等。回测模块提供向量化(基于 pandas)和基于事件驱动的基本框架和模型。

知识课堂 4-2

结合 qstock 库画图

说明:需要了解更多关于 qstock 库的信息,可以查阅 qstock 库使用手册。

4.2.1　绘制股票 K 线图

```
import qstock as qs
from qstock import plot
import pandas as pd
```

#如果你遇到了"No module named 'qstock'"错误,这意味着你的 Python 环境中没有安装名为 qstock 的模块。你可以尝试通过以下步骤解决这个问题:

pip install qstock#安装 qstock 模块

#如果你遇到了"No module named 'pywencai'"的错误,这意味着你的 Python 环境缺少 pywencai 模块。你可以尝试通过以下步骤解决这个问题:

pip install pywencai#安装 pywencai 模块

#如果 notebook 不显示 pyecharts 的图形,在前面加上以下代码(去掉前面注释):

#from pyecharts.globals import CurrentConfig,NotebookType

#CurrentConfig.NOTEBOOK_TYPE = NotebookType.JUPYTER_NOTEBOOK

#获取同花顺 2023 年 8 月 1 日至 2024 年 1 月 8 日的前复权数据

df=qs.get_data('同花顺',start='2023-08-01',end='2024-01-08')

```
# df.to_excel(r'C:\Users\29318\Desktop\300033.xlsx')
df=pd.read_excel(r'C:\Users\29318\Desktop\300033.xlsx')
df['date']= pd.to_datetime(df['date'])#将 date 列从字符串类型转换为日期类型
df.set_index('date',inplace=True)# 将 date 列设置为行索引
df1 = df.copy()# 创建一个新的 DataFrame df2,并将 df 的内容复制到 df1 中
plot.kline(df)#输出如图 4-11 所示
```

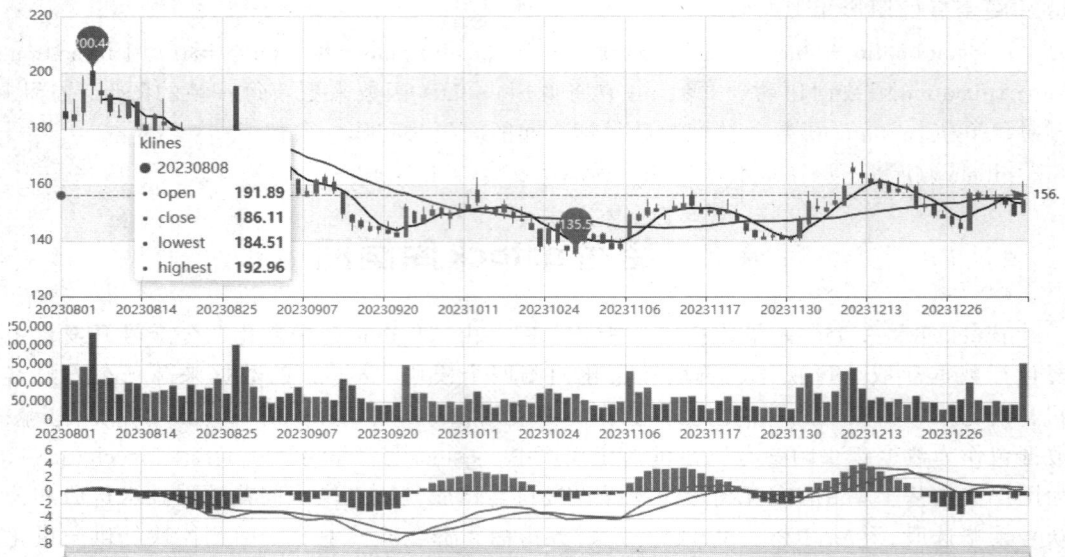

图 4-11　同花顺股票 K 线图

4.2.2　绘制同花顺收盘价走势图

plot.line(df.close,title='同花顺收盘价走势')#输出如图 4-12 所示(其中收盘价为前复权值)

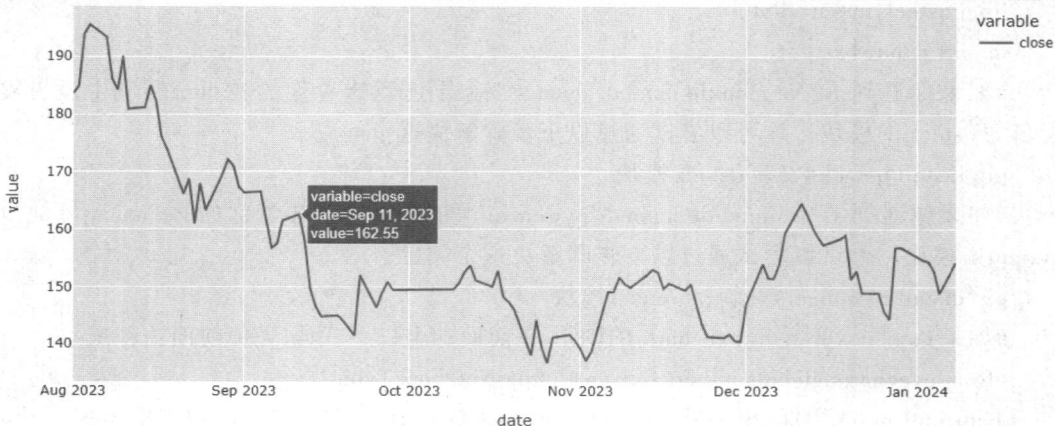

图 4-12　同花顺收盘价走势图

4.2.3 绘制同花顺股价与20日均线图

df['ma20']=df.close.rolling(20).mean()
title='同花顺股价与20日均线'
plot.line(df[['close','ma20']],title=title)#输出如图4-13所示

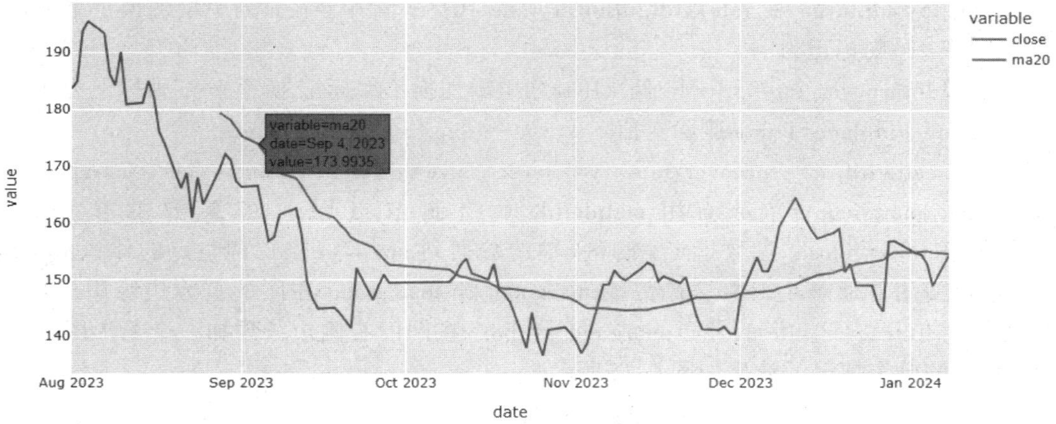

图4-13 同花顺股价与20日均线图

4.2.4 绘制同花顺收盘价与成交量散点图

plot.scatter(df,x='close',y='volume')#输出如图4-14所示

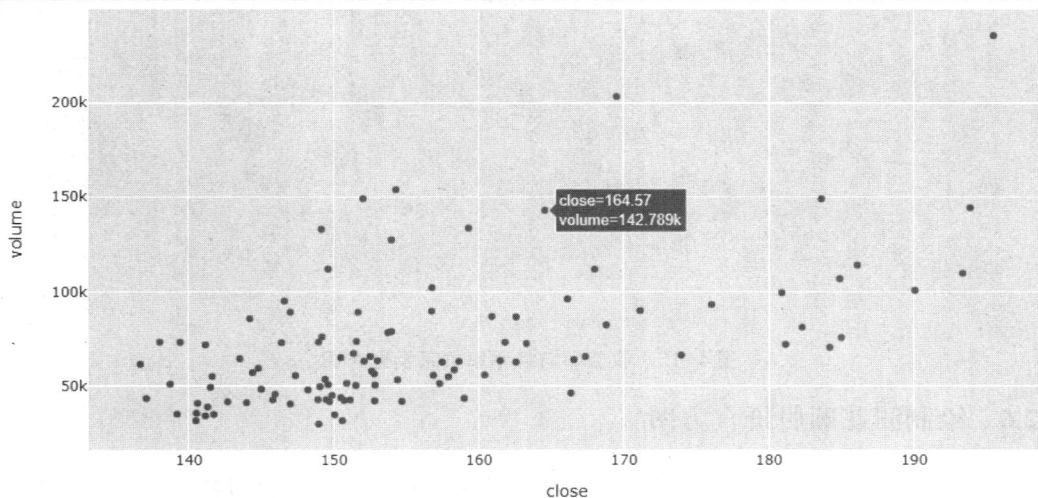

图4-14 同花顺收盘价与成交量散点图

4.2.5 绘制收益率与换手率关系及分布图

df['ret']=df.close/df.close.shift(1)-1#计算收益率
df['weight']=df['ret'].abs()#把收益率的绝对值存储在新的列weight中

#以下四行代码对换手率进行分类

df.loc[df.turnover_rate>=20,'rr']='crazy'#在rr列中增加换手率标记,大于20则标记为"超"

df.loc[(10<=df.turnover_rate)&(df.turnover_rate<20),'rr']='高'#在rr列中增加换手率标记,10<=换手率<20则标记为'高'

df.loc[(5<=df.turnover_rate)&(df.turnover_rate<10),'rr']='中'#在rr列中增加换手率标记,5<=换手率<10则标记为'中'

df.loc[df.turnover_rate<5,'rr']='低'#在rr列中增加换手率标记,换手率<5则标记为'低'

df.dropna(inplace=True)#删除空值

plot. scatter(df, x= 'turnover_rate', y= 'close', size= 'weight', trend= 'ols', marginal_x= 'histogram', marginal_y= 'box')# 用 matplotlib 库绘制散点图。各参数的作用:x='turnover_rate',y='close':参数指定 x 轴和 y 轴的数据列;size='weight':调整点的体积;trend='ols':指定使用普通最小二乘法趋势线;marginal_x='histogram':在图的上方边缘添加直方图,显示 x 轴(turnover_rate)的分布;marginal_y='box':在图的右侧边缘添加一个箱形图,显示 y 轴(close)的分布情况。输出如图 4-15 所示

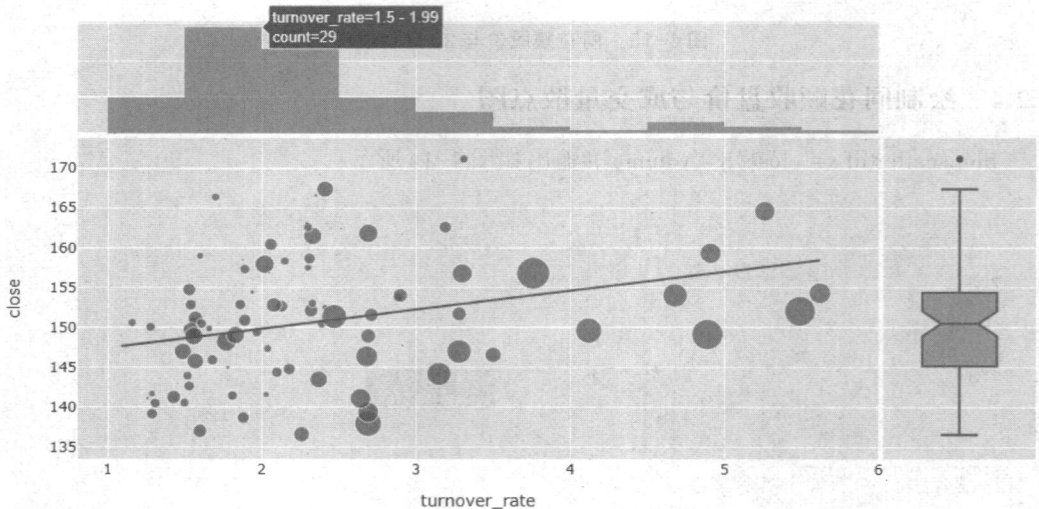

图 4-15 收益率与换手率关系及分布图

4.2.6 绘制同花顺股价直方图

#histnorm 参数的赋值说明:1:'percent',2:'probability',3:'density',4:'probability density'

plot.hist(df,x='close',histnorm=3,title='同花顺股价直方图')#输出如图 4-16 所示

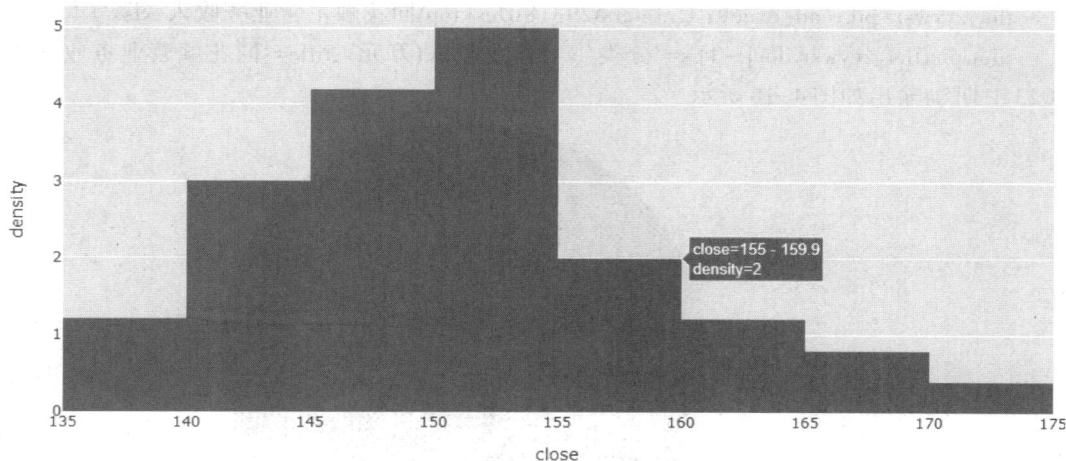

图 4-16　同花顺股价直方图

4.2.7　绘制同花顺收盘价核密度估计图

plot.hist_kde(df.close,stat='probability')#plot.hist_kde()是一个用于绘制核密度估计图的函数;df.close 是要绘制其分布的特定数据列;stat='probability'参数确定函数每个点的累积概率,而不是密度。输出如图 4-17 所示

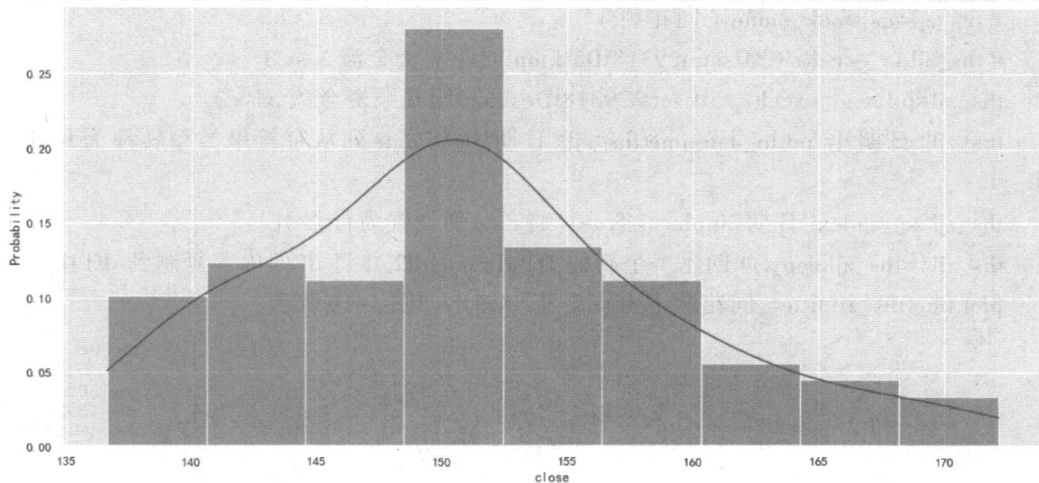

图 4-17　同花顺收盘价核密度估计图

4.2.8　绘制同花顺公司主营业务收入饼图

```
# ths_zyywsr=qs.main_business('同花顺')
# c1=ths_zyywsr['报告期']=='2023 中期'
# c2=ths_zyywsr['分类方向']=='按产品分'
# ths_zyywsr=ths_zyywsr[c1&c2]
# ths_zyywsr.to_excel(r'C:\Users\29318\Desktop\同花顺主营业务收入 .xlsx')
```

```
ths_zyywsr=pd.read_excel(r'C:\Users\29318\Desktop\同花顺主营业务收入 .xlsx')
plot.pie(ths_zyywsr.iloc[:-1],x='分类',y='营业收入(万元)',title='同花顺营业收入——
2023 中期')#输出如图 4-18 所示
```

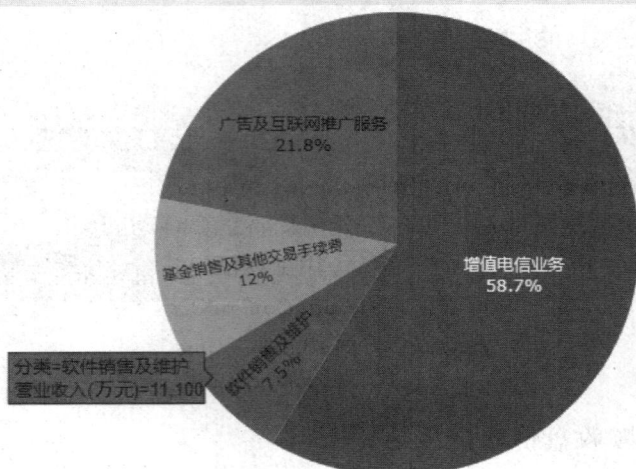

图 4-18　同花顺公司主营业务收入饼图

4.2.9　绘制同花顺主力资金流入折线图

```
# ths_zjl=qs.stock_money('同花顺')
# ths_zjl.to_excel(r'C:\Users\29318\Desktop\同花顺资金流 .xlsx')
ths_zjl=pd.read_excel(r'C:\Users\29318\Desktop\同花顺资金流 .xlsx')
ths_zjl['日期']= pd.to_datetime(ths_zjl['日期'])#将 date 列从字符串类型转换为日期类型
ths_zjl.set_index('日期',inplace=True)# 将 date 列设置为行索引
ths_zjl1=ths_zjl.copy()# 创建一个新的 DataFrame df2,并将 df 的内容复制到 df1 中
plot.line(ths_zjl,title='同花顺主力资金流')#输出如图 4-19 所示
```

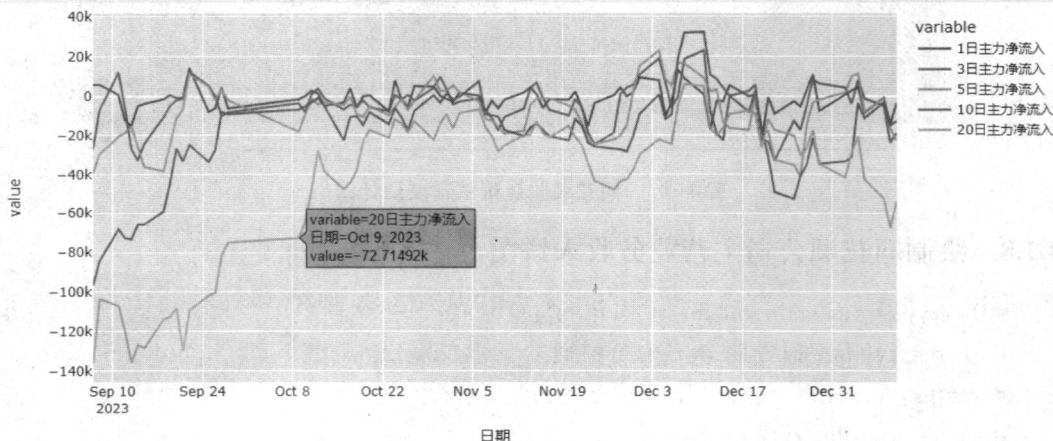

图 4-19　同花顺主力资金流入折线图

4.2.10 绘制行业板块实时涨跌幅热力图

```
#zhangdiefu=qs.realtime_data('行业板块')[['名称','涨幅']]#获取东方财富行业板块实
时涨跌幅数据
#zhangdiefu.to_excel(r'C:\Users\29318\Desktop\行业涨跌幅20240110.xlsx')
zhangdiefu=pd.read_excel(r'C:\Users\29318\Desktop\行业涨跌幅20240110.xlsx')
zhangdiefu['权重']=abs(zhangdiefu['涨幅'])
#注意去掉涨幅为0的值,否则会报错
zhangdiefu=zhangdiefu[zhangdiefu['涨幅']!=0]
params={'data':zhangdiefu,'label':['名称'],'weight':'权重','value':'涨幅'}
plot.treemap(**params)#输出如图4-20所示
```

图 4-20 行业板块实时涨跌幅热力图

4.2.11 绘制概念板块实时涨跌幅热力图

```
# zhangdiefu_bk=qs.realtime_data('概念')[['名称','涨幅']]#获取东方财富概念板块实
时涨跌幅数据
# zhangdiefu_bk.to_excel(r'C:\Users\29318\Desktop\板块涨跌幅20240110.xlsx')
zhangdiefu_bk=pd.read_excel(r'C:\Users\29318\Desktop\板块涨跌幅20240110.xlsx')
zhangdiefu_bk['权重']=abs(zhangdiefu_bk['涨幅'])
zhangdiefu_bk=zhangdiefu_bk[zhangdiefu_bk['涨幅']!=0]
params={'data':zhangdiefu_bk,'label':['名称'],'weight':'权重','value':'涨幅'}
plot.treemap(**params)#输出如图4-21所示
```

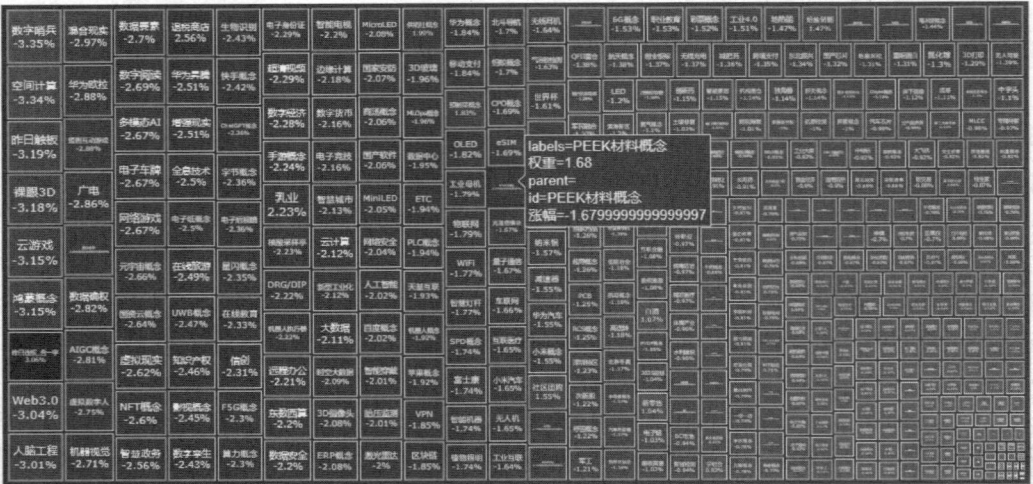

图 4-21　概念板块实时涨跌幅热力图

4.2.12　绘制常见的全球指数累计涨幅图

global_indexes=['sh','cyb','恒生指数','道琼斯','标普500','纳斯达克','英国富时100','法国CAC40','德国DAX30','日经225','韩国KOSPI','澳大利亚标普200','印度孟买SENSEX','中国台湾台湾加权','俄罗斯RTS','加拿大S&P/TSX','巴西BOVESPA']

\# index_data=qs.get_price(global_indexes, start= '2014-01-10', end= '2024-01-10').dropna()

\# index_data.to_excel(r'C:\Users\29318\Desktop\全球指数数据.xlsx')

index_data=pd.read_excel(r'C:\Users\29318\Desktop\全球指数数据.xlsx')

index_data['date']= pd.to_datetime(index_data['date'])#将date列从字符串类型转换为日期类型

index_data.set_index('date',inplace=True)# 将date列设置为行索引

plot.line(index_data/index_data.iloc[0],title='全球指数累计涨幅(2012-2024)')#输出如图4-22所示

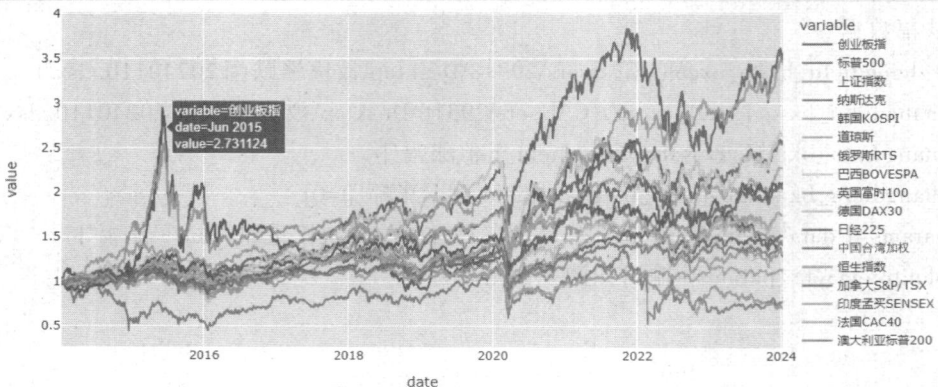

图 4-22　常见的全球指数累计涨幅图

4.2.13 绘制全球主要指数2023年涨跌幅图

```
#以下三行代码计算收益率,用的是上面的数据
data=index_data.copy().dropna()
rets=data/data.shift(1)-1
rets=rets.to_period('Y')
rets=(rets.groupby(rets.index).apply(lambda x:((1+x).cumprod()-1).iloc[-1])*100).round(2)
rets=rets.iloc[-2].sort_values(ascending=False)
title='全球主要指数2023年涨跌幅'
plot.bar(rets,title=title)#输出如图4-23所示
```

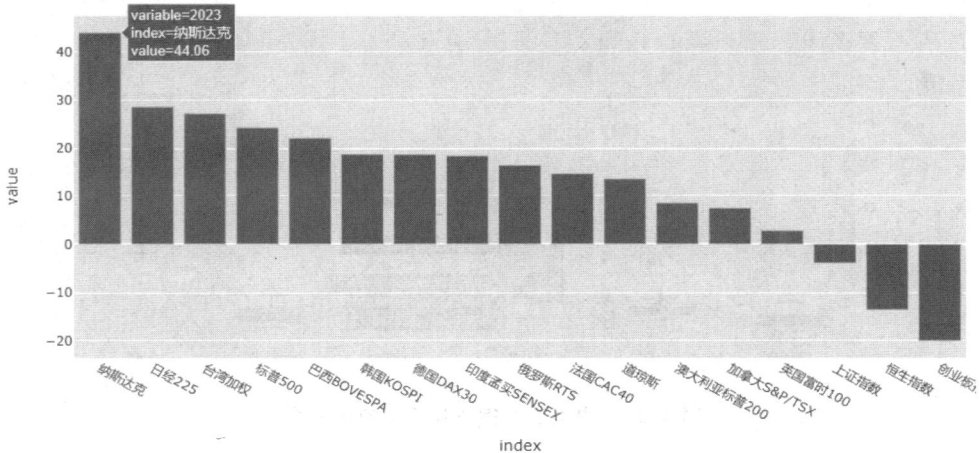

图4-23 全球主要指数2023年涨跌幅图

```
#输出全球主要指数2023年涨跌幅横向柱状图,如图4-24所示
plot.chart_inv_bar(rets,title=title,zoom=True)
```

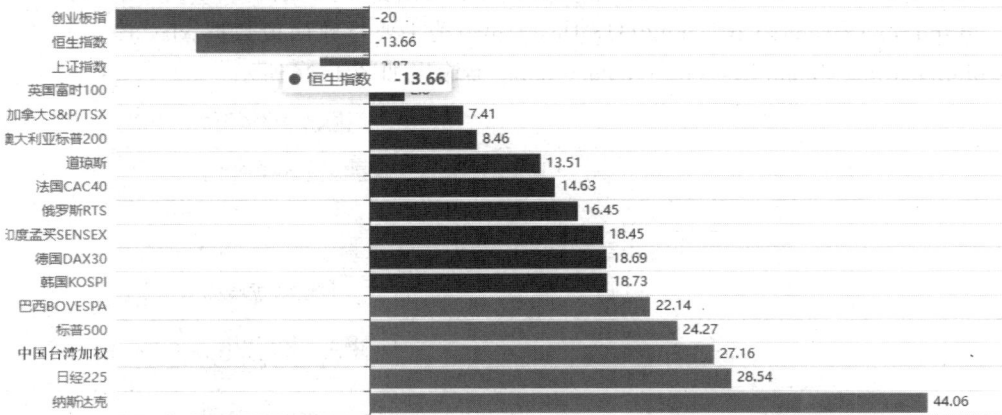

图4-24 全球主要指数2023年涨跌幅横向柱状图

4.2.14　绘制中美主要指数收盘价的箱线图

```
index_list=['上证指数','创业板指','沪深300','道琼斯','标普500','纳斯达克']
# zyzsspj=qs.get_price(index_list)#获取中美主要指数的收盘价数据
# zyzsspj=zyzsspj.dropna()
# zyzsspj.to_excel(r'C:\Users\29318\Desktop\中美主要指数的收盘价.xlsx')
zyzsspj=pd.read_excel(r'C:\Users\29318\Desktop\中美主要指数的收盘价.xlsx')
zyzsspj['date']= pd.to_datetime(zyzsspj['date'])#将date列从字符串类型转换为日期类型
zyzsspj.set_index('date',inplace=True)# 将date列设置为行索引
plot.box(zyzsspj)#输出如图4-25所示
```

图4-25　中美主要指数收盘价的箱线图

4.2.15　基于面板数据绘制中美主要指数收盘价的箱线图

```
# dd=qs.get_data(index_list)#获取面板数据
# dd.to_excel(r'C:\Users\29318\Desktop\中美主要指数面板数据.xlsx')
dd=pd.read_excel(r'C:\Users\29318\Desktop\中美主要指数面板数据.xlsx')
plot.box(dd,x='name',y='close',color='name')#输出如图4-26所示
```

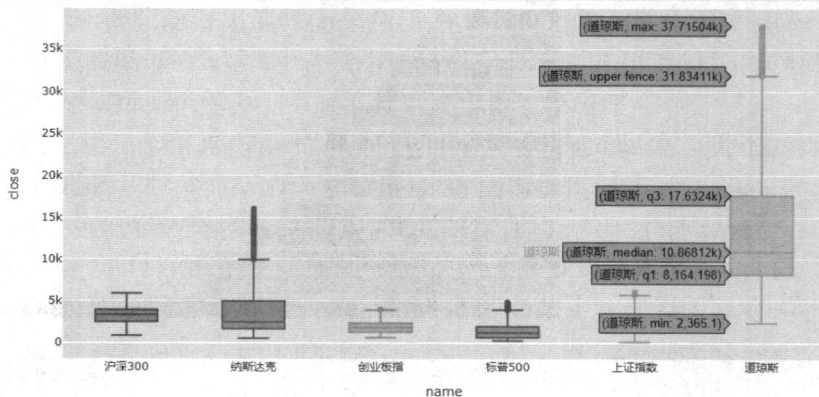

图4-26　基于面板数据的中美主要指数收盘价的箱线图

#绘制中美主要指数收盘价的小提琴图

plot.violin(dd,x='name',y='close',color='name',box=True)#输出如图 4-27 所示

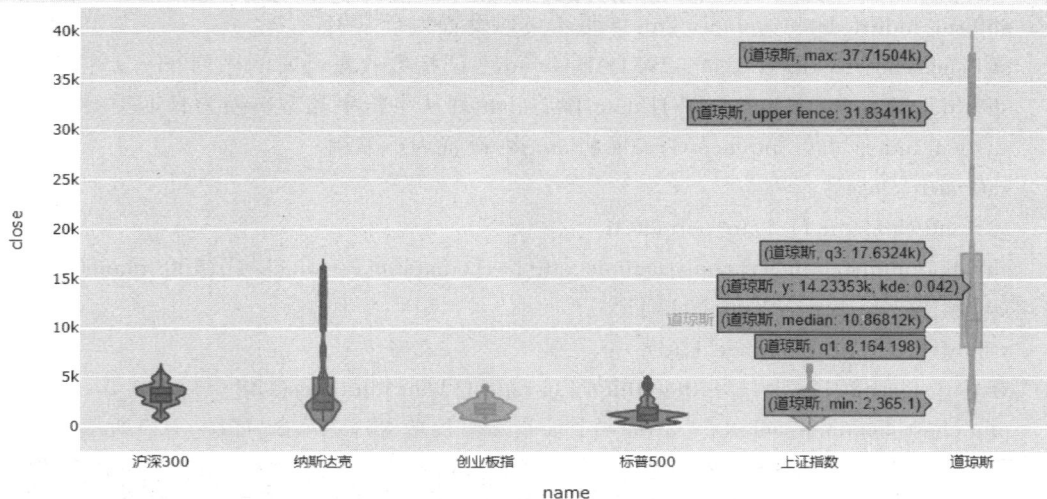

图 4-27　基于面板数据的中美主要指数收盘价的小提琴图

4.2.16　绘制上证指数收盘价的小提琴图

plot.violin(dd.query('name=="上证指数"'),y='name',x='close',box=True,orientation='h')
# 输出如图 4-28 所示

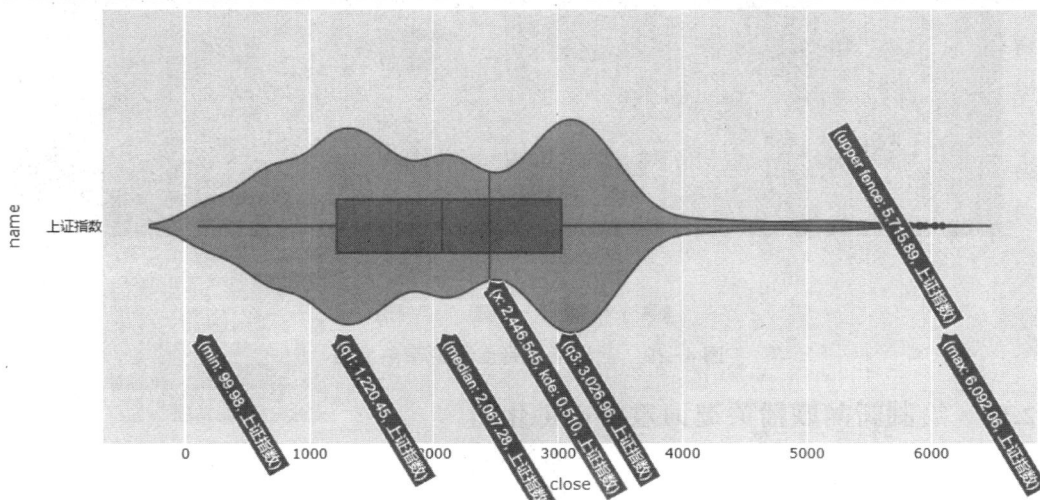

图 4-28　上证指数收盘价的小提琴图

4.2.17　绘制上证指数月度收益率热力图

sh0=qs.get_data('上证指数').close['2012':'2023']#获得上证指数收盘价时间序列图
sh0.to_excel(r'C:\Users\29318\Desktop\上证指数收盘价时间序列 .xlsx')

```
sh0=pd.read_excel(r'C:\Users\29318\Desktop\上证指数收盘价时间序列.xlsx')
sh0['date']= pd.to_datetime(sh0['date'])#将date列从字符串类型转换为日期类型
sh0.set_index('date',inplace=True)# 将date列设置为行索引
sh1=pd.read_excel(r'C:\Users\29318\Desktop\上证指数收盘价时间序列.xlsx')
sh1['date']= pd.to_datetime(sh1['date'])#将date列从字符串类型转换为日期类型
sh1.set_index('date',inplace=True)# 将date列设置为行索引
sh0=sh1['close']
sh=(sh0/sh0.shift(1)-1).to_period('M')
sh=sh.groupby(sh.index).apply(lambda x:((((1+x).cumprod()-1).iloc[-1])*100).round(2))
x=[str(i)for i in range(2012,2023)]
y=[str(i)+'月' for i in range(1,13)]
v= [[i,j,sh[str(2012+i)+'-'+str(1+j)]]for i in range(11)for j in range(12)]
plot.chart_heatmap_color(x,y,v,title='上证指数月度收益率')#输出如图4-29所示
```

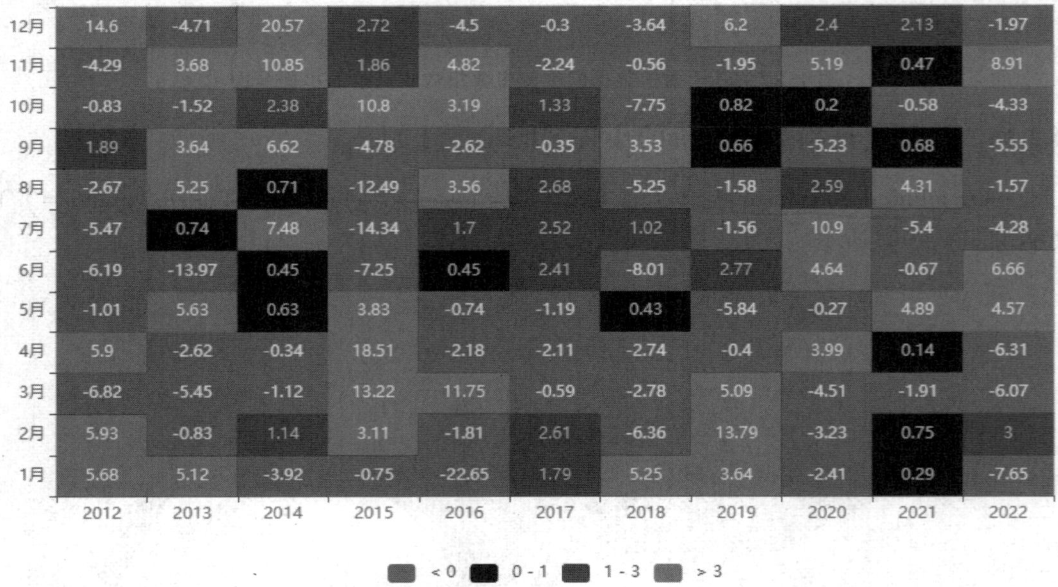

图4-29 上证指数月度收益率热力图

4.2.18 绘制新闻联播关键词重要性量化图

```
import tushare as ts
from qstock import plot
pro = ts.pro_api()
```

如果你遇到了"Exception:api init error"错误,访问 https://tushare.pro 注册登录,找到主页点击token接口并复制token凭证码在记事本中粘贴(第一行:token,第二行:token凭证码)保存后修改文件名后缀为.csv,复制到根目录homepage下。如果出现"您没有访问该接口的权限",请参考tushare官网的"使用文档"获取权限

```
txt = pro.cctv_news(date='20240101')
# txt=qs.news_data('cctv',start='20231030',end='20231030')
#缺失值处理,转为str格式
txt_list=''.join(list(txt.content.apply(lambda s:str(s))))
#使用jieba处理分词并转为词云格式数据
c_data=plot.cloud_data(txt_list)
#画词云图
plot.chart_wordcloud(c_data)#输出图
```

操作视频4-1

可视化

知识检测

1）单项选择题

（1）以下说法错误的是（　　）。

A.ax.set_xlim（[xmin, xmax]），该代码设置x轴的区间

B.ax.set_ylim（[ymin, ymax]），该代码设置y轴的标签

C.ax.axis（[xmin, xmax, ymin, ymax]），该代码设置x、y轴区间

D.ax.set_ylim（bottom=-20），该代码设置y轴下限

（2）ax1.plot()绘制出（　　）。

A.箱线图　　　　　　　　　　　　　　B.点线图

C.曲线图　　　　　　　　　　　　　　D.柱状图

（3）plt.boxplot()绘制出（　　）。

A.箱线图　　　　　　　　　　　　　　B.点线图

C.曲线图　　　　　　　　　　　　　　D.柱状图

（4）plt.hist()绘制出（　　）。

A.箱线图　　　　　　　　　　　　　　B.点线图

C.曲线图　　　　　　　　　　　　　　D.柱状图

2）多项选择题

（1）Matplotlib的主要功能包括（　　）。

A.绘制线性、散点、条形、饼图等各种类型的图表

B.支持二维和三维图表的绘制，可以创建各种类型的曲线、表面和散点图等

C.支持多种绘图样式和颜色映射，可以自定义图表的颜色、线型、标记等

D.提供了丰富的文本和注释功能，可以添加标题、标签、注释等

E.支持多种输出格式，包括PNG、PDF、SVG等

F.支持交互式绘图，可以通过鼠标和键盘操作图表

G.提供了多种布局和子图功能，可以将多个图表组合在一起

H.支持各种数据格式，包括NumPy数组、Pandas数据框、Python列表等

（2）关于Python中实现绘图功能的说法，正确的有（　　）。

A.Matplotlib是Python中最常用的绘图库之一，提供了广泛的绘图功能，包括线图、散点图、柱状图、饼图、等高线图、3D图等

B.Seaborn是基于Matplotlib的高级绘图库，提供了更简洁、美观的统计图表，适用于数据可视化

和数据探索

C.Plotly 是一个交互式绘图库，可以创建高质量的交互式图表，支持多种图表类型，如线图、散点图、柱状图、地图、3D 图等

D.Bokeh 是一个用于构建交互式数据可视化应用的库，可以创建交互式的网页图表和应用程序，支持多种图表类型和交互功能

E.ggplot 是基于 R 语言中的 ggplot2 库开发的 Python 绘图库，提供类似于 ggplot2 的语法和风格，适用于创建高质量的统计图表

F.Altair 是一个基于 Vega-Lite 的声明式绘图库，使用简单的 Python 语法可以创建各种类型的图表，支持交互和动画效果

G.Pandas 用于绘制数据框和系列的简单图表

H.NetworkX 用于绘制网络图

I.Basemap 用于绘制地理数据

3）判断题

（1）fig=plt.figure() 的作用是创建一个新的空白图形对象（Figure 对象），可以通过该对象进行绘图和设置图形的各种属性。　　　　　　　　　（　）

（2）%matplotlib notebook 是 Jupyter Notebook 中的一个魔法命令，用于在 Notebook 中启用交互式绘图模式。使用该命令后，可以在 Notebook 中创建交互式的图形，并支持缩放、平移、旋转和保存等操作。　　　　　　　　　（　）

知识检测4-1

第4章

4）思考题

（1）可视化技术对数据或结果的判断具有直观引导作用，请分别描述曲线图、散点图、条形图、直方图、饼图、箱线图的应用场景。

（2）在学术论文中还有哪些常用的图形？

育德启智

坚定文化自信——中国元素的宣传

文化自信是对中国特色社会主义文化先进性的自信。坚定文化自信就是要激发党和人民对中华优秀传统文化的历史自豪感，在全社会形成对社会主义核心价值观的普遍共识和价值认同。在可视化产品中应当注重嵌入以下要素：（1）强化社会主义核心价值观，引导人们树立正确的世界观、人生观和价值观。（2）提高文化素养和审美水平，鼓励年轻人多读书、多了解中华优秀传统文化，提高他们的文化素养和审美水平。（3）培养独立思考和判断能力，掌握媒体信息的辨别能力和批判思维，使人们能够正确理解和评价影视作品中的内容和价值观。（4）鼓励优秀影视作品的创作和推广，努力创作更具正能量、符合社会主义核心价值观的优秀作品。媒体宣传在文化自信中扮演重要角色，如果媒体能够正确地引导公众，就能够增进人们对中华文化的认同感和自豪感，从而坚定文化自信。例如，在可视化过程中，背景图像中嵌入祥云、水彩画、灯笼、剪纸等中国元素，增添独特的艺术美感，能够在潜移默化中加深人们对中国文化的认识和喜爱，进而坚定文化自信，凝聚精神力量。

思政元素：文化自信　爱国情怀

学有所悟：文化自信是一个国家、一个民族发展中更基本、更深沉、更持久的力量。党的二十大报告指出："全面建设社会主义现代化国家，必须坚持中国特色社会主义文化发展道路，增强文化自信，围绕举旗帜、聚民心、育新人、兴文化、展形象建设社会主义文化强国，发展面向现代化、面向

世界、面向未来的，民族的科学的大众的社会主义文化，激发全民族文化创新创造活力，增强实现中华民族伟大复兴的精神力量。"在全面建设社会主义现代化国家新征程上，我们应树立正确的审美观和高尚的情操，坚定文化自信，坚守中华文化立场，提炼展示中华文明的精神标识和文化精髓，积极弘扬中华优秀传统文化，推动中华文化更好走向世界。

思政课堂4-1

坚定文化自信
——中国元素
的宣传

第 5 章
数据获得方法

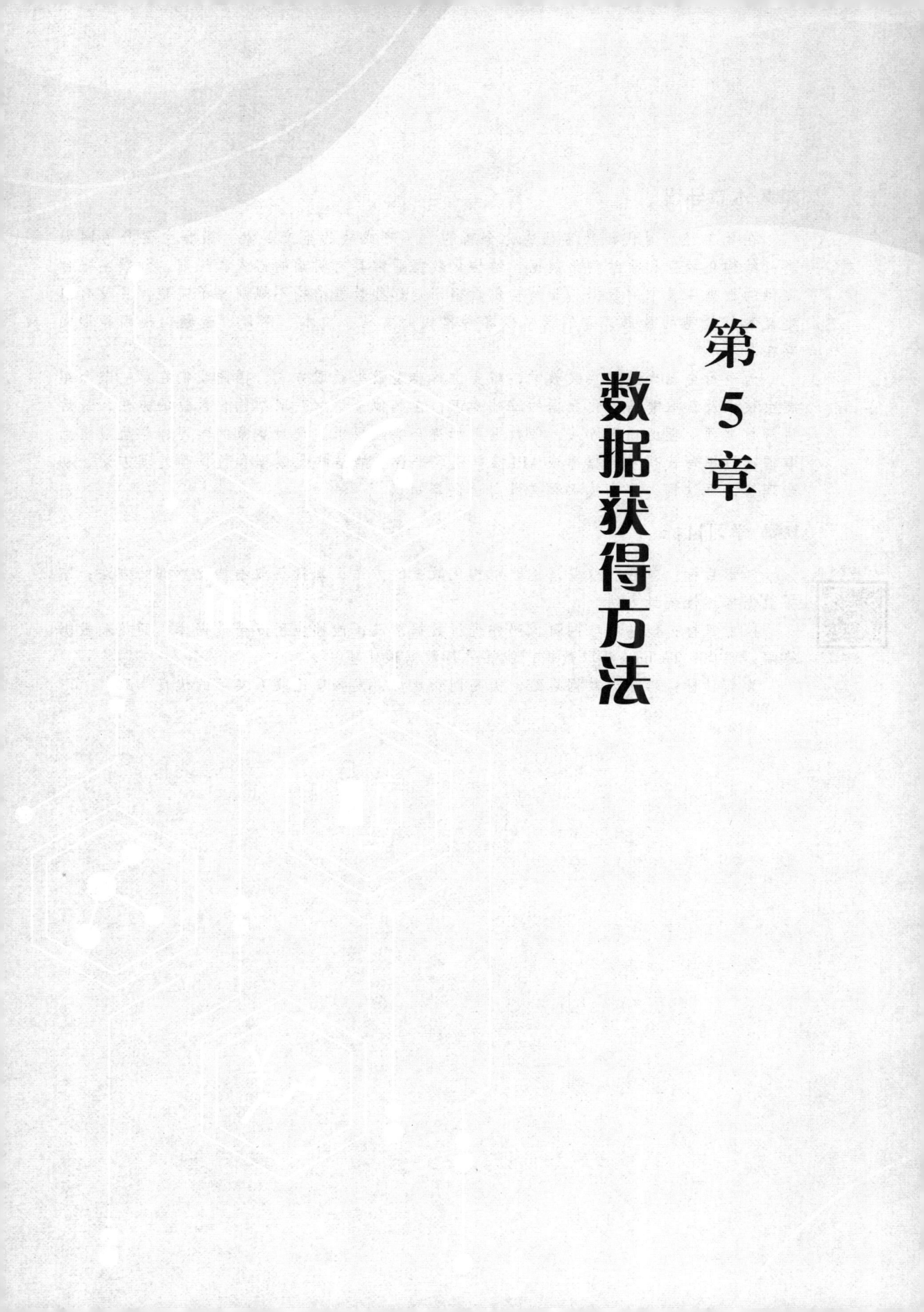

■ 本章导读

在数字经济时代，数字已成为全新的、不可或缺的生产要素。数据主要分为两大类：结构化数据和非结构化数据。结构化数据通常具有明确的格式和规则，如数字平台提供的数据库表中的数据。非结构化数据则是那些数据结构不规则、不完整，且没有预定义数据模型的数据，它们通常以各种格式的文档、文本、图片、音频、视频等形式存在。

为进行金融大数据实践教学，需要讲解典型数据获取方式，因此我们在第一节介绍爬虫技术及获取非结构化数据的基础知识，在其他节讲解获取结构化数据的方法，最后讲解数据预处理的通用方法，使数据更加符合实践要求。通过本章的学习，学生应重点掌握通过编写代码从数据库或API接口获取平台上的结构化数据和数据预处理方法，初步理解网页结构、爬虫技术和文本向量化等知识。

■ 学习目标

知识目标：掌握获取并清洗非结构化数据的方法；掌握获取结构化数据的方法；掌握数据描述性统计方法。

能力目标：能够爬取网页代码并进行数据清洗；能够应用万得数据库、同花顺数据终端、雅虎、Tushare获取数据；能够进行数据预处理。

素养目标：培养大数据思维，提高创新意识，发扬理论联系实际的优良学风。

知识课堂5-0

导学

5.1　非结构化数据的获取

本章把金融数据分为结构化数据和非结构化数据。结构化数据是指官方机构已经统计，因行政职能不同或区域不同在各自平台上发布的数据，此类数据具有权威性强、宏观、平台分散、存储格式不同等特点（见附录4）。非结构化数据是指已经在互联网上存在，传统统计部门尚未统计或传统统计方法无法统计的数据，此类数据具有实时性强、微观、内容分散、量化标准不统一等特点（见附录4）。

非结构化数据的读取、清理、存储相对复杂，本节主要针对非结构化数据的获取进行讲解。如果结构化数据来源平台未提供数据下载通道，本节内容也适用于结构化数据的获取。

针对非结构化数据来源的特点，首先，介绍网页结构，使读者对网页具有初步理解。其次，介绍从网页上获取内容的通用方法。获取网页内容的方法较多，有些方法操作相对简单，但是通用性不强，因此仅介绍比较通用的方法（Selenium库）。最后，介绍数据清洗方法。数据清洗或整理方法较多，但考虑通用性，本节仅介绍正则表达式方法。

5.1.1　网页结构

网页主要由导航栏、栏目及正文内容组成。导航栏是构成网页的重要元素之一，是网站频道入口的集合区域，相当于网站的菜单。栏目是网页中存放相同性质内容的区域。正文内容是页面中的主体内容。

1）查看网页代码的方法

用Google浏览器（其他浏览器的方法有所不同，但基本一致）打开新浪财经网站后依次点击行情中心首页→沪深股市→分类→沪市A，或者在地址栏内直接输入网址（http://vip.stock.finance.sina.com.cn/mkt/#sh_a），然后按键盘上的F12键，打开如图5-1所示的界面。也可以在网页上右击"查看网页源代码"（Ctrl+U），内容与开发者工具栏的内容一致。

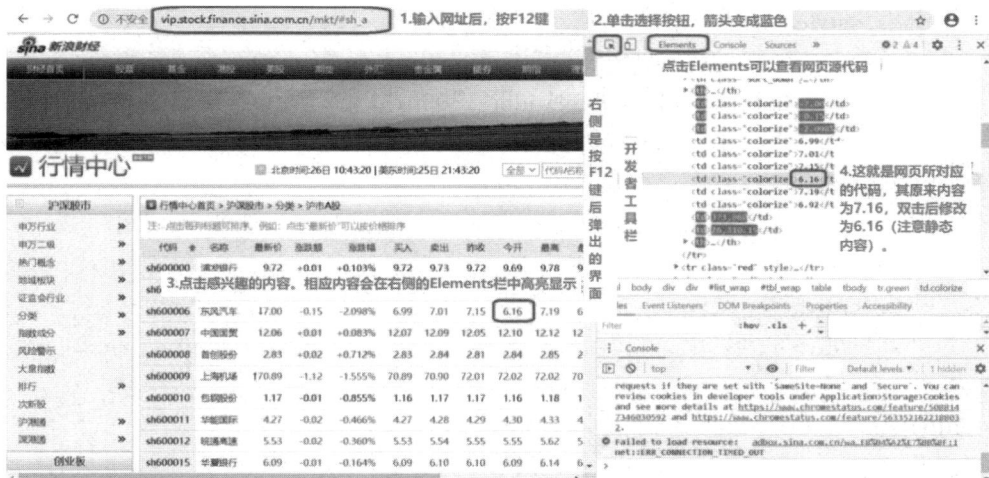

图5-1　网页源代码界面

2）网页结构

在 Google 浏览器地址栏内输入网址（https://www.imufe.edu.cn/jrxy/），打开内蒙古财经大学金融学院网站，按 F12，在 Elements 栏内点击右箭头打开网页源代码，研究其结构，形成初步认识，如图 5-2 所示。

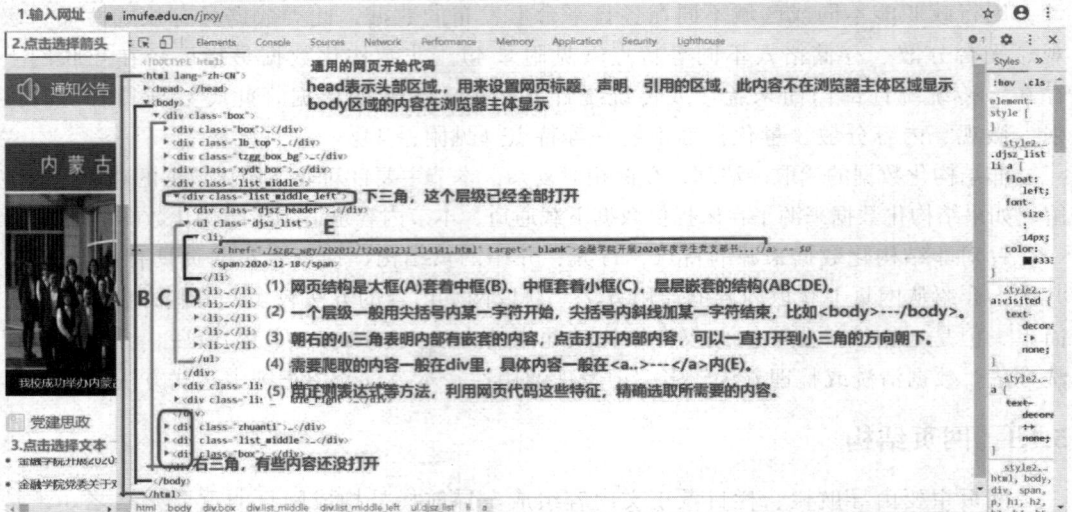

图 5-2　网页结构界面

在 Elements 栏中可以观察到，源代码从 <!DOCTYPE HTML> 开始，按以下规律编制：

```
<HTML lang="zh-CN"><HEAD><META content="IE=11.0000"
……
</HEAD> ……</HEAD>
<BODY>
    <div class="box">……</div>
        <style>……</style>
        <div class="dh_box">
            <ul class="dh" style="width:1300px">
                <li><a target="_blank" href="../">学校首页</a></li>
                ……
                <li><a target="_blank" href="./zsjy/">招生就业</a></li>
        ……
        </div>
        </div>
……
    </BODY>
    </HTML>
```

从以上代码可以发现：（1）网页结构是大框（A）套着中框（B）、中框套着小框

（C），层层嵌套的结构（ABCDE）。（2）一个层级一般用尖括号内某一字符开始，尖括号内斜线加某一字符结束，比如<body>……</body>。（3）朝右的小三角表明有嵌套的内容，点击打开内容，可以一直打开直到小三角的方向朝下。（4）需要爬取的内容一般在 div 里，具体内容一般在<a..>……</a>内。（5）理解上述结构后，可以用正则表达式精准选取所需内容。

3）编写网页代码

为加深网页的印象，编写简单的网页代码并运行。

在记事本里编写以下代码：

```html
<!DOCTYPE html>
<html>
<body>
        <h1>标题 1:财经大学</h1>
        <p>题1的内容:金融学院是财经大学的二级学院。</p>
        <h2>标题 2:金融学院的网址:</h2>
        <a href=" https://www.imufe.edu.cn/jrxy/">带链接的内容</a>
</body>
</html>
```

把以上代码保存在桌面上，命名为 a.txt，然后将扩展名改为 .html。双击 a.html 在浏览器中显示自己编写的源代码。请试着修改<x>和</x>中间的内容，如图 5-3 所示。了解以上内容后，通常能够达到爬取网页数据的目的。

图 5-3　自编网页

5.1.2　爬取网页代码

各类网站的编写结构、防护方式不同，爬取网页内容的难度也就不同，一般来说，应用模拟浏览器方式爬取网页内容的成功概率比较高，本节仅介绍基于Selenium库的爬取方法。读者可以按需学习和了解其他爬取网页源代码文本的方法或库。

注意：模拟浏览器和浏览器版本一定要一致，不然会报错；ChromeDriver的下载安装见软件安装部分；Selenium库的安装见库的安装部分（在Dos界面下运行pip install selenium）。

为获得新浪财经网站→行情中心首页→沪深股市→分类→沪市A的网页源代码文本，运行以下程序：

```
from selenium import webdriver#引入Selenium库里的webdriver功能
browser = webdriver.Chrome()#第2行,表达浏览器是Google浏览器(Chrome)。这一行代
码与关闭模拟浏览器(browser.quit())配对使用。
# chrome_options = webdriver.ChromeOptions()
# chrome_options.add_argument('--headless')#静默模式
# browser = webdriver.Chrome(options=chrome_options)#第3、4、5行是不打开模拟浏
览器方式爬取数据,此时请删除第2、9行
url='http://vip.stock.finance.sina.com.cn/mkt/#sh_a'#要访问的网址
browser.get(url)#通过browser.get访问目标网址
data = browser.page_source#获取目标网址源代码文本并赋值给data
browser.quit()#关闭模拟浏览器
print(data)#显示目标网址源代码文本
#该程序输出结果太多,在Word文档中粘贴后共39页6022字,如图5-4所示
```

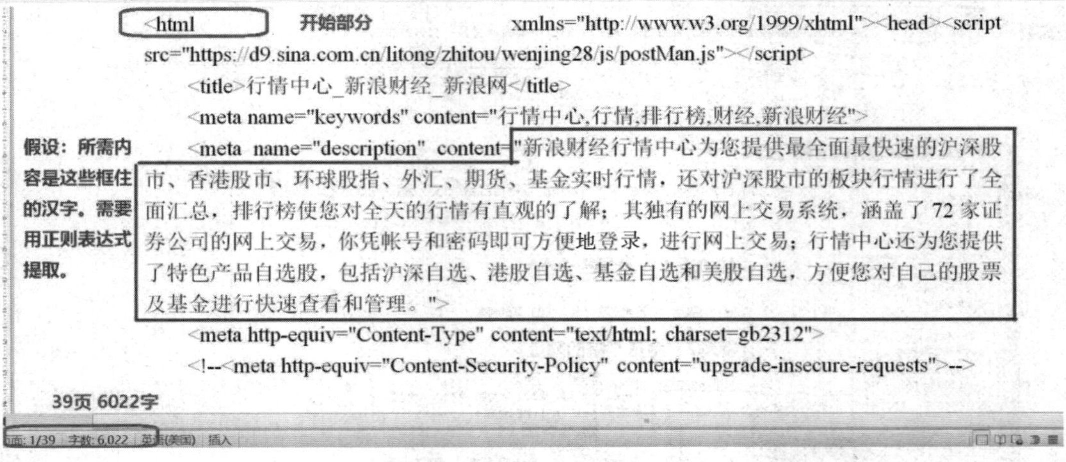

图5-4　目标网址源代码文本

5.1.3　清洗数据——正则表达式应用

读取源代码后发现无用数据太多，需要整理、挑选后形成有序的数据，即清洗数据。正则表达式具有较好的清洗数据功能。正则表达式是定义搜索模式的字符序列，用于字符串的"查找"或"查找和替换"操作，或者用于输入验证。

1）re 库的 findall 方法

要从"内蒙古财经大学 20210901 开始培养金融科技本科专业"中提取 8 个数字执行以下程序：

```
import re#引入 re 库,它是 Python 的内置库,用于字符串匹配
content='内蒙古财经大学 20210901 开始培养金融科技本科专业'#代表未清洗过的原始文本
data=re.findall('\d\d\d\d\d\d\d\d',content)#按照需求特征,编制选取条件,\d 表示匹配一个数字,本行程序查找 8 个连续数字。括号内前面参数是规则,后面参数是要清洗的文本
print(data)#输出结果为:['20210901']。注意,结果是一个元素的列表,如果 content 还有连续的 8 个数字,将依次增加列表元素
```

匹配符及其功能见表 5-1。

表 5-1　　　　　　　　　　　　　匹配符及其功能

符号	说明	实例
.	表示任何单个字符（默认除换行符）	一个点
[]	字符集，对单个字符给出取值范围	[abc] 表示 a、b、c，[a-z] 表示 a 到 z 的单个字符
[^]	非字符集，对单个字符给出排除范围	[^abc] 表示非 a 或非 b 或非 c 的单个字符
*	前一个字符 0 次或无限次扩展	abc*表示 ab、abc、abcc、abccc 等
+	前一个字符 1 次或无限次扩展	abc+表示 abc、abcc、abccc 等
?	前一个字符 0 次或 1 次扩展	abc? 表示 ab、abc
|	左右表达式任意一个	abc|def 表示 abc、def
{m}	扩展前一个字符 m 次	ab {2} c 表示 abbc
{m, n}	扩展前一个字符 m 至 n 次（含 n）	ab {1, 2} c 表示 abc、abbc
^	匹配字符串开头	abc 且在一个字符串的开头
$	匹配字符串结尾	abc 且在一个字符串的结尾
()	分组标记，内部只能使用|操作符	(abc) 表示 abc，(abc|def) 表示 abc、def
\d	数字，等价于 [0-9]	
\w	单词字符，等价于 [A-Za-z0-9_]	

2）re 库的非贪婪匹配符(.*?)

.*? 表示由左右两侧内容确定，长度及格式不确定的内容；(.*?) 表示由左右两侧内容确定，长度及格式不确定的内容；前者用于"代替"，后者用于"抽取"。在数据清洗过程中，经常使用非贪婪匹配符，应该重点掌握。为便于理解，看以下代码：

```
#非贪婪匹配之(.*?)简单示例
import re
content='左侧文本中间的内容 600001 中间的内容右侧文本'#被清洗的对象,准备提取:中间的内容 600001 中间的内容
```

```
extracted = re.findall('左侧文本(.*?)右侧文本',content)#括号内前面参数是规则,后面
```
参数是要清洗的文本
```
print(extracted)#输出结果为:['中间的内容600001中间的内容']
```

上面例子中的被清洗内容相对简单，所以未用到.*?。.*? 的作用是忽略未确定或变化的内容或很长的内容，一般在左右侧的特征里添加，比如把上例的content变得更加复杂：

```
import re
content='左左侧文本 X 这些内容未确定比如实时股价 X 左侧文本中间的内容 600001
中间的内容右侧文本'#被清洗的对象,准备提取:中间的内容600001中间的内容
extracted = re.findall('左左侧文本 .*?左侧文本(.*?)右侧文本',content)#.*?表示 X 这些
内容未确定比如实时股价 X,与"左左侧文本"".*?""左侧文本"一起形成了(.*?)的左侧特征
print(extracted)#输出结果为:['中间的内容600001中间的内容']
```

3）贴近实战的例子

如果想提取图5-4中框住的汉字，可以运行以下程序（直接给data赋值代码的方式忽略了爬取过程）：

```
import re
data='''
<html xmlns="http://www.w3.org/1999/xhtml"><head><script src="https://d5.sina.com.cn/
litong/zhitou/wenjing28/js/postMan.js"></script>
        <title>行情中心_新浪财经_新浪网</title>
        <meta name="keywords" content="行情中心,行情,排行榜,财经,新浪财经">
        <meta name="description" content="新浪财经行情中心为您提供最全面最快速的
沪深股市、香港股市、环球股指、外汇、期货、基金实时行情,还对沪深股市的板块行
情进行了全面汇总,排行榜使您对全天的行情有直观的了解;其独有的网上交易系统,涵盖
了72家证券公司的网上交易,你凭账号和密码即可方便登录,进行网上交易;行情中心还为
您提供了特色产品自选股,包括沪深自选、港股自选、基金自选和美股自选,方便您对自
己的股票及基金进行快速查看和管理。">
        <meta http-equiv="Content-Type" content="text/html; charset=gb2312">
        < ! --<meta http-equiv= "Content-Security-Policy" content= "upgrade-insecure-
requests">-->'''
regular_expression='<html .*?<meta name="description" content="(.*?)">'
extracted = re.findall(regular_expression,data,re.S)# 考虑换行符增加了第三个参数 re.S
print(extracted)#输出内容为斜体汉字
```

5.1.4 文本数据的量化

从网络获得文本数据后，经常需要量化分析，因此在此简单介绍文本量化的基础知识和代码。若需要深入了解，读者可以从中国知网上查看有关新闻联播、年报对投资收益影响的论文。

import jieba.analyse#导入结巴分词中的analyse

import jieba

#从网站上下载文本信息处理成结构化数据(比如以标题和内容为两列的表格)。信息获取和处理过程参考爬取部分。这里直接用四个自信在百度词条的内容作为初始文本进行分析

text="""

"四个自信"即中国特色社会主义道路自信、理论自信、制度自信、文化自信,由习近平总书记在庆祝中国共产党成立95周年大会上提出。"四个自信"是一个有机统一体,既相对独立,又相辅相成。"四个自信"的重要论述,凸显了中国特色社会主义的文化根基、文化本质和文化理想,标志着我们党对中国特色社会主义有了更加明确而开阔的文化建构。

道路自信是对中国特色社会主义道路发展方向和未来命运的自信。坚持道路自信就是要坚定走中国特色社会主义道路,这是实现社会主义现代化的必由之路,是为近代历史反复证明的客观真理,是党领导人民从胜利走向胜利的根本保证,也是中华民族走向繁荣富强、中国人民幸福生活的根本保证。

理论自信是对中国特色社会主义理论体系的科学性、真理性、正确性的自信。坚持理论自信就是要坚定对共产党执政规律、社会主义建设规律、人类社会发展规律认识的自信,就是要坚定实现中华民族伟大复兴、创造人民美好生活的自信。

制度自信是对中国特色社会主义制度先进性和优越性的自信。坚持制度自信就是要相信社会主义制度具有巨大优越性,相信社会主义制度能够推动发展、维护稳定,能够保障人民群众的自由平等权利和人身财产权利。

文化自信是对中国特色社会主义文化先进性的自信。坚持文化自信就是要激发党和人民对中华优秀传统文化的历史自豪感,在全社会形成对社会主义核心价值观的普遍共识和价值认同。"""

#用jieba分词库的extract_tags函数,提取text变量中的文本的前8个关键词及其权重;函数中的参数意思是,topK参数指定要提取的关键词数量,withWeight=True参数表示输出关键词的权重

tags=jieba.analyse.extract_tags(text,topK = 8,withWeight=True)#首先,调用jieba.analyse.extract_tags函数,传入text变量和topK=8参数,执行关键词提取操作。其次,结巴分词库对文本进行分词后,根据TF-IDF算法计算每个词语的权重,并按照权重排序选出前8个关键词。最后,将选出的关键词及其权重以元组的形式存储在一个列表中,并将该列表赋值给tags变量

tags

输出如下:

[('自信',0.896429848504909),

('特色',0.33736643124133333),

('制度',0.21920277360163637),

('文化',0.18505546923018182),

('道路',0.18223771167581818),

('中国', 0.1743002819592121),

('理论', 0.1593466355027273),

('四个', 0.11160921899709089)]

从分析结果看，基本找到了关键词，从众多文字中选出了"道路、理论、制度、文化"四个词。

权重是关键词在文本中的重要程度。一般通过TF-IDF算法计算获得。TF-IDF是一种常用的文本特征提取方法，它将一个文本集合转换成一个特征向量集合，每个特征向量表示一个文本，每个维度表示一个特征。TF（Term Frequency，词频）指某个词在文本中出现的次数，IDF（Inverse Document Frequency，逆文档频率）指文本库中包含该词的文本数量的倒数。TF-IDF的计算公式为：TF-IDF = TF * IDF。TF-IDF值越大，表示该词在文本中越重要。例如，在一篇文章中，某个词出现的次数为5次，而在整个文本库中包含该词的文本数量为1 000篇，则该词的IDF值为3，假设该词在该篇文章中的长度为1 000个字符，则该词的TF值为5/1000=0.005，因此该词的TF-IDF值为0.005*3=0.015。结巴分词库中的extract_tags函数利用TF-IDF算法计算关键词的权重，从而选出文本中最重要的关键词。

用jieba库分析文本时常用的代码如下：

```
text = text.replace(' ','')#从原始文本中去掉空格
text = text.replace('\r\n','')#从原始文本中去掉回撤与换行\r\n
words = jieba.cut(text)#使用cut方法即可完成分词
words = ' '.join(words)#在词之间插入空格
words[0:50]
#输出如下:'\n 四个自信 \n 四个自信即中国特色社会主义道路自信、理论自信、制度自信、文化自信'
word_list = jieba.lcut(text)#使用lcut将文本分词并存为列表
word_list[:10]#检查列表中前30个元素
```

输出如下：

['\n', '四个', '自信', '\n', '四个', '自信', '即', '中国', '特色', '社会主义']

```
#stopwords.txt是记录停用词的txt文档,自行编辑好后放在默认路径(Home Page下),可以参照附录提供的停用词表编辑
word = ''#创建空字符串,用于存储在原文本中的非停用词
stopwords = [line.strip()for line in open('stopwords.txt',encoding='UTF-8').readlines()]#逐行读取停用词表,并按行分隔后,存入列表中
for element in words:#遍历原文本的词
    if element not in stopwords:#原文本的词,如果不在停用词表中
        word += element#就添加到word列表
word[:30]#检查一下结果
```

输出如下：

'\n 信 \n 信 中国特色社会主义道路自信'

```
jieba.analyse.set_stop_words("stopwords.txt")#继续使用停用词表
tags=jieba.analyse.extract_tags(text,topK = 8,withWeight=True)
tags
```

输出如下：

[('自信', 0.896429848504909),

('特色', 0.3373664312413333),

('制度', 0.21920277360163637),

('文化', 0.18505546923018182),

('道路', 0.1822377167581818),

('中国', 0.1743002819592121),

('理论', 0.1593466355027273),

('四个', 0.11160921899709089)]

5.2 万得数据的获取

5.2.1 概念解释

万得数据库是以金融证券数据为核心的大型金融工程和财经数据仓库，数据内容涵盖股票、基金、债券、外汇、保险、期货、金融衍生品、现货交易、宏观经济等领域。Wind.NET 是一个集实时行情、资料查询、数据浏览、研究分析、新闻资讯于一体的金融数据信息查询终端。

5.2.2 安装万得金融终端

打开万得信息技术股份有限公司（Wind）网站（网址：https://www.wind.com.cn/portal/zh/WFT/index.html），点击金融终端，然后按图5-5所示操作。

图5-5 安装万得金融终端

5.2.3 获得数据

1）进入 Python 接口界面

进入 Wind 金融终端后，依次点击量化→API接口→python接口后，打开如图5-6所示的界面。界面中分4步介绍了相应功能，并对目录和内容进行简单说明，请读者按需仔细阅读相关内容。

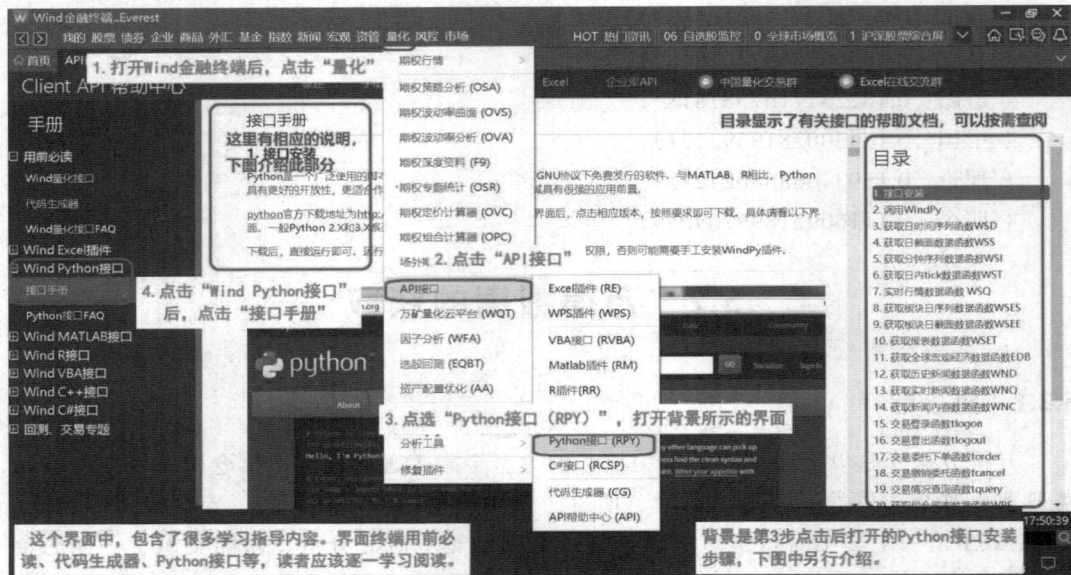

图 5-6　打开万得 Python 接口

2）安装 Python 接口

在 Wind 金融终端界面依次点击"量化"→"修复插件"→"修复 Python 接口"，弹出量化接口"修复工具"。修复完成后点击"完成"，到这里就可以在 PyCharm 中编程读取数据了。另外，修复完成后可通过"配置详情"按钮查看具体修复了哪些 Python 接口；若列表并没有需要使用的 Python，可通过"添加路径"按钮修复指定的 Python 编译器。查找路径的方法是：打开 PyCharm，点击"file"→"settings"，点击"Project interpreter"，在 Project interpreter栏目里显示编译器的路径；复制到最后一个左斜线前面的信息，在添加路径栏里粘贴后点击配置，如图5-7所示。

3）用万得 Python 接口获取数据

以获得 603058.SH 股票 2021 年 1 月 15 日至 2021 年 1 月 27 日的历史行情数据为例，运行以下程序：

```
import pandas as pd
from WindPy import w
w.start()# 默认命令超时时间为120秒,如需设置超时时间可以加入waitTime参数,例如waitTime=60,即设置命令超时时间为60秒
w.isconnected()# 判断WindPy是否已经登录成功
```

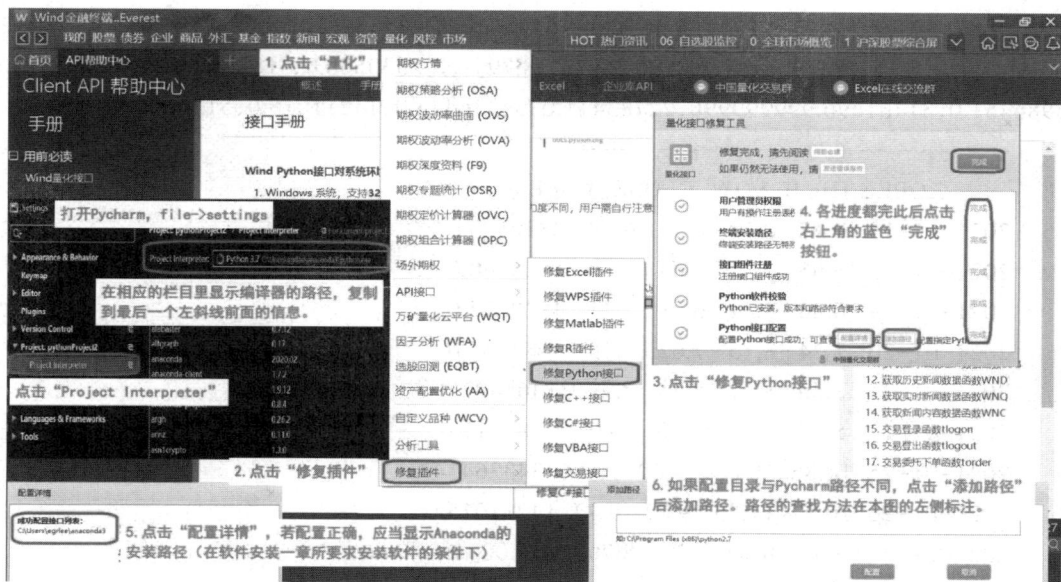

图 5-7　安装万得 Python 接口

　　test=w.wsd("603058.SH","open,high,low,close,volume","2021-01-15","2021-01-27","")
#其格式为:w.wsd(codes,fields,beginTime,endTime,options),参数说明请查阅接口手册;实际上
用代码生成器生成代码比较方便,下一节将介绍代码生成器的应用

　　w.stop()# 当需要停止 WindPy 时,可以使用该命令;w.start 不准重复启动,若需要改变参
数,如超时时间,用户可以使用 w.stop 命令先停止再启动;退出时,会自动执行 w.stop(),一般
用户并不需要执行 w.stop

　　print(test)# 显示获取的数据,其格式为:<class 'WindPy.w.WindData'>,需要转换成
DataFrame

　　df=pd.DataFrame(test.Data,index=test.Fields,columns=test.Times).T#转换为 DataFrame,
后面的 T 为转置,第 2、3 个参数分别为行和列内容的名称

　　print(df)#显示 DataFrame 格式的数据

输出结果为:

Welcome to use Wind Quant API for Python（WindPy）!

COPYRIGHT（C)2020 WIND INFORMATION CO.,LTD. ALL RIGHTS RESERVED.

IN NO CIRCUMSTANCE SHALL WIND BE RESPONSIBLE FOR ANY DAMAGES OR
LOSSES CAUSED BY USING WIND QUANT API FOR Python.

　　.ErrorCode=0

　　.Codes=［603058.SH］

　　.Fields=［OPEN,HIGH,LOW,CLOSE,VOLUME］

　　.Times=［20210115,20210118,20210119,20210120,20210121,20210122,20210125,
20210126,20210127］

　　.Data=［［6.47,6.65,6.8,7.74,8.89,8.7,10.86,10.97,8.79］,［6.78,6.87,7.41,8.15,

8.97,9.87,10.86,11.25,8.79], [6.46,6.64,6.68,7.62,8.35,8.32,10.52,9.77,8.79], [6.68, 6.74, 7.41, 8.15, 8.97, 9.87, 10.86, 9.77, 8.79], [2330500.0, 1828500.0, 4820394.0, 5984451.0,31461496.999999996,22783411.0,34336434.0,14211015.0,5176000.0]]

```
             OPEN  HIGH  LOW   CLOSE VOLUME
2021-01-15   6.47  6.78  6.46  6.68  2330500.0
2021-01-18   6.65  6.87  6.64  6.74  1828500.0
2021-01-19   6.80  7.41  6.68  7.41  4820394.0
2021-01-20   7.74  8.15  7.62  8.15  5984451.0
2021-01-21   8.89  8.97  8.35  8.97  31461497.0
2021-01-22   8.70  9.87  8.32  9.87  22783411.0
2021-01-25   10.86 10.86 10.52 10.86 34336434.0
2021-01-26   10.97 11.25  9.77  9.77  14211015.0
2021-01-27   8.79  8.79  8.79  8.79  5176000.0
```

4）代码生成器的应用

代码生成器可以把Wind中实现的功能转换成Python语言程序代码。它仅用于生成代码而不是代码编辑器，即不能运行其他Python程序。在Wind金融终端的Client API帮助中心→用前必读→代码生成器中有代码生成步骤的动态示意教学。这里通过代码生成器生成宏观经济数据下载代码，步骤如图5-8所示。

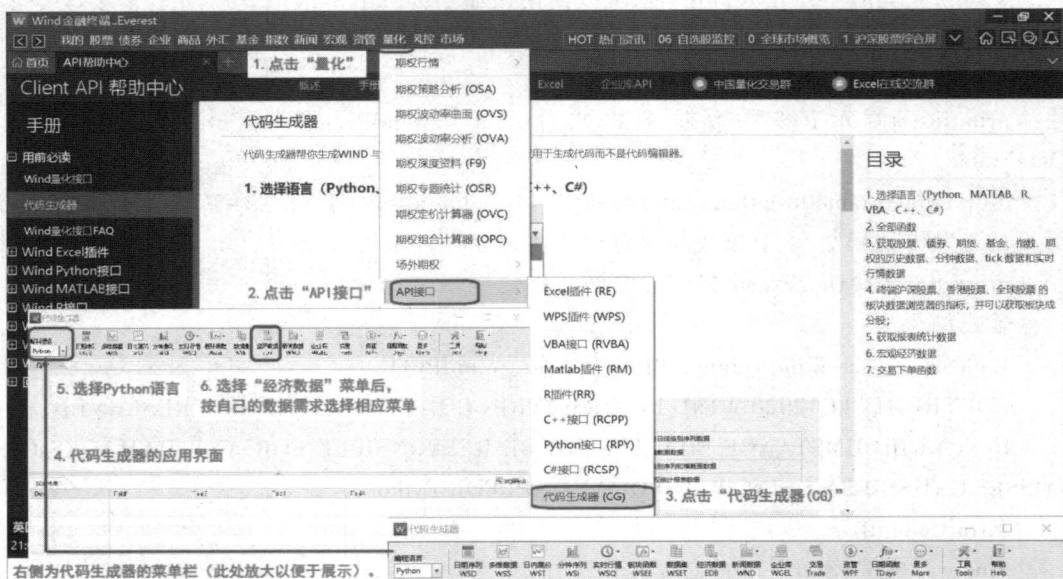

图5-8　通过代码生成器生成代码

在宏观经济数据向导界面中，勾选"中国宏观数据"，从菜单中依次选择：GDP、支出法GDP、居民消费价格指数CPI、工业生产者出厂价格指数PPI、工业生产者购进价格指数PPIRM。选好所需数据后点击下一步，如图5-9所示。

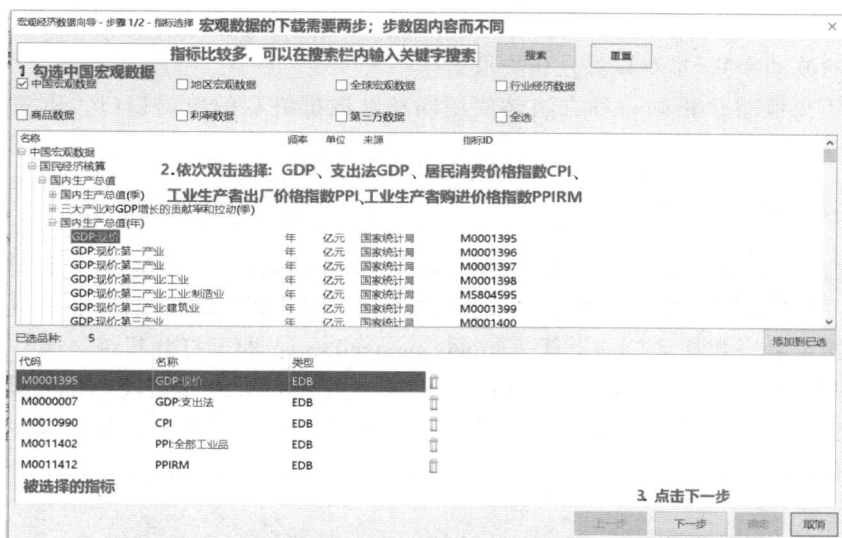

图 5-9　通过代码生成器生成代码

5.2.4　选择性学习

万得数据库内容比较丰富，按照图 5-10 所示的方法，针对自己的研究需求选择相应的学习内容。遇到问题时，可以综合利用万得大学、聊天群、技术支持电话（40082099463）和客户经理 4 个方面的资源。

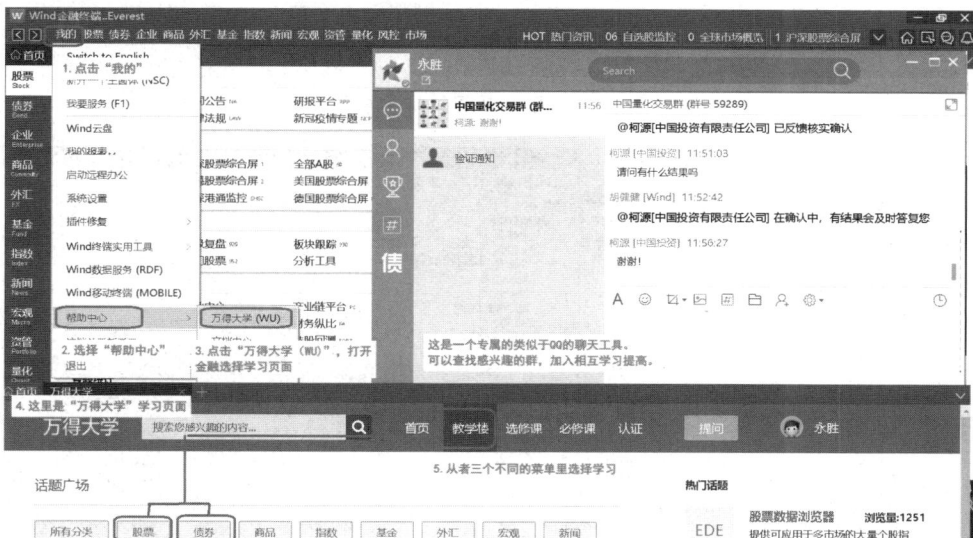

图 5-10　自主学习界面

5.3　同花顺数据的获取

同花顺财经作为国内常用金融数据来源之一，不仅包含不同频率（每日、每周、每

知识课堂5-3

同花顺数据的获取

月）的历史和当前股票价格，还包括计算指标（如贝塔系数衡量单个资产相对于整个市场波动率的波动率），本章仅关注历史股价。

下载历史股票价格的一种方法是使用同花顺数据终端的数据接口，本章以同花顺2019年11月01日到2020年11月01日股票数据为例进行示范。

5.3.1 实现方法

1）安装同花顺数据终端。登录网址 http://yfbft.10jqka.com.cn/，点击下载中心，下载并安装"同花顺 iFinD PC 全版"；同时下载安装"同花顺数据接口"（也称同花顺超级终端，点击工具→数据接口→下载→SuperCommand.exe，即可打开超级终端）。

2）用超级终端直接生成Python程序。以下是使用超级终端生成Python程序的示意图，按照图 5-11 所示登录，按照图 5-12 所示生成代码（按照阿拉伯数字顺序执行就可获得相应代码）。

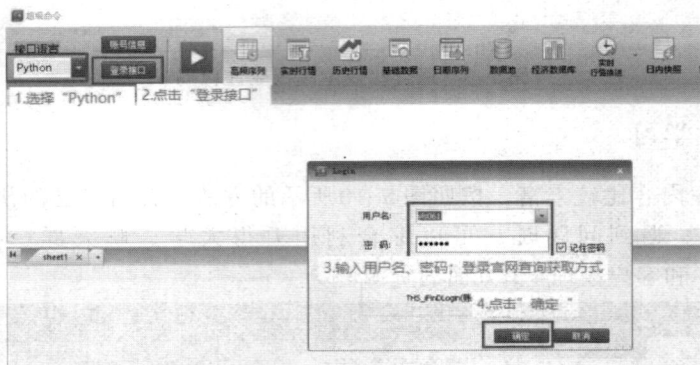

图 5-11 登录超级终端示意图

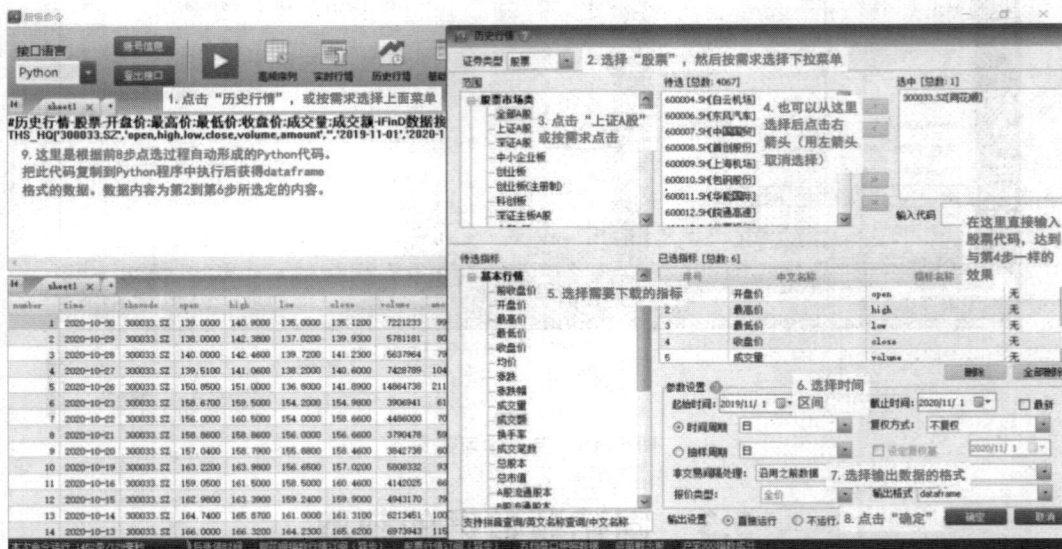

图 5-12 获得 Python 代码步骤图

3）程序说明。整体上，在前两行和退出登录一行程序的基础上，增加超级命令终端自动生成的程序。另外，执行 Python 程序前需要打开超级终端，不然报 import 错误。

执行超级终端的工具→环境设置→勾选 Python→勾选现有的路径或添加 anaconda 的路径，点击"添加"，并重新启动 jupyter。

from iFinDPy import *#第一行代码,引入 iFinDPy

thsLogin = THS_iFinDLogin('账号','密码')#用户使用时请修改成自己的账号和密码;实现登录功能

df=THS_HQ('300033.SZ','open,high,low,close,volume,amount','','2019-11-01','2020-11-01')#这是从超级终端复制的程序;它的作用是获得同花顺股票 2019 年 11 月 01 日到 2020 年 11 月 01 日的开盘价、最高价、最低价、收盘价、成交量、成交额等数据,以 DataFrame 格式存储到变量 df

thsLogout = THS_iFinDLogout()#这是最后一行代码,退出超级终端

5.3.2　代码

from iFinDPy import *

thsLogin = THS_iFinDLogin('******','******')

df=THS_HQ('300033.SZ','open,high,low,close,volume,amount','','2022-11-01','2023-11-01')

thsLogout = THS_iFinDLogout()

print(df)

print(type(df.data))#df 的类型为 iFinDPy.THSData;df.data 的类型为 pandas.core.frame.DataFrame

df.data.to_excel(r'C:\users****\Desktop\shuju.xlsx')#按自己电脑的存储路径更改;注意直接存 df 会报错,因为 df 不是 DataFrame,而 df.data 是 DataFrame,DataFrame 才有 to_excel 方法

5.3.3　扩展资料

以下是常用的从同花顺获取数据的 Python 代码，按需求参考使用。阅读时应特别注意以下资料从第一行到最后一行是一个整体，包括意外情况；为获取数据需要，在大部分内容前增加了#号，需要时删除相应位置的#后运行即可。

if(thsLogin == 0 or thsLogin == -201):

#高频序列函数格式为 THS_HighFrequenceSequence('thsCodes','indicators','params','startTime','endTime')

#thsCodes 不可以为空,且支持多个输入,当有多个 thsCodes 时,用英文半角逗号分隔,如 thsCode1,thsCode2,thsCode3

#indicators 不可以为空,且支持多个输入,当有多个 indicators 时,用英文半角分号分隔,如 indicator1;indicator2;indicator3

#params 不可以为空,且支持多个输入,当使用默认的参数时,可以用'default'表示,当用户只对其中某个指标设定而其他参数保持默认时,只需要输入设定的参数即可,如

'Interval:5'

#startDate 的日期输入格式为 YYYY-MM-DD HH:MM:SS

#endDate 的日期输入格式为 YYYY-MM-DD HH:MM:SS

#THS_HighFrequenceSequence('thsCode1, thsCode2, thsCode3', 'indicator1; indicator2; indicator3','param1,param2,param3','startTime','endTime')

thsDataHighFrequenceSequence=THS_HighFrequenceSequence('600000.SH','open;high;low;close', 'CPS: no, baseDate: 1900-01-01, MaxPoints: 50000, Fill: Previous, Interval: 1', '2019-12-09 09:15:00','2019-12-09 15:15:00')

highFrequenceSequence = THS_Trans2DataFrame(thsDataHighFrequenceSequence)

#历史行情函数格式为 THS_HistoryQuotes('thsCodes','indicators','params','startDate','endDate')

#thsCodes 不可以为空,且支持多个输入,当有多个 thsCodes 时,用英文半角逗号分隔,如 thsCode1,thsCode2,thsCode3

#indicators 不可以为空,且支持多个输入,当有多个 indicators 时,用英文半角分号分隔,如 indicator1;indicator2;indicator3

#params 不可以为空,且支持多个输入,当使用默认的参数时,可以用'default'表示,当用户只对其中某个指标设定而其他参数保持默认时,只需要输入设定的参数即可,如'period:W'

#startDate 的日期输入格式为 YYYY-MM-DD

#endDate 的日期输入格式为 YYYY-MM-DD

#THS_HistoryQuotes('thsCode1, thsCode2, thsCode3', 'indicator1; indicator2; indicator3', 'param1,param2,param3','startDate','endDate')

thsDataHistoryQuotes = THS_HistoryQuotes('300033.SZ','open;high;low;close','period:D, pricetype:1,rptcategory:0,fqdate:1900-01-01,hb:YSHB','2018-03-01','2018-04-01')

historyQuotes = THS_Trans2DataFrame(thsDataHistoryQuotes)

#实时行情函数的格式为 THS_RealtimeQuotes('thsCodes','indicators','params')

#thsCodes 不可以为空,且支持多个输入,当有多个 thsCodes 时,用英文半角逗号分隔,如 thsCode1,thsCode2,thsCode3

#indicators 不可以为空,且支持多个输入,当有多个 indicators 时,用英文半角分号分隔,如 indicator1;indicator2;indicator3

#params 可以为空

#THS_RealtimeQuotes('thsCode1,thsCode2,thsCode3','indicator1;indicator2;indicator3')

thsDataRealtimeQuotes = THS_RealtimeQuotes('600000.SH,300033.SZ','open;high;low;new')

realtimeQuotes = THS_Trans2DataFrame(thsDataRealtimeQuotes)

#基础数据 THS_BasicData('thsCodes','function','params')支持多证券单指标输入

#thsCodes 不可以为空,且支持多个输入,当有多个 thsCodes 时,用英文半角逗号分隔,如 thsCode1,thsCode2,thsCode3

#function 不可以为空,且当前只支持单个 function,目前函数名称可以在【iFinD 终端-工具-数据接口-指标函数查询工具】查看

#params 可以为空,也可以有多个,当有多个 params 时,用英文半角逗号分隔,如 param1,param2,param3

#THS_BasicData('thsCode1,thsCode2,thsCode3','function','param1,param2,param3')

thsDataBasicData = THS_BasicData('600000. SH, 600004. SH', 'ths_stock_short_name_stock;ths_ipo_date_stock',';')

basicData = THS_Trans2DataFrame(thsDataBasicData)

#日期系列函数格式为 THS_DateSequence('thsCodes','indicators','params','startDate','endDate')

#thsCodes 不可以为空,且支持多个输入,当有多个 thsCodes 时,用英文半角逗号分隔,如 thsCode1,thsCode2,thsCode3

#indicators 不可以为空,且支持多个输入,当有多个 indicators 时,用英文半角分号分隔,如 indicator1;indicator2;indicator3

#params 不可以为空,且支持多个输入,当使用默认的参数时,可以用'default'表示,当用户只对其中某个指标设定而其他参数保持默认时,只需要输入设定的参数即可,如'Interval:M'

#startDate 的日期输入格式为 YYYY-MM-DD

#endDate 的日期输入格式为 YYYY-MM-DD

#日 期 序 列 函 数 格 式 为 THS_DateSerial('thsCode1,thsCode2,thsCode3','indicator1;indicator2;indicator3','param1,param2,param3','startDate','endDate')

thsDataDateSerial = THS_DateSerial('600000. SH, 600004. SH', 'ths_total_shares_stock;ths_total_ashare_stock;ths_float_ashare_stock',';;', 'Days:Tradedays,Fill:Previous,Interval:D','2018-05-13','2018-06-13')

dateSerial = THS_Trans2DataFrame(thsDataDateSerial)

#数据池函数格式为 THS_DataPool('modelName','inputParams','outputParams')

#modelName 不可以为空,且一次只能输入一个

#inputParams 用英文半角分号隔开,如 inputParam1;inputParam2;inputParam3

#outputParams 用英文半角冒号赋值,用英文半角逗号分隔,Y 表示该字段输出,N 表示该字段不输出,不写则默认为 Y,如 outputParam1:Y,outputParam2:Y,outputParam3:N

#THS_DataPool('modelName', 'inputParam1; inputParam2; inputParam3', 'outputParam1,outputParam2,outputParams3')

#【001005260】是板块 ID,目前板块 ID 可以在【iFinD 终端-工具-数据接口-板块 ID 查询工具】查看

thsDataDataPool = THS_DataPool('block', '2016-12-19; 001005260', 'date: Y, security_name:Y,thscode:Y')

dataPool = THS_Trans2DataFrame(thsDataDataPool)

#EDB 数据请求函数格式为 THS_EDBQuery('indicatorIDs','startDate','endDate')

#indicatorIDs 不可以为空,支持多个 ID 输入。指标 ID 可以在【iFinD 终端–工具–数据接口】中的指标 ID 查询中查看

#startDate 的日期输入格式为 YYYY–MM–DD

#endDate 的日期输入格式为 YYYY–MM–DD

thsEDBDataQuery = THS_EDBQuery('M001620326;M002822183','2017–06–13','2018–06–13')

edbDataQuery = THS_Trans2DataFrame(thsEDBDataQuery)

日 内 快 照 函 数 格 式 为 THS_Snapshot('thsCodes','indicators','params','startTime','endTime')

#thsCodes 不可以为空,且支持多个输入,当有多个 thsCodes 时,用英文半角逗号分隔,如 thsCode1,thsCode2,thsCode3

#indicators 不可以为空,且支持多个输入,当有多个 indicators 时,用英文半角分号分隔,如 indicator1;indicator2;indicator3

#params 不可以为空,且当前只有一个参数,即 dataType:Original

#startDate 的日期输入格式为 YYYY–MM–DD HH:MM:SS

#endDate 的日期输入格式为 YYYY–MM–DD HH:MM:SS

#THS_Snapshot('thsCode1,thsCode2,thsCode3','indicator1;indicator2;indicator3','param1,param2,param3','startTime','endTime')

thsDataSnapShot = THS_Snapshot('300033. SZ, 600000. SH', 'tradeDate; tradeTime; preClose;open;high;low;latest','dataType:Original','2018–06–13 09:30:00','2018–06–13 09:45:00')

snapShot = THS_Trans2DataFrame(thsDataSnapShot)

#数据使用量查询函数用于查询自身账号的数据使用量,其中行情数据是 15 000 万条/周,基础数据是 500 万条/周,EDB 数据是 500 条/周。通过高频序列函数、历史行情函数和实时行情函数获取的数据统称为行情数据;通过基础数据函数、日期序列函数和数据池函数获取的数据统称为基础数据;通过 EDB 数据请求函数获取的数据统称为 EDB 数据。

thsDataStatistics = THS_DataStatistics()

#错误信息查询函数,对于函数执行后的 errorcode 进行查询,了解错误信息

#value 的值不可以为空,并且 value 的值必须是枚举出的错误值

thsGetErrorInfo = THS_GetErrorInfo(0)

#交易日期/日历日期查询函数

日 期 查 询 函 数 的 格 式 是 THS_DateQuery('exchange','dateType: value, period: value, dateFormat:value','startDate','endDate')

#exchange 不可以为空

#dateType、period、dateFormat 的值不可以为空

#startDate 的日期输入格式为 YYYY–MM–DD

#endDate 的日期输入格式为 YYYY–MM–DD

```
thsDateQuery = THS_DateQuery("SSE","dateType:trade,period:D,dateFormat:0","2016-
07-21","2016-08-21")
#根据指定日期和偏移量找到相应的日期
#日期偏移函数的格式是 THS_DateQuery('exchange','dateType:value,period:value,
dateFormat:value','date')
#exchange不可以为空
#dateType、period、dateFormat的值不可以为空
#date的日期输入格式为YYYY-MM-DD
thsDateOffset = THS_DateOffset("SSE","dateType:trade,period:W,offset:-10,dateFormat:
0","2016-08-21")
#统计指定时间区间和日期类型的日期数量
#日期查询函数的格式是 THS_DateCount('exchange','dateType:value,period:value,
dateFormat:value','startDate','endDate')
#exchange不可以为空
#dateType、period、dateFormat的值不可以为空
#startDate的日期输入格式为YYYY-MM-DD
#endDate的日期输入格式为YYYY-MM-DD
thsDateCount = THS_DateCount("SSE","dateType:trade,period:D,dateFormat:0","2016-
07-21","2016-08-21")
#退出登录函数
thsLogout = THS_iFinDLogout()
else:
print("登录失败")
```

5.4 从雅虎获取数据

```
#在dos提示符下运行:pip install yfinance --upgrade --no-cache-dir
#在dos提示符下运行:pip install pandas_datareader
import pandas_datareader as pdr
import yfinance as yf
yf.pdr_override()#需要调用这个函数
tesla=pdr.get_data_yahoo('TSLA')
print(tesla.tail())
```

知识课堂5-4
从雅虎获取数据

5.5 从Tushare获取数据

知识课堂5-5
从Tushare获取数据

Tushare具有免费开源的Python财经数据接口，可以获得股票为主的财经数据。获取相关数据的简要代码如下，详细应用方法可以登录其官网（https://tushare.pro/）自行

学习。

```
#在 dos 提示符下运行:pip install lxml
#在 dos 提示符下运行:pip install pandas
#在 dos 提示符下运行:pip install tushare
import pandas as pd
import tushare as ts
pro = ts.pro_api()
df = pro.daily(ts_code='600000.SH',start_date='20220701',end_date='20220718')#参数
设置,请参考 https://tushare.pro/document/2?doc_id=15
# 多只股票
# df = pro. daily(ts_code= '000598. SZ, 600000. SH', start_date= '20220701', end_date= '
20220718')
df
```

输出结果为:

```
ts_code trade_date open high low close pre_close change pct_chg  vol     amount
0 600000 20220718  7.68 7.79 7.68 7.79  7.67    0.12  1.5645   251642      195287
1 600000 20220715  7.76 7.80 7.65 7.67  7.79   −0.12 −1.5404 471276 . 364457
… … …
11 600000 20220701 8.01 8.04 7.98 7.99    8.01   −0.02 −0.2497   178467       142651
```

5.6　数据预处理

知识课堂 5-6

数据预处理

前面已经介绍了获得数据的方法。下面介绍计算收益率、调整时间周期、识别异常值等知识。

5.6.1　收益率的计算

收益率有简单收益率和对数收益率两种。简单收益率的计算公式为:$R_t = (P_t - P_{t-1})$,其中 P_t 是 t 期资产价格。对数收益率的计算公式为:$r_t = \log (P_t/P_{t-1}) = \log P_t - \log P_{t-1}$。每日简单收益率和对数收益率之间的差异非常小,一般情况下对数回报率小于简单收益率。从公式可以看出,对数收益率可以在时间上累加,所以学术中通常使用对数收益率。

下载 600000.SH 股票历史行情日度数据,计算简单/对数收益率的代码如下:

```
#导入相关库
from iFinDPy import *
import numpy as np
%matplotlib inline
%config InlineBackend.figure_format = 'retina'
```

```python
import pandas as pd
import matplotlib.pyplot as plt
import warnings
plt.style.use('seaborn')
plt.rcParams['figure.dpi']= 300
warnings.simplefilter(action='ignore',category=FutureWarning)
#设置参数
CODE = '600000.SH'#以浦发银行股票为例
START_DATE = '2011-05-17'#起始日期
END_DATE = '2023-05-17'#终止日期
```

#以下代码是下载数据并存储数据,如果没有相关账号,可以忽略此步骤,把课程提供的案例数据下载到本地后从读取数据开始操作

```python
# thsLogin = thsLogin=THS_iFinDLogin('******','******')#登录超级终端
# df1=THS_HQ(CODE, 'open,high,low,close,volume', 'Interval: D,CPS: 6', START_DATE, END_DATE)#下载600000.SH日行情数据
# df_cpi=THS_EDB('M002826730', 'endrtime: 2023-06-07 23: 59: 59', START_DATE, END_DATE)#下载CPI数据
# thsLogout = THS_iFinDLogout()#退出超级终端
# df1.data.to_excel(r'C:\Users\****\Desktop\600000_day.xlsx',index=False)#把数据存储到本地硬盘,文件名称为600000_day.xlsx
# df_cpi.data.to_excel(r'C:\Users\****\Desktop\cpi_month.xlsx',index=False)#把数据存储到本地硬盘
#读取数据
df_600000=pd.read_excel(r'C:\Users\****\Desktop\600000_day.xlsx')
df_cpi=pd.read_excel(r'C:\Users\****\Desktop\cpi_month.xlsx')
#改变字符串时间为日期格式,并以日期格式时间作为行索引
df_cpi['Date_dt']=pd.to_datetime(df_cpi['time'])
df_cpi.set_index('Date_dt',inplace=True)
df_600000['Date_dt']=pd.to_datetime(df_600000['time'])
df_600000.set_index('Date_dt',inplace=True)
#计算简单收益率和对数收益率
df_all_dates = pd. DataFrame(index=pd. date_range(start=START_DATE, end=END_DATE))#以起始/终止时间为长度建立空DataFrame
df = df_all_dates.join(df_600000[['close']],how='left').fillna(method='ffill').asfreq('M')#从空DataFrame左侧导入600000.SH收盘价,并把时间周期改为"月度",空值填充0
df['simple_rtn']= df.close.pct_change()#计算简单收益率
df['log_rtn']= np.log(df.close/df.close.shift(1))#计算对数收益率
df.head()
```

输出如图5-13所示。

	close	simple_rtn	log_rtn
2011-05-31	3.330253	NaN	NaN
2011-06-30	2.841818	-0.146666	-0.158604
2011-07-31	2.534126	-0.108273	-0.114595
2011-08-31	2.457203	-0.030355	-0.030825
2011-09-30	1.932727	-0.213444	-0.240092

图5-13 价格转收益率

下面纳入通货膨胀因素，用CPI数据计算实际收益率。其计算公式为：$R_t^r = \dfrac{1+R_t}{1+\pi_t} - 1$，其中$R_t$为简单t期收益率，$\pi_t$为t期通货膨胀率。代码如下：

```
#把通货膨胀率添加到原DataFrame
df_merged = df.join(df_cpi['value'],how='left')#从df左侧链接CPI值
df_merged.rename(columns={'value':'cpi'},inplace=True)#把列名改为cpi
df_merged['inflation_rate']= df_merged.cpi.pct_change()#获得通货膨胀率
df_merged['real_rtn']= (df_merged.simple_rtn + 1)/ (df_merged.inflation_rate + 1)- 1#计算实际收益率
df_merged.head(2)
```

输出如图5-14所示。

	close	simple_rtn	log_rtn	cpi	inflation_rate	real_rtn
2011-05-31	3.330253	NaN	NaN	5.51	NaN	NaN
2011-06-30	2.841818	-0.146666	-0.158604	6.36	0.154265	-0.260712

图5-14 实际收益率

5.6.2 调整时间周期

实际日收益波动率的计算公式为：$RV = \sqrt{\sum_{i=1}^{T} r_t^2}$，然后将按月分组后的收益率乘以$\sqrt{12}$，获得年度波动率，代码如下：

```
df_600000=pd.read_excel(r'C:\Users\****\Desktop\600000_day.xlsx')
df_600000['Date_dt']=pd.to_datetime(df_600000['time'])#将time列转换为日期格式,并将其存储在名为Date_dt的新列
df_600000.set_index('Date_dt',inplace=True)#将Date_dt列设置为行索引
df = df_600000.loc[:,['close']]# 仅保留close列
df['log_rtn']= np.log(df.close/df.close.shift(1))# 计算对数收益率后存储在log_rtn列
df.drop('close',axis=1,inplace=True)#删除close列
```

```
df.dropna(axis=0,inplace=True)# 删除缺失值
# df.head()
def realized_volatility(x):#日收益率波动率计算公式
    return np.sqrt(np.sum(x**2))
```

df_rv = df.groupby(pd.Grouper(freq='M')).apply(realized_volatility)# 按照月份对 df 进行分组,并对每个分组应用 realized_volatility 函数,计算每个月的波动率,并将结果存储在 df_rv

df_rv.rename(columns={'log_rtn':'rv'},inplace=True)#将 df_rv 中的 log_rtn 列重命名为 rv

df_rv.rv = df_rv.rv * np.sqrt(12)# 将 df_rv 中波动率乘以 $\sqrt{12}$,转换为年度波动率

fig,ax = plt.subplots(2,1,sharex=True)# 创建一个包含两个子图的 Figure 对象,并将其存储在 fig。同时,将包含两个 Axes 对象的元组存储在 ax 中

ax[0].plot(df)#在第一个子图中绘制 df 中的数据

ax[1].plot(df_rv)#在第二个子图中绘制 df_rv 中的数据

plt.show()#显示图形

输出如图 5-15 所示。

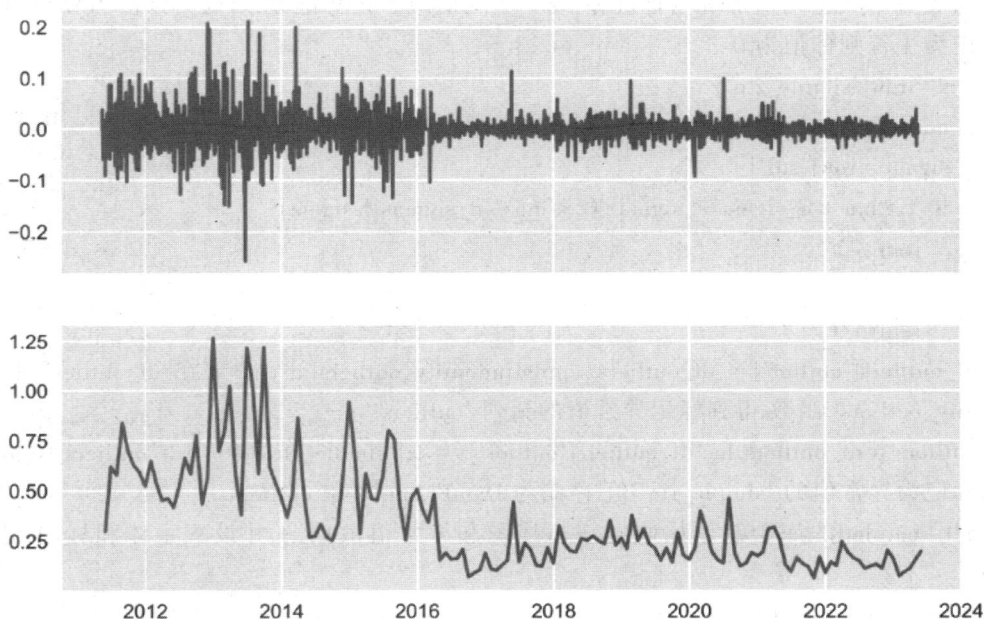

图 5-15　日对数收益率和月度年化收益波动率

5.6.3　识别异常值

在处理数据时,我们会发现一些数据明显异常,这些值可能由错误的报价(价格)、金融市场上发生的重大事件、数据传输错误等导致。把异常值与正常值一起输入到机器学习算法或统计方法可能获得不正确或有偏差的结论,因此,有必要在建模前处理异常值。用 3σ 方法检测异常值的代码如下:

```
df_600000=pd.read_excel(r'C:\Users\****\Desktop\600000_day.xlsx')# 读取本地数据
df_600000['Date_dt']=pd.to_datetime(df_600000['time'])# 将time列转换成日期类型
df_600000.set_index('Date_dt',inplace=True)#以日期类型的时间为行索引
df = df_600000.loc[:,['close']]#仅保留 close 列
df['simple_rtn']= df.close.pct_change()#计算普通收益率
df_rolling = df[['simple_rtn']].rolling(window=21).agg(['mean','std'])#计算普通收益率的
```
21 天滚动均值和标准差。代码中的 df[['simple_rtn']]从 df 中选择 simple_rtn 列,转换
DataFrame 对象后,用 rolling()方法进行 21 天的滚动计算。接着用 agg()方法对滚动计算得
到的结果进行聚合计算。注意,聚合后 df_rolling 的列名为 ('simple_rtn','mean') 和
('simple_rtn','std'),分别对应简单收益率的滚动均值和标准差。聚合计算后调取
'simple_rtn','mean'列的代码是:df_rolling[('simple_rtn','mean')]

```
df_rolling.columns = df_rolling.columns.droplevel()#将 df_rolling 的列名中的多级索引的
```
第一级去掉,只保留第二级['mean','std'],使其变成一个简单的列名

```
df_outliers = df.join(df_rolling)# 合并 df_rolling 和 df
def indentify_outliers(row,n_sigmas=3):#判断每个普通收益率是否为异常值。如果某
```
个普通收益率大于均值加 3 倍标准差,或小于均值减 3 倍标准差,则认为该值为异常值,将
其标记为 1,否则标记为 0

```
    x = row['simple_rtn']
    mu = row['mean']
    sigma = row['std']
    if (x > mu + n_sigmas * sigma)| (x < mu − n_sigmas * sigma):
       return 1
    else:
       return 0
df_outliers['outlier'] = df_outliers. apply(indentify_outliers, axis=1)# 在 df_outliers 上 用
```
indentify_outliers()函数,得到标记异常值的新列 'outlier'

```
outliers = df_outliers.loc[df_outliers['outlier']== 1,['simple_rtn']]# 从 df_outliers 中提取
```
所有标记为异常值的 'simple_rtn' 值,存储为 DataFrame 对象 outliers

#用 matplotlib 库绘制原始收益率折线图和异常值散点图,并设置字体和标题,显示
图例。

```
fig,ax = plt.subplots()
plt.rcParams['font.sans−serif']=['SimHei']#用于显示中文
plt.rcParams['axes.unicode_minus']= False#用于显示中文
ax.plot(df_outliers.index,df_outliers.simple_rtn,color='blue',label='正常值')
ax.scatter(outliers.index,outliers.simple_rtn,color='red',label='异常值')
ax.set_title("平安银行股票收益")
ax.legend(loc='lower right')
plt.show()
```

输出如图 5-16 所示。

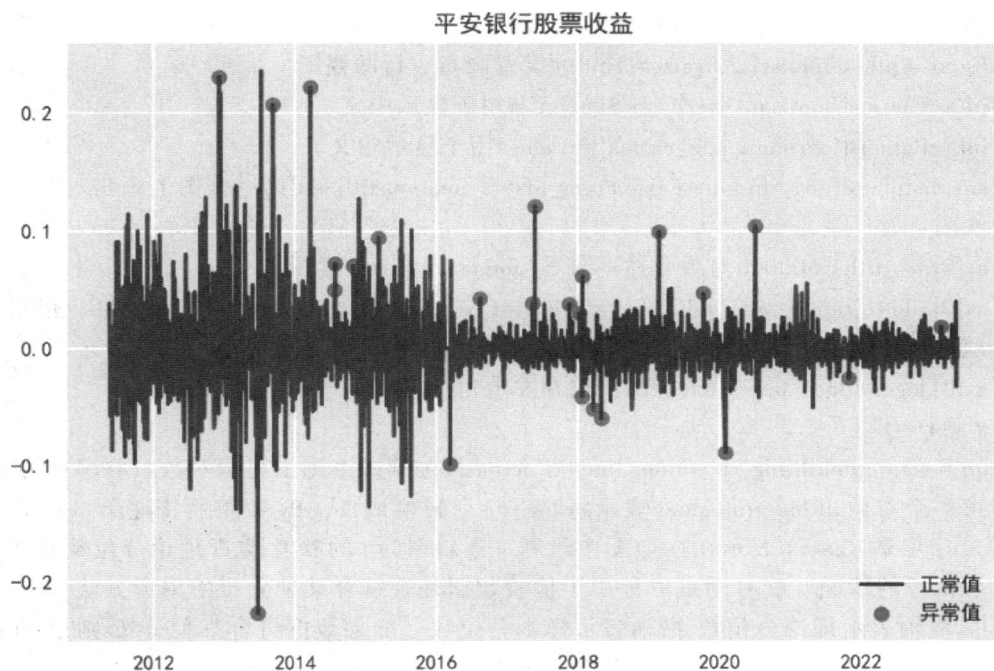

平安银行股票收益

图 5-16　异常值标记图

5.6.4　查找数据典型特征

```
#引入必要的库
import pandas as pd
import numpy as np
import seaborn as sns
import scipy.stats as scs
import statsmodels.api as sm
import statsmodels.tsa.api as smt
df_600000=pd.read_excel(r'C:\Users\****\Desktop\600000_day.xlsx')#读取本地数据
df_600000['Date_dt']=pd.to_datetime(df_600000['time'])# 将 time 列转换成日期类型
df_600000.set_index('Date_dt',inplace=True)#以日期类型的时间为行索引
df = df_600000.loc[:,['close']]#仅保留 close 列
df['log_rtn']= np.log(df.close/df.close.shift(1))#获得对数收益率
df = df[['close','log_rtn']].dropna(how = 'any')#删除空值
r_range = np.linspace(min(df.log_rtn),max(df.log_rtn),num=1000)#以对数收益率的最大
值和最小值为界限,等分产生 1000 个数字,作为 x 周数据
mu = df.log_rtn.mean()#计算对数收益率的均值
sigma = df.log_rtn.std()#计算对数收益率的标准差
```

norm_pdf = scs.norm.pdf(r_range,loc=mu,scale=sigma)# scs.norm.pdf()函数实现正态分布概率密度函数,其参数依次为 x 值、均值、方差

fig,ax = plt.subplots(1,2,figsize=(16,8))#设置画布一行两幅图

plt.rcParams['font.sans-serif']=['SimHei']#用于显示中文

plt.rcParams['axes.unicode_minus']= False#用于显示中文

sns.distplot(df.log_rtn,kde=False,norm_hist=True,ax=ax[0])#在第一张图上画出对数收益率柱状图

ax[0].set_title('600000对数收益率分布',fontsize=16)#设置图名

ax[0].plot(r_range,norm_pdf,'g',lw=2,label=f'N({mu:.2f},{sigma**2:.4f})')# 在第一张图上画出理想对数收益率正态分布曲线图,图例显示正态分布(均值,方差)

ax[0].legend(loc='upper left')#图例放在左上角

画 Q-Q 图

qq = sm.qqplot(df.log_rtn.values,line='s',ax=ax[1])#第二个图上显示对数收益率 Q-Q 图;其中第一个参数 df.log_rtn.values 表示将 log_rtn 列转换成 NumPy 数组后传递给 qqplot()函数,第二个参数 line='s'表示在 Q-Q 图中绘制一条斜率为 1 的参考线,即理论分位数和样本分位数相等的情况。Q-Q 图是一种用于检验数据是否符合某种分布的图形方法。在 Q-Q 图中,横轴表示理论分位数,纵轴表示样本分位数。如果数据符合某种分布,则 Q-Q 图上的点应该沿着一条直线分布。如果数据不符合某种分布,则 Q-Q 图上的点会偏离直线。因此,通过观察 Q-Q 图可以判断数据是否符合某种分布

ax[1].set_title('Q-Q图',fontsize = 16)#设置图名

plt.show()#显示图形

输出如图 5-17 所示。

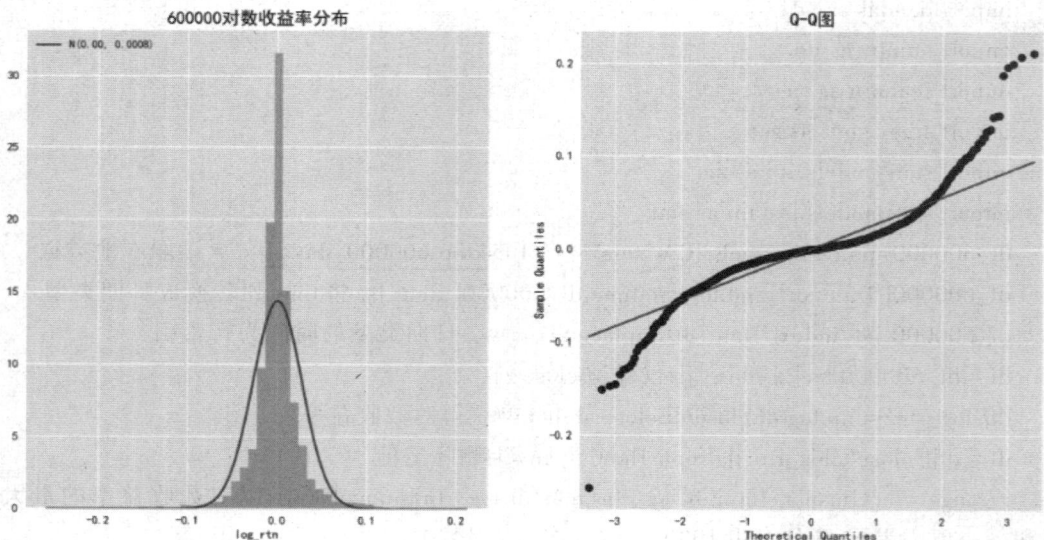

图 5-17　数据分布比较

运行以下代码获得统计汇总信息:

```
jb_test = scs.jarque_bera(df.log_rtn.values)
print('---------- 描述性统计 ----------')
print('数据范围:',min(df.index.date),'-',max(df.index.date))
print('样本量:',df.shape[0])
print(f'均值:{df.log_rtn.mean():.4f}')
print(f'中值:{df.log_rtn.median():.4f}')
print(f'最小值:{df.log_rtn.min():.4f}')
print(f'最大值:{df.log_rtn.max():.4f}')
print(f'标准差:{df.log_rtn.std():.4f}')
print(f'峰度:{df.log_rtn.skew():.4f}')
print(f'偏度:{df.log_rtn.kurtosis():.4f}')
print(f'Jarque-Bera 检验:{jb_test[0]:.2f} with p-value:{jb_test[1]:.2f}')
```

输出如下:

---------- 描述性统计 ----------

数据范围:2011-05-18 - 2023-05-17

样本量:2917

均值:0.0003

中值:0.0000

最小值:-0.2570

最大值:0.2115

标准差:0.0277

峰度:0.5639

偏度:11.5945

Jarque-Bera 检验:16431.80 with p-value:0.00

对相关输出解释如下:

Standard Deviation(标准差)用于衡量数据分布的离散程度。标准差越大,数据分布的离散程度越大。

Skewness(偏度)用于度量数据分布的偏斜程度。正偏态数据分布的右侧尾部比左侧尾部更长,左侧包含了大部分数据,数据分布向右侧偏移。负偏态数据分布的左侧尾部比右侧尾部更长,右侧包含了大部分数据,数据分布向左侧偏移。偏度为0表示数据分布对称。

Kurtosis(峰度)用于度量数据分布的峰态,即数据集中于均值附近的程度。正态分布的峰度为 3,如果峰度大于 3,则数据集更加陡峭;如果峰度小于 3,则数据集更加平坦。

根据给定数据,标准差为0.0277,说明数据的离散程度较小。偏度为0.5639,值为正数,则说明数据呈现轻微的正偏态,即数据多分布在左侧,向右侧偏移。峰度为11.5945,大于正态分布的峰度值3,说明数据集的分布更加陡峭,即更多的数据集中在均值处。

Jarque-Bera 检验用于检验样本数据是否符合正态分布。对于检验结果，其中Jarque-Bera statistic（JB统计量）表示检验统计量的值，p-value（p值）表示假设检验的结果。具体来说，JB统计量的值越大，表示数据越不符合正态分布；p值则用来判断数据是否能够通过JB检验。通常，如果p值小于预设的显著性水平（如0.05），则拒绝原假设，即认为数据不符合正态分布。根据给定的数据进行 Jarque-Bera 检验得到的结果是 Jarque-Bera statistic：16431.80 with p-value：0.00。其中，JB统计量的值为16431.80，这个值很大，说明数据很可能不符合正态分布。p值为0.00，小于0.05的显著性水平，意味着无法通过JB检验，即数据不符合正态分布。

再用以下几种方法查看收益率的波动率特征：

首先，画出 600000.SH 日对数收益率时间序列图，从图中发现对数收益率具有不稳定的特征。

df.log_rtn.plot(title='600000.SH 日对数收益率',figsize=(10,6))

plt.show()#输出如图 5-18 所示

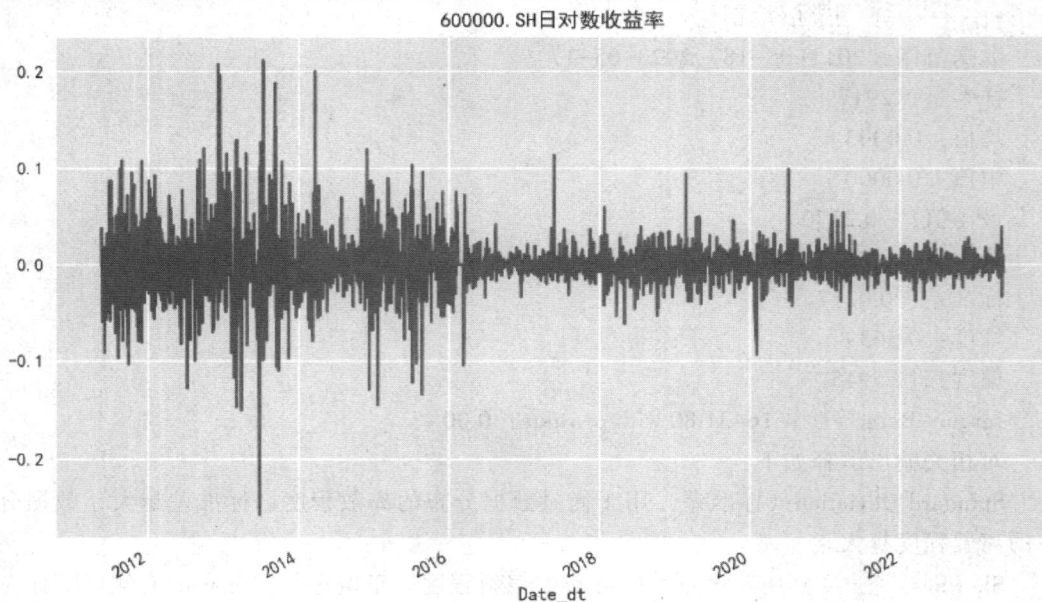

图 5-18　600000.SH 日对数收益率

其次，用以下代码检查 600000.SH 日对数收益率是否存在自相关性。

N_LAGS = 50#设置滞后期

SIGNIFICANCE_LEVEL = 0.05#设置显著性水平

acf = smt.graphics.plot_acf(df.log_rtn,lags=N_LAGS,alpha=SIGNIFICANCE_LEVEL)#绘制自相关性图

plt.show()

输出如图 5-19 所示。

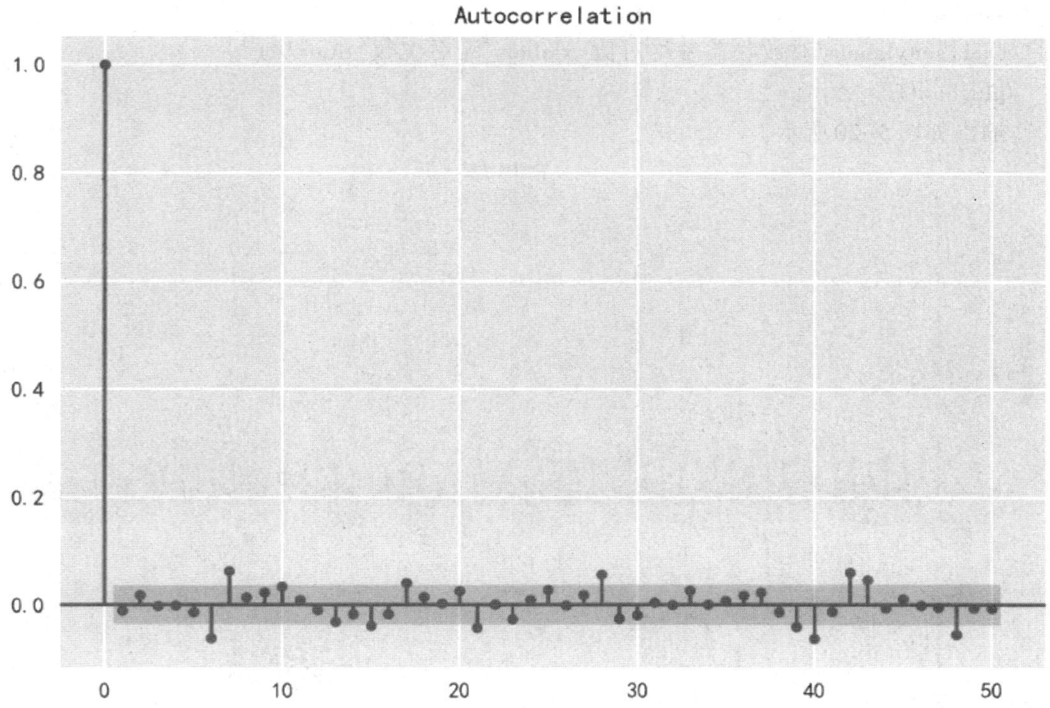

图5-19 自相关图

　　以上代码用 StatsModels 库中的 smt.graphics.plot_acf() 函数绘制自相关函数（ACF）图。其中，df.log_rtn 表示对数收益率数据，N_LAGS 是 ACF 图中的滞后数（即时间间隔），alpha 是显著性水平。ACF 图一般用于分析时间序列数据在不同时间间隔（滞后）下的自相关性。在 ACF 图中，x 轴表示时间间隔，y 轴表示相关性，相关性的取值范围在 -1 到 1 之间。如果自相关系数为正，则表示数据在该时间间隔下具有正相关性；如果自相关系数为负，则表示数据在该时间间隔下具有负相关性；如果自相关系数接近于 0，则表示数据在该时间间隔下没有相关性。如果 ACF 图中的自相关系数在多个滞后时间间隔下都显著不为 0，则表示数据集具有时间依赖性，即数据点之间存在一定的相关性；反之，如果自相关系数在多个滞后时间间隔下都接近于 0，则表示数据集不具有时间依赖性。此外，代码中的 alpha 参数用于指定显著性水平，通常将其设置为 0.05，以浅蓝色区域表示，超过该区域则存在自相关性。从图5-19可以发现，大部分滞后期未超过 0.05 的区域，全部数据未超过 0.1 的区域，所以可以判断对数收益率不存在自相关性。注意，0 期的自相关系数为 1，因为 0 期与自己一定是完全自相关的。

　　再运行以下代码绘制对数收益率平方和绝对值 ACF 图。

```
fig,ax = plt.subplots(2,1,figsize=(12,10))
smt.graphics.plot_acf(df.log_rtn ** 2,lags=N_LAGS,alpha=SIGNIFICANCE_LEVEL,ax = ax[0])
ax[0].set(title='自相关性图',ylabel='对数收益率平方')
smt. graphics. plot_acf(np. abs(df. log_rtn), lags=N_LAGS, alpha=SIGNIFICANCE_LEVEL,
```

```
ax = ax[1])
    ax[1].set(ylabel='对数收益率绝对值',xlabel='滞后次数',title='',)
    plt.show()
```

输出如图 5-20 所示。

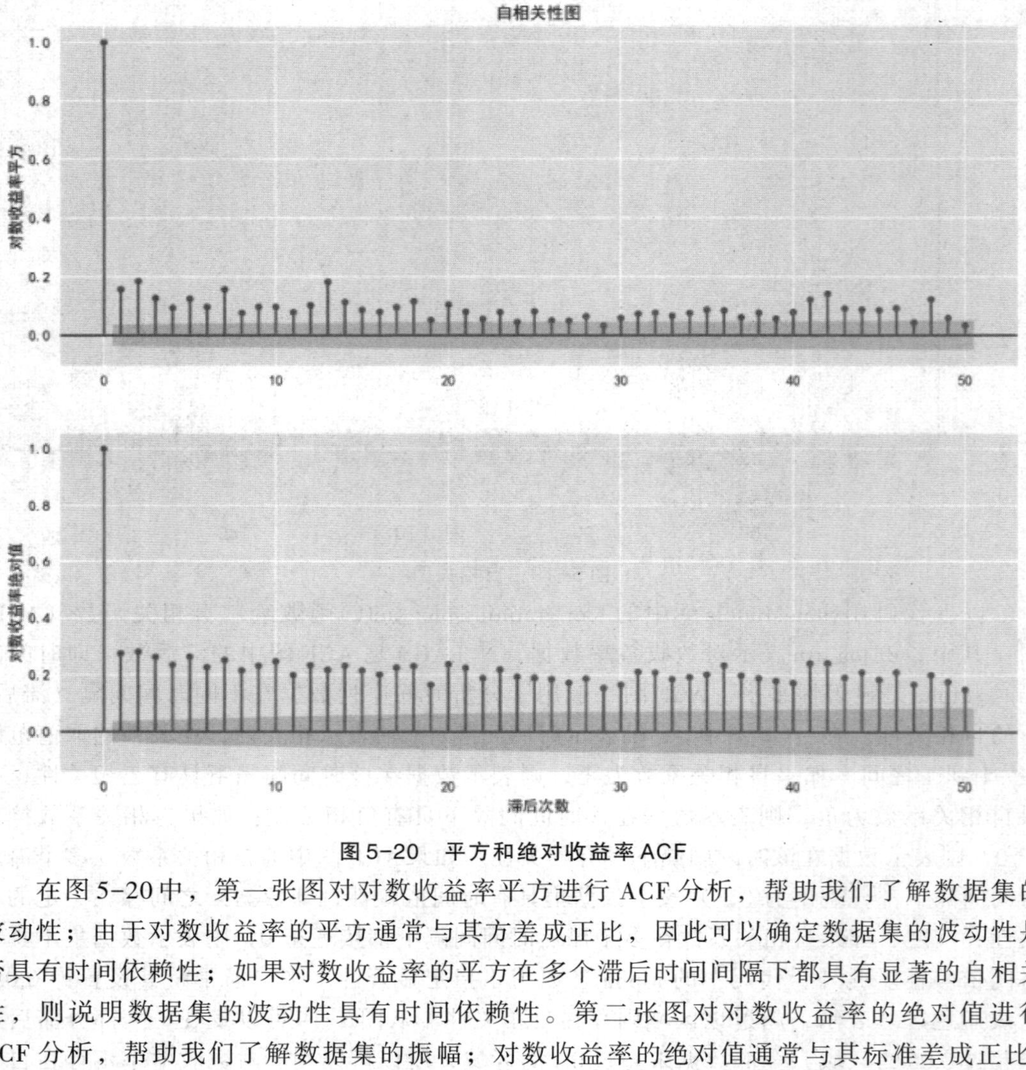

图 5-20 平方和绝对收益率 ACF

在图 5-20 中，第一张图对对数收益率平方进行 ACF 分析，帮助我们了解数据集的波动性；由于对数收益率的平方通常与其方差成正比，因此可以确定数据集的波动性是否具有时间依赖性；如果对数收益率的平方在多个滞后时间间隔下都具有显著的自相关性，则说明数据集的波动性具有时间依赖性。第二张图对对数收益率的绝对值进行 ACF 分析，帮助我们了解数据集的振幅；对数收益率的绝对值通常与其标准差成正比，因此可以确定数据集的振幅是否具有时间依赖性；如果对数收益率的绝对值在多个滞后时间间隔下都具有显著的自相关性，则说明数据集的振幅具有时间依赖性。从图 5-20 可以发现，数据集的波动性和振幅具有时间依赖性。

最后，用以下代码查看对数收益率是否存在杠杆效应。

```
df['moving_std_252']= df[['log_rtn']].rolling(window=252).std()
df['moving_std_21']= df[['log_rtn']].rolling(window=21).std()
fig,ax = plt.subplots(3,1,figsize=(18,15),sharex=True)
```

```
df.close.plot(ax=ax[0])
ax[0].set(title='600000.SH 时间序列',ylabel='价格')
df.log_rtn.plot(ax=ax[1])
ax[1].set(ylabel='对数收益率(%)')
df.moving_std_252.plot(ax=ax[2],color='r',label='移动波动率(252天)')
df.moving_std_21.plot(ax=ax[2],color='g',label='移动波动率(21天)')
ax[2].set(ylabel='移动波动率',xlabel='日期')
ax[2].legend()
plt.show()
```

输出如图 5-21 所示。

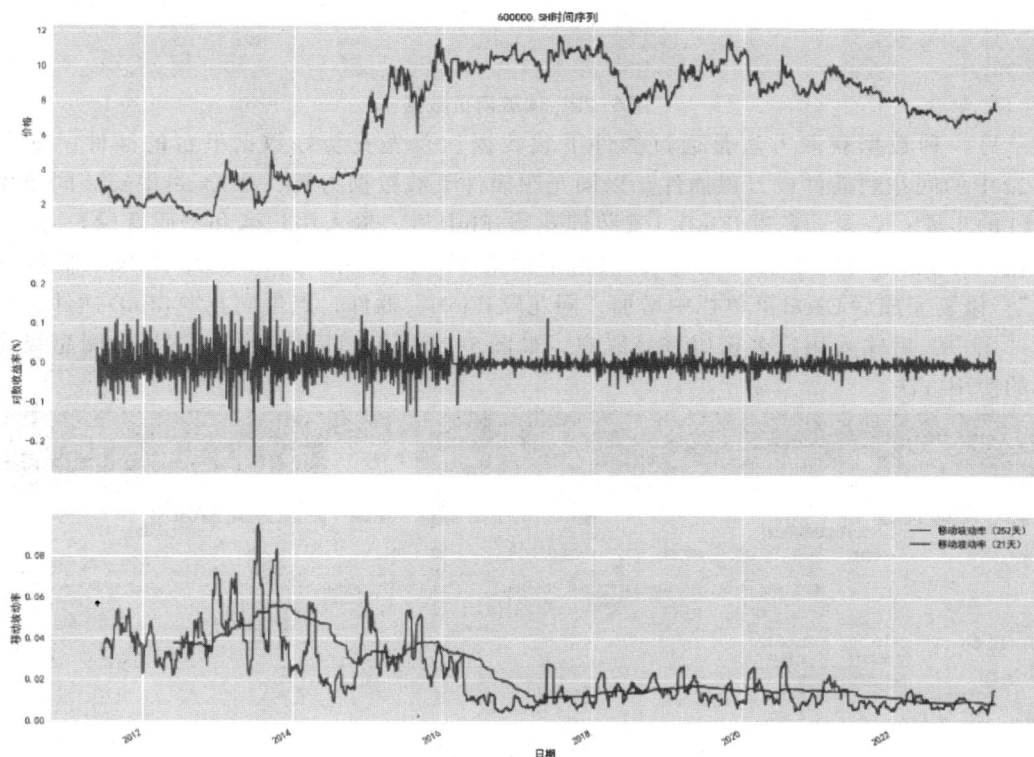

图 5-21　杠杆效益

从图 5-21 可以发现，资产波动性与收益呈负相关，价格下跌时波动性增加，价格上涨时波动性减少，具有一定的杠杆效益。

5.6.5　巧用 Excel

本节介绍 Excel 中很重要但又容易被人忽视的使用技巧和运算工具。

1）数据输入

以输入凤凰网财经→股票→行情→沪 A 数据为例，具体步骤为（Microsoft Excel 2019，其他版本基本类似）：依次点击数据→数据获取→自其他源→自网站，在弹出的窗口中输入网址，点击"确定"，在弹出的框里左侧选中"table0"（注意0表示第一个表格的意思），然后点击"加载"，就能读取相应的数据，如图5-22所示。

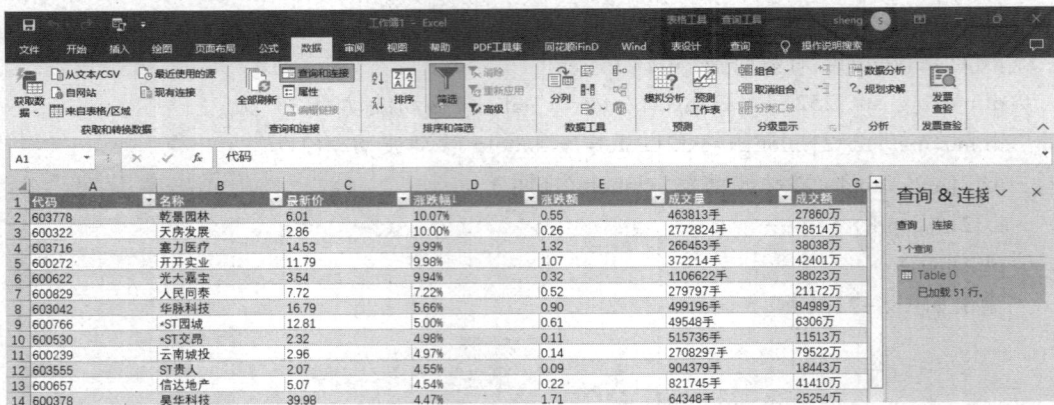

图5-22 读取网页数据

另一种数据获取方法是通过插件下载数据。首先安装好数据平台的插件，如图5-22中的同花顺插件或万得插件。以同花顺插件下载数据为例，在Excel中安装同花顺插件的步骤：登录同花顺iFinD（安装同花顺iFinD后，输入用户名和密码登录）；点击同花顺iFinD菜单栏中的"工具"，点击下拉菜单中"常用工具"，选中"Excel插件修复"；修复完成后Excel菜单栏中增加"同花顺iFinD"插件；点击同花顺iFinD插件，点击"用户"后输入用户名密码登录账户，如图5-23所示。后续操作方法请参阅超级终端的使用方法。

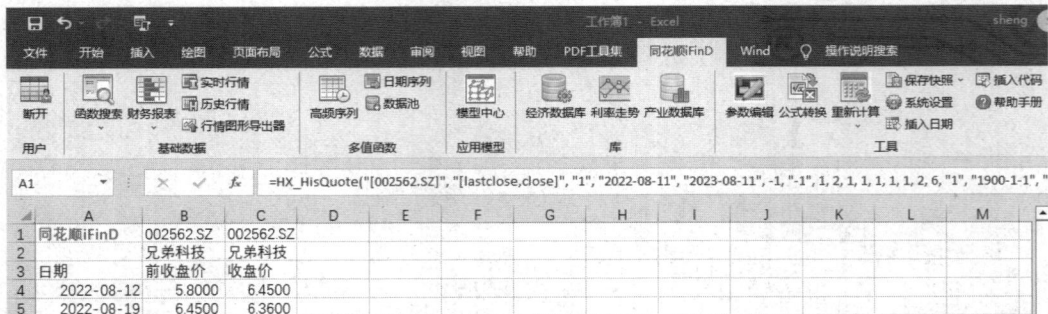

图5-23 读取平台数据

2）数据引用

Excel中引用单元格的方法分为A1引用和R1C1引用。前者是用字母数字组合标识引用单元格的绝对位置；后者表示第一行（Row）第一列（Column）的引用。当需要引用位于其他工作表或其他文件中的数据时，就要使用三维引用。三维引用的基本格式是［spreadsheet］sheet! A1，其中，前面的方括号"［ ］"内是要引用的文件名，如果源数据在同一文件内则可省略；跟在文件名后面的是工作表的名称，如果同时引用多个工作表相同位置的数据，则可以使用冒号"："标识工作表范围，如Sheet1：Sheet3，注意工作表名后面要跟有叹号"！"；最后是引用的单元格或单元格区域的名称，如A1、B2或C3：D6等。

相对引用：公式中的相对单元格引用（如 A1）是基于单元格的相对位置。如果公式所在单元格的位置改变，引用也随之改变。多行或多列地复制公式，引用会自动调整。默认情况下，公式使用相对引用。

绝对引用：单元格中的绝对单元格引用（格式为$A$1，即在行列标志前加"$"符号）总是在指定位置引用单元格。如果公式所在单元格的位置改变，绝对引用保持不变。多行或多列地复制公式，绝对引用将不作调整。

混合引用：混合引用具有绝对列和相对行，或绝对行和相对列。绝对引用列采用$A1、$B1 等形式，绝对引用行采用 A$1、B$1 等形式。如果公式所在单元格的位置改变，则相对引用改变，而绝对引用不变。多行或多列地复制公式，相对引用自动调整，而绝对引用不作调整。实践操作如图 5-24 所示。

	A	B	C	D	E	F	G
1	绝对引用、相对引用和混合引用						
2	利率		10%				
3	年份	现金流量	现值				
4	2020	100	90.91	公式为"=B4*(1+$B$2)^-($A4-$A$4+1)"			
5	2021	300	247.93	公式为"=B5*(1+$B$2)^-($A5-$A$4+1)"			
6	2022	380	285.50	公式为"=B6*(1+$B$2)^-($A6-$A$4+1)"			
7	……	……	……				

图 5-24　单元格引用

3）数据排序与筛选

Excel 提供的一种数据排序方法是选中数据表中排序依据所在列的单元格，然后点击常用工具栏上的"排序"按钮。如果需要先后按照若干列来排序数据表，则需要在菜单上执行"数据"→"排序"命令，打开排序对话框。

在 Excel 环境下筛选数据有简单和高级两种方法：（1）执行菜单上的"数据"→"筛选"→"自动筛选"，工作表中每列的标题行上就会出现筛选按钮"▼"，点击作为筛选依据的那一列的筛选按钮，从中选择要显示项目的条件，其他不符合该条件的行就会被隐藏起来。可以同时在一个数据表的多个列上进行筛选。（2）当需要设定更复杂的筛选条件时，可以使用高级筛选。"高级筛选"命令像"自动筛选"命令一样筛选清单，但不显示列的下拉列表，而是在工作表上单独的条件区域中键入筛选条件，它允许根据更复杂的条件进行筛选。在筛选完成后，可以选择把筛选结果显示在原来位置或复制到其他区域，如图 5-25 所示。

4）绘制趋势线

在 Excel 中绘制趋势线的步骤如下：（1）打开 Excel 并导入数据：打开 Excel 并导入包含要绘制趋势线的数据的工作表。（2）选择数据：选择包含要绘制趋势线的数据的单元格范围。（3）插入散点图：在 Excel 的菜单栏中，点击"插入"选项卡，然后在"图表"区域中选择"散点图"图表类型，选择一个适合数据类型的散点图样式。（4）添加趋势线：在散点图中，右键单击任意一个数据点，然后点击"添加趋势线"。（5）选择趋势线类型：在弹出的"添加趋势线"对话框中，选择趋势线类型。Excel 提供了多种类型的趋势线，如线性、指数、多项式等。（6）自定义趋势线选项：根据需求，自定义趋势线，可以选择显示方程式和 R^2 值，以及调整线条样式和颜色。（7）确定趋势线：点击"确定"按钮，Excel 将在散点图中添加所选类型的趋势线，如图 5-26 所示。

图 5-25　排序与筛选

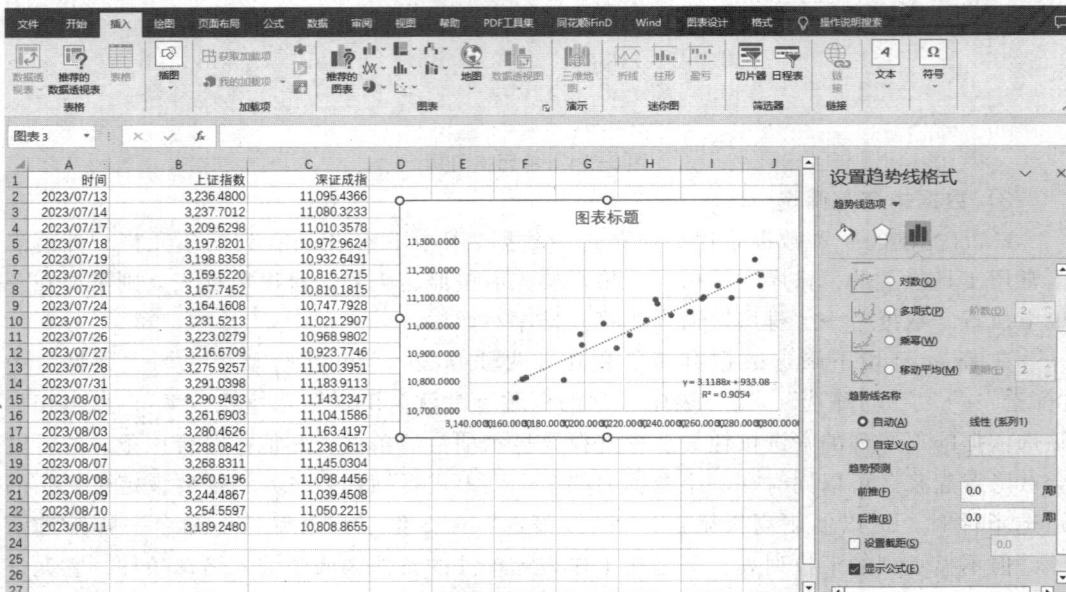

图 5-26　趋势线图

5）数据透视表

Excel 的数据透视表是一种功能强大的数据分析工具，可以快速汇总和分析大量数据。以下是使用 Excel 创建数据透视表的步骤：（1）准备数据：将要分析的数据输入到 Excel 工作表中。确保每列都有唯一的标题，并且每个单元格都包含正确的数据。（2）选择数据范围：选中包含数据的整个范围，包括标题。（3）创建数据透视表：在 Excel 的菜单栏中，选择"插入"选项卡，然后在"表格"区域中选择"数据透视表"。Excel 将打开"创建数据透视表"对话框。（4）选择数据源：在"创建数据透视表"对话框中，确保选择了正确的数据范围。如果数据范围是一个命名区域，可以在"表格/

范围"字段中选择该区域。(5)选择数据透视表位置:选择要将数据透视表放置在新的工作表或现有工作表中的位置。(6)设定数据透视表结构:在"创建数据透视表"对话框中,将数据字段拖动到适当的区域,如"行""列""值""筛选"这些字段将决定数据透视表的结构和汇总方式。(7)设定数据透视表选项:根据需要,可以对数据透视表进行进一步的设置,如排序、过滤、汇总方式等。(8)查看数据透视表:点击"确定"按钮,Excel将在选择的位置创建数据透视表,可以根据需要对其进行自定义和调整。实践操作与输出结果如图5-27所示。

图 5-27　数据透视表

6) 内置函数

Excel 内置大约330个的函数,这些函数可以分成11类:数据库函数、日期和时间函数、外部函数、工程函数、财务函数、信息函数、逻辑函数、查找和引用函数、数学和三角函数、统计函数以及文本和数据函数。如果要在某单元格或单元格区域内调用函数,按[Shift]+[F3]即可。内置函数中有关统计功能的函数有70多个,大致可分为6类:基本统计类,概率分布类,数字特征类,抽样分布类,统计检验类,相关、回归与预测类。金融统计中常用的函数有:计算平均值的 AVERAGE()、计算方差的 VAR()和 VARP()、计算标准差的 STDEV()和 STDEVP()、标准正态分布 NORMSDIST()和 NORMSINV()、线性回归与预测函数 LINEST()、FORECAST()、TREND()、线性方程的斜率函数 SLOPE()、指数回归与预测函数 LOGEST()、GROWTH()、相关系数函数 CORREL()和乘积矩相关系数函数 RSQ()。内置函数中有关金融财务的函数有50多个,包括5个关于货币时间价值的函数:现值 PV()、终值 FV()、利率 RATE()、每期现金流量 PMT()、期数 NPER();5个固定资产折旧类函数:直线折旧法 SLN()、年限总和法 SYD()、固定余额递减法 DB()、双倍余额递减法 DDB()以及用余额递减法计算若干期内累计折旧额的 VDB();5个投资评价类函数:净现值 NPV()、内部收益率 IRR()、修正内部收益率 MIRR()以及用于计算非定期现金流量净现值和内部收益率的函数

XNPV()和 XIRR();26个关于债券计算的函数;等等。内置函数调用方法如图5-28所示。

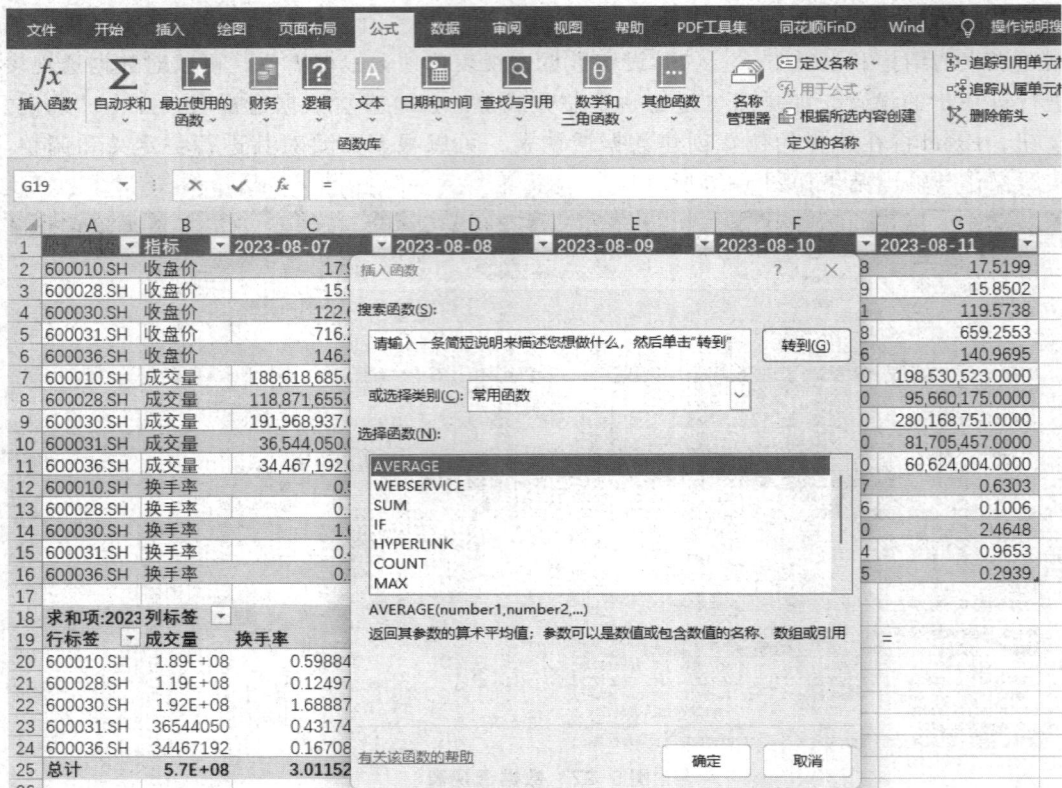

图5-28 内置函数调用

7)单变量求解

Excel中进行单变量求解的步骤:(1)确定要进行求解的数据,并设置计算公式"=PV(B5,-$B$3,B4)-$B$2"。(2)在菜单栏中打开"数据"选项卡,依次点击"模拟分析"和"单变量求解"。(3)按照图5-29配置求解器,即可进行单变量求解。

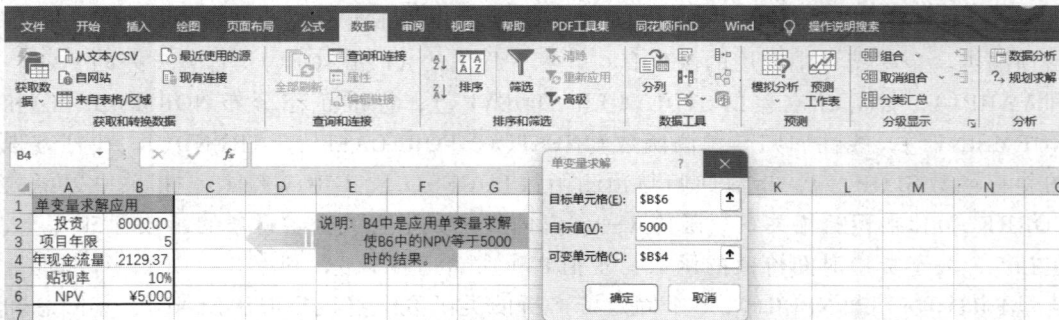

图5-29 单变量求解

Excel还有方案管理器、规划求解、模拟运算表等有趣功能,大家可自行学习体验。

知识检测

1）单项选择题

（1）从万得平台获取数据的核心代码是（　　　）。

A. import pandas as pd

B. from WindPy import w

C. w.isconnected（ ）

D. w.wsd（codes，fields，beginTime，endTime，options）

（2）从同花顺平台获取数据的核心代码是（　　　）。

A. from iFinDPy import *

B. THS_iFinDLogin（'账号'，'密码'）

C. THS_HQ（股票代码，'读取项'，'起始日期'，'终止日期'）

D. thsLogout = THS_iFinDLogout（ ）

（3）从 Yahoo 平台获取数据的核心代码是（　　　）。

A. import pandas_datareader as pdr

B. import yfinance as yf

C. yf.pdr_override（ ）

D. pdr.get_data_yahoo（'股票代码'）

（4）从 Tushare 平台获取数据的核心代码是（　　　）。

A. THS_iFinDLogin（'账号'，'密码'）

B. import tushare as ts

C. ts.get_k_data（股票代码，起始日期，终止日期，频率）

D. pdr.get_data_yahoo（'股票代码'）

（5）简单收益率可以用来衡量（　　　）。

A. 资产的总回报率

B. 资产的市场价值

C. 资产的风险水平

D. 资产的流动性

（6）对数收益率常用于（　　　）。

A. 衡量资产的总回报率

B. 衡量资产的市场价值

C. 衡量资产的风险水平

D. 衡量资产的流动性

2）多项选择题

（1）以下各项中，属于简单的网页代码组成部分的有（　　　）。

A. DOCTYPE 声明、HTML 标签、Head 标签

B. Title 标签、Body 标签、标题标签

C. 段落标签、链接标签、图像标签

D. 列表标签、表格标签、表单标签

（2）爬取网页代码时使用模拟浏览器的原因包括（　　　）。

A. 防止被网站封禁：一些网站为了防止被爬虫程序抓取数据而进行了反爬虫设置，比如限制访问频率、验证码验证等。模拟浏览器可以模拟人类的访问行为，避免被网站封禁

B. 解决动态加载问题：一些网站采用了 JavaScript 等技术实现页面的动态加载，使用模拟浏览器可以执行 JavaScript 代码，获取完整的页面内容

C. 获取更多的数据：一些网站通过 Ajax 等技术实现了异步加载数据，使用模拟浏览器可以获取这些数据，从而获得更多的信息

D. 方便解析页面：使用模拟浏览器可以获取完整的 HTML 代码，包括动态加载后的内容，方便后续的页面解析和数据提取

（3）以下哪些属于正则表达式 re 库的特点（　　　　）。

A. 强大的表达能力：正则表达式是一种描述文本模式的语言，具有强大的表达能力，可以用简洁的语法描述复杂的文本模式，如匹配邮箱、电话号码、网址等

B. 支持多种匹配模式：re 库支持多种匹配模式，如贪婪匹配、非贪婪匹配、忽略大小写匹配、多行匹配等，可以根据实际需求进行选择

C. 支持分组和捕获：re 库支持使用括号进行分组和捕获，方便后续的数据处理和分析

D. 支持替换和搜索：re 库不仅可以匹配文本，还可以进行替换和搜索操作，方便对文本进行修改和处理

E. 广泛应用于各种编程语言和工具：正则表达式是一种通用的文本处理工具，广泛应用于各种编程语言和工具，如 Python、Perl、Java、JavaScript 等，具有较高的可移植性和兼容性

F. 学习曲线较陡峭：正则表达式语法较为复杂，学习曲线较陡峭，需要花费一定的时间和精力进行学习和练习

（4）jieba 库的功能包括（　　　　）。

A. 中文分词：jieba 库可以将中文文本按照词语进行切分，将文本切分为一个个独立的词语。它采用了基于前缀词典和动态规划的分词算法，能够较好地处理中文分词的问题

B. 支持多种分词模式：jieba 库支持多种分词模式，包括精确模式、全模式和搜索引擎模式。精确模式是将文本切分成最精确的词语；全模式是将文本切分成所有可能的词语；搜索引擎模式在精确模式的基础上，对长词再次切分

C. 支持自定义词典：jieba 库支持用户自定义词典，可以将特定的词语添加到词典中，以保证分词结果的准确性

D. 支持关键词提取：jieba 库可以根据文本的 TF-IDF 值或 TextRank 算法，提取关键词。这对于文本的关键词分析和摘要提取非常有用

E. 支持词性标注：jieba 库可以为分词结果进行词性标注，标注出每个词语的词性，如名词、动词、形容词等

F. 支持并行分词：jieba 库支持并行分词，可以利用多核 CPU 进行分词加速

G. 兼容性强：jieba 库具有较好的兼容性，可以与 Python 的其他文本处理库和机器学习库进行无缝集成

（5）调整时间周期的原因包括（　　　　）

A. 数据聚合：有时候原始数据的时间粒度可能过于细致，难以直接进行分析。通过调整时间周期，可以将数据进行聚合，例如将分钟级数据聚合成小时级或日级数据，以便更好地观察和分析趋势

B. 数据对齐：在进行多个时间序列的比较或合并时，需要确保数据在相同的时间周期上对齐。通过调整时间周期，可以将不同时间序列的数据对齐，使得它们在相同的时间点上具有可比性

C. 数据平滑：某些分析方法对数据的平滑处理有要求，例如移动平均线等。通过调整时间周期，可以对原始数据进行平滑处理，以便更好地观察长期趋势和周期性变化

D. 数据降噪：有时候原始数据可能存在噪声或异常值，通过调整时间周期，可以对数据进行平均或汇总，从而减少噪声的影响，得到更稳定和可靠的结果

（6）识别异常值的标准或方法包括（　　　）。

A. 统计方法：使用基于统计学的方法来识别异常值。例如，可以使用标准差、离群值范围、箱线图等统计指标和图表来检测数据中的异常值

B. 基于规则的方法：根据特定的规则或业务逻辑来定义异常值。例如，根据某个变量的范围或限制条件，将超出这些范围或条件的值标记为异常值

C. 算法方法：使用机器学习或数据挖掘算法来检测异常值。例如，可以使用聚类、异常检测算法（如孤立森林、LOF算法等）来自动识别数据中的异常值

D. 领域知识：根据领域专家的知识和经验来判断异常值。例如，在特定领域中，某些数值可能被认为是异常值，需要进行进一步的验证和处理

3）判断题

（1）识别异常值是一个主观的过程，不同的标准和方法可能会得到不同的结果。因此，在识别异常值时，需要结合具体的分析任务、数据特点和领域知识来选择适合的标准和方法，并进行适当的验证和调整。（　　　）

（2）Q-Q图用于判断数据是否服从正态分布。（　　　）

（3）ACF图用于判断数据是否存在季节性。（　　　）

4）思考题

（1）我们可以在其他参考资料中看到，基于针对性强的库，用几行代码爬取目标数据的方法。与此方法相比较，本章的方法有什么特点？

（2）多种数据平台提供了Python接口，请至少登录两种平台，应用Python代码获得最简单的几行（列）数据。

（3）在经济计量中除了5.6.4节介绍的典型特征外还有哪些特征需要识别？

育德启智

数字经济中的新要素——数据

数据是新的生产要素：（1）随着科技的发展，特别是信息技术的迅猛进步，数据在生产活动中的作用越来越突出。在数字经济时代，数据是进行生产活动的重要基础，对生产效率、生产模式甚至生产方向起到决定性的影响。（2）数据具有非稀缺性、高度流动性、非排他性等特征，这使得数据能够在很大程度上替代传统的生产要素，如土地、劳动和资本。通过对数据的分析和利用，可以更有效地进行资源的配置和优化，进一步提高生产效率和经济效益。（3）从历史角度来看，生产要素是随着人类社会发展不断变化的。古典政治经济学将土地、劳动、资本视为三大要素，而在第二次世界大战后的科技和产业变革中，创新对经济发展的作用更加显著，技术被增列为新的要素形态。如今，在数字经济迅猛发展的背景下，数据成为新的要素形态，这是科技创新催生新发展动能的体现。

数据要素在数字经济中的作用如下：（1）促进信息的流通与共享：数据要素的存在使得信息的流通与共享变得更加便捷和高效。在数字经济中，各类数据可以通过互联网进行迅速传输和共享，使得不同地区、不同行业之间的信息传递更加迅捷和准确。这有利于企业之间的合作与创新，同时也促进了数字经济的跨界融合与发展。（2）提升决策的科学性与准确性：数据要素可以为决策提供科学依据和准确判断。在数字经济中，各类数据可以被收集、整理和分析，进而为决策者提供准确的市场信息、用户需求等数据支持。基于这些数据，决策者可以更加科学地做出决策，提升决策的准确性和及

时性。（3）推动生产要素的升级与变革：数据要素作为一种新型的生产要素，已经深度融入经济价值创造过程，对经济社会发展产生了深远影响。数据要素具有价值共享、批量复制、即时传输、无限供给等特点，有效突破了土地、资本等传统生产要素有限供给对经济增长的制约。（4）优化资源配置：数据要素能够全面融合劳动、资本、技术等传统生产要素，发挥要素组合和要素结构的乘数效应和网络效应，提高各项生产要素向产品转化的效率。数据要素通过数据分析与数据挖掘等计算机技术，生产出社会所需的各类信息产品与信息服务。（5）推动公共数据资源的开发利用：构建数据要素价值链，推动公共数据的采集、开发和共享。完善数据的产权、流通、分配等规则体系，建立多样化的数据开发利用机制，提升数据开发及应用水平。

思政元素：大数据思维　创新意识

学有所悟：党的二十大报告提出："加快发展数字经济，促进数字经济和实体经济深度融合，打造具有国际竞争力的数字产业集群。"在数字经济迅猛发展的今天，数据作为新的生产要素，其作用日益凸显。数据的非稀缺性、高度流动性与非排他性特征，使其能够在很大程度上替代传统生产要素，优化资源配置，提升生产效率。新时代青年人应树立大数据思维，不断追求新知识，将理论与实践相结合，以科学的态度面对日新月异的挑战。同时，我们也要认识到数据要素的重要性，完善相关规则体系，推动公共数据的开发利用，让数据更好地服务于经济社会发展，为构建新发展格局、推动高质量发展注入新活力。

思政课堂5-1

数字经济中的
新要素——
数据

第 6 章
证券分析

■ 本章导读

证券是金融实践工作和学术研究的重要组成部分。金融涉及自然人之间、法人之间、法人与自然人之间以及各种组织之间错综复杂的经济关系。为了处理这些关系并规范经济行为，人们创造了多种有价值的金融工具或契约，这些工具被统称为"证券"，包括股票、债券、期权、期货。在金融市场中，这些证券帮助资金从储蓄者流向投资者，同时为投资者提供了多样化的投资组合来获取经济利益，并适当分散风险。

在学术研究中，资本资产定价模型、套利定价模型和期权定价模型为金融学提供了坚实的理论基础，使金融学成为具有严密推理逻辑的经济学理论。

■ 学习目标

知识目标：掌握应用 Python 语言计算和处理常用金融工具的方法。

能力目标：能够用 Python 语言计算利率，以及债券、股票、期权价格；具备应用金融科技工具进行金融产品设计与运营、量化分析与风险控制的实践能力。

素养目标：坚定制度自信，树立以人民为中心的价值取向，提升专业技能和职业素养。

6.1　利率

6.1.1　中国人民银行利率数据

中国人民币现行利率表（2015年10月24日）见表6-1。查询方法：中国人民银行官网→热点栏目→利率→人民币现行利率表。

知识课堂6-1

利率

表6-1　　　　　　人民币现行利率表（2015年10月24日）

项目	利率水平	调整日期
人民银行对金融机构存款利率		2008-11-27
法定准备金	1.62	
超额准备金	0.72	
人民银行对金融机构贷款利率		2010-12-26
二十天	3.25	
三个月	3.55	
六个月	3.75	
一年	3.85	
再贴现	2.25	
金融机构人民币存款基准利率		2015-10-24
活期存款	0.35	
三个月	1.1	
半年	1.3	
一年	1.5	
二年	2.1	
三年	2.75	
金融机构人民币贷款基准利率		2015-10-24
一年以内（含一年）	4.35	
一至五年（含五年）	4.75	
五年以上	4.9	

操作视频6-1

利率

数据来源　货币政策司.人民币现行利率表（2015年10月24日）[EB/OL]. [2015-10-24]. http://www.pbc.gov.cn/zhengcehuobisi/125207/125213/125440/125838/125885/125896/2968988/index.html.

从中国人民银行官网获取人民币现行利率表代码如下：

```
# coding=utf-8
from pandas.core.frame import DataFrame
```

```
from selenium import webdriver
browser = webdriver.Chrome()
import re
import pandas as pd
url= 'http://www. pbc. gov. cn/zhengcehuobisi/125207/125213/125440/125838/125885/
125896/2968988/index.html'
zhengze='<div class="pre column" id="pre" name.*?<table align="center" border="0".*?
<table style="margin:.*?<tbody>(.*?)</tbody>'
zhengze2='<td(.*?)</td>'
zhengze4='<p(.*?)/p>'
zhengze5='<span style="font-size:9pt">(.*?)</span>'
browser.get(url)
res=browser.page_source
# table=pd.read_html(res)[4]#下载表格时一般用此代码方便整体下载,但人民银行网
站中找不到表[4]
res1=re.findall(zhengze,res,re.S)
res2=re.findall(zhengze2,res1[0],re.S)
global j
j=0
a=[]
for i in res2:
    j=j+1
    res3=re.findall(zhengze4,i,re.S)
    res4=re.findall(zhengze5,res3[0],re.S)
    if len(res4)==1:
        res4[0]=re.sub('<.*?>','',res4[0])
        res4[0]= re.sub('\u3000',' ',res4[0])
        res4[0]= re.sub('  ','',res4[0])
        res4[0]= re.sub('单位:','',res4[0])
        a.append(res4[0])
    else:
        a.append(' ')
list1=[]
list2=[]
list3=[]
k=0
for i in range(21):
    list1.append(a[k])
```

```
    k=k+1
    list2.append(a[k])
    k=k+1
    list3.append(a[k])
    k=k+1
dict={"年利率":list1,"利率水平":list2,"调整日期":list3}
df=DataFrame(dict)#将字典转换为数据框
df=df.drop([0])
df.set_index(["年利率"],inplace=True)
df.to_excel(r'C:\Users\****\Desktop\人民银行利率数据爬取.xlsx')# 按自己电脑的存储
```
路径更改
```
print(df)
```

6.1.2　金融机构利率数据

金融机构利率数据见表 6-2。

表 6-2　　　　　　　　　　　　金融机构利率数据

time	（LPR）：1年	（LPR）：5年
2021-01-20	3.85	4.65
2020-12-21	3.85	4.65
2020-11-20	3.85	4.65
2020-10-20	3.85	4.65
2020-09-21	3.85	4.65
2020-08-20	3.85	4.65
2020-07-20	3.85	4.65
2020-06-22	3.85	4.65
2020-05-20	3.85	4.65
2020-04-20	3.85	4.65
2020-03-20	4.05	4.75
2020-02-20	4.05	4.75
2020-01-20	4.15	4.8
2019-12-20	4.15	4.8
2019-11-20	4.15	4.8
2019-10-21	4.2	4.85
2019-09-20	4.2	4.85
2019-08-20	4.25	4.85

数据来源　同花顺（贷款市场报价利率LPR[①]）。

　　[①]　贷款市场报价利率（Loan Prime Rate, LPR）是由具有代表性的报价行，根据该行对最优质客户的贷款利率，以公开市场操作利率（主要指中期借贷便利利率）加点形成的方式报价，由中国人民银行授权全国银行间同业拆借中心计算并公布的基础性的贷款参考利率。各金融机构主要参考LPR进行贷款定价。现行的LPR包括1年期和5年期以上两个品种。LPR市场化程度较高，能够充分反映信贷市场资金供求情况，使用LPR进行贷款定价可以促进形成市场化的贷款利率，提高市场利率向信贷利率的传导效率。

从同花顺获取金融机构利率数据代码如下：

```
from iFinDPy import * #引入 iFinDPy
import pandas as pd
thsLogin = THS_iFinDLogin('******','******')#用户使用时请修改成自己的账号和密码,实现登录功能
df1=THS_EDB('M004609298','','2015-01-01','2021-01-31')#经济数据库(EDB)-中国宏观数据-贷款市场报价利率(LPR):1年-iFinD 数据接口
df1=df1.data
df1=df1.drop(['id'],axis=1)
df1=df1.drop(['index_name'],axis=1)
df2=THS_EDB('M004609299','','2015-01-01','2021-01-31')#经济数据库(EDB)-中国宏观数据-贷款市场报价利率(LPR):5年-iFinD 数据接口
df2=df2.data
df2=df2.drop(['id'],axis=1)
df2=df2.drop(['index_name'],axis=1)
thsLogout = THS_iFinDLogout()#退出超级终端
df=pd. merge(df1, df2, how= 'outer', on= 'time', left_on=None, right_on=None, left_index=False,right_index=False)
df.rename(columns={'value_x':'(LPR):1年','value_y':'(LPR):5年'},inplace=True)
df=df.drop(['rtime_y'],axis=1)
df=df.drop(['rtime_x'],axis=1)
df=df.set_index(['time'])
# print(df)
df.to_excel(r'C:\Users\****\Desktop\LPR 自同花顺 .xlsx')#按自己电脑的存储路径更改
```

6.1.3 利率与日期

下面代码用图形展现日期与利率的关系。

```
#把上表放在桌面,在 Python 编译器中输入以下程序,执行后获得"贷款基础利率图"
import pandas as pd
import matplotlib.pyplot as plt
LPR=pd.read_excel(r'C:\Users\****\Desktop\LPR 自同花顺 .xlsx')#按自己电脑的存储路径更改
x=LPR['time']
y=LPR['(LPR):5年']
# y=LPR['(LPR):1年']#应用此行代码时获得1年期贷款利率的变动图
plt.plot(x,y,color='red',linestyle='-',label='5年期贷款利率')
plt.legend(loc='lower left')
plt.title('贷款基础利率')
```

```
plt.xlabel('日期')
plt.ylabel('利率%')
plt.xticks(rotation=-22)
plt.rcParams['figure.figsize']=(8,6)
plt.rcParams['font.sans-serif']=['SimHei']
plt.rcParams['axes.unicode_minus']=False
plt.grid()
plt.gca().invert_xaxis()#x轴倒序
plt.tight_layout()#防止图形之间重叠
plt.show()#如图6-1所示
```

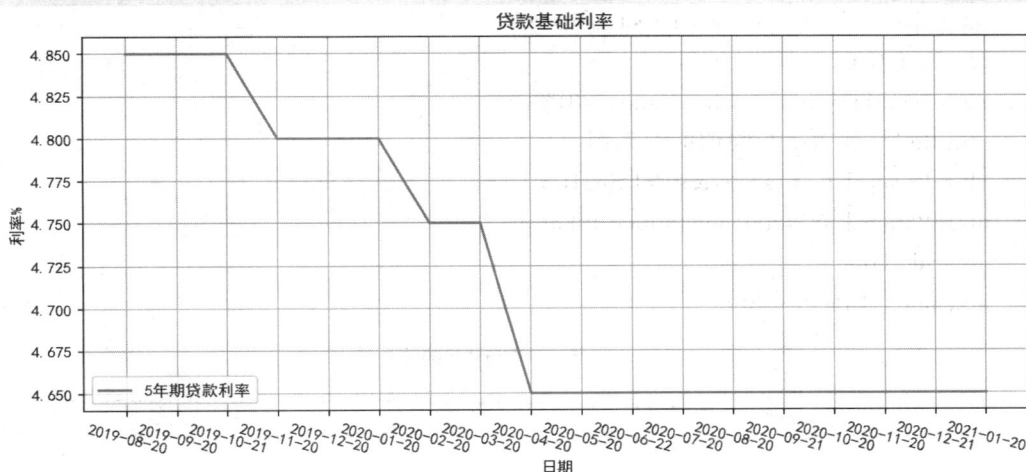

图 6-1 贷款基础利率

6.1.4 复利频次与终值

下面代码用图形展现复利频次与终值的关系。

终值公式为：$FV = A\left(1 + \dfrac{R}{m}\right)^{mn}$

式中：A 为本金，n 为投资期限，m 为每年复利次数，R 为年利率。

```
# import seaborn as sns
# sns.set_style('whitegrid')
import numpy as np
import matplotlib.pyplot as plt
r=0.011
frq=np.arange(1,81)#产生1到80的列表;80后曲线几乎与x轴平行,无须复利365次
PV=100
FV=PV*(1+r/frq)**frq
plt.figure(figsize=(8,6))
```

```
plt.plot(frq,FV,'g-',label='FV=PV*(1+r/frq)**frq',lw=2)
plt.plot(50,101.106,'o',lw=2.0)
arrowprops={'facecolor':'r','shrink':0.05}
plt.annotate(u'此点后基本为平行线',xy=(50.5,101.1059),xytext=(50.5,101.1035),fontsize=8,arrowprops=arrowprops)
plt.axis=('tight')
plt.xticks(fontsize=10)
plt.xlabel(u'复利频次',fontsize=10)
plt.xlim([0,85])
plt.yticks(fontsize=10)
plt.ylabel(u'金额',fontsize=10,rotation=90)
plt.ylim([101.099,101.1065])
plt.legend(loc='lower right',fontsize=8)
plt.title('复利频次与终值的关系图')
plt.rcParams['font.sans-serif']=['SimHei']
plt.rcParams['axes.unicode_minus']=False
plt.grid('True')
plt.show()#如图6-2所示
```

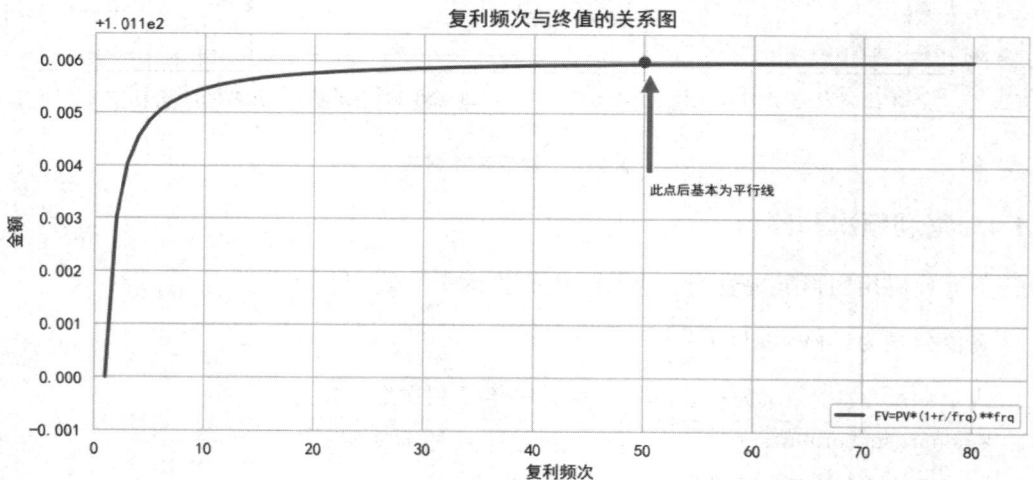

图 6-2 复利频次与终值关系

6.1.5 连续复利

下面代码以图形展现连续复利利率与每年 m 次复利利率的关系。

由公式 $FV = A\left(1 + \dfrac{R}{m}\right)^{mn}$，式中 m 趋于无穷大时，$FV = Ae^{Rn}$。因此，连续复利利率与每年 m 次复利利率的转换如下：

$$R_c = m \times \ln\left(1 + \frac{R_m}{m}\right) \Longleftrightarrow R_m = m(e^{\frac{R_c}{m}} - 1)$$

式中：R_c 是与连续复利利率等价的每年 m 次复利利率。

```python
import numpy as np
import matplotlib.pyplot as plt
def Rc(Rm,m):
    return m*np.log(1+Rm/m)
def Rm(Rc,m):
    return m*(np.exp(Rc/m)−1)
rm=np.arange(1,10,0.1)
m=365
x=rm
y=Rc(rm,m)
plt.plot(x,y,color='blue',linestyle='−−',label='m=365')
plt.plot(6,5.951218794104403,'o',lw=2.0)
plt.annotate(u'm=365 时基本是直线',fontsize=8,xy=(5.8,5.951218794104403),xytext=(3,
5.951218794104403),arrowprops={'facecolor':'r','shrink':0.05})
m=4
x=rm
y=Rc(rm,m)
plt.plot(x,y,color='red',linestyle='−',label='m=4')
plt.plot(6,3.6651,'o',lw=2.0)
plt.annotate(u'm=4 时比 m=1 时要高,频次越多,\n 连续复利利率越高',fontsize=8,xy=
(6.2,3.6),xytext=(7,3),arrowprops={'facecolor':'r','shrink':0.05})
m=1
x=rm
y=Rc(rm,m)
plt.plot(x,y,color='green',linestyle='−.',label='m=1')
plt.legend(loc='lower right')
plt.title('连续复利利率与每年 m 次复利利率的转换')
plt.xlabel('每年 m 次复利利率')
plt.ylabel('等价的连续复利利率')
plt.rcParams['figure.figsize']=(8,6)
plt.rcParams['font.sans−serif']=['SimHei']
plt.rcParams['axes.unicode_minus']=False
plt.grid()
plt.show()#如图 6−3 所示
```

连续复利利率与每年m次复利利率的转换

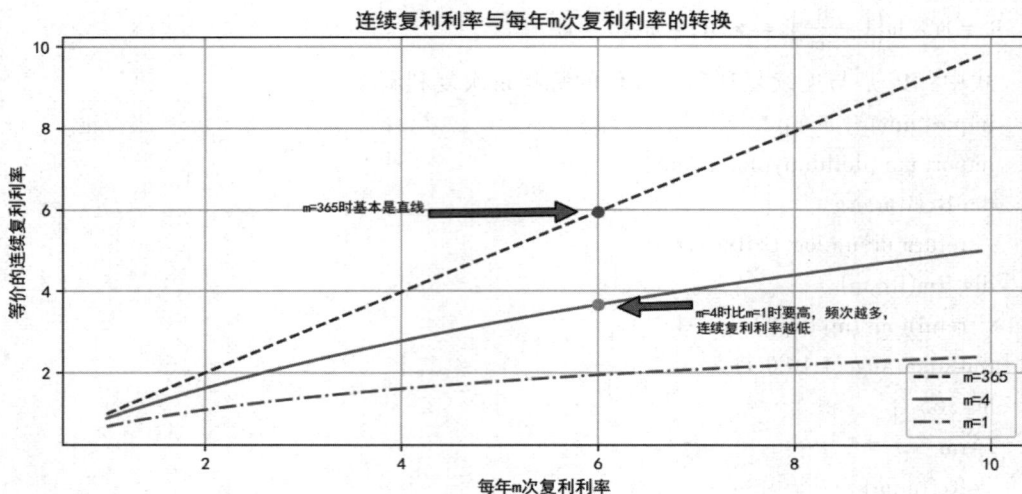

图 6-3　连续复利利率与每年 m 次复利利率转换

6.2　债券

6.2.1　到期收益率

到期收益率（Yield to Maturity，YTM）是指投资者持有债券至其到期日所能获得的总收益率。它是考虑债券的面值、购买价格、到期时间和付息频率等因素计算得出的。到期收益率可以被视为投资者购买债券并持有至到期日所能获得的年化收益率。它包括两个主要的收益来源：债券的利息支付和债券在到期时的回报（即债券的面值）。计算到期收益率需要考虑债券的现金流量，包括利息支付和债券到期时的本金还款。通常，到期收益率是通过数值方法（如迭代法或二分法）解债券定价方程来计算的，即使债券的现值等于购买价格。到期收益率是衡量债券投资回报的重要指标之一，它可以帮助投资者比较不同债券之间的收益率，并做出更明智的投资决策。在实际应用中，到期收益率常常用于评估债券的风险和收益，并与其他投资选择进行比较。假设 1.5 年期债券，利率为 5%，面值为 100 元，现值为 95 元，半年付息。到期收益率计算等式如下：

$$95 = \frac{c}{(1+\frac{y}{n})^{nT_1}} + \frac{c}{(1+\frac{y}{n})^{nT_2}} + \frac{100+c}{(1+\frac{y}{n})^{nT_3}}$$

式中：c=2.5，为每期利息，y=5%，为年利率，n=2，$T_n=$ [0.5，1，1.5]，由于 1.5 年/0.5 年=3，所以列式为 3 项。通过迭代法获得 y=0.0862。

用以下代码计算上述债权的到期收益率：

```
import scipy.optimize as optimize
def bond_ytm(price,par,T,coup,freq=2,guess=0.05):
    freq = float(freq)
    periods = T * freq
```

```
        coupon = coup / 100. * par / freq
        dt=[(i+1)/freq for i in range(int(periods))]
        print(periods)
        print(dt)
         ytm_func= lambda y: sum([coupon/(1+y/freq)**(freq*t)for t in dt]) +par/(1+y/freq)**
(freq*T)-price#①
        return optimize.newton(ytm_func,guess)
    # from bond_ytm import bond_ytm
    ytm=bond_ytm(95.0,100.0,1.5,5.0,2)
    print(ytm)#输出到期收益率
```

输出结果为：0.08624873995231552

下面基于表6-3的数据，利用迭代法编写收盘价到期收益率的求解程序。

表6-3   债券（018012）数据

证券代码（数据来源 Wind-20200131）	018012.SH
剩余期限（天）[日期] 最新 [单位] 天	2 194.0000
票面利率（当期）[单位] %	3.3900
应计利息 [日期][单位] 元	3.3714
已计息天数 [日期][单位] 天	363.0000
下一付息日 [日期] 最新	2021-02-03
距下一付息日天数	3.0000
下一付息日久期 [交易日期]	0.0137
收盘价到期收益率 [日期] 央行规则	3.3881
收盘价久期 [日期] 最新收盘日	5.3640
收盘价凸性 [日期] 最新收盘日	34.2282
债券初始面值 [单位] 元	100.0000
债券最新面值 [交易日期] 最新收盘日	100.0000
起息日期	2020-02-03
债券期限（年）[单位] 年	7.0000
票面利率（发行时）[单位] %	3.3900
计息方式	单利
每年付息次数	1.0000
是否免税	是
收盘价	103.3528
剩余期限（年）	6.0082

变量说明：f是要求解的方程，df是对f求一阶导数后的方程，x是猜测的解，tol是

---

① lambda 作为一个表达式，定义了一个匿名函数，s=lambda x:x+1 中 x 为参数，x+1 为函数体，返回 x+1；print(s(3))的输出为 4。它等同于如下函数：
def s(x):
  return x+1

精度，maxiter 是迭代次数，返回解和迭代次数。其函数为：

$$103.3528 = \frac{3.39}{(1+r)^{0.0082}} + \frac{3.39}{(1+r)^{1.0082}} + \frac{3.39}{(1+r)^{2.0082}} + \cdots + \frac{103.39}{(1+r)^{6.0082}}$$

```
import math
x=0.001
def newton(f,df,x,tol=0.001,maxiter=100):
    n=1
    while n <=maxiter:
        x1=x-f(x)/df(x)
        if abs(x1-x)<tol:
            return x1,n#返回解和迭代次数
        else:
            x=x1
            n=n+1
    return None,n#迭代 n 次后无法获得达到精度要求的解
y=lambda  x: 3.39*(1+x)**(-0.0082) +3.39*(1+x)**(-1.0082) +3.39*(1+x)**(-2.0082) +
3.39*(1+x)**(-3.0082)  +3.39*(1+x)**(-4.0082)  +3.39*(1+x)**(-5.0082)  +103.39*(1+x)**
(-6.0082)- 103.3528 #年利率折现公式,输出结果为:0.03391669671064947
    dy=lambda x:3.39*(-0.0082)*(1+x)**(-1.0082)+3.39*(-1.0082)*(1+x)**(-2.0082)+3.39*
(-2.0082)*(1+x)**(-3.0082)    +3.39*(-3.0082)*(1+x)**(-4.0082)    +3.39*(-4.0082)*(1+x)**
(-5.0082) +3.39*(-5.0082)*(1+x)**(-6.0082) +103.39*(-6.0082)*(1+x)**(-7.0082)# 求 一 阶
导数
    # y=lambda x:3.39*math.exp(-x*0.0082)+3.39*math.exp(-x*1.0082)+3.39*math.exp(-x*
2.0082)+3.39*math.exp(-x*3.0082)+3.39*math.exp(-x*4.0082)+3.39*math.exp(-x*5.0082)+
103.39*math. exp(-x*6.0082) -103.3528# 连 续 复 利 计 算 公 式 , 输 出 结 果 为 :
0.03335420873115188
    #  dy=lambda  x: 3.39*(-0.0082)*math. exp(-x*0.0082) +3.39*(-1.0082)*math. exp(-x*
1.0082) +3.39*(-2.0082)*math. exp(-x*2.0082) +3.39*(-3.0082)*math. exp(-x*3.0082) +3.39*
(-4.0082)*math. exp(-x*4.0082) +3.39*(-5.0082)*math. exp(-x*5.0082) +103.39*(-6.0082)
*math.exp(-x*6.0082)
    root,interation=newton(y,dy,0.01,0.00000001,1000)
    print(interation)
    print(root)# 运行结果为:4(迭代次数)和 0.03391669671064947(根)
```

6.2.2　债券价格计算

债券价格计算公式如下：

$$B = \frac{C}{m} \times M \times \sum_{t=1}^{mT} e^{-yt/m} + Me^{-yT} = \left(\frac{C}{m} \sum_{t=1}^{mT} e^{-yt/m} + e^{-yT} \right) \times M$$

式中：B 表示债券价格，m 表示每年付息次数，C 表示票面利率，M 表示债券本金（或面额），y 表示贴现率（连续复利），T 表示债券期限（年）。以上是债券基本定价公式，根据债券的情况，需要适当调整定价公式。Python 代码如下：

```
import numpy as np
def bond_price (C,M,T,m,y):#m 表示每年付息次数,C 表示票面利率,M 表示债券本金
(或面额),y 表示贴现率(连续复利),T 表示债券期限(年)
    coupon=[]
    for i in np.arange(1,T*m+1):
        coupon.append(np.exp(–y*i/m)*M*C/m)#列表中保存每期收益的现值
    return np.sum(coupon)+np.exp(–y*T)*M#每期收益的现值加面值的现值
```

1）市场利率不变，票面利率和到期时间对债券价格的影响[①]

假定市场利率维持在 12% 不变，有三种票面利率分别为 10%、12% 和 14%，面值为 1 000 元的 20 年期债券，分析三种债券价格随着时间推移所发生的变化（见表 6-4）。

表 6-4　　　　　　　　　　　　　　三种债券价格数据

到期时间	折价债券价格 （r=12%，p=10%）	平价债券价格 （r=12%，p=12%）	溢价债券价格 （r=12%，p=14%）
20	850.611	1 000	1 149.39
15	863.783	1 000	1 136.22
10	886.966	1 000	1 113
5	927.904	1 000	1 072.1
0	1 000	1 000	1 000

代码如下：

```
import pandas as pd
import matplotlib.pyplot as plt
df = pd.DataFrame()
time1=[20,15,10,5,0]
coup1=[10,12,14]
def bond_price (par,T,ytm,coup,freq=1):#par 为面值,T 为年限,ytm 为市场利率,coup 为票
面利率,freq 为每年付息次数
    freq=float(freq)
    periods=T*freq
    coupon=coup/100.*par/freq
    dt=[(i+1)/freq for i in range(int(periods))]
    price=sum([coupon/(1+ytm/freq)**(freq*t)for t in dt])+par/(1+ytm/freq)**(freq*T)
```

---

① 贺显南．投资学原理及应用［M］．北京：机械工业出版社，2020．

```
    return price
a=[]
cishu = len(time1)#获得不同时间的分类数5
for i in range(cishu):#按不同时间设置循环
    time = time1[i]#从列表取5个年份值
    for coup in coup1:#第二循环,按不同利率设置循环
        a.append(bond_price(1000,time,0.12,coup,1))#在列表中保存债券价值
    df[time]=a
    a=[]#这个一定要清空,不然长度增加报错
df['coup']=['10','12','14']#增加票面利率的列
df=df.set_index('coup')
df=df.T
print(df)#如图6-4所示;由于做过转置,看图时横着看可能好理解
df.plot()#默认按索引和每列各画一个曲线图
plt.show()#如图6-5所示
```

coup	10	12	14
20	850.611128	1000.0	1149.388872
15	863.782710	1000.0	1136.217290
10	886.995539	1000.0	1113.004461
5	927.904476	1000.0	1072.095524
0	1000.000000	1000.0	1000.000000

图6-4　三种债券到期时间与价格关系

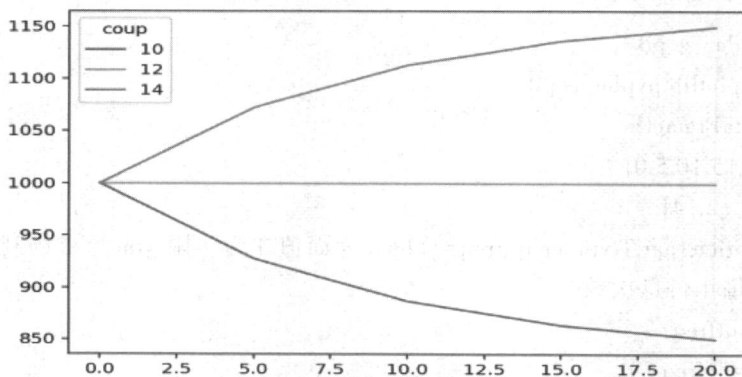

图6-5　三种债券到期时间与价格关系

2) 到期时间不变, 市场利率和票面利率对债券价格的影响

面值为100元, 票面利率为6%和8%的2种5年期债券, 一年付息一次, 未来市场利率可能为6%、7%、8%和9%。分别以7%和8%为基期利率, 分析利率升降1%时债券价格的变动, 见表6-5。

表6-5 市场利率、票面利率与债券价格的关系

债券	未来各种可能利率下债券价格（元）				7%为基期的影响		8%为基期的影响	
息票率	6%	7%	8%	9%	下降1%	上升1%	下降1%	上升1%
6%	100	95.9	92.02	88.33	4.28%	−4.05%	4.22%	−4.01%
8%	108.4	104.1	100	96.11	4.16%	−3.94%	4.10%	−3.89%

代码如下：

```
import pandas as pd
import matplotlib.pyplot as plt
%matplotlib inline
df = pd.DataFrame()#新建空白的DataFrame
coup1=[6,7,8,9]#票面利率列表
r=[0.06,0.07,0.08,0.09]#市场利率列表
def bond_price (par,T,ytm,coup,freq=1):#par为面值,T为年限,ytm为市场利率,coup为票
面利率,freq为每年付息次数
    freq=float(freq)
    periods=T*freq
    coupon=coup/100.*par/freq
    dt=[(i+1)/freq for i in range(int(periods))]
    price=sum([coupon/(1+ytm/freq)**(freq*t)for t in dt])+par/(1+ytm/freq)**(freq*T)
    return price
a=[]
for coup in coup1:
    for i in r:
        a.append(bond_price(100,5,i,coup,1))
    df[coup]=a
    a=[]#这个一定要清空,不然长度增加报错
df['rate']=['0.06','0.07','0.08','0.09']
df=df.set_index('rate')
df=df.T
print(df)#如图6-6所示
df.plot()
plt.grid()
plt.show()#如图6-7所示
```

```
rate       0.06         0.07        0.08        0.09
6     100.000000    95.899803    92.01458    88.331046
7     104.212364   100.000000    96.00729    92.220697
8     108.424728   104.100197   100.00000    96.110349
9     112.637091   108.200395   103.99271   100.000000
```

图6-6 市场利率、票面利率与债券价格的关系

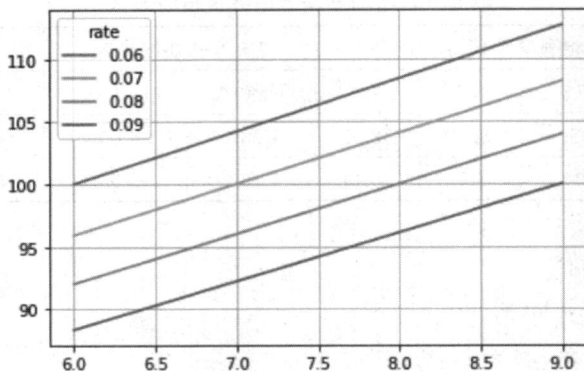

图 6-7 市场利率、票面利率与债券价格的关系

6.2.3 久期

久期（duration）是衡量固定收益证券（如债券）价格对利率变动的敏感性的指标。它是一个衡量债券的平均期限的指标，表示债券的现金流量（包括利息和本金）在时间上的加权平均。久期的计算方法是将每个现金流量的现值乘以其对应的时间权重，然后将所有现值加总。这个加权平均的时间就是久期。久期越长，债券的价格对利率变动的敏感性就越高。

久期的概念可以通过以下几个要点来理解：（1）久期是一个衡量债券的平均期限的指标。它考虑了债券的现金流量在时间上的分布。（2）久期是一个加权平均值，其中每个现金流量的权重是其现值与债券的总现值之比。（3）久期越长，债券的价格对利率变动的敏感性就越高。这是因为较长的久期意味着债券的现金流量更加分散，更多的现金流量会在未来的时间点发生。久期是固定收益投资中的重要指标，可以帮助投资者评估债券的价格风险和利率敏感性。在实际应用中，久期常常与凸性（convexity）一起使用，以提供更全面的债券定价和风险评估。

债券定价公式为：

$$P = \frac{C}{(1+r)^m} + \sum_{n=1}^{N} \frac{C}{(1+r)^{m+n*T}} + \frac{F}{(1+R)^{m+n*T}}$$

式中：P 为债券价格，C 为定期支付的票面利息，F 为票面价格，r 为到期收益率（利率），N 为付息次数，T 为相邻两次付息时间的间隔，m 为当前距离最近一次付息日的期限（单位：年）。相应的，该债券久期的计算公式如下（不是连续复利，应掌握与连续复利代码的对比分析和相互转化）：

$$D = \frac{\frac{m*C}{(1+r)^m} + \sum_{n=1}^{N} \frac{(m+n*T)*C}{(1+r)^{m+n*T}} + \frac{(m+n*T)*F}{(1+R)^{m+n*T}}}{P}; \quad 修正久期 MD = \frac{D}{1+r}$$

从 Wind 依次读取，2021 年 1 月 29 日至 2021 年 1 月 30 日（周六），国开 2003（018012.SH）的代码、剩余期限（天）、剩余期限（年）、应计利息、上一付息日、下一付息日、距下一付息日天数、收盘价（全价）、收盘价（净价）、收盘到期收益率、收盘价久期、收盘价修正久期、收盘价凸性、开盘价、最高价、最低价、收盘价、面额、票息等数据，见表6-6。计算其收盘价久期的代码如下：

```
# import pandas as pd
# from WindPy import w
# import numpy as np
# w.start()# 默认命令超时时间为120秒,如需设置超时时间可以加入waitTime参数,例
如waitTime=60,即设置命令超时时间为60秒
# w.isconnected()# 判断WindPy是否已经登录成功
# test=w. wsd("018012. SH", "day, ptmyear, anal_precupn, nxcupn, dirtyprice, cleanprice,
ytm_b, duration, modifieddduration, convexity, open, high, low, close, volume, par, carrydate,
maturitydate,term,couponrate,taxfree,fullname","2021-01-29","2021-01-30","returnType=1")
#此代码通过代码生成器生成,是调用Wind数据的关键
# w.stop()
# df=pd.DataFrame(test.Data,index=test.Fields,columns=test.Codes)
# df.to_excel(r'C:\Users\****\Desktop\债券018012.SH.xlsx',index=True)
df=pd.read_excel(r'C:\Users\****\Desktop\债券018012.SH.xlsx',index_col=0)
def M_Duration(c,y,t):#定义计算久期函数。c表示现金流;y表示到期收益率,连续复
利;t表示发生现金流的时间
    cashflow=[]#保存每期现金流,形成列表
    weight=[]#保存每期现金流占债券收盘价的百分比,形成列表
    n=len(t)#获得付息次数
    for i in np.arange(n):
        cashflow.append(c[i]*np.exp(-y*t[i]))#现金流的计算公式
        # print(cashflow)
    for i in np.arange(n):
        weight.append(cashflow[i]/sum(cashflow))#每期现金流占收盘价的百分比,权重
        # print(weight)
    duration=np.sum(t*weight)#付息时间和权重的乘积,获得久期
    return duration#返回久期值
coupon=df.iloc[19,0]/100#赋值票面利率(%)
par=df.iloc[15,0]#赋值面值
bond_yield=df.iloc[6,0]/100#赋值收盘价到期收益率(%)
PTMYEAR=df.iloc[1,0]#赋值到期时间(年)
t_list=np.arange(0,PTMYEAR)#相当于t_list=[0. 1. 2. 3. 4. 5. 6.]
cashflow=np.ones_like(t_list)*coupon*1*par#计算现金流
cashflow[-1]=par*(1+coupon*1)#最后一次现金流
Duration=M_Duration(c=cashflow,y=bond_yield,t=t_list)#调用计算久期函数
print("国开2003的收盘价久期为",round(Duration,4))#输出久期,保留4位
```

输出结果为：国开2003的收盘价久期为5.3465。

输出结果与 Wind 给出的收盘价久期 5.36396 有差距，是收盘价 103.353 元与现金流现值和 103.3719143 元之间的差价造成的。用同花顺平台数据获得的结果为 5.3616。

表6-6   债券 018012.SH 数据

018012.SH			
DAY	2196	HIGH	100.18
PTMYEAR	6.01366	LOW	100
ANAL_PRECUPN	None	CLOSE	100
NXCUPN	2021-02-03	VOLUME	1.22E+06
DIRTYPRICE	103.353	PAR	100
CLEANPRICE	100	CARRYDATE	2020/2/30：00：00
YTM_B	3.38815	MATURITYDATE	2027/2/30：00：00
DURATION	5.36396	TERM	7
MODIFIEDDURATION	5.18817	COUPONRATE	3.39
CONVEXITY	34.2282	TAXFREE	是
OPEN	100.18	FULLNAME	国开行在上证交易所 2020 年跨市场第三期金融债券

6.2.4 凸性

凸性是衡量固定收益证券（如债券）价格对利率变动的非线性敏感性的指标。它是久期的补充指标，用于更准确地估计债券价格在利率变动时的变化。凸性的计算方法是通过对债券价格的二阶导数进行加权平均，其中每个现金流量的权重是其现值与债券的总现值之比。凸性可以衡量债券价格曲线的曲率，即债券价格对利率变动的非线性响应。

凸性的概念可以通过以下几个要点来理解：（1）凸性衡量了债券价格对利率变动的非线性敏感性。它提供了久期无法捕捉到的信息。（2）凸性是一个加权平均值，其中每个现金流量的权重是其现值与债券的总现值之比。（3）凸性可以帮助投资者更准确地估计债券价格在利率变动时的变化。它可以提供比久期更全面的债券定价和风险评估。凸性是固定收益投资中的重要指标，可以帮助投资者理解债券价格的非线性响应，并评估债券投资的风险和回报。在实际应用中，凸性通常与久期一起使用，以提供更全面的债券定价和风险管理。

凸性的计算公式如下：

$$C = \frac{1}{B} \times \frac{d^2B}{dy^2} = \frac{\sum_{i=1}^{n} c_i t_i^2 e^{-yt_i}}{B} = \sum_{i=1}^{n} t_i^2 \left(\frac{c_i e^{-yt_i}}{B} \right)$$

式中：C表示凸性，y表示收益率（连续复利），$\dfrac{c_i e^{-yt_i}}{B}$ 表示 t_i 时刻债券支付的现金流现值与债券价格的比例，C是 t_i^2 以现金流 c_i 现值占面值的比例为权重求和。用Python计算凸度的代码如下：

```python
import numpy as np
def Convexity(c,y,t):#定义凸性计算函数:c表示现金流,用ndarry数组传递;y表示连续
复利的到期收益率;t表示产生现金流的时刻,用ndarry数组传递
    cashflow=[]#依次保存现金流
    weight=[]#依次保存权重
    n=len(t)
    for i in np.arange(n):#计算每期的现金流
        cashflow.append(c[i]*np.exp(-y*t[i]))
    bond_price=sum(cashflow)#现金流加总获得债券价格
    for i in np.arange(n):#每期现金流占债券价格的比例
        weight.append(cashflow[i]/bond_price)
    convexity=np.sum(weight*t**2)#获得凸性
    return convexity#返回凸性值
#从表6-6给定的数据获得:
t=np.array([0.0137,1.0137,2.0137,3.0137,4.0137,5.0137,6.0137])
c=np.array([3.39,3.39,3.39,3.39,3.39,3.39,103.39])
y=0.03277#单利计息
print(Convexity(c,y,t))
```

输出结果为：31.20437445013982，与同花顺给定数据34.1993和Wind给定数据34.2282都有所不同，是收盘价与理论价格不同导致的。这种差别也是专业人员进一步深入研究的目标，如果研究中获得突破性结论，那就可以利用其进行套利。

6.3 股票

6.3.1 投资组合相关的数学表达式

投资组合在证券投资中起到分散风险的作用，预期收益率和收益波动率（风险的度量）是投资组合的重要评价因素。投资组合预期收益率、投资组合收益波动率、投资组合有效前沿、资本市场线的数学表达式如下：

1）投资组合预期收益率

投资组合预期收益率表达式如下：

$$E(R_P) = E\left(\sum_{i=1}^{N} w_i R_i\right) = \sum_{i=1}^{N} w_i E(R_i) = \begin{bmatrix} w_1, & w_2, & \cdots, & w_N \end{bmatrix}\begin{bmatrix} R_1, & R_2, & \cdots, & R_i \end{bmatrix}^T$$

式中：w_i 为组成组合的证券i的权重，R_i 为组成组合的证券i的收益率。连续复利

知识课堂6-3

股票

操作视频6-3

股票

时，收益率计算公式变为：$R_{it} = \ln \dfrac{P_{it}}{P_{i(t-1)}}$，t 和 t-1 分别表示即期和上一期。

2）投资组合收益波动率

投资组合收益波动率的表达式如下：

$$\delta_P = \sqrt{\sum_{i=1}^{N}\sum_{j=1}^{N} w_i w_j \operatorname{Cov}\left(R_i,\ R_j\right)} = \sqrt{\sum_{i=1}^{N}\sum_{j=1}^{N} w_i w_j \rho_{ij}\delta_i\delta_j}$$

式中：w_i 为第 i 种证券的权重，δ_i 为第 i 种证券的收益波动率，$\rho_{ij} = \dfrac{\operatorname{Cov}\left(R_i,\ R_j\right)}{\delta_i\delta_j}$，为 i 与 j 两种证券的相关系数。

为便于记忆，设：

$$w = \left[w_1,\ w_2,\ \cdots,\ w_N\right], \quad \sum = \begin{bmatrix} \delta_1^2 & \delta_{12} & \cdots & \delta_{1N} \\ \delta_{21} & \delta_2^2 & & \delta_{2N} \\ \vdots & & \ddots & \vdots \\ \delta_{N1} & \delta_{ij} & \cdots & \delta_N^2 \end{bmatrix}, \quad \delta_{ij} = \operatorname{Cov}\left(R_i,\ R_j\right)$$

那么，投资组合收益波动率公式简化表达式如下：

$$\delta_P = \sqrt{w \sum w^T}$$

3）投资组合有效前沿

求解以下优化方程得到投资组合有效前沿表达式。

$$\begin{cases} \min\limits_{w_i} \delta_P = \min\limits_{w_i} \sqrt{\sum\limits_{i=1}^{N}\sum\limits_{j=1}^{N} w_i w_j \operatorname{Cov}\left(R_i,\ R_i\right)} \\ \sum\limits_{j=1}^{N} w_i = 1 \\ \qquad w_i > 0 \\ E\left(R_P\right) = E\left(\sum\limits_{i=1}^{N} w_i R_i\right) \end{cases}$$

4）资本市场线

从无风险收益率引出的与有效前沿相切的一条直线为资本市场线，用以下等式表达：

$$E\left(R_P\right) = R_F + \left[\frac{E\left(R_M\right) - R_F}{\delta_M}\right]\delta_P$$

式中：R_F 表示无风险利率，$E\left(R_M\right)$ 和 δ_M 表示资本市场线与有效前沿相切点所代表的投资组合的收益率和波动率，$\left[\dfrac{E\left(R_M\right) - R_F}{\delta_M}\right]$ 表示资本市场线的斜率。

斜率最大时投资组合达到最优，数学表达式为：

$$\begin{cases} \max\limits_{w_i} \dfrac{E\left(R_P\right) - R_F}{\delta_P} \\ \sum\limits_{j=1}^{N} w_i = 1 \\ w_i > 0 \end{cases}$$

6.3.2 证券投资组合的代码

通过以下程序，用5只股票的收盘价数据，分别得到散点图、日收益率分布、波动率最小组合的收益、资本市场线、投资组合有效前沿、最优投资组合，并列示出相应投资组合组成股票的权重。

```python
# coding:utf-8
import pandas as pd
import numpy as np
import matplotlib.pyplot as plt
from matplotlib.pylab import date2num
import datetime
import scipy.optimize as sco
data=pd.read_excel(r'C:\Users\****\Desktop\投资组合2.xlsx',header=0,index_col=0)#按
自己电脑的存储路径更改,index_col=0表示取消默认行号,不然后期describe时报错
R=np.log(data/data.shift(1))#按照对数收益率的计算公式获得股票收益率,形成新的
DataFrame
R=R.dropna()
# print(R.describe())
plt.rcParams['font.sans-serif']=['SimHei']#这两行是显示中文标签,不然不显示中文标
签,报错
plt.rcParams['axes.unicode_minus']=False
#画收益率直方图,查看收益率的分布情况
color=['y','g','b','r','g']
fig = plt.figure(figsize=(8,6))#设置画布
for i in range(len(R.columns)):#循环画图
    plt.subplot(2,3,i+1)#在2行3列的图序上选择画图位置
    plt.hist(R.iloc[:,i],bins=50,facecolor=color[i])#画图:x依次按行赋值,设置50柱,颜色循
环变化
    plt.xlabel(R.columns[i]+'收益率',fontsize=8)#设置轴标签
    plt.ylabel('频数',fontsize=8)
    plt.grid(True)#增加网格
plt.tight_layout()#紧凑输出,防止重叠
plt.show()#如图6-8所示
#计算投资组合收益率与波动率的关系
R_mean=R.mean()*243#计算年化收益率,类型为Series
R_cov=R.cov()*243#计算股票的协方差矩阵并年化处理,类型为DataFrame
R_vol=R.std()*np.sqrt(243)#计算股票收益率的年化波动率
R_corr=R.corr()#计算相关系数矩阵。从组合的角度,相关系数越小风险分散效果
```

越好
```
    # print('相关系数矩阵:\n',R_corr)
    Rp_list=[]#组合收益列表
    Vp_list=[]#组合波动率列表
    for i in np.arange(1000):
        x=np.random.random(len(R.columns))#按组合股票数量产生随机数
        weights=x/sum(x)#权重
        Rp_list.append(np.sum(weights*R_mean))
        Vp_list.append(np.sqrt(np.dot(weights,np.dot(R_cov,weights.T))))#np.dot是矩阵相乘,查
阅投资组合收益率的表达式
    #以下程序计算组合收益10%和波动率最小时组合股票的权重
    def f(w):
        Rf=0.03  # 设无风险利率为3%
        w=np.array(w)#以列表形式创建数组 ndarray。
        Rp_opt=np.sum(w*R_mean)#R_mean 为 Series,Series 与 ndarray 相乘时对应值相乘形
成 Series,各元素求和形成 numpy
        Vp_opt=np.sqrt(np.dot(w,np.dot(R_cov,w.T)))#见波动率简化公式。np.dot()为矩阵相
乘,1行与1列相乘时输出为 numpy 类型的1个值。内 dot 的 R_cov 为 5*5 矩阵,w转置后为
1*5 矩阵,输出为 5*1 的 ndarray;外 dot 为 1*5 的 ndarray 和 5*1 的 ndarray 相乘,输出 1*1 的
numpy
        SR=(Rp_opt-Rf)/Vp_opt
        return np.array([Rp_opt,Vp_opt,SR])#返回优化后的组合收益率和标准差
    def Vmin_f(w):
        return f(w)[1]#返回 Vp_opt
    cons=({'type':'eq','fun':lambda x:np.sum(x)-1},{'type':'eq','fun':lambda x:f(x)[0]-0.1})#两
个约束条件,以字典表述:权重的和为1;f(x)的第一个返回值,收益率=10%
    bnds=tuple((0,1)for x in range(len(R_mean)))#相当于 bnds= ((0,1),(0,1),(0,1),(0,1),(0,1))。
设置 x0 的边界,即 w 的取值在0和1之间
    # x0=len(R_mean)*[1.0/len(R_mean),]
    x0=np.array([0.2,0.1,0.4,0.1,0.2])#传给函数的猜测值,在此基础上进行优化;这里表示
权重 w 的和为 1
    result=sco.minimize(Vmin_f,x0,method='SLSQP',bounds=bnds,constraints=cons,options=
{'maxiter':400})#对前面程序中未解释的参数进行解释如下:Vmin_f 为要执行的规划函数;
method='SLSQP' 表示采用最小二乘法规划;options={'maxiter':400}表示最大迭代次数。
result.fun=0.2715617529757659,表示收益10%的最小波动率
    print('投资组合预期收益率10%时上汽集团的权重',round(result['x'][0],4))#想知道用
'x' 的原因,查阅 print(result)的结果和结构,其中 fun 表示函数在最优时 result.x 的最小值,jac
是函数最后一次求导所获得的偏导数
```

```
print('投资组合预期收益率10%时三一重工的权重',round(result['x'][1],4))
print('投资组合预期收益率10%时紫光学大的权重',round(result['x'][2],4))
print('投资组合预期收益率10%时均胜电子的权重',round(result['x'][3],4))
print('投资组合预期收益率10%时粤高速的权重',round(result['x'][4],4))
#------以下程序计算波动率最小时的组合收益率
cons_vmin=({'type':'eq','fun':lambda x:np.sum(x)-1})
result_vmin=sco. minimize(Vmin_f, x0, method= 'SLSQP', bounds=bnds, constraints=
cons_vmin)
Rp_vmin=np.sum(R_mean*result_vmin['x'])
Vp_vmin=result_vmin['fun']
print('波动率最小时的投资组合预期收益率',round(Rp_vmin,4))
print('最小波动率',round(Vp_vmin,4))
#设置有效前沿
Rp_target=np.linspace(Rp_vmin,0.3,100)#参数说明:前两个是开始和结束区间,第三个
是等间隔形成数值
Vp_target=[]
for r in Rp_target:
    cons_new=({'type':'eq','fun':lambda x:np.sum(x)-1},{'type':'eq','fun':lambda x:f(x)
[0]-r})
    result_new=sco. minimize(Vmin_f, len(R_mean)*[1.0/len(R_mean),], method= 'SLSQP',
bounds=bnds,constraints=cons_new)
    Vp_target.append(result_new['fun'])
#设置资本市场线
def SRmin_f(w):
    return -f(w)[2]
cons_SR=({'type':'eq','fun':lambda x:np.sum(x)-1})
result_SR=sco.minimize(SRmin_f,x0,method='SLSQP',bounds=bnds,constraints=cons_SR)
Rf=0.03
slope=-result_SR['fun']
Rm=np.sum(R_mean*result_SR['x'])
Vm=(Rm-Rf)/slope
print('市场组合的预期收益率',round(Rm,4))
print('市场组合的波动率',round(Vm,4))
Rp_cml=np.linspace(0.02,0.25)
Vp_cml=(Rp_cml-Rf)/slope
#画图
plt.figure(figsize=(8,6))
plt.scatter(Vp_list,Rp_list)
```

```
plt.plot(Vp_target,Rp_target,'r-',label=u'有效前沿',lw=1.5)
plt.plot(Vp_cml,Rp_cml,'b--',label=u'资本市场线',lw=1.5)
plt.plot(Vm,Rm,'g*',label=u'市场组合',markersize=10)
plt.plot(Vp_vmin,Rp_vmin,'y*',label=u'全局最小波动率',markersize=10)
plt.xlabel(u'波动率',fontsize=10)
plt.ylabel(u'收益率',fontsize=10,rotation=90)
plt.xticks(fontsize=10)
plt.yticks(fontsize=10)
plt.xlim(0.,0.42)
plt.ylim(0,0.16)
plt.title(u'证券投资组合',fontsize=10)
plt.legend(fontsize=10)
plt.grid('True')
plt.tight_layout()
plt.show()#如图6-9所示
```

输出结果为：

投资组合预期收益率10%时上汽集团的权重 0.214

投资组合预期收益率10%时三一重工的权重 0.0063

投资组合预期收益率10%时紫光学大的权重 0.4115

投资组合预期收益率10%时均胜电子的权重 0.1661

投资组合预期收益率10%时粤高速的权重 0.2021

波动率最小时的投资组合预期收益率 0.0575

最小波动率 0.2314

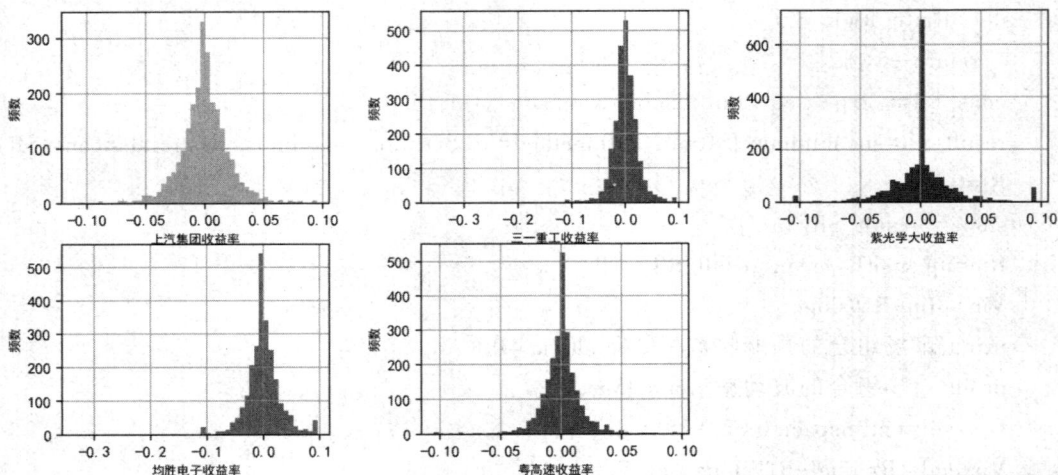

图6-8　成分股收益率

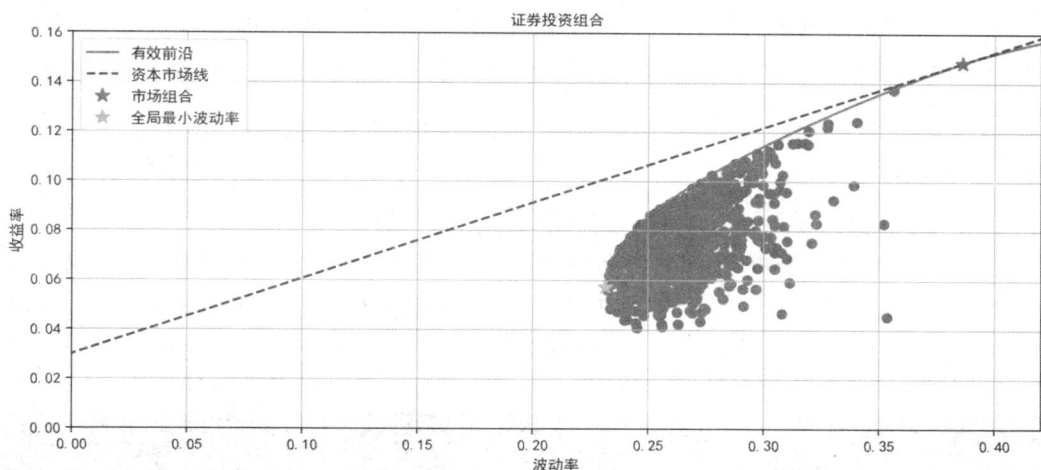

图6-9　最优投资组合

6.4　期权定价

知识课堂6-4

期权定价

操作视频6-4

期权定价

6.4.1　基础知识

期权（option）是一种金融衍生品，它给予持有者在未来某个时间以特定价格买入或卖出某个资产的权利，而不是义务。这个特定价格被称为行权价，而期权的到期日是指持有者可以选择行权的最后日期。期权有看涨期权（call option）和看跌期权（put option）两种类型。看涨期权（call option）给予持有者在未来某个时间以特定价格买入资产的权利。如果在到期日资产价格高于行权价，持有者可以选择行权并以行权价购买资产。如果在到期日资产价格低于行权价，持有者可以选择不行权，从而避免亏损。看跌期权（put option）给予持有者在未来某个时间以特定价格卖出资产的权利。如果在到期日资产价格低于行权价，持有者可以选择行权并以行权价卖出资产。如果在到期日资产价格高于行权价，持有者可以选择不行权，从而避免亏损。

费希尔·布莱克和麦伦·斯科尔斯在7个前提假设条件下提出了欧式期权定价公式（BSM模型）。欧式看涨期权定价公式为：

$$c = S_0 N(d_1) - K e^{-rT} N(d_2)$$

欧式看跌期权定价公式为：

$$p = K e^{-rT} N(d_2) - K e^{-rT} S_0 N(d_1)$$

其中：

$$d_1 = \frac{\ln\left(\dfrac{S_0}{K}\right) + (r + \dfrac{\delta^2}{2})T}{\sigma \sqrt{T}}$$

$$d_2 = \frac{\ln\left(\dfrac{S_0}{K}\right) + (r - \dfrac{\delta^2}{2})T}{\sigma \sqrt{T}} = d_1 - \sigma \sqrt{T}$$

式中：c和p分别为看涨和看跌欧式期权价格；S为基础资产的现价，K为执行价，σ为基础资产年化收益率的波动率，r为无风险利率，T为期权的年化合约期限，N（·）为累计标准正态分布的概率密度函数。

6.4.2 实现代码

以上证50ETF（510050）为标的，计算10003041期权价格。

无风险利率用7天期上海银行间同业拆放利率（SHIBOR），从Wind数据库获取SHIBOR的代码为：w.edb（"M0017139"，"2021-03-09"，"2021-03-09"，"Fill=Previous"）。r=0.02067，即2.067%。基础资产价格S、执行价K、隐含波动率delta[①]、年化到期时间T等参数的数据从同花顺iFind金融数据终端获取，如图6-10所示。

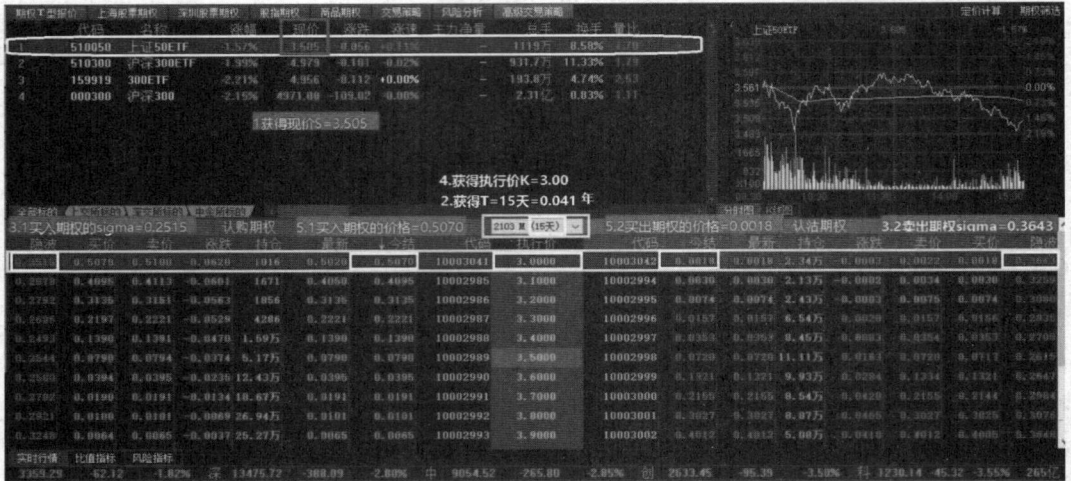

图6-10 获取参数

```
import numpy as np
from scipy.stats import norm
#定义基于布莱克-斯科尔斯模型的欧式看涨期权的定价函数
def zhang_bs(S,K,delta,r,T):#S为基础资产价格,K为执行价,delta为隐含波动率,r为无风险利率,T为年化到期时间
    d1=(np.log(S/K)+(r+pow(delta,2)/2)*T)/(delta*np.sqrt(T))#d1的数学公式
    d2=d1-delta*np.sqrt(T)#d2的数学公式
    return S*norm.cdf(d1)-K*np.exp(-r*T)*norm.cdf(d2)#返回期权价格;期权价格的数学公式
#定义基于布莱克-斯科尔斯模型的欧式看跌期权的定价函数
def die_bs(S,K,delta,r,T):#S为基础资产价格,K为执行价,delta为隐含波动率,r为无风险利率,T为年化到期时间
```

[①] 隐含波动率是市场对基础资产未来一段时间内的波动预期，与期权价格同方向变化；一般而言，隐含波动率不会与历史波幅相等，但应该相差不大。有时可以用买入和卖出期权的隐含波动率的算术平均代替隐含波动率。

```
d1=(np.log(S/K)+(r+pow(delta,2)/2)*T)/(delta*np.sqrt(T))#d1 的数学公式
d2=d1-delta*np.sqrt(T)#d2 的数学公式
return K*np.exp(-r*T)*norm.cdf(-d2)-S*norm.cdf(-d1)#返回期权价格;期权价格的数学公式
```

```
delta=0.2515#隐含波动率
K=3.00#执行价
S=3.505#基础资产价格
T=0.04167#年化到期时间,15 天
r=0.02067#无风险利率;7 天期上海银行间同业拆放利率(SHIBOR)
zhang=zhang_bs(S,K,delta,r,T)#计算买入期权
delta=0.3643#隐含波动率
K=3.00#执行价
S=3.505#基础资产价格
T=0.04167#年化到期时间,15 天
r=0.02067#无风险利率;7 天期上海银行间同业拆放利率(SHIBOR)
die=die_bs(S,K,delta,r,T)#计算卖出期权
print('买入期权价格=',zhang)
print('卖出期权价格=',die)
```

输出结果为:

买入期权价格= 0.5076366083116306

卖出期权价格= 0.0015425787975055089

知识检测

1)　单项选择题

（1）人民银行利率是指（　　　　）。

A. 存款利率

B. 贷款利率

C. 存款利率和贷款利率

D. 汇率

（2）复利频次与终值的关系是（　　　　）。

A. 复利频次越高，终值越高

B. 复利频次越高，终值越低

C. 复利频次与终值无直接关系

D. 复利频次和终值之间的关系是不确定的

（3）久期的计算公式是（　　　　）。

A. 久期 = 票面利率 / 当期收益率

B. 久期 = （1 + 当期收益率）/（1 + 票面利率）

C. 久期 = （1 + 当期收益率）/ 票面利率

D. 久期 = （1 + 票面利率）/ 当期收益率

（4）凸性的计算公式是（　　　　）。

A. 凸性 = （债券价格变动率）^{2} / 债券价格变动率

B. 凸性 = （债券价格变动率）^{2} / 债券价格

C. 凸性 = （债券价格变动率）^{2}

D. 凸性 = 债券价格变动率 / （债券价格）^{2}

2）多项选择题

（1）人民银行利率和金融机构利率在数据上的区别在于（ ）。

A. 数据来源：人民银行利率是由中国人民银行制定和发布的，而金融机构利率是各个金融机构自行确定和公布的

B. 数据发布频率：人民银行利率通常较稳定地周期性发布，如每月或每季度，而金融机构利率可能根据市场情况和需求变化而不定期发布

C. 数据测算方式：人民银行利率通常采用统一的测算方式，如基准利率加上浮动利率或利差，而金融机构利率可能根据自身经营策略和市场竞争情况采用不同的测算方式

D. 数据涵盖范围：人民银行利率通常是以全国范围为基准，而金融机构利率可能会根据地区、产品、客户等因素有所差异

（2）债券价格的计算方法包括（ ）。

A. 当期收益法　　　　　B. 摊余成本法　　　　　C. 贴现法　　　　　D. 名义利率法

（3）投资组合的常用计算方法包括（ ）。

A. 加权平均法　　　　　B. 期望收益率法　　　　C. 方差-协方差法　　　D. 等权法

（4）期权定价模型有（ ）。

A. Black-Scholes 模型　　　　　　　　　　B. Binomial 模型

C. Cox-Ross-Rubinstein 模型　　　　　　　D. Vasicek 模型

3）判断题

（1）连续复利是指将本金和利息连续计入利息的一种计算方式。　　　　　　　　　（ ）

（2）收盘价到期收益率是指投资者在到期时根据资产的收盘价计算的总收益率。　　（ ）

（3）股票对数收益率是指股票价格的百分比变化。　　　　　　　　　　　　　　　（ ）

（4）买入期权是指投资者购买权利，卖出期权是指投资者出售权利。　　　　　　　（ ）

知识检测6-1

第6章

4）思考题

（1）常用金融工具的理论或应用比较简单，请编写一种金融工具组合收益率的计算方法。

（2）在经济领域的计量分析中，获得股票数据相对容易，请针对一个公司编写获取宏观、行业、公司三个层面数据的代码。

育德启智

中国金融体系的优越性

2008 年金融危机是一场全球性的金融危机，对世界范围内的金融体系和经济造成了严重影响。虽然中国金融体系也受到了一定的冲击，但相对于西方国家，中国金融体系表现出了独特的优势。（1）国家宏观调控能力：中国特色社会主义制度下的金融体系更加注重国家的宏观调控，国家从普通民众的利益出发，干预和应对金融危机。相比之下，西方资本主义制度下的金融体系从金融寡头和资本家的利益出发，举着自由市场、民主制度的旗帜，左右政府决策，助推了金融危机的蔓延。（2）金融风险控制：中国金融体系以人民为中心，注重风险控制和防范金融危机，以公共服务为目的，采取行之有效且符合人民长远利益的措施来规范金融市场和金融机构的行为。相比之下，西方资本主义制度下的金

融体系，以市场化为借口，为金融财团服务，使沉默的多数人遭受损失。（3）服务实体经济：中国特色社会主义制度下的金融体系更加注重支持实体经济的发展，鼓励金融资源向实体经济领域倾斜，助力经济高质量发展。相比之下，西方资本主义制度下的金融系统更注重金融投机和金融衍生品，服务于虚拟经济，在一定程度上导致金融与实体经济脱钩。

思政元素：金融强国　制度自信

学有所悟：金融稳定对国家的发展至关重要。在金融危机中，中国金融体系的优越性得到了充分体现。正如党的二十大报告所强调的，我们要"坚持以人民为中心的发展思想"，推动经济高质量发展。2023年10月召开的中央金融工作会议提出"必须坚持党中央对金融工作的集中统一领导，坚持以人民为中心的价值取向，坚持把金融服务实体经济作为根本宗旨"等"八个坚持"的中国特色金融发展之路，并首次全面系统地提出"中国特色现代金融体系"这一概念。新时代中国青年应不断提升自身素养，掌握更多金融理论知识与实践技能，为我国的金融事业发展贡献自己的力量。

思政课堂6-1

中国金融体系
的优越性

第 7 章

风险价值

■ 本章导读

　　风险和收益如同硬币的两面，是金融学中不可或缺的研究对象。本章围绕蒙特卡罗模拟和优化方法，讲解风险管理中的常用技术。应用蒙特卡罗模拟方法的前提是能够用科学的等式准确表达问题，并明确等式中所有变量的分布情况或相应的数据。应用优化方法的前提是：若采用梯度算法进行求解，则要求问题表述的等式及所有约束条件均可导；若采用进化算法、模拟退火算法以及混沌优化算法等求解，则前提条件相对宽松。通过本章的学习，学生应能够熟练掌握运用蒙特卡罗模拟方法计算风险价值，掌握基于梯度下降算法的投资组合优化方法。

■ 学习目标

知识课堂7-0

导学

　　知识目标：掌握风险价值的概念和蒙特卡罗模拟原理；掌握风险价值优化算法。

　　能力目标：能够应用 Python 语言计算金融风险；具备应用金融科技工具解决金融服务方式、流程、产品、决策过程中出现的难题的实践能力。

　　素养目标：积极践行社会主义核心价值观，提升金融安全意识。

7.1 概念

7.1.1 风险价值

知识课堂7-1

概念

风险价值（Value at Risk，VaR）是指在一定的持有期和给定的置信水平下，利率、汇率、股价等风险因子发生变化时可能对某个投资组合造成的潜在最大损失。举个简单的例子，假定持有期为1天、置信水平为99%的情况下，计算得出的风险价值为10万元，则表明该投资组合在1天中的损失有99%的可能性不会超过10万元（N=1，X=99%，VaR=10万元）。VaR取决于持有期（N）和置信水平（X），VaR的金额就表明在未来的N天内，理论上只有（100%-X）的概率，投资组合的损失会超出VaR的金额。根据统计学的定义，当持有期为N天、置信水平为X时，VaR的金额就对应在未来N天内投资组合盈亏分布中（100%-X）的分位数。由于亏损对应负的收益，因此在投资组合盈亏的分布中，VaR对应分布左端的尾部。其数学表达式为：

$$Prob(\Delta P < -VaR) = 1 - X$$

式中：Prob表示概率函数，ΔP表示投资组合在持有期内的损失金额，VaR表示置信水平X下的风险价值。实践中，持有期N设定为N=1。在投资组合价值在不同交易日之间的变化相对独立且服从均值为0的正态分布假设下，经常用以下等式表达：

$$VaR_{N天} = VaR_{1天} \times \sqrt{N}$$

7.1.2 蒙特卡罗模拟

蒙特卡罗模拟法（Monte Carlo Simulation Method），又称随机抽样或统计试验方法，它能够帮助人们从数学上表述物理、化学、工程、经济学以及环境动力学中相互作用。

假设有一个投资组合，该组合由M个资产组成，其中S_i表示第i个资产的当前价值，S_P表示投资组合的当前价值，第i个资产价值在一个交易日内的百分比变化用x_i表示。用蒙特卡罗模拟法计算投资组合的风险价值时，按以下6个步骤完成：

（1）利用第i个资产的当前价值S_i加总计算出投资组合的当前价值S_P，即$S_P = \sum_{i=1}^{M} S_i$。

（2）在第i个资产价值日百分比变化x_i所服从的分布中进行一次抽样并得到x_i^j，j表示抽样次数（x_i表示收益的变动）。

（3）由x_i^j模拟计算得到本次抽样中第i个资产在下一个交易日的收益金额$x_i^j S_i$。

（4）计算得到在本次抽样中，模拟的整个投资组合在下一个交易日的价值变动，$\Delta S_P^j = \sum_{i=1}^{M} x_i^j S_i$，其中$\Delta S_P^j$表示在第j次抽样中模拟得到的投资组合在下一个交易日的收益金额。

（5）重复上面第2步至第4步，并且将ΔS_P^j的金额由大到小进行排序，从而建立投资组合在下一个交易日的收益金额ΔS_P的概率分布。

（6）持有期为1天、置信水平为X的投资组合风险价值对应在ΔS_p概率分布中的X分位数。

比如蒙特卡罗模拟法的抽样次数是10 000次，通过以上的步骤可以得到ΔS_p的10 000个不同的样本值。持有期1天、置信水平99%的投资组合风险价值就对应样本数值中损失第100位（从左侧数）的取值。

一般金融应用中，假设金融资产价格服从几何布朗运动，其欧拉离散变换后的差分方程为：

$$S_t = S_{t-\Delta t} e^{\left(\mu - \frac{1}{2}\sigma^2\right)\Delta t + \sigma \varepsilon_t \sqrt{\Delta t}}$$ ；其中，S_t为t期的证券价格，$S_{t-\Delta t}$为以Δt为跨度的上一期证券价格，μ为证券收益率的期望值（历史收益率的均值），σ为股票收益率的标准差，Δt为单位时间（或时间跨度），ε_t为收益率的分布（模拟过程中假定ε_t服从正态分布或学生t分布）。

7.2 应用

知识课堂7-2

应用

以下代码用中国平安（601318.SH）、内蒙一机（600967.SH）、伊利股份（600887.SH）2019年3月8日至2021年3月8日的收盘价数据，以3：3：4的比例组成投资组合，在投资100万元的情况下，模拟10 000次，计算持有1天，99%置信水平的投资组合风险价值。

```
import pandas as pd
import matplotlib.pyplot as plt
import numpy as np
import scipy.stats as st
import numpy.random as npr
# 以下程序实现从Wind数据库获得相关数据。如果没有Wind账号,可以跳过此步
骤,从调用Excel数据代码开始
# from WindPy import w
# w.start()# 默认命令超时时间为120秒,如需设置超时时间可以加入waitTime参数,例
如waitTime=60,即设置命令超时时间为60秒
# w.isconnected()# 判断WindPy是否已经登录成功
# beginTime = '2019-03-08'#设置开始日期
# endTime= '2021-03-08'#设置结束日期
# wdd=w.wsd("601318.SH,600967.SH,600887.SH","close",beginTime,endTime,"")#获得
中国平安(601318.SH)、内蒙一机(600967.SH)、伊利股份(600887.SH)的2019年3月8日至
2021年3月8日的收盘价数据;建议用代码生成器生成代码
# w.stop()# 停止WindPy
#  print(wdd)#显示已获取数据,其格式为:<class 'WindPy.w.WindData'>,需要转换成
DataFrame
```

```
#  df=pd. DataFrame(wdd. Data, index=wdd. Codes, columns=wdd. Times). T# 转 换 为
DataFrame,后面的 T 为转置,第 2、3 个参数分别为行和列内容的名称
# df=df.reset_index()
# df.rename(columns={'index':'data'},inplace=True)#以日期作为列索引,本例不需要
# df.to_excel(r'C:\Users\****\Desktop\风险价值.xlsx')#按自己电脑的存储路径更改
#----------------
df=pd.read_excel(r'C:\Users\****\Desktop\风险价值.xlsx',header=0,index_col=0)# 按自
己电脑的存储路径更改,读取数据,第一行为列索引,第一列为行索引
R=np.log(df/df.shift(1))#获得对数日收益率时间序列
R=R.dropna()#删除空值(实际上删除第一行)
plt.rcParams['font.sans-serif']=['SimHei']#显示汉字,设置字体
plt.rcParams['axes.unicode_minus']=False#显示字符
R.plot()#显示每个证券对数日收益率
plt.xlabel('日期')
plt.ylabel('收益率')
plt.title('证券的对数日收益率图')
plt.tight_layout()#防止图形之间重叠
plt.show()#显示图形
#----------------
# print(R.describe())#对对数日收益率进行描述性统计
# R_cov=R.cov()#计算 3 个证券之间的协方差
# print(R_cov)
R_corr=R.corr()#计算 3 个证券的相关系数,相关系数小说明风险分散效果好
print('3 个证券的相关系数矩阵为:\n',R_corr)
#----------------
quanzhong=np.array([0.3,0.3,0.4])#组合的投资比例为 3:3:4
zongtouru=1000000#组合的当前价值为 100 万元
monicishu=10000#设定模拟次数为 1 万次
dt=1/len(R)#设置最小时间跨度,两年的交易日为 485 天,dt 的单位是天
#----------------
#组合的历史收益情况的计算
zuhejiazhi=zongtouru*quanzhong#组合价值
zuhelishishouyi=np.dot(R,zuhejiazhi)#组合历史收益
zuhelishishouyi=pd.DataFrame(zuhelishishouyi,index=R.index,columns=['组合的历史日
损益'])
print('组合历史损益的描述性统计为:\n',zuhelishishouyi.describe())
zuhelishishouyi.plot()#画组合历史日损益图
plt.xlabel('日期')
```

```
plt.ylabel('损益')
plt.title('组合历史日损益图')
plt.tight_layout()#防止图形之间重叠
plt.show()#显示图形,图7-2
plt.figure(figsize=(8,6))#画组合历史日损益直方图
plt.hist(np.array(zuhelishishouyi),bins=80,facecolor='y',edgecolor='k')
plt.xticks(fontsize=10)
plt.yticks(fontsize=10)
plt.xlabel('组合的历史日收益金额',fontsize=10,rotation=0)
plt.ylabel('频数',fontsize=10,rotation=90)
plt.title('组合历史日收益的直方图',fontsize=10,rotation=0)
plt.grid(True)
plt.show()#图7-3
#------------------
#检验组合历史日收益是否服从标准正态分布
jianyan=st.kstest(rvs=zuhelishishouyi['组合的历史日损益'],cdf='norm')
```

print('检验 = ', jianyan)#KstestResult(statistic=0.5087719298245614, pvalue= 3.0824755105993787e-55)其p值接近0,说明不服从标准正态分布,因此用正态分布模拟后预测其未来收益会有偏差

```
#------------------
#组合的蒙特卡罗模拟
#在学生t分布下的模拟
fenbu=np.random.standard_t(len(R),monicishu)#产生以样本天数为自由度的服从学生t
```
分布的随机数,即生成epsilon;有1万个(模拟次数)元素的列表
```
jia1=R.iloc[-1,0]#获得第1个证券的最后一个收盘价
jia2=R.iloc[-1,1]#获得第2个证券的最后一个收盘价
jia3=R.iloc[-1,2]#获得第3个证券的最后一个收盘价
miu=R.mean()*len(R)#对数日收益率的均值
delta=R.std()*np.sqrt(len(R))#收益率矩阵的标准差
zuhejia1=jia1*np.exp((miu[0]-0.5*delta[0]**2)*dt+delta[0]*fenbu*np.sqrt(dt))#按照t分
```
布模拟产生第1个证券的下一个交易日收盘价;有1万(模拟次数)个元素的数组
```
zuhejia2=jia2*np.exp((miu[1]-0.5*delta[1]**2)*dt+delta[1]*fenbu*np.sqrt(dt))#按照t分
```
布模拟产生第2个证券的下一个交易日收盘价
```
zuhejia3=jia3*np.exp((miu[2]-0.5*delta[2]**2)*dt+delta[2]*fenbu*np.sqrt(dt))#按照t分
```
布模拟产生第3个证券的下一个交易日收盘价
```
zuhejrishouyi1=(zuhejia1/jia1-1)*zongtouru*quanzhong[0]#按照t分布模拟产生第1个证
```
券的下一个交易日收益
```
zuhejrishouyi2=(zuhejia2/jia2-1)*zongtouru*quanzhong[1]#按照t分布模拟产生第2个证
```

券的下一个交易日收益

zuhejrishouyi3=(zuhejia3/jia3−1)*zongtouru*quanzhong[2]#按照 t 分布模拟产生第 3 个证券的下一个交易日收益

zongzuherishouyi=zuhejrishouyi1+zuhejrishouyi2+zuhejrishouyi3#按照 t 分布模拟产生组合的下一个交易日收益

plt.figure(figsize=(8,6))

plt.hist(zongzuherishouyi,bins=50,facecolor='g',edgecolor='r')#画组合模拟日收益直方图,柱数为 50,柱面为绿色,柱边为红色

plt.xticks(fontsize=10)

plt.yticks(fontsize=10)

plt.xlabel('组合的模拟日收益金额',fontsize=10,rotation=0)

plt.ylabel('频数',fontsize=10,rotation=90)

plt.title('学生 t 分布下蒙特卡罗模拟组合日收益的直方图',fontsize=10,rotation=0)

plt.grid(True)

plt.show()

VaR99_1d=np.abs(np.percentile(a=zongzuherishouyi,q=(1−0.99)*100))#学生 t 分布下,计算持有 1 天,99% 置信水平下的风险价值

VaR95_1d=np.abs(np.percentile(a=zongzuherishouyi,q=(1−0.95)*100))#学生 t 分布下,计算持有 1 天,95% 置信水平下的风险价值

VaR99_10d=np.sqrt(10)*VaR99_1d#学生 t 分布下,计算持有 10 天,99% 置信水平下的风险价值

VaR95_10d=np.sqrt(10)*VaR95_1d#学生 t 分布下,计算持有 10 天,95% 置信水平下的风险价值

print('学生 t 分布下,持有 1 天,99% 置信水平下的风险价值=',round(VaR99_1d,2))

print('学生 t 分布下,持有 1 天,95% 置信水平下的风险价值=',round(VaR95_1d,2))

print('学生 t 分布下,持有 10 天,99% 置信水平下的风险价值=',round(VaR99_10d,2))

print('学生 t 分布下,持有 10 天,95% 置信水平下的风险价值=',round(VaR95_10d,2))

#----------------

#在标准正态分布下的模拟

fenbu2=npr.standard_normal(monicishu)

zhengquanjiage=np.zeros(shape=(monicishu,3))#准备存储组成组合的单一证券价格,是 10000*3 的 0 矩阵

for i in range(3):

zhengquanjiage[:,i]=R.iloc[−1,i]*np.exp((miu[i]−0.5*delta[i]**2)*dt+delta[i]*fenbu2*np.sqrt(dt))#按照正态分布模拟产生 3 个证券的下一个交易日收盘价

jiage=np.array(R.iloc[−1])#3 个证券的最后一个交易日价格

zhengtairishouyi=(np.dot(zhengquanjiage/jiage−1,quanzhong))*zongtouru#按照标准正态分布模拟产生组合的下一个交易日收益

```
plt.figure(figsize=(8,6))
plt.hist(zhengtairishouyi,bins=50,facecolor='b',edgecolor='g')#画下一交易日组合的模拟
日收益直方图,柱数为50,柱面为蓝色,柱边为绿色。
plt.xticks(fontsize=10)
plt.yticks(fontsize=10)
plt.xlabel('组合的模拟日收益金额',fontsize=10,rotation=0)
plt.ylabel('频数',fontsize=10,rotation=90)
plt.title('标准正态分布下蒙特卡罗模拟组合日收益的直方图',fontsize=10,rotation=0)
plt.grid(True)
plt.show()#如图7-1至图7-5所示
```

输出结果依次为：

3个证券的相关系数矩阵为：

	601318.SH	600967.SH	600887.SH
601318.SH	1.000000	0.362722	0.406006
600967.SH	0.362722	1.000000	0.350671
600887.SH	0.406006	0.350671	1.000000

组合历史损益的描述性统计为：

组合的历史日损益

count	485.000000
mean	415.564832
std	16013.149757
min	−83748.283192
25%	−8426.275996
50%	353.689478
75%	8276.087374
max	67490.065395

检验 = KstestResult（statistic=0.5154639175257731，pvalue=3.159250441287928e−120）

学生 t 分布下，持有1天，99%置信水平下的风险价值= 46540.66
学生 t 分布下，持有1天，95%置信水平下的风险价值= 33637.1
学生 t 分布下，持有10天，99%置信水平下的风险价值= 147174.48
学生 t 分布下，持有10天，95%置信水平下的风险价值= 106369.84
标准正态分布下，持有1天，99%置信水平下的风险价值= 45036.14
标准正态分布下，持有1天，95%置信水平下的风险价值= 32634.01
标准正态分布下，持有10天，99%置信水平下的风险价值= 142416.79
标准正态分布下，持有10天，95%置信水平下的风险价值= 103197.79

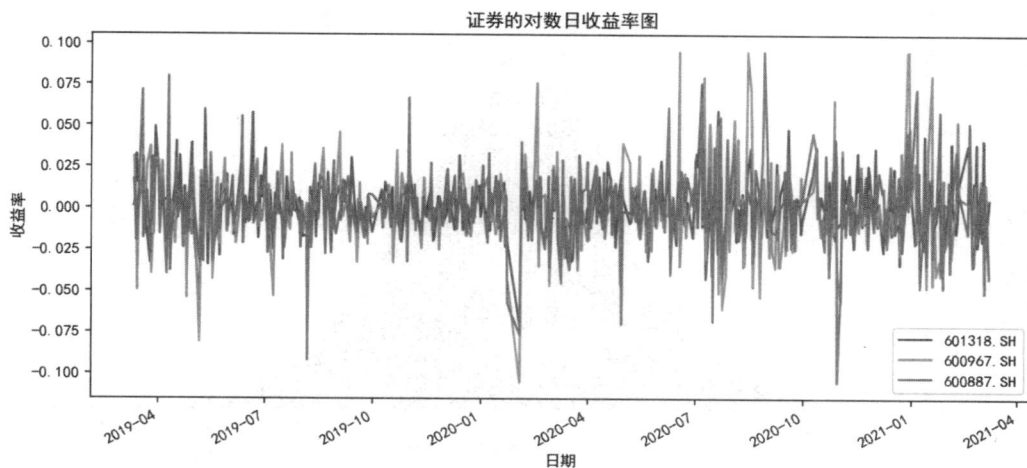

图7-1 证券的对数日收益率

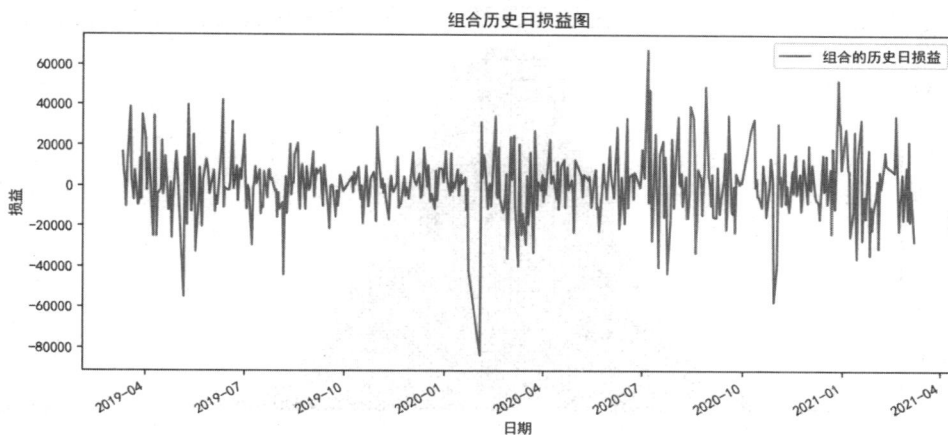

图7-2 组合历史日损益

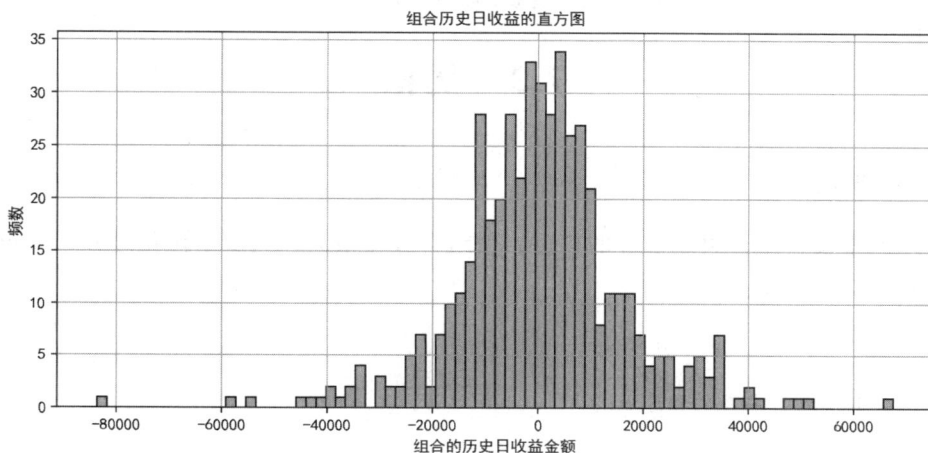

图7-3 组合历史日收益

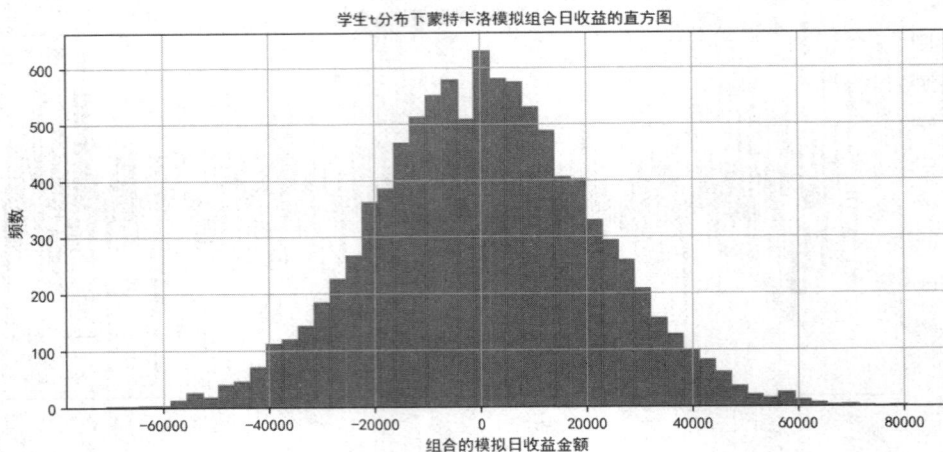

图 7-4　组合模拟日收益（学生 t 分布）

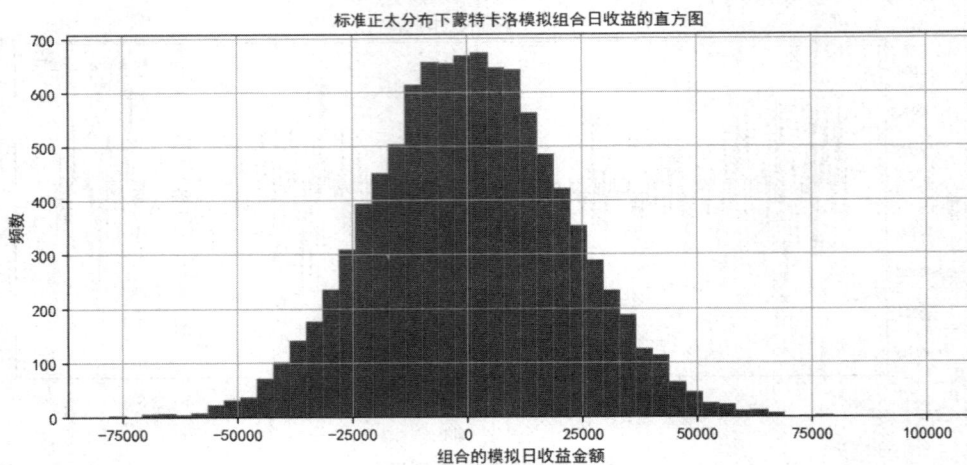

图 7-5　组合模拟日收益（标准正态分布）

7.3　优化

知识课堂 7-3

优化

7.3.1　基础知识

可以调整投资组合组成证券的权重，使组合收益最大，这属于优化过程，其数学表达式为：

$$
\begin{cases}
\max\limits_{w_i}\left(\sum\limits_{i=1}^{3} R_i w_i\right) & ;\quad \text{使收益最大} \\[2mm]
\sum\limits_{i=1}^{3} w_i = 1 & ;\quad \text{权重的和等于1} \\[2mm]
\sum\limits_{i=1}^{3} \beta_i w_i \leqslant 1.0 & ;\quad \text{组合的}\beta\text{值不超过1} \\[2mm]
w_i > 0 & ;\quad \text{每个证券都参加组合}
\end{cases}
$$

式中：R_i是证券i的年化收益率，β_i是证券i的贝塔值，w_i是证券i的在组合中的比重，组合数量为3，组合的最大贝塔值设定为1.0，投资金额为100万元，不准卖空。获得上式最优解一般用以下3步完成。

第一步：描述最大值函数。

第二步：用字典形式输入约束条件，用元组输入边界（变量的最大和最小值）条件。

第三步：用SciPy的optimiz模块的minimize函数（加一个负号就是最大化）求最优解。

7.3.2　代码实现

在上节的数据和条件基础上，首先获得3个证券的年化收益率、最新收盘价、贝塔值等信息，然后编写计算投资权重的代码。

具体代码如下：

```
import pandas as pd
import numpy as np
import scipy.optimize as sco
# 以下程序实现从Wind数据库获得相关数据。如果没有Wind账号,可以跳过此步骤,从调用Excel数据代码开始
# from WindPy import w
# w.start()# 默认命令超时时间为120秒,如需设置超时时间可以加入waitTime参数,例如waitTime=60,即设置命令超时时间为60秒
# w.isconnected()# 判断WindPy是否已经登录成功
# beginTime = '2020-03-08'#设置开始日期
# endTime= '2021-03-08'#设置结束日期
# zgpa=w.wsd("601318.SH", "annualyeild_24m, annualstdevr_24m, beta_24m, close", beginTime,endTime,"")#获得中国平安股票(601318.SH)2020年3月8日年化收益率、年化波动率、贝塔值、收盘价数据;建议用代码生成器生成代码
# nmyj=w.wsd("600967.SH", "annualyeild_24m, annualstdevr_24m, beta_24m, close", beginTime,endTime,"")#获得内蒙一机股票(600967.SH)2020年3月8日年化收益率、年化波动率、贝塔值、收盘价数据
# ylgf=w.wsd("600887.SH", "annualyeild_24m, annualstdevr_24m, beta_24m, close", beginTime,endTime,"")#获得中伊利股份股票(600887.SH)2020年3月8日年化收益率、年化波动率、贝塔值、收盘价数据码
# w.stop()# 停止WindPy
# dfy=pd.DataFrame(ylgf.Data, index=ylgf.Fields, columns=ylgf.Codes).T# 转换为DataFrame,后面的T为转置,第2、3个参数分别为行和列内容的名称
# dfn=pd.DataFrame(nmyj.Data, index=nmyj.Fields, columns=nmyj.Codes).T# 转换为
```

DataFrame,后面的 T 为转置,第 2、3 个参数分别为行和列内容的名称

```
    # dfz=pd. DataFrame(zgpa. Data, index=zgpa. Fields, columns=zgpa. Codes). T# 转 换 为
DataFrame,后面的 T 为转置,第 2、3 个参数分别为行和列内容的名称
    # dfzuhe=pd.concat([dfn,dfy,dfz])
    # dfzuhe.to_excel(r'C:\Users\****\Desktop\组合信息 .xlsx')#按自己电脑的存储路径
更改
    #----------------
    dfzuhe=pd.read_excel(r'C:\Users\****\Desktop\组合信息 .xlsx',header=0,index_col=0)#
读取数据,第一行为列索引,第一列为行索引#按自己电脑的存储路径更改
    print(dfzuhe)
    shouyilv=np.array(dfzuhe['ANNUALYEILD_24M'])#读取证券的收益率,DataFrame 转
ndarray
    beitazhi=np.array(dfzuhe['BETA_24M'])#读取证券的贝塔值,DataFrame 转 ndarray
    def f(w):#定义求最优值函数
        w=np.array(w)
        return -np.sum(shouyilv*w)
    cons=({'type':'eq','fun':lambda w:np.sum(w)-1},{'type':'ineq','fun':lambda w:1.0-np.sum
(w*beitazhi)})#以字典形式编写约束条件;设定最大贝塔值为 1.0;前面优化问题数学表达式
的约束条件
    bnds=((0,1),(0,1),(0,1))#以元组形式编写边界条件,变量的最大值和最小值
    result=sco.minimize(f,[0.3,0.3,0.4],method='SLSQP',bounds=bnds,constraints=cons)#获得
最优解;参数依次为:优化函数、初始猜测值、优化方法、边界条件和约束条件
    print(result)#显示最优解(了解输出结构)
    print('中国平安(601318)、内蒙一机(600967)、伊利股份(600887)的最优投资权重为:
\n',result['x'].round(3))
```

依次输出结果为:

	ANNUALYEILD_24M	ANNUALSTDEVR_24M	BETA_24M	CLOSE
600967.SH	−1.606800	26.227753	0.9735	10.47
600887.SH	29.667601	27.290539	1.2309	39.80
601318.SH	15.142800	24.165573	1.0601	84.95

```
----------------
    fun: -3.5186557067039432
    jac: array（ [ 1.60679996, -29.66760063, -15.14280033 ]）
message: 'Optimization terminated successfully.'
    nfev: 10
     nit: 2
    njev: 2
  status: 0
```

success：True

    x：array（[0.69399534, 0.　　　, 0.30600466]）

————————————————

中国平安（601318）、内蒙一机（600967）、伊利股份（600887）的最优投资权重为：

[0.694 0. 0.306]

操作视频7-1

风险价值

📝 知识检测

1）单项选择题

（1）风险价值（Value at Risk，VaR）是指（　　）。

A.投资组合的预期收益率

B.投资组合的标准差

C.投资组合在给定置信水平下的最大可能损失

D.投资组合的夏普比率

（2）蒙特卡罗模拟法最常应用的场景是（　　）。

A.估计期权价格

B.模拟金融市场的波动性

C.分析投资组合的风险敞口

D.评估股票的内在价值

2）多项选择题

（1）在金融领域，常用的优化方法包括（　　）。

A.线性规划　　　　　　　B.遗传算法　　　　　C.贝叶斯优化　　　　　D.随机森林

（2）在线性规划问题中，以下条件必须满足的是（　　）。

A.目标函数是线性的　　　　　　　　　　B.变量必须是整数

C.约束条件是线性的　　　　　　　　　　D.问题是凸优化问题

（3）贝叶斯优化是一种基于贝叶斯统计理论的优化方法，贝叶斯优化的特点有（　　）。

A.通过不断探索和利用目标函数的信息来搜索最优解

B.适用于线性规划问题

C.可以处理高维度的优化问题

D.依赖于随机初始化和随机搜索

3）判断题

（1）风险价值（Value at Risk，VaR）是一种度量风险的指标，可以告诉我们在给定置信水平下，可能的最大损失。　　　　　　　　　　　　　　　　　　　　　　　　　　　　　（　　）

（2）蒙特卡罗模拟法是一种确定性的计算方法，可以用来求解复杂的数学问题。　　（　　）

知识检测7-1

第7章

4）思考题

（1）金融应用中，一般风险和收益的概念同时出现，度量风险是为了规避损失，度量收益是为了增加盈利。那么依据什么选择蒙特卡罗模拟中的变量分布？

（2）优化中经常用到梯度下降算法，请简单说明其原理，并思考如何选择梯度值来规避局部最优。

育德启智

金融行业从业者的社会责任——风险价值角度的启示

（1）培养前瞻的风险意识：金融市场的波动性和不确定性要求金融从业者具备高度的风险意识。通过深入学习风险价值，金融从业者能够更准确地评估潜在风险，从而在投资决策中展现出更为审慎和理性的态度。这种前瞻的风险意识不仅有助于提高个人投资安全，而且有助于形成健康的市场氛围，推动金融市场的稳定发展。

（2）践行社会主义核心价值观：诚信、公正、公平是社会主义核心价值观的核心要义，也是金融市场的基石。通过深入学习风险价值，金融从业者能够更深入地理解这些价值观在金融风险管理中的重要性，并在日常工作中自觉践行，从而维护市场的公平与正义。

（3）维护国家金融安全：金融安全是国家安全的重要组成部分。通过深入学习风险价值，金融从业者能够更清晰地认识到金融风险的危害性以及国家金融安全的重要性，从而自觉成为国家金融安全的守护者，抵制任何形式的违法违规行为，为国家的繁荣稳定贡献力量。

（4）持续创新以应对风险：金融风险管理需要随着市场环境和技术的变化而不断创新。通过深入学习风险价值，金融从业者能够激发自身的创新意识和创新能力，积极探索新的风险管理技术和方法，推动金融行业的持续创新和发展。

（5）树立正确的投资观念：在金融市场中，投资者往往面临各种诱惑和陷阱。通过深入学习风险价值，金融从业者能够帮助广大投资者树立正确的投资观念，明白收益与风险并存，引导他们理性对待投资，做好风险管理，确保投资活动的稳健与可持续增值。

（6）积极履行社会责任：金融从业者不仅要关注自身的利益，更要关注社会的福祉。通过深入学习风险价值，金融从业者能够更好地理解自身行为对社会的影响，在积极履行社会责任的前提下，适当获取回报，为社会的繁荣稳定做出贡献。

思政元素：金融安全意识　社会主义核心价值观

学有所悟：金融从业者肩负着推动金融稳定发展的重任，必须提高风险防范意识，审慎做出投资决策。金融从业者应积极践行社会主义核心价值观，维护市场公平与正义，守护国家金融安全。此外，金融从业者还应树立正确的投资观念，引导投资者理性对待风险，实现稳健增值。积极履行社会责任，为社会的繁荣稳定做出贡献，不仅是金融从业者的职业素养，还是金融从业者作为公民应有的担当。在未来的工作中，金融从业者应始终牢记这些理念，努力提升自己的专业素养和综合能力，为推动金融行业的健康发展贡献自己的力量。

思政课堂7-1

金融行业从业者的社会责任——风险价值角度的启示

第 8 章
金融大数据分析基础

　　机器学习模型作为人工智能在金融领域的核心应用，其灵感源自人类神经系统中神经元突触的连接机制。这类模型的核心算法聚焦于将多种数据特征汇聚分析，最终赋予目标对象以精准的标签。这些复杂的计算逻辑通过代码实现后，系统将它们封装成对用户友好的界面，即通过简单的窗口操作、点击或选择，即可轻松触发背后的计算流程，极大地扩展了技术的应用边界与便捷性。

　　在经典的学术研究与金融实践中，计量经济模型及回归模型占据重要地位，但其应用往往涉及严格的假设条件，其中尤以解释变量间的非多重共线性最为关键。面对多维特征的数据环境，多重共线性问题常导致模型失效或需要依赖降维技术以寻求解决方案。然而，降维虽能有效处理共线性，但面临把复杂系数映射回原始变量的挑战，增加了结果解释的难度。

　　因此，在金融数据分析的实践中，深入理解基于 stats 库的回归方法固然重要，但面对大数据时代的多维数据特征，采用更为先进的机器学习模型则显得尤为迫切。这些模型能够更灵活地处理特征与标签之间的复杂关系，挖掘数据中隐藏的规律与模式。

　　另外，将这些复杂的机器学习算法封装成对用户友好的界面，不仅简化了操作流程，降低了技术门槛，而且使非技术背景的金融从业者也能轻松上手，从而加速了金融科技的应用与推广。这一过程不仅是对代码能力的延伸，更是对人工智能技术与金融服务深度融合的探索与实践。

■■ 学习目标

知识课堂 8-0

导学

　　知识目标：掌握用 Python 语言分析金融数据的基本方法，包括机器学习、人工神经网络等。

　　能力目标：能够应用机器学习预测股票涨跌；能够应用人工神经网络、线性回归分析数据，并通过界面交互方式输出结果。

　　素养目标：培养科技创新思维，掌握科技创新本领、投身科技创新热潮。

8.1　初探机器学习

8.1.1　概念

机器学习是通过计算机语言模拟或实现人类学习行为，用算法重新组织已有知识，然后获取新的知识或技能。算法是机器学习的核心。机器学习是人工智能的核心，常见算法包括：决策树算法、朴素贝叶斯算法、支持向量机算法、随机森林算法、人工神经网络算法、Boosting算法（提升算法）与Bagging算法（引导聚集算法）、关联规则算法、EM（期望最大化）算法、深度学习等。机器学习主要涉及概率论、统计学、逼近论、凸分析、算法复杂度理论等学科。基于学习方式把机器学习分为：监督学习、无监督学习和强化学习。机器学习应用方向包括：数据分析与挖掘、模式识别、生物信息等。本节在数据分析与挖掘方向上用随机森林算法预测股票收益。请注意数据结果不能作为投资依据，仅引导读者初步掌握机器学习编程方法或思维。

在机器学习中，随机森林是利用多棵树对样本进行训练并预测的一种分类器，其输出类别由个别树输出类别的多寡而定。随机森林学习算法建造每棵树的步骤是：原始训练集为N，有放回地随机抽取k个新的随机样本集，并由此构建k棵分类树，每次未被抽到的样本组成了k个样本外数据集；设有m个变量，则在每一棵树的每个节点处随机抽取t个变量，然后在t中选择一个最具有分类能力的变量，变量分类的阈值通过检查每一个分类点确定；每棵树最大限度地生长，不做任何修剪；将生成的多棵分类树组成随机森林，用随机森林分类器对新的数据进行判别与分类，分类结果按树分类器的投票多少而定。从编程角度还可以描述为：N个样本，每个样本有m个特征，决策树随机接受N个样本（对行随机取样）的m个特征（对列进行随机取样），每棵决策树的m个特征相同；每棵决策树对特定的数据进行学习归纳出分类方法，而随机取样保证有重复样本被不同决策树分类，可以对不同决策树的分类能力做出评价。随机森林的分类算法流程如图8-1所示。

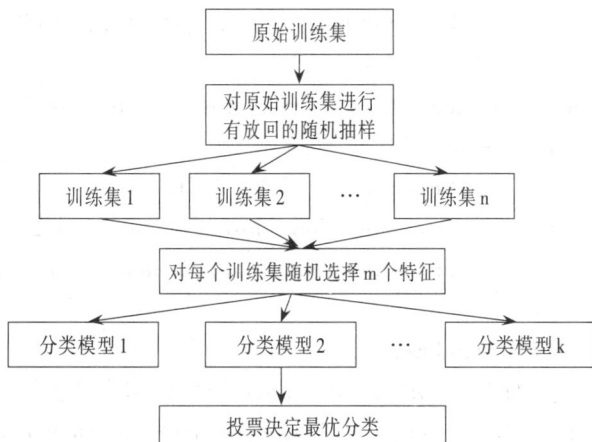

图 8-1　随机森林的分类算法流程

随机森林的分类算法编程步骤为：引入相关库；选定特征变量和目标变量；引入模型；训练模型 fit()；预测 predict()。简单的随机森林回归模型代码如下：

```
from sklearn.ensemble import RandomForestRegressor#引入库
x=[[1,1],[2,2],[3,3],[4,4],[5,5],[6,6]]#特征
y=[1,2,3,4,5,6]#标签
Rand_f_reg=RandomForestRegressor(n_estimators=10,random_state=100)#模型
Rand_f_reg.fit(x,y)#训练
print(Rand_f_reg.predict([[3,3]]))#预测并显示
```

输出结果为：［3.1］

8.1.2 股票涨跌预测

从同花顺数据平台获取内蒙一机和上证指数 2020 年 2 月 8 日至 2021 年 2 月 8 日的交易数据，并把 37 项指标代入机器学习模型中，预测内蒙一机的下一天收盘价涨跌方向。主要算法步骤和功能解释如下。

第一步，数据预处理：（1）计算连续两天的收盘价差；（2）计算价格变化的百分比；（3）计算开盘价与收盘价的差值；（4）计算最高价与最低价的差值；（5）计算 5 天和 10 天的移动平均线；（6）使用 TALIB 库计算相对强弱指数、动量、指数移动平均线（EMA12 和 EMA26）和 MACD 指标；（7）删除包含缺失值的行。

第二步，特征选择：从原始数据中选择与价格变化相关的特征，如开盘价、最高价、最低价、平均价格、成交量等，并加入之前计算的各种指标。

第三步，训练模型：使用随机森林分类器（Random Forest Classifier）对处理后的数据进行训练，以预测下一天的价格变化。

第四步，模型评估：使用准确率（accuracy_score）来评估模型的性能。

第五步，后处理：对预测结果进行可视化，绘制"无策略"和"有策略"的投资回报曲线。

以下是实现代码（包含调试过程代码，为加深理解可以把#去掉后逐步执行）：

```
# ------从同花顺获取数据。下载内蒙一机和上证指数 2020 年 2 月 8 日至 2021 年 2
月 8 日的数据
# def readdata(code1,st1,et1,code2,st2,et2):#定义读取数据函数,分别代表股票代码,起
始/终止时间;指数代码,起始/终止时间
#      thsLogin = THS_iFinDLogin('*****','******')
#      df1=THS_HQ(code1, 'open, high, low, close, avgPrice, change, changeRatio, volume,
amount,turnoverRatio,transactionAmount,totalShares,totalCapital,pe,pb,ps,pcf',
#          '',st1,et1)
#      df1=df1.data#成为 DataFrame
#      # df1=df1.drop(df1.iloc[:,0:1],axis=1,inplace=True)#删除序号列
#      df2=THS_HQ(code2, 'open, high, low, close, avgPrice, change, changeRatio, volume,
amount,turnoverRatio,totalCapital','',st2,et2)
```

```
#
#      df2=df2.data
#      new_columns_list = ['index'+'_'+column_str for i , column_str in enumerate(df2.
columns)]#列名前统一添加字符,左侧链接时防止列名重复
#      new_columns = pd.core.indexes.base.Index(new_columns_list)# 类型转换
#      df2.columns = new_columns#用新列名替换旧列名
#      df=pd.concat([df1,df2],axis=1)
#      thsLogout = THS_iFinDLogout()
#      return df
# df=readdata('600967.SH','2020-02-08','2021-02-08','000001.SH','2020-02-08','
2021-02-08')
# df.to_excel(r'C:\Users\****\Desktop\jiqixuexi.xlsx')#没有读取数据权限时,直接从下
一行代码开始执行#按自己电脑的存储路径更改
df=pd.read_excel(r'C:\Users\****\Desktop\jiqixuexi.xlsx',index_col=0)#index_col=0 防止
出现未命名的序号列#按自己电脑的存储路径更改
df['time']=pd.to_datetime(df['time'])#把字符串型日期改为 datetime 日期
df.set_index(['time'],inplace=True)
#编程过程中应用的调试代码
# print(type(df.iloc[1][0]))#查看第二行第一列的数据类型
# print(df.columns.values)
# print(df.describe())#对 df 进行简单统计分析
# print(df.columns)#查看列标签
# print(type(df))#查看 df 的类型,是同花顺数据类型还是 DataFrame
#加工模型应用的数据
df['price_change']=(df['close']-df['close'].shift(1))#获得股价变动,即前一天收盘价减去
后一天收盘价
df['p_change']= (df['close']-df['close'].shift(1))/df['close'].shift(1)*100#获得股价变动率
df['close-open']= (df['close']- df['open'])/df['open']#获得股票价格当天变动率
df['high-low']= (df['high']- df['low'])/df['low']#股票价格一天最大波动率
df['MA5']= df['close'].rolling(5).mean()#获得 5 日均值
df['MA10']= df['close'].rolling(10).mean()#获得 10 日均值
df.dropna(inplace=True)#删除空值,用 shift()后常用
df['RSI']= talib.RSI(df['close'],timeperiod=12)#用 talib 库计算 12 天 RSI
df['MOM']= talib.MOM(df['close'],timeperiod=5)
df['EMA12']= talib.EMA(df['close'],timeperiod=12)
df['EMA26']= talib.EMA(df['close'],timeperiod=26)
df['MACD'], df['MACDsignal'], df['MACDhist'] = talib. MACD(df['close'], fastperiod=12,
slowperiod=26,signalperiod=9)
```

```
df.dropna(inplace=True)
#建立模型和参数
x=df[['open', 'high', 'low', 'close', 'avgPrice', 'change', 'changeRatio', 'volume', 'amount',
'turnoverRatio', 'transactionAmount', 'totalShares', 'totalCapital', 'pe', 'pb', 'ps', 'pcf',
'index_open','index_high','index_low','index_avgPrice','index_change','index_changeRatio',
'index_volume', 'index_amount', 'index_turnoverRatio', 'index_totalCapital', 'price_change',
'p_change','close-open','high-low','MA5','RSI','MOM','EMA26','MACD','MACDsignal']]#
设置特征
y=np.where(df['price_change'].shift(-1)>0,1,-1)#满足条件输出1,不满足输出-1。设置
标签
x_length=x.shape[0]#获得行数,为训练组和测试组准备
split=int(x_length*0.9)#保留10%的测试组
x_xunlian,x_ceshi=x[:split],x[split:]#分组
y_xunlian,y_ceshi=y[:split],y[split:]
model=RandomForestClassifier(max_depth=3, n_estimators=10, min_samples_leaf=10,
random_state=1)#建立随机森林分类模型;max_depth表示树的最大深度,n_estimators表示
决策树的个数,min_samples_leaf表示叶子节点最少的样本数,random_state表示控制样本
随机性
model.fit(x_xunlian,y_xunlian)#训练模型
y_yuce=model.predict(x_ceshi)#预测
print('y_yuce=',y_yuce)#输出预测结果
# x_ceshi2=x.iloc[-1:]#最后一行数据
# y_yuce2=model.predict(x_ceshi2)#用最后一行数据进行预测
# print('y_yuce2=',y_yuce2)
# b=pd.DataFrame()
# b['预测值']=list(y_yuce)
# b['实际值']=list(y_ceshi)
# print('预测和实际的比较',b)
#评价模型的准确性
score=accuracy_score(y_yuce,y_ceshi)
print('模型准确性=',score)#输出模型准确性
# 评价参数的重要性
# features = x.columns
# importances=model.feature_importances_
# a=pd.DataFrame()
# a['特征']=features
# a['重要性']=importances
# a=a.sort_values('重要性',ascending=False)
```

```
# print(a)#可以按照重要性删除参数
# 模型参数的调优
# parameters={'n_estimators':[5,10,20],'max_depth':[2,3,4,5],'min_samples_leaf':[5,10,20,30]}
# new_model=RandomForestClassifier(random_state=1)
# grid_search=GridSearchCV(new_model,parameters,cv=6,scoring='accuracy')
# grid_search.fit(x_xunlian,y_xunlian)
# print(grid_search.best_params_)#输出最优参数
#画收益回测曲线
x_ceshi=pd.DataFrame(x_ceshi)
x_ceshi.loc[:,'prediction']=model.predict(x_ceshi)#在 x_ceshi 的 'prediction' 列中储存 x_ceshi的预测值
x_ceshi.loc[:,'p_change'] = (x_ceshi['close'] - x_ceshi['close'].shift(1))/ x_ceshi['close'].shift(1)#在 x_ceshi 的'p_change'列中储存价格变化值
x_ceshi.loc[:,'wucelue'] = (x_ceshi['p_change']+ 1).cumprod()#cumprod()函数具有累乘功能,即对变化率进行累乘后获得无策略收益率
x_ceshi.loc[:,'youcelue']= (x_ceshi['prediction'].shift(1)* x_ceshi['p_change']+ 1).cumprod()#cumprod()函数具有累乘功能,即对下一期预测方向和本期变化率的乘积进行累乘后获得策略运行后的收益率
plt.plot(x_ceshi[['youcelue','wucelue']].dropna())
plt.rcParams['font.sans-serif']=['SimHei']
plt.rcParams['axes.unicode_minus']=False
plt.title('有策略和无策略收益率比较图')
plt.xlabel('日期')
plt.ylabel('收益率')
plt.legend(loc='upper left',labels=['youcelue','wucelue'])
plt.xticks(rotation=15)
plt.grid(True)
plt.tight_layout()
plt.show()#如图 8-2 所示
```

输出结果为:

y_yuce= $[-1 \ -1 \ -1 \ -1 \ -1 \ -1 \ -1 \ -1 \ -1 \ -1 \ -1 \ -1 \ -1 \ -1 \ -1 \ -1 \ -1 \ -1 \ -1 \ 1 \ -1]$

模型准确性= 0.7619047619047619

图 8-2　策略收益比较

说明：以上程序在全部股票市场数据上扩展应用后，依据模型准确性进行投资可能降低投资失败概率。机器学习的系统性步骤可以参考"加州房价分析和预测"案例（网址：https://blog.csdn.net/kepengs/article/details/86467966）。

8.2　人工神经网络

8.2.1　概念

知识课堂 8-2

人工神经网络

人工神经网络（Artificial Neural Network，ANN）是一种模仿生物神经网络结构和功能的计算模型，它由大量相互连接的节点（也称为神经元）组成。每个节点接收来自其他节点的输入信号，并通过一个特定的函数（称为激活函数或激励函数）处理这些信号以产生输出。节点之间的连接代表信号的传递路径，每个连接都关联着一个权重值，该权重值决定输入信号对输出信号的影响程度。人工神经网络的输出不仅取决于网络的连接方式（即神经元的连接模式），还受到权重值和激活函数的共同影响。通过调整权重值和选择适当的激活函数，网络可以学习和适应不同的输入模式，从而实现对复杂函数的逼近或表达特定的逻辑策略。简而言之，人工神经网络是一个高度灵活的计算系统，能够模拟生物神经网络的基本特性，通过学习和适应来解决各种复杂问题。人工神经网络的整体结构如图 8-3 所示，图中 X_1 至 X_n 为输入向量的各个分量；W_{k1} 至 W_{kn} 为神经元各个突触的权值；b 为偏置项；$\varnothing(*)$ 为激活函数（一般为非线性函数）；y_k 为神经元输出，$y_k = \varnothing(WX' + b)$，其中 W 表示权重向量，X 为输入向量的转置。可见，神经元的功能是求得输入向量与权重向量的内积后，经一个非线性传递函数得到一个标量结果。

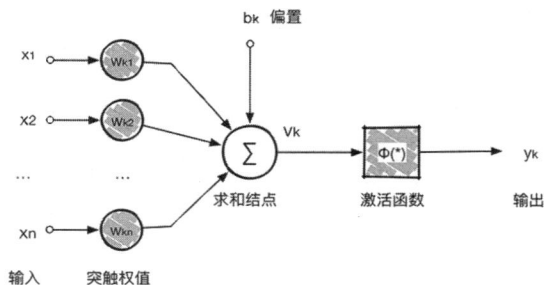

图8-3 人工神经网络

8.2.2 应用

编写神经网络模型一般按以下几个步骤进行:(1)导入必要模块;(2)导入数据并划分测试集(特征和标签)和训练集(特征和标签);(3)在 sequential()中搭建网络结构,逐层描述每层网络,相当于遍历前向网络;(4)在 compile 中配置训练方法,确定训练优化器、损失函数、评测指标;(5)在 fit 中执行训练过程,确定测试集和训练集的输入特征和标签,以及 batch 数值、迭代次数等参数;(6)用 summary 展示网络结构和参数统计。以下程序参考北京大学曹健老师在 mooc 平台上的"人工智能实践:Tensorflow 笔记",在上述 6 步中增加了断点续训,结合可视化功能,实现了兴蓉环境(000598.SZ)股票价格预测。

```
#(1)导入必要模块
#-*- coding:utf-8 -*-
import numpy as np
import tensorflow as tf
from tensorflow.keras.layers import Dropout,Dense,GRU
import matplotlib.pyplot as plt
import os
import tushare as ts
import pandas as pd
from sklearn.preprocessing import MinMaxScaler
from sklearn.metrics import mean_squared_error,mean_absolute_error
import math
#tf.enable_eager_execution()
#(2)导入数据并划分测试集和训练集
#df=ts.get_k_data(code='000598',start='2011-09-30',end='2021-09-30',ktype='D')
#df.to_excel(r'C:\Users\****\Desktop\000598.xlsx')#按自己电脑的存储路径更改
xingronghuanjing=pd. read_excel(r'C: \Users\****\Desktop\000598. xlsx', header=0, index_col=0)#按自己电脑的存储路径更改
#print(df)
```

training_set=xingronghuanjing.iloc[0:2423 - 300,2:3].values#前2123(2423-300)天的开盘价作为训练集,表格从0开始计数,2:3是提取[2:3]列,前闭后开,故提取出C列开盘价

test_set=xingronghuanjing.iloc[2423-300:,2:3].values#后300天的开盘价作为测试集

归一化

sc=MinMaxScaler(feature_range=(0,1))#定义归一化:归一化到(0,1)之间

training_set_scaled=sc.fit_transform(training_set)# 求得训练集的最大值、最小值等训练集固有的属性,并在训练集上进行归一化

test_set= sc.transform(test_set)#利用训练集的属性对测试集进行归一化

x_train=[]

y_train=[]

x_test=[]

y_test=[]

#测试集:csv表格中前2123(2423-300)天数据

#利用for循环,遍历整个训练集,提取训练集中连续60天的开盘价作为输入特征x_train,第61天的数据作为标签,for循环共构建2063(2423-300-60)组数据

for i in range(60,len(training_set_scaled)):

　　x_train.append(training_set_scaled[i-60:i,0])

　　y_train.append(training_set_scaled[i,0])

#对训练集进行打乱

np.random.seed(7)

np.random.shuffle(x_train)

np.random.seed(7)

np.random.shuffle(y_train)

tf.random.set_seed(7)

#将训练集由list格式变为array格式

x_train,y_train=np.array(x_train),np.array(y_train)

#使x_train符合RNN输入要求:[送入样本数,循环核时间展开步数,每个时间步输入特征个数]

#此处整个数据集送入,送入样本数为x_train.shape[0],即2063组数据;输入60个开盘价,预测出第61天的开盘价,循环核时间展开步数为60;每个时间步送入的特征是某一天的开盘价,只有1个数据,故每个时间步输入特征个数为1

x_train=np.reshape(x_train,(x_train.shape[0],60,1))

#测试集:csv表格中后300天数据

#利用for循环,遍历整个测试集,提取测试集中连续60天的开盘价作为输入特征x_train,第61天的数据作为标签,for循环共构建240(300-60)组数据

for i in range(60,len(test_set)):

　　x_test.append(test_set[i-60:i,0])

　　y_test.append(test_set[i,0])

```
#测试集变array且reshape符合RNN输入要求,即[送入样本数,循环核时间展开步数,
每个时间步输入特征个数]
x_test,y_test=np.array(x_test),np.array(y_test)
x_test=np.reshape(x_test,(x_test.shape[0],60,1))
#(3)在sequential()中搭建网络结构,逐层描述每层网络,相当于遍历前向网络
model=tf.keras.Sequential([
    GRU(80,return_sequences=True),
    Dropout(0.2),
    GRU(100),
    Dropout(0.2),
    Dense(1)
])
#(4)在compile中配置训练方法,确定训练优化器、损失函数、评测指标
model.compile(optimizer=tf.keras.optimizers.Adam(0.001),loss='mean_squared_error')#损
失函数用均方误差
#该应用只观测loss数值,不观测准确率,所以删去metrics选项,在每个epoch迭代显示
时只显示loss值
#断点续训
checkpoint_save_path="C:\\Users\\****\\Desktop\\000598\\stock.ckpt"#按自己电脑的存
储路径更改
if os.path.exists(checkpoint_save_path+'.index'):
    print('--------------load the model-----------------')
    model.load_weights(checkpoint_save_path)
cp_callback=tf. keras. callbacks. ModelCheckpoint(filepath=checkpoint_save_path,
save_weights_only=True,save_best_only=True,monitor='val_loss')
#(5)在fit中执行训练过程,确定测试集和训练集的输入特征和标签,以及batch数值、
迭代次数等参数
history=model.fit(x_train,y_train,batch_size=64,epochs=10,validation_data=(x_test,y_test),
validation_freq=1,callbacks=[cp_callback])#输出如图8-4所示
#(6)用summary展示网络结构和参数统计
model.summary()#输出如图8-5所示
file=open('C:\\Users\\****\\Desktop\\000598\\weights.txt','w')#参数提取#按自己电脑的
存储路径更改
for v in model.trainable_variables:
    file.write(str(v.name)+'\n')
    file.write(str(v.shape)+'\n')
    file.write(str(v.numpy())+'\n')
file.close()
```

```
#画图
loss=history.history['loss']
val_loss=history.history['val_loss']
plt.rcParams['font.sans-serif']=['SimHei']#显示汉字,设置字体
plt.rcParams['axes.unicode_minus']=False#显示字符
plt.plot(loss,label='训练误差')
plt.plot(val_loss,label='测试误差')
plt.title('训练和测试误差')
plt.legend()
plt.show()#输出如图8-6所示
#对模型中输入测试集进行预测
predicted_stock_price=model.predict(x_test)
#对预测数据还原---从(0,1)反归一化到原始范围
predicted_stock_price=sc.inverse_transform(predicted_stock_price)
#对真实数据还原---从(0,1)反归一化到原始范围
real_stock_price=sc.inverse_transform(test_set[60:])
#画出真实数据和预测数据的对比曲线
plt.plot(real_stock_price,color='red',label='兴蓉环境股价')
plt.plot(predicted_stock_price,color='blue',label='兴蓉环境预测股价')
plt.title('兴蓉环境预测股价')
plt.xlabel('时间')
plt.ylabel('兴蓉环境股价')
plt.legend()
plt.show()#输出如图8-7所示
#模型评估
# calculate MSE 均方误差 ---> E[(预测值-真实值)^2](预测值减真实值求平方后求均值)
mse=mean_squared_error(predicted_stock_price,real_stock_price)
#calculate RMSE 均方根误差--->sqrt[MSE] (对均方误差开方)
rmse=math.sqrt(mean_squared_error(predicted_stock_price,real_stock_price))
#calculate MAE平均绝对误差----->E[|预测值-真实值|](预测值减真实值求绝对值后求均值)
mae=mean_absolute_error(predicted_stock_price,real_stock_price)
print('均方误差:%.6f' % mse)
print('均方根误差:%.6f' % rmse)
print('平均绝对误差:%.6f' % mae)
```

模型评估输出如下:

均方误差: 0.004258

均方根误差：0.065254

平均绝对误差：0.046153

图形输出结果如图8-4至图8-7所示。

```
Epoch 1/10
WARNING:tensorflow:From C:\ProgramData\anaconda3\Lib\site-packages\keras\src\utils\tf_utils.py:492: The name tf.ragged.Ragg
edTensorValue is deprecated. Please use tf.compat.v1.ragged.RaggedTensorValue instead.

2024-01-15 17:08:43.074 - tensorflow - WARNING - From C:\ProgramData\anaconda3\Lib\site-packages\keras\src\utils\tf_utils.p
y:492: The name tf.ragged.RaggedTensorValue is deprecated. Please use tf.compat.v1.ragged.RaggedTensorValue instead.

33/33 [==============================] - 12s 140ms/step - loss: 0.0107 - val_loss: 8.1234e-05
Epoch 2/10
33/33 [==============================] - 3s 93ms/step - loss: 0.0012 - val_loss: 8.0928e-05
Epoch 3/10
33/33 [==============================] - 2s 69ms/step - loss: 0.0010 - val_loss: 7.2113e-05
Epoch 4/10
33/33 [==============================] - 2s 76ms/step - loss: 9.7333e-04 - val_loss: 6.8810e-05
Epoch 5/10
33/33 [==============================] - 4s 109ms/step - loss: 9.4755e-04 - val_loss: 1.1791e-04
Epoch 6/10
33/33 [==============================] - 3s 98ms/step - loss: 9.2932e-04 - val_loss: 1.0942e-04
Epoch 7/10
33/33 [==============================] - 3s 97ms/step - loss: 9.1908e-04 - val_loss: 7.1879e-05
Epoch 8/10
33/33 [==============================] - 3s 99ms/step - loss: 8.1354e-04 - val_loss: 6.3126e-05
Epoch 9/10
33/33 [==============================] - 3s 99ms/step - loss: 8.5630e-04 - val_loss: 6.8052e-05
Epoch 10/10
33/33 [==============================] - 3s 93ms/step - loss: 8.3590e-04 - val_loss: 2.2227e-04
```

图8-4　运算过程

```
Model: "sequential"
```

Layer (type)	Output Shape	Param #
gru (GRU)	(None, 60, 80)	19920
dropout (Dropout)	(None, 60, 80)	0
gru_1 (GRU)	(None, 100)	54600
dropout_1 (Dropout)	(None, 100)	0
dense (Dense)	(None, 1)	101

```
Total params: 74621 (291.49 KB)
Trainable params: 74621 (291.49 KB)
Non-trainable params: 0 (0.00 Byte)
```

图8-5　模型摘要

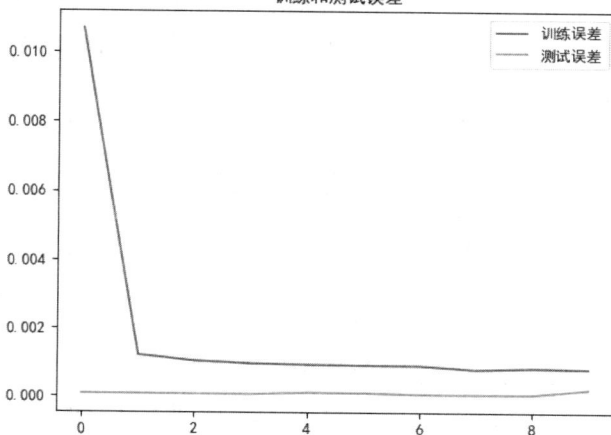

图8-6　训练误差和测试误差

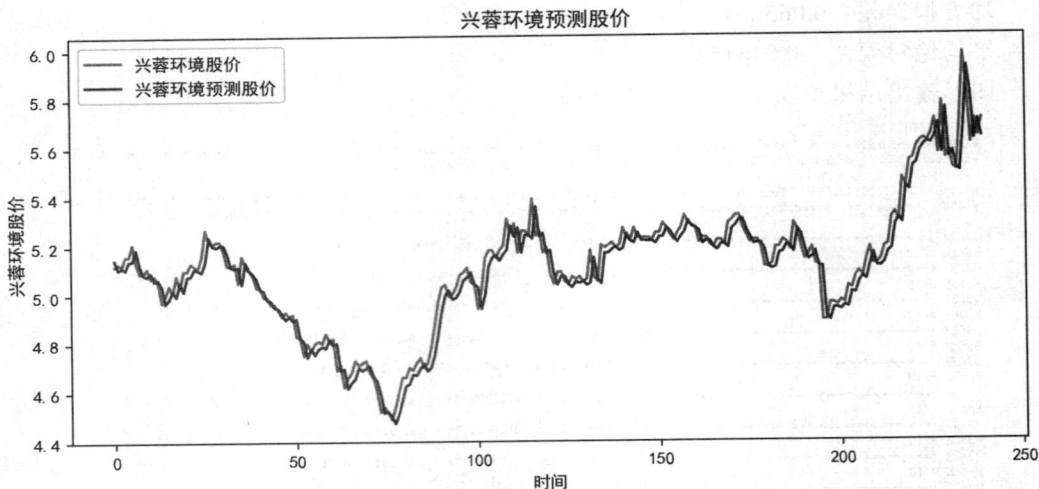

图 8-7　预测股价和实际股价

8.3　线性回归

8.3.1　概念

一元线性回归模型（$Y = \beta_0 + \beta_1 X + \varepsilon$）是最基本的回归模型（方程），其中因变量 Y 是解释变量（或自变量）X 的单方程线性函数，β_0 是常数项（当 X=0 时的 Y 值），β_1 是斜率系数（X 增加一个单位时 Y 所增加的数），ε 是随机误差项（Y 中所有不能被 X 解释的变异）。引入第 i 次观测值后，上述方程可写成：$Y_i = \beta_0 + \beta_1 X_i + \varepsilon_i$。这个方程称为理论回归方程，其中 Y_i 为因变量 Y 的第 i 次观测值，X_i 为解释变量 X 的第 i 次观测值，ε_i 为随机误差项的第 i 次观测值，β_0、β_1 为回归系数，i=1…N 时，N 为观测值的个数。

估计回归方程时，回归方程的表达式如下：$\hat{Y}_i = \widehat{\beta_0} + \widehat{\beta_1} X_i$，其中 $\hat{Y}_i$ 为预测对象（因变量或被解释变量）的预测值；X_i 是影响因素（自变量或解释变量）的相应值；$\widehat{\beta_0}$、$\widehat{\beta_1}$ 为待估计的参数，称为回归系数。经最小二乘法估计获得 β_0、β_1 的估计值如下：$\widehat{\beta_1} = \dfrac{\sum X_i Y_i - \bar{X} \sum Y_i}{\sum X_{ii}^2 - \bar{X} \sum X_i}$；$\widehat{\beta_0} = \bar{Y} - \widehat{\beta_1} \bar{X}$。

统计检验时经常涉及标准离差检验、相关系数检验、F 检验等概念，下面依次介绍其计算公式。标准离差公式为 $S = \sqrt{\dfrac{1}{N-2} \sum (Y_i - \hat{Y}_i)^2}$，实际应用时一般要求 $S / \bar{Y} < 15\%$。相关系数公式为 $r = \dfrac{\sum (X_i - \hat{X}_i)(Y_i - \hat{Y}_i)}{\sqrt{\sum (X_i - \hat{X}_i)^2 (Y_i - \hat{Y}_i)^2}}$，当 |r|=1 时，实际 Y_i 完全落在回归直线上，Y 与 X 完全线性相关；当 0<r<1 时，Y 与 X 有一定的正相关性，愈接近 1 则愈相关；当 −1<r<0 时，Y 与 X 有一定的负相关性，愈接近 −1 则愈相关。F 检验的公

式为 $F = \dfrac{\sum_{i=1}^{N}(Y_i - \hat{Y}_i)^2}{\sum_{i=1}^{N}(Y_i - \hat{Y}_i)/(N-2)}$。其检验步骤为：①算出 F 的值；②拟定显著性水平 α（一般取 α = 0.05，即 95% 的置信度），取自由度 v = N − 2，查 F 检验表获得临界值 F_0；当 $F \geqslant F_0$ 时，Y 与 X 在 α 显著水平下存在线性统计关系，检验通过，所建模型有效。

置信区间的计算。一元线性回归模型通过以上检验后可用于预测，一般将各项检验值（R、F、DW）注写在回归模型之下，表示模型效果。使用模型预测时，预测值有一定的波动范围，称为置信区间，计算方法为：①用 $S = \sqrt{\dfrac{1}{N-2}\sum(Y_i - \hat{Y}_i)^2}$ 算出标准离差；②算置信区间，当样本量 N≥30，置信度为 100×（1−α%）时，则置信区间为 $\hat{Y} \pm t_{\alpha/2}S$，式中，$t_{\alpha/2}$ 为显著性水平为 α、自由度为 N−2 时的 t 统计量（可查 t 检验表取得）；当样本量 N<30 时，置信区间为 $\hat{Y} \pm t_{\alpha/2}c_0S$，其中修正系数 $c_0 = \sqrt{1 + \dfrac{1}{N} + \dfrac{(X_0 - \bar{X})^2}{\sum(X_0 - \bar{X})^2}}$。

一元线性回归模型是自回归移动平均（ARIMA）模型、自回归条件异方差模型（GARCH）、广义矩估计（GMM）、最大似然估计（MLE）等金融计量模型或估计方法的基础，限于篇幅这里仅介绍一元线性回归模型，读者若想了解更多相关内容，可以自行阅读胡咏梅的《计量经济学基础与 STATA 应用》。

8.3.2　应用

Python 可以直接调用 stats 模块进行回归分析。这里用创业板指数（399006.SZ）作为被解释变量，用创业板 50ETF 指数（159949.OF）作为解释变量进行回归。分析过程依次为：导入模块；从同花顺超级终端下载 2020 年 2 月 11 日至 2021 年 2 月 11 日的收盘价数据；整理数据；查看数据结构；建立模型并输出结果。相关代码和分析结果如下：

```
#(1)导入模块
#-*- coding:utf-8 -*-
from iFinDPy import * #第一行代码,引入 iFinDPy
import pandas as pd #调用 pandas 库
import numpy as np #调用 numpy 库
import matplotlib.pyplot as plt #引入 matplotlib 库,matplotlib 是 Python 的一个绘图库,是
Python 中最常用的可视化工具之一,可以非常方便地创建 2D 图表和一些基本的 3D 图表
from pandas.testing import assert_frame_equal # 引入 pandas.testing 库中的
assert_frame_equal
import statsmodels.api as sm #引入 statsmodels 库
import scipy.stats as stats #调用 Scipy 中的 stats 工具
#(2)从同花顺下载数据
thsLogin = THS_iFinDLogin('******','******')#用户使用时请修改成自己的账号和密
```

码;实现登录功能

df1=THS_HQ('399006.SZ','close','','2020-02-11','2021-02-11')#这是超级终端复制的程序;它的作用是获得创业板指数2020年2月11日至2021年2月11日的收盘价数据

df1=df1.data#把同花顺输出格式转为DataFrame格式

#历史行情-基金-收盘价-iFinD数据接口

df2=THS_HQ('159949.OF','close','','2020-02-11','2021-02-11')#这是超级终端复制的程序;它的作用是获得创业板50ETF指数2020年2月11日至2021年2月11日的收盘价数据

df2=df2.data#把同花顺输出格式转为DataFrame格式

thsLogout = THS_iFinDLogout()#这是最后一行代码,退出超级终端

#(3)整理数据

df=pd.merge(df1,df2,on='time')#用于df1与df2两个表的拼接,time为df1与df2中相同的列

#print(df)#输出df

df3=df.loc[:,['time','close_x','close_y']]#选取time、close_x、close_y三行数据

#print(df3)#输出df3

colNameDict = {'time':'日期','close_x':'创业板指数','close_y':'创业板50etf'} #建立一个字典类型,用于替换列名

df3.rename(columns = colNameDict,inplace=True)#列名重命名,time改为日期,close_x改为创业板指数,close_y改为创业板50etf

df3.set_index(['日期'],inplace=True)#指定日期列为索引

df3.to_excel(r'C:\Users****\Desktop\xianxinghuigui.xlsx')#没有读取数据权限时,直接从下一行代码开始执行

df3=pd.read_excel(r'C:\Users****\Desktop\xianxinghuigui.xlsx',index_col=0)

#print(df3)

#(4)查看数据结构

df3.describe()#对数据进行描述性统计分析

df3.corr()#查看创业板指数和创业板50etf之间的相关性,相关系数为0.99

x=np.array(df3[['创业板50etf']],dtype='float')#把数据类型改为数组

y=np.array(df3[['创业板指数']],dtype='float')#把数据类型改为数组

#(5)建立模型并输出结果

X=sm.add_constant(x)# 增加常数项

model=sm.OLS(y,X)#建立回归模型

fit=model.fit()#获取回归结果

print(fit.summary())#输出分析结果

plt.scatter(x,y)#画散点图的函数,两个参数分别表示x轴和y轴的数值

plt.plot(x,fit.fittedvalues)#画线性回归图

输出结果如图8-8、图8-9所示。

```
                        OLS Regression Results
==============================================================================
Dep. Variable:                   y    R-squared:                     0.992
Model:                         OLS    Adj. R-squared:                0.992
Method:              Least Squares    F-statistic:                2.954e+04
Date:             Sun, 13 Feb 2022    Prob (F-statistic):         4.63e-259
Time:                     16:38:34    Log-Likelihood:               -1239.8
No. Observations:              249    AIC:                            2484.
Df Residuals:                  247    BIC:                            2491.
Df Model:                        1
Covariance Type:         nonrobust
==============================================================================
                 coef    std err          t      P>|t|      [0.025      0.975]
------------------------------------------------------------------------------
const        572.9506     11.552     49.598      0.000     550.198     595.703
x1          1944.7043     11.315    171.867      0.000    1922.418    1966.991
==============================================================================
Omnibus:                    16.670    Durbin-Watson:                  0.102
Prob(Omnibus):               0.000    Jarque-Bera (JB):              18.450
Skew:                        0.649    Prob(JB):                    9.86e-05
Kurtosis:                    2.695    Cond. No.                        10.2
==============================================================================
```

图8-8　模型回归结果

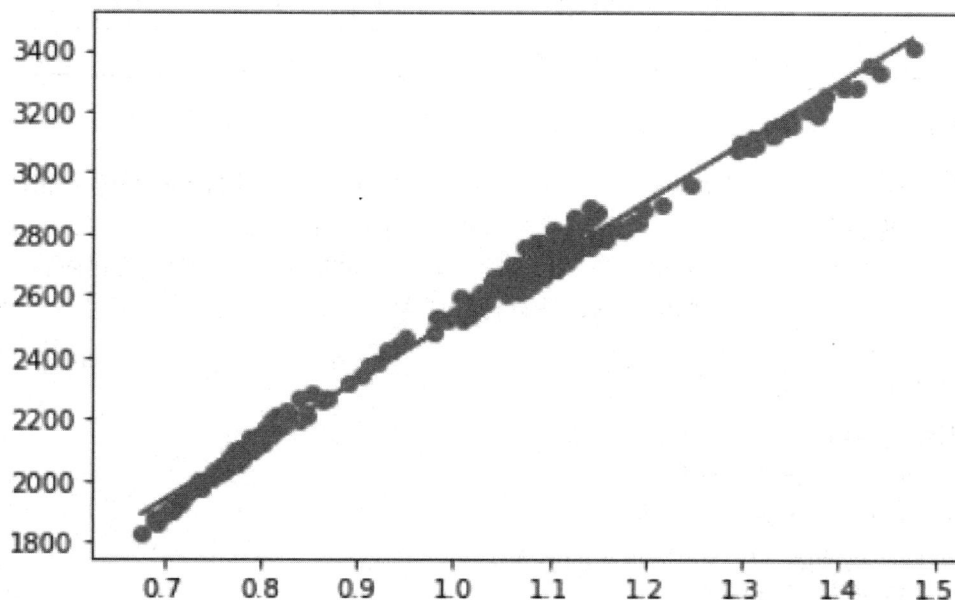

图8-9　回归曲线和样本散点图

　　从回归结果可以看出，该回归模型的F值和P值都非常小，几乎为0，说明该模型整体上非常显著，模型的拟合优度R为0.992，说明模型的解释能力很强。

　　模型的回归方程是：Y=572.95+1944.7X

解释变量（创业板50etf）的系数标准误是11.32，t值为171.87，P值为0.000，非常显著。常数项的系数标准误是11.55，t值为49.6，P值为0.000，非常显著。

8.4　界面交互

8.4.1　概念

交互界面是人和计算机进行信息交换的通道，用户通过交互界面向计算机输入信息、进行操作，计算机则通过交互界面向用户提供信息，供阅读、分析和判断。Python中可以用Tkinter模块实现界面交互功能。Tkinter常用的控件有Label、Button、Canvas、Listbox等，见表8-1。

表8-1　　　　　　　　　　Tkinter常用的控件

控件	名称	作用
Label	标签	显示文本和图像
Button	按钮	用于点击操作
Entry	输入	用于文本输入
Text	文本	显示多行文本
Listbox	列表框	显示列表框文本
Radiobutton	单选按钮	用于文本选择

8.4.2　应用

以下程序能实现年利率与日、月、季利率的换算功能。在年利率栏中输入相应数据，点击"换算"后，在日、月、季利率栏目中显示换算后的结果。该程序主要完成了界面交互过程的核心部分：数据的输入、运算、显示。为控制篇幅省略了美化内容，在实践环境中，美化是非常重要的步骤，请自行扩展学习。

```
# -*- coding:utf-8 -*-
import tkinter as tk  # 导入界面交互库 Tkinter
#(1)打好基础
jiemian = tk.Tk()#建立界面平台
jiemian.title('利率换算')#界面名称
jiemian.geometry('410x240')#设定界面大小
#(2)实现输入功能和标签
air = tk.Entry(jiemian,show=None)#在图形界面上设定输入框控件 Entry,并明文显示输入内容
# air.pack()#设置输入框的位置,默认为"上中"。
air.place(x=135,y=20, width=150,height=30,anchor='nw')#按照 x,y 坐标设置输入框位
```

置,左上角为(0,0)

```python
tk.Label(jiemian,text='输入年利率%',font=('Arial',15),).place(x=10,y=20,anchor='nw')#
添加标签,设置大小位置;实际上,界面上显示一些文字
    tk.Label(jiemian,text='日利率%',font=('Arial',15),).place(x=10,y=90,anchor='nw')#添加
标签
    tk.Label(jiemian,text='月利率%',font=('Arial',15),).place(x=10,y=130,anchor='nw')#添加
标签
    tk.Label(jiemian,text='季利率%',font=('Arial',15),).place(x=10,y=170,anchor='nw')#添加
标签
```

#(3)定义点击按钮时的函数 convert_rate()(因为 Python 的执行顺序是从上往下,所以函数一定要放在按钮的上面)

```python
def convert_rate(): # 在文本框内容后插入输入内容
    annual_interest_rate = air.get()#获得 air 中输入的内容
    annual_interest_rate=float(annual_interest_rate)#字符型改为浮点型
#(4)编写换算等式
#换算日利率
    d_r =pow(annual_interest_rate/100,1/246)#由年利率转换为日利率
    d_r=round(d_r,8)#保留 8 位小数
    d.insert('end',d_r)#输出到 d 输出框内
#换算月利率
    m_r = pow(annual_interest_rate / 100,1 / 12)
    # print(annual_interest_rate)
    m_r = round(m_r,8)
    m.insert('end',m_r)
# 换算季度利率
    s_r = pow(annual_interest_rate / 100,1 /4)
    # print(annual_interest_rate)
    s_r = round(s_r,8)
    s.insert('end',s_r)
#(5)创建并放置按钮
bt= tk. Button(jiemian, text= '换 算 ', font= ('Arial', 13), width=10, height=1, command=
convert_rate)
bt.place(x=290,y=20)#设定放置位置
#(6)输出运算结果
#显示日利率的文本框
d = tk.Text(jiemian,height=1)#创建显示文本内容的框
d.place(x=135,y=90, width=150,height=30,anchor='nw')#设置文本框的位置、大小
#显示月利率的文本框
```

```
m = tk.Text(jiemian,height=1)
m.place(x=135,y=130, width=150,height=30,anchor='nw')
#显示季利率的文本框
s = tk.Text(jiemian,height=1)
s.place(x=135,y=170, width=150,height=30,anchor='nw')
jiemian.mainloop()#主窗口循环显示,不能忘记此行代码,很重要
```

运行结果如图8-10所示。

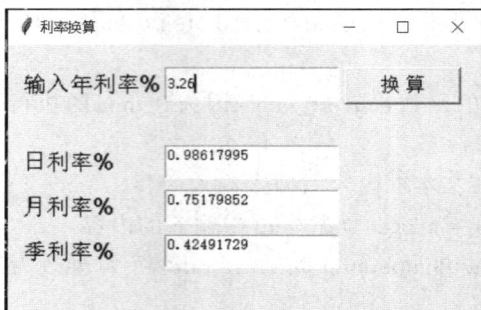

图8-10　交互界面

知识检测

1）单项选择题

（1）Tkinter库在金融领域主要用于（　　　）。

A.金融市场的交易和结算　　　　　　　　B.数据挖掘和分析

C.金融模型的建立和优化　　　　　　　　D.数据可视化和图表展示

（2）以下选项中不属于人工神经网络库在金融领域的主要应用的是（　　　）。

A.信用评估和风险管理　　　　　　　　　B.资产定价和投资组合优化

C.金融市场预测和交易决策　　　　　　　D.数据可视化和图表展示

（3）在金融领域，Python与Stata的兼容性不包括（　　　）。

A.数据清洗和预处理　　　　　　　　　　B.数据可视化和报告生成

C.统计分析和建模　　　　　　　　　　　D.金融市场交易和策略开发

2）多项选择题

（1）机器学习算法在金融领域的应用包括（　　　）。

A.信用评分和风险评估　　　　　　　　　B.股票价格预测

C.高频交易　　　　　　　　　　　　　　D.财务报表分析

（2）机器学习算法在股票涨跌预测中的应用包括（　　　）。

A.基于技术指标的预测模型　　　　　　　B.基于基本面数据的预测模型

C.基于情感分析的预测模型　　　　　　　D.基于随机模型的预测模型

（3）贝叶斯算法在金融领域的应用包括（　　　）。

A.信用评分模型　　　　　　　　　　　　B.欺诈检测模型

C.投资组合优化模型　　　　　　　　　　D.金融市场预测模型

（4）随机森林模型在金融领域应用的步骤包括（　　　）。

A. 数据预处理和特征工程　　　　　　　　B. 模型选择和参数调优

C. 随机森林模型的训练和建立　　　　　　D. 模型评估和结果解释

3）判断题

（1）贝叶斯算法作为金融市场预测模型在金融领域中应用。　　　　　　　　　　　（　　）

（2）机器学习算法中基于随机模型的预测模型经常用于预测股票涨跌。　　　　　（　　）

（3）机器学习算法经常用于财务报表分析。　　　　　　　　　　　　　　　　　　（　　）

（4）金融领域的数据通常是复杂和高维的，因此需要进行数据预处理和特征工程来清洗数据、处理缺失值、处理异常值，并提取出与目标变量相关的特征。　　　　　　　　　　　　　　　（　　）

（5）模型选择和参数调优也是在金融领域应用随机森林模型时的重要步骤。要选择合适的随机森林模型以及优化模型的参数，以提高模型的预测性能和解释能力。这可以通过交叉验证、网格搜索等技术来进行。　　　　　　　　　　　　　　　　　　　　　　　　　　　　　　　　　（　　）

（6）随机森林模型的训练和建立是在金融领域应用随机森林模型时的核心步骤。在训练阶段，使用预处理过的数据训练随机森林模型。随机森林模型是由多个决策树组成的集成模型，每个决策树根据随机选择的特征子集进行训练。　　　　　　　　　　　　　　　　　　　　　　　　　　（　　）

知识检测8-1

第8章

（7）模型评估和结果解释也是在金融领域应用随机森林模型时的重要步骤。模型训练完成后，需要对模型进行评估，例如计算预测准确度、查准率、查全率等指标。同时，解释模型的结果对于金融领域的决策制定也至关重要。　　　　　　　　　　　　　　　　　　　　　　　　　　　（　　）

4）思考题

（1）常用的机器学习模型有哪些，如何分类，其特征是什么？

（2）后验概率和先验概率各自的应用优势体现在哪里？

（3）DOS时代电脑用户的主体是计算机技术相关的专业人士，Windows对计算机的普及应用有很大的助推作用。显然，窗口化设计对应用推广具有重要作用，请编写程序实现房贷利率查询功能。

（4）请查找计量经济课程中的典型案例，应用Python语言和Stata库实现相应功能。

育德启智

科技创新对经济社会发展的重大作用——以信息技术为例

（1）电子商务：信息技术促进了电子商务的快速发展，为企业提供了更广阔的销售渠道。同时，电子商务也为消费者带来了便利，使得购物更加方便快捷。电子商务的发展带动了物流、支付等相关产业的发展，为社会和经济发展带来了新的机遇。另外，电子商务缩短了厂家和消费者之间的距离，减少了中间环节，降低了社会成本，有效遏制了传统中间商赚取差价、哄抬物价、不劳而获的现象。

（2）云计算：云计算技术的应用使得企业可以将数据和应用程序托管在云端，降低了IT成本和复杂性。通过云计算，企业可以实现灵活的资源共享，提高工作效率，推动业务创新。同时，云计算的发展也带动了相关产业的发展，创造了新的就业机会。

（3）大数据：信息技术使得企业可以收集、存储和分析大量的数据，从而更好地了解客户需求、优化产品设计、提高生产效率等。大数据的应用可以帮助企业做出更明智的决策，提高竞争力，推动业务增长。同时，大数据的发展也推动了数据科学、机器学习等相关领域的发展，为社会和经济发展带来了新的动力。

（4）人工智能：人工智能技术通过模拟人类的智能行为，实现了机器的自主决策和学习。人工智能的应用已经渗透到各个领域，如智能制造、智能医疗、智能交通等，提高了生产效率和生活质量。人工智能的发展将进一步推动产业升级和变革，为社会和经济发展带来新的机遇和挑战。

思政元素：科技创新

学有所悟：电子商务、云计算、大数据和人工智能等技术的快速发展，不仅为企业提供了更广阔的发展空间，而且为消费者带来了前所未有的便利。这些技术的应用，正在悄然改变人们的生活方式和生产模式，推动社会的进步和发展。党的二十大报告指出："培育创新文化，弘扬科学家精神，涵养优良学风，营造创新氛围。"作为新时代的青年，我们应该积极拥抱科技创新，不断提升自己的科技创新意识，掌握科技创新本领，为推动我国经济社会发展贡献自己的力量。让我们携手努力，以科技创新为引领，共同开创更加美好的未来！

第 9 章

指标选股实践

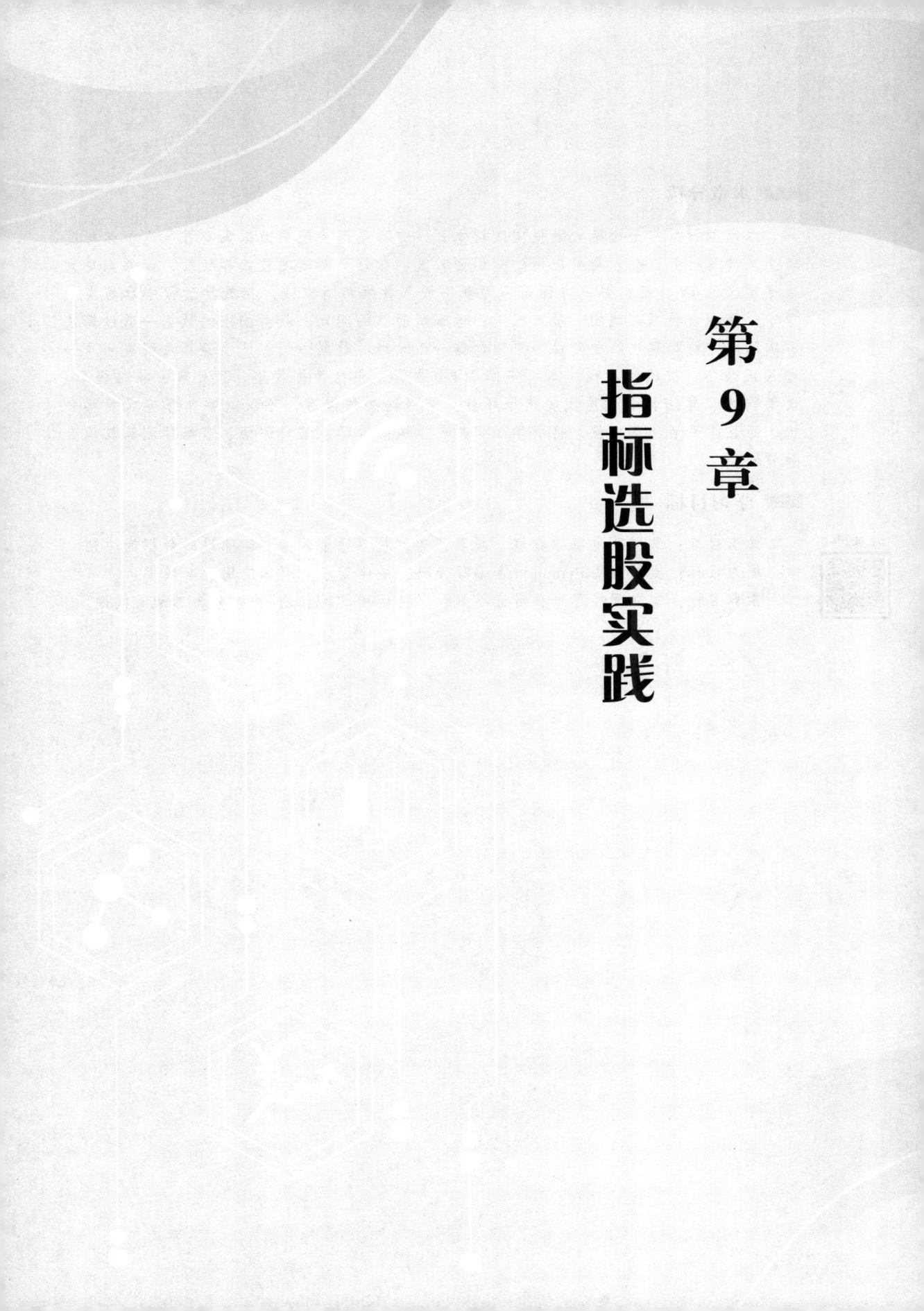

■■■ 本章导读

　　本章以股票作为金融大数据实践样本，一方面是因为股票数据具有社会人员参与度较高、涉及行业较全、需要应用的知识面较宽、数据更新速度较快等特征，能够满足大数据定义的4V特征；另一方面是因为获得股票数据相对方便，在教学过程中容易实践操作。金融大数据实践的一般流程是：理解所面临的问题→获得相应的数据→通过算法解决问题并检验算法的稳定性→更新数据→删除过时数据→代入已检验算法解决问题→进入新循环。按照此流程，本章安排了4节内容，包括数据收集、预处理、特征提取、模型构建、算法验证及迭代优化等环节。掌握这些技能后，不仅能够熟练应对股票分析，而且能灵活调整变量，将所学知识推广至风险管理、信贷评估、市场预测等其他金融领域。

■■■ 学习目标

　　知识目标：掌握获得基础数据、股票预测、获得增量数据、删除过时数据的方法。

　　能力目标：能够应用 Python 语言编写代码，按照需求处理和应用金融数据。

　　素养目标：树立理性思维、辩证思维，坚持运用"两点论"，一分为二地看问题。

9.1　获得基础数据

　　本章应用所有深交所上市公司 19 个维度、1 年长度的日度数据，预测下一个交易日每只股票涨跌，其中 2 289 只股票已经上市 3 年（即未包括 3 年内新上市的股票；3 年内上市的公司股票与上市时间较长的公司股票一起进行分析时容易引起波动）。本章以 8.1 节内容为基础，增加了较多的循环程序，使代码更加适合实际应用场景。下载基础数据程序部分主要实现 2 289 只股票多维数据的循环下载和存储功能，并设置了下载失败时的异常处理，其下载源是同花顺数据库；股票预测部分实现了 2 289 只股票的下一个交易日的股票涨跌预测功能，并输出报表供分析筛选；获得增量数据部分实现了当日休市后，向基础数据添加当天的增量数据功能，使数据保持为最新数据；删除重复数据部分可删除数据拼接过程中产生的第一列（多余）和增加新交易日数据可能产生的重复行。

知识课堂 9-1

获得基础数据

　　下面代码实现的主要功能如下：

　　（1）引入相关库。

　　（2）获取股票列表：通过调用 THS_DP 函数，获取上市股票的基本信息。这个信息被保存在 suoyougsidaima 变量中。

　　（3）处理股票列表：调用 dashujuchucun 函数，处理这个股票列表。这个函数首先将股票代码从字符串列表中分离出来，然后对每个股票代码进行操作。

　　（4）获取股票数据：对于每个股票代码，通过调用 THS_HQ 函数，获取该股票在指定日期范围内的历史数据。这些数据包括开盘价、最高价、最低价、收盘价、平均价格、变化、变化率、成交量、成交额、换手率、交易额、总股数、总资本、市盈率等。

　　（5）处理股票数据：如果获取的数据是 DataFrame 类型，则将这些数据保存到 Excel 文件中。如果不是 DataFrame 类型，则将该股票代码添加到 shibai 列表中。

　　（6）登录和退出：在代码的开始和结束，分别调用 THS_iFinDLogin 和 THS_iFinDLogout 函数，进行登录和退出的操作。登录需要用户名和密码，退出则不需任何参数。

```
import numpy as np
import pandas as pd
import time as yanshi
from datetime import datetime
import talib
import matplotlib.pyplot as plt
from sklearn.ensemble import RandomForestClassifier
from sklearn.metrics import accuracy_score
from sklearn.model_selection import GridSearchCV
from iFinDPy import *
def shangshiriqi(code1,st1,et1): # 定义读取上市日期函数,后两个参数没有意义
    daimariqi = THS_BD(code1,'ths_ipo_date_stock','')
```

```
        daimariqi = daimariqi.data
        daimariqi.columns = ['code','ipo_data'] # 对两列进行重命名
        daimariqi = daimariqi.loc[:,~daimariqi.columns.str.contains('^Unnamed')] # 删除未命名
的列
        lst = daimariqi['ipo_data'] # 以下四行把 Series 日期类型改为 datetime 日期类型
        arr = np.array(lst)
        arr_str = arr.astype(str)
        daimariqi['ipo_data1']= pd.to_datetime(arr_str).values
        daimariqi.index = daimariqi['ipo_data1']#以日期作为行索引
        del daimariqi['ipo_data1'] # 删除重复的数据
        del daimariqi['ipo_data'] # 删除重复的数据
        return (daimariqi)
    def dashujuchucun(suoyougsidaima):#定义获得所有股票多维数据的函数
    #    daimalist=suoyougsidaima.split(",")
    #    daimalist=suoyougsidaima#第一次运行时把这两行程序打开,并关闭下一行程序;
然后按照输出信息,补充下载时关闭这两行程序,并打开下面一行程序。如果还有未下载
的股票代码,再修改下一行程序,直至下载完全部股票数据
        daimalist=['603813.SH','600628.SH','430300.BJ','300418.SZ','300275.SZ','300274.
SZ','300272.SZ','300271.SZ','300270.SZ','300231.SZ','300230.SZ','300229.SZ','300228.
SZ','300227.SZ','002692.SZ','002682.SZ','002681.SZ','002679.SZ','002678.SZ','002677.
SZ']#这个是第一次循环下载失败的代码列表,共 20 个
        print(len(daimalist))
        yigegupiaoduoweishuju = pd.DataFrame()#创建一个空 DataFrame,临时存储多维数据
        jishuqi=0#方便跟踪程序进度
        shibai=[]
        for daima in daimalist:
            if jishuqi<20:#与 daimalist 的长度对应,目前是 20 个
                yigegupiaoduoweishuju=THS_HQ(daima,
                    'open, high, low, close, avgPrice, change, changeRatio, volume, amount,
turnoverRatio,transactionAmount,totalShares,totalCapital,pe_ttm,pe,pb,ps,pcf',
                    'CPS:3','2023-01-15','2024-01-15')#2020-06-19;2021-06-19
                yigegupiaoduoweishuju=yigegupiaoduoweishuju.data
                leixing=type(yigegupiaoduoweishuju)
                leixing=str(leixing)
                if leixing=='<class \'pandas.core.frame.DataFrame\'>':#防止'NoneType' object
has no attribute 'to_excel'错误
                    lujing='C:\\Users\\29318\\Desktop\\gupiaoshujuji\\'+daima+'.xlsx'#按自己电脑
的存储路径更改
```

```
        yigegupiaoduoweishuju.to_excel(lujing)
        yanshi.sleep(1)#延时一秒,循环多次时容易报错
        yigegupiaoduoweishuju = pd.DataFrame()#临时变量清空,不然报'NoneType'
object has no attribute 'to_excel'错误
        jishuqi=jishuqi+1
        print(jishuqi)
        print(daima)
    else:
        shibai.append(daima)
        jishuqi = jishuqi + 1
        print(daima)
        print(jishuqi)
        print('失败了-----------------------------')
        yanshi.sleep(1)
    print(shibai)#把打印失败的列表复制后,放在本块程序的第三行daimalist上运行
```

就补充了失败的代码所对应的数据。别忘了修改失败长度限制计数器

```
if __name__ == '__main__':
    thsLogin = THS_iFinDLogin('******','******')
    rongqi=[]#准备存放模型准确度和相应股票代码
    lsbl = 0#查看和控制程序运行进度
    suoyougsidaima=THS_DP('listingStockBasicInfo','001005010','code:Y,name:Y')#从同
花顺超级终端下载所有上市公司代码
    dashujuchucun(suoyougsidaima.data['code'].tolist())#调用自定义函数,存储所有上市
公司代码多维度数据
    thsLogout = THS_iFinDLogout()#退出同花顺超级终端
```

9.2 股票价格预测

9.2.1 自定义函数的功能说明

（1）数据读取和预处理：使用 pandas 库读取 Excel 文件，该文件路径由 zqdm 参数指定；将读取的数据与 sczssj 数据帧合并；删除所有包含"Unnamed"的列；计算价格变化（price_change）、价格变化率（p_change）、开盘与收盘价之差（close-open）、最高与最低价之差（high-low）、5 日和 10 日的移动平均线（MA5 和 MA10）；删除包含缺失值的行。

（2）技术指标计算：使用 talib 库计算相对强弱指数（RSI）、动量（MOM）、指数移动平均线（EMA12 和 EMA26），以及 MACD 指标；再次删除包含缺失值的行。

（3）特征选择与分割：选择特定的列作为特征（x）；根据价格变化（price_change）

的滞后值来标记目标变量（y），如果下一期的价格变化大于0，则目标变量为1，否则为−1；将数据分为训练集（90%）和测试集（10%）。

（4）模型训练与预测：使用随机森林分类器（Random Forest Classifier）进行训练，并设置一些参数如最大深度、估计器数量、叶子最小样本数等；使用训练后的模型对测试集进行预测；预测最后一行的值。

（5）模型评估：使用准确度分数（accuracy_score）来评估模型的预测性能。

（6）返回结果：返回准确度分数和最后一行的预测值。

9.2.2　主程序的功能说明

（1）登录与初始化：登录超级终端；定义一个空列表rongqi，定义变量jishuqi并初始化为0；定义一个包含所有深交所上市公司代码的列表suoyougsidaima。

（2）循环处理：

对suoyougsidaima中的每一个股票代码（zqdm），执行以下操作：如果jishuqi小于2289，则进行以下子操作：从指定路径读取一个Excel文件，并对其进行处理（列名重命名）；调用函数jiqixuexi，将处理后的数据和当前股票代码作为参数传入，并获取返回的准确度（accur）和预测值（yucezhi）；将准确度、预测值和股票代码组成一个列表，并添加到rongqi中；重置linshi列表；打印当前处理的股票代码；增加jishuqi的值；打印jishuqi的值。

（3）结果输出：打印处理后的rongqi列表。

（4）数据保存：使用当前的日期格式化字符串创建一个文件路径，并将结果保存为Excel文件。

（5）退出登录与异常处理：退出超级终端；如果在执行过程中出现任何异常，则打印"发生错误"，并执行退出登录操作。

以下是相应代码：

```
import numpy as np
import pandas as pd
import time
from datetime import datetime
import talib
import matplotlib.pyplot as plt
from sklearn.ensemble import RandomForestClassifier
from sklearn.metrics import accuracy_score
from sklearn.model_selection import GridSearchCV
from iFinDPy import *
#以下程序功能是对已获得数据进行机器学习分析,获得预测结果
def jiqixuexi(zqdm,sczssj):#其主要逻辑应用了8.1节中的知识
    try:
        lujing='C:\\Users\\****\\Desktop\\gupiaoshujuji\\'+str(zqdm)+'.xlsx'#按自己电脑的
```

存储路径更改

```
duqushuju=pd.read_excel(lujing)
df = pd.concat([duqushuju,sczssj],axis=1)
df = df.loc[:,~df.columns.str.contains('^Unnamed')]
df['price_change']= (df['close']– df['close'].shift(1))# 获得股价变动,前一天收盘价
```
减去后一天收盘价
```
df['p_change']= (df['close']– df['close'].shift(1))/ df['close'].shift(1)* 100 # 获得股
```
价变动率
```
df['close–open']= (df['close']– df['open'])/ df['open'] # 获得股票价格当天变动率
df['high–low']= (df['high']– df['low'])/ df['low'] # 股票价格一天最大波动率
df['MA5']= df['close'].rolling(5).mean()# 获得 5 日均值
df['MA10']= df['close'].rolling(10).mean()# 获得 10 日均值
df.dropna(inplace=True)
df['RSI']= talib.RSI(df['close'],timeperiod=12)# 用 talib 库计算 12 天 RSI
df['MOM']= talib.MOM(df['close'],timeperiod=5)
df['EMA12']= talib.EMA(df['close'],timeperiod=12)
df['EMA26']= talib.EMA(df['close'],timeperiod=26)
df['MACD'],df['MACDsignal'],df['MACDhist']= talib.MACD(df['close'],fastperiod=
12,slowperiod=26,signalperiod=9)
df.dropna(inplace=True)
x = df[['open', 'high', 'low', 'close', 'avgPrice', 'change', 'changeRatio', 'volume',
'amount', 'turnoverRatio', 'transactionAmount', 'totalShares', 'totalCapital', 'pe_ttm', 'pe', 'pb',
'ps', 'pcf', 'index_open', 'index_high', 'index_low', 'index_close', 'index_avgPrice',
'index_change', 'index_changeRatio', 'index_volume', 'index_amount', 'index_turnoverRatio',
'index_totalCapital','price_change','p_change','close–open','high–low','MA5','RSI','MOM',
'EMA26','MACD','MACDsignal']]
y = np.where(df['price_change'].shift(-1)> 0,1,-1)# 满足条件输出 1,不满足输出
```
-1。设置因变量
```
x_length = x.shape[0] # 获得行数,为训练组和测试组准备
split = int(x_length * 0.9)# 保留 10% 的测试组
x_xunlian,x_ceshi = x[:split],x[split:] # 分组
y_xunlian,y_ceshi = y[:split],y[split:]
model = RandomForestClassifier(max_depth=3,n_estimators=10,min_samples_leaf=
10,random_state=1)# 建立随机森林分类模型
model.fit(x_xunlian,y_xunlian)# 训练模型
y_yuce = model.predict(x_ceshi)# 预测
x_ceshi2=x.iloc[-1:]#最后一行数据
y_yuce2=model.predict(x_ceshi2)#用最后一行数据进行预测
```

```
        score = accuracy_score(y_yuce,y_ceshi)
        return (score,y_yuce2[0])
    except:
        print('fashengcuowu')
        return (-1,-1)
if __name__ == '__main__':
    try:
        thsLogin = THS_iFinDLogin('******','******')
        rongqi=[]#存放模型准确度和相应股票代码
        jishuqi = 0#查看和控制程序运行进度
        # print(type(rongqi))
        suoyougsidaima =!!!用随机资料中的具有2289个元素的列表替换这里,为控制篇
幅以感叹号代替
        code_list=suoyougsidaima
        for zqdm in code_list:
            print(zqdm)
            if jishuqi <3:#实验调试中运行前三个即可
#           if jishuqi <2289:#满足上市三年以上的股票有2289个,正式运行时运行这行
代码
                print(jishuqi)
                sczssj=pd.read_excel(r'C:\Users\****\Desktop\gupiaoshujuji\399001.xlsx')#
深成指数数据保存在桌面上#按自己电脑的存储路径更改
#               print(sczssj.head())
                new_columns_list = ['index' + '_' + column_str for i,column_str in enumerate
(sczssj.columns)] # 列名前统一添加字符,左侧链接时防止列名重复
                new_columns = pd.core.indexes.base.Index(new_columns_list)# 类型转换
                sczssj.columns = new_columns  # 用新列名转换旧列名
                accur,yucezhi = jiqixuexi(zqdm,sczssj)#调用机器学习主程序,返回估计准
确值
                linshi = [accur,yucezhi,zqdm]#暂存准确值及其对应股票代码
                print(linshi)
                rongqi.append(linshi)#把所有准确值及其对应股票代码在全局变量中存
储,最后调用查看
                linshi = []#一定要清空
                print(zqdm)
                jishuqi = jishuqi + 1
                print(jishuqi)
        print(rongqi)
```

```
        jieguo = pd.DataFrame(rongqi,columns=['zhunquelv','yucezhi','daima'])
        dangtianriqi=datetime.now().strftime('%Y-%m-%d')
        cunchulujing='C:\\Users\\****\\Desktop\\jieguoshuchu'+dangtianriqi+'.xlsx'#按自己
电脑的存储路径更改
        jieguo.to_excel(cunchulujing)
        thsLogout = THS_iFinDLogout()
        print('wancheng')
    except:
        print('发生错误')
        thsLogout = THS_iFinDLogout()
'''
#获得2021年1月15日在深交所上市的所有公司的股票代码列表的程序说明如下：
import pandas as pd
import tushare as ts
# 设置tushare的token,登录tushare官网注册并获取tokentushare账号;打开网址,点击
注册,输入手机号,设置密码等,点击注册即可获得自己的ID和token。查看积分说明,完善
信息后获得一定积分,然后在记事本中第一行写token,第二行写token码,存储后把后缀改
成.csv,放在homepage下,不用运行下面代码
# ts.set_token('YOUR_TUSHARE_TOKEN')
# 初始化pro接口
pro = ts.pro_api()
# 获取在深交所上市的所有公司的股票代码
stock_list = pro.stock_basic(exchange='',list_status='L',fields='ts_code,symbol,name,area,
industry,list_date')
# 将list_date列从字符串转换为日期类型
stock_list['list_date']= pd.to_datetime(stock_list['list_date'],format='%Y%m%d')
# 选取2021年1月15日前的数据
before_20210115 = stock_list[stock_list['list_date']< '2021-01-15']
# 提取ts_code列
ts_codes_before_20210115 = before_20210115['ts_code'].tolist()
# 使用列表推导式保留包含".SZ"的元素
filtered_list = [item for item in ts_codes_before_20210115 if ".SZ" in item]
# 打印结果
print(filtered_list)#2289个
#输出结果为2021年1月15日在深交所上市的所有公司的股票代码列表。
'''
```

9.3　获得增量数据

本部分程序功能说明如下：

（1）登录与初始化：登录同花顺超级终端。

（2）主函数执行：调用 huoquzengliangshuju 函数，并传入股票代码列表、开始日期和结束日期。

（3）自定义 huoquzengliangshuju 函数功能。

循环处理股票代码部分：遍历传入的股票代码列表；对于每个股票代码，获取指定的股票参数；将获取的数据与本地已存在的 Excel 文件数据进行合并；保存合并后的数据到原 Excel 文件；打印当前处理的股票代码和计数器值。

处理指数数据部分：获取'399001.SZ'的指定参数数据；将获取的数据与本地已存在的 Excel 文件数据进行合并；保存合并后的数据到原 Excel 文件。

（4）异常处理：如果在执行过程中出现任何异常，打印"出现错误"。

（5）退出登录：无论程序是否成功执行，最后都会退出同花顺超级终端。

以下是实现代码：

```python
import numpy as np
import pandas as pd
import time
from datetime import datetime
import talib
import matplotlib.pyplot as plt
from sklearn.ensemble import RandomForestClassifier
from sklearn.metrics import accuracy_score
from sklearn.model_selection import GridSearchCV
from iFinDPy import *
#以下程序的功能是,在获取2289只股票1年数据的基础上,获得每天增量数据后每日
更新数据(即每天增加新数据)
def huoquzengliangshuju(daimalist,st,et):
    jishu=0
    for code in daimalist:
#        if jishu<2289:
        if jishu<3:#注意!正式运行时计数器设置为小于2289
            gupiaocanshu='open,high,low,close,avgPrice,change,changeRatio,volume,amount,
turnoverRatio,transactionAmount,totalShares,totalCapital,pe_ttm,pe,pb,ps,pcf'
            df1 = THS_HQ(code,gupiaocanshu,'CPS:3',st,et)
            df1 = df1.data  # 成为 DataFrame
            code=str(code)
```

```
        lujing='C:\\Users\\****\\Desktop\\gupiaoshujuji\\'+code+'.xlsx'
        df2=pd.read_excel(lujing)
        df= pd.concat([df2,df1])
        df = df.loc[:,~df.columns.str.contains('^Unnamed')] # 删除未命名的列
        df.to_excel(lujing)
        print(jishu)
        print(code)
        jishu=jishu+1
    zhishu1=  THS_HQ('399001. SZ', 'preClose, open, high, low, close, avgPrice, change,
changeRatio,volume,amount,turnoverRatio,totalCapital','',st,et)
    zhishu2=zhishu1.data
    lujing2 = 'C:\\Users\\****\\Desktop\\399001.xlsx'#按自己电脑的存储路径更改
    zhishu3 = pd.read_excel(lujing2)
    zhishu= pd.concat([zhishu3,zhishu2])
    zhishu = zhishu.loc[:,~zhishu.columns.str.contains('^Unnamed')]
    zhishu.to_excel(lujing2)
    print('wancheng')
    return ()
if __name__ == '__main__':
    thsLogin = THS_iFinDLogin('******','******')
    try:
        daima=!!!正式运行时把2289只股票的代码放在这里['000001.SZ','000002.SZ','
000004.SZ',......]。这里为了节省篇幅删除
        st='2024-01-16'#注意已经储存的数据的截止日期为2024年1月15日,下次从
2024年1月16日开始,每次运行一天
        et='2024-01-16'#st=et,一行一行追加在原表后面。按每个工作日运行一次设计
#       st=datetime.now().strftime('%Y-%m-%d')#获得当期年月日,字符串类型
#       et=datetime.now().strftime('%Y-%m-%d')
        huoquzengliangshuju(daima,st,et)
    except:
        print("出现错误")
    thsLogout = THS_iFinDLogout()
```

9.4　删除过时数据

以下是程序功能说明：

（1）导入所需库。

（2）定义函数 shanchuchongfushuju：循环遍历 daimalist 中的每个股票代码；对每个

股票代码，从指定路径读取 Excel 文件；删除第一列；删除第一行的数据；删除重复行；将处理后的数据保存回原 Excel 文件；打印当前处理的股票代码和计数器值。遍历完成后打印 "完成"。

（3）主函数：把 2 289 只股票的代码和日期传输给 shanchuchongfushuju 函数。

实现代码如下（这段代码的主要功能是读取和更新多只股票的历史数据）：

```python
import numpy as np
import pandas as pd
from datetime import datetime
import talib
from iFinDPy import *
#以下程序功能是,删除第一列,删除重复行
def shanchuchongfushuju(daimalist,st,et):
    jishu=0
    for code in daimalist:
        if jishu<2:#注意!正式运行时计数器设置为小于2289
#        if jishu<2289:
            lujing='C:\\Users\\****\\Desktop\\gupiaoshujuji\\'+code+'.xlsx'#按自己电脑的存储路径更改
            df=pd.read_excel(lujing)
            df= df.drop(df.iloc[:,0:1],axis=1)
            df = df.drop(index=0)
            df= df.drop_duplicates()
            df.to_excel(lujing)
            print(jishu)
            print(code)
            jishu=jishu+1
    print('wancheng')
    return ()
if __name__ == '__main__':
#        daima=!!!正式运行时把2289只股票的代码放在这里!!!。这里为了省篇幅删除

    daima=['000001.SZ']#这个是调试代码
    st='2024-01-16'#注意已经储存的数据的截止日期为2024年1月15日,下次从2024年1月16日开始,每次运行一天
    et='2024-01-16'#st=et,一行一行追加在原表后面,按每个工作日运行一次设计
    shanchuchongfushuju(daima,st,et)
```

知识检测

1）单项选择题

（1）在指标选股中，以下指标中常用于衡量股票流动性的是（　　）。

A.成交量　　　　　B.市盈率　　　　　C.市净率　　　　　D.资产负债比率

（2）指标选股的编程步骤中，以下环节中用于根据选定的指标公式，对获取的数据进行计算的是（　　）。

A.数据获取　　　　B.数据清洗　　　　C.指标计算　　　　D.数据可视化

（3）指标选股的编程步骤中，以下环节中用于对历史数据进行回测和评估策略的表现和盈利能力的是（　　）。

A.数据获取　　　　B.数据清洗　　　　C.指标计算　　　　D.策略回测

（4）代码`df［'EMA26'］= talib.EMA（df［'close'］, timeperiod=26）`的作用是（　　）。

A.计算收盘价的26日指数移动平均线（EMA）

B.计算开盘价的26日指数移动平均线（EMA）

C.计算最高价的26日指数移动平均线（EMA）

D.计算最低价的26日指数移动平均线（EMA）

（5）代码`pd.core.indexes.base.Index（new_columns_list）`的作用是（　　）。

A.创建一个新的索引对象，使用`new_columns_list`作为索引的标签

B.将`new_columns_list`转换为一个索引数组

C.将`new_columns_list`作为列名，创建一个新的DataFrame

D.将`new_columns_list`作为行名，创建一个新的DataFrame

2）多项选择题

（1）在指标选股中，以下指标中常用于筛选股票的有（　　）。

A.市盈率　　　　　B.市净率　　　　　C.资产负债率　　　　D.均线指标

（2）在指标选股中，以下指标中可以用来衡量股票的盈利能力的有（　　）。

A.市盈率　　　　　　　　　　　　B.市净率

C.ROE（净资产收益率）　　　　　D.成交量

（3）以下属于指标选股的常见编程步骤的有（　　）。

A.数据获取：从数据源（如股票交易所、财经网站等）获取股票的历史交易数据、财务数据等

B.指标计算：根据选定的指标公式，对获取的数据进行计算，得出所需的指标数值。常见的指标包括市盈率、市净率、ROE等

C.数据可视化：将计算得到的指标数据进行可视化，以图表等形式展示，方便观察和分析

D.策略回测：基于选定的指标和其他条件，编写投资策略，并对历史数据进行回测，评估策略的表现和盈利能力

（4）代码`st=datetime.now().strftime（'%Y-%m-%d'）`的作用不包括（　　）。

A.获取当前日期和时间；格式化后输出日期

B.将当前日期和时间格式化为字符串

C.获取当前日期；格式化后输出日期

D.获取当前时间；格式化后输出时间

（5）talib 库主要用于（　　　）。

A.技术分析　　　　　　　　B.基本面分析　　　　C.统计分析　　　　　　　D.量化分析

3）判断题

（1）在指标选股中，市净率越高的股票，其估值水平越高。　　　　　　　　　　　　（　　　）

（2）以下是一个典型的指标选股程序的简化版本，用于演示指标选股的基本流程。　　（　　　）

```
# 数据获取
def get_stock_data（stock_code，start_date，end_date）:
    # 从数据库或者数据源获取股票历史交易数据
    # 返回一个包含股票数据的 DataFrame
    stock_data = pd.DataFrame()# 假设获取到了股票数据
    return stock_data
# 数据清洗
def clean_data（stock_data）:
    # 对获取的股票数据进行清洗和处理
    # 去除缺失值、处理异常值等
    cleaned_data = stock_data.dropna()# 假设只是简单地去除了缺失值
    return cleaned_data
# 指标计算
def calculate_indicators（stock_data）:
    # 根据选定的指标公式，对获取的数据进行计算
    # 计算所需的指标，例如市盈率、市净率、ROE 等
    indicators = pd.DataFrame()# 假设计算得到了指标数据
    return indicators
# 策略回测
def backtest_strategy（indicators）:
    # 编写投资策略，并对历史数据进行回测
    # 评估策略的表现和盈利能力
    # 返回回测结果，例如收益率、胜率等
    backtest_result = {}  # 假设进行了简单的回测并得到了结果
    return backtest_result
# 主函数
def main():
    # 输入股票代码、起始日期和结束日期
    stock_code = "AAPL" # 假设选择了苹果公司的股票
    start_date = "2020-01-01"
    end_date = "2021-01-01"
    # 数据获取
    stock_data = get_stock_data（stock_code，start_date，end_date）
    # 数据清洗
    cleaned_data = clean_data（stock_data）
    # 指标计算
    indicators = calculate_indicators（cleaned_data）
```

```
# 策略回测
backtest_result = backtest_strategy（indicators）
# 打印回测结果
print（backtest_result）
# 执行主函数
if __name__ == "__main__":
    main()
```

知识检测9-1

（3）针对 RandomForestClassifier（max_depth=3，n_estimators=10，min_samples_leaf=10，random_state=1），判断下列说法是否正确：该随机森林分类器是一个具有10个决策树的模型，并且每个决策树的最大深度为3，每片叶子节点至少包含10个样本。　　　　　　　　　　　　　　（　　）

第9章

4）思考题

（1）针对本章内容，编写程序逻辑图。

（2）把本章中的串行程序改编为函数形式。

育德启智

指标也有两面性——以GDP（国内生产总值）指标为例

GDP指标的积极作用：（1）GDP是衡量一个国家或地区经济状况和发展水平的重要指标，可以概括反映一个国家或地区的经济发展总体水平。（2）GDP可以反映一个国家或地区的生产力发展水平，从而评估其经济增长速度和经济实力。（3）GDP可以作为制定经济发展战略、计划和政策的重要依据，有助于规划未来的经济发展方向和目标。

应用GDP指标的注意事项：（1）GDP不能反映一个国家或地区的经济质量，如一些高污染、高能耗、低附加值的产业也可能被计入GDP，但这些产业对环境的破坏和对资源的浪费都很大，与绿色发展理念相悖。（2）GDP不能反映一个国家或地区的贫富差距和财富积累情况，如一些贫困地区或低收入群体的生产可能不被计入GDP，但这些群体的生活质量和幸福感可能更低。（3）GDP不能反映一个国家或地区的可持续发展情况，如一些地区可能过度开发资源导致资源枯竭，虽然短期内GDP很高，但长期发展潜力有限。

显然，在使用GDP指标时需要充分考虑其局限性，并基于大数据技术，拓宽统计维度，注重经济发展的质量和可持续性，全面评估一个国家或地区的经济状况和发展水平，助力产业升级和转型，实现经济、社会和环境的高质量发展。

思政元素：理性思维　辩证思维

思政课堂9-1

学有所悟：指标或标准都具有两面性。GDP作为衡量经济发展总体水平的重要指标，为我们提供了有关经济发展速度和规模的信息。但是GDP并不能全面反映一个社会的经济质量、贫富差距和可持续发展情况。因此，我们在使用GDP等指标时，应采用辩证的观点，充分认识其局限性，并结合其他相关指标，如环境、社会公正和经济结构等，进行综合评估。只有这样，我们才能更好地把握经济社会发展的真实状况，为未来的决策提供更准确、全面的依据。

指标也有两面性——以GDP（国内生产总值）指标为例

第 10 章

机器学习及其解释

■■ 本章导读

在大数据领域，机器学习模型相比传统计量模型具有以下三个方面的优势：一是能够处理大规模和高维度数据；二是模型本身具备自动化和智能化特点；三是模型的适应性和灵活性强。在数字经济时代，随着数据量的爆炸性增长和非线性问题的频繁涌现，掌握机器学习技术已成为金融领域人才不可或缺的核心竞争力。为了有效应对这一挑战，本章介绍了常用且成熟的多层感知机、卷积神经网络、递归神经网络三种机器学习模型。同时，鉴于机器学习模型常被视为"黑盒"且难以直接解释其决策逻辑，本章特别引入了可解释机器学习模型的内容，使模型决策过程更加透明化、可理解，增强模型的可信度与实际应用价值。通过本章的学习，学生应掌握机器学习模型的结构，能够按照课题需要优化模型结构；初步掌握可解释机器学习的方法。关于机器学习模型的原理，请从网络上查阅相关资料，达到基本了解即可。

■■ 学习目标

知识课堂 10-0

[QR code]

导学

知识目标：掌握应用多层感知机、卷积神经网络、递归神经网络进行时间序列预测的方法；掌握应用 interpret 库解释机器学习模型输出的方法。

能力目标：能够应用机器学习进行投资实践。

素养目标：树立正确的世界观、人生观、价值观，把自己的人生追求同国家发展进步、人民伟大实践紧密结合起来。

10.1　多层感知机在时间序列预测中的应用

多层感知机（MLP）一般由输入层、隐藏层、输出层三个部分组成。运算过程中，一般对隐藏层的输入进行线性变换（乘以权重并添加偏置项），然后用 ReLU 等激活函数进行非线性变换。应用非线性激活函数的目的是通过模型表达特征和特征之间的复杂非线性关系。下面我们应用多层感知机预测单只股票的涨跌[①]。下面我们编写代码实现：基于多层感知机，用前三天的收盘价预测第四天的收盘价。该代码包括以下步骤：导入库、设置参数、下载数据并处理、转换数据格式、建立训练集和验证集、定义模型网络、实例化模型、模型训练和验证、模型损失的输出、加载最佳模型、预测、评估。

知识课堂 10-1

多层感知机在
时间序列预测
中的应用

10.1.1　导入库

```
from iFinDPy import *
import numpy as np
import torch
import torch.optim as optim
import torch.nn as nn
import torch.nn.functional as F
from torch.utils.data import (Dataset,TensorDataset,DataLoader,Subset)
from sklearn.metrics import mean_squared_error
device = 'cuda' if torch.cuda.is_available()else 'cpu'
import pandas as pd
```

导入程序运行所需的库；其中，device = 'cuda' if torch.cuda.is_available（）else 'cpu'是设置 device 变量，如果硬件的 GPU 可用，则使用 GPU，否则使用 CPU。

注意：数据和模型应该存储在同一个 device。

10.1.2　设置参数

```
CODE='600000.SH'#股票代码
START_DATE='2011-05-17'#下载数据的起始时间
END_DATE='2023-05-17'#下载数据的终止时间
N_LAGS=3#特征的滞后观测值
VALID_SIZE=12#验证集的期数
BATCH_SIZE=5#每次传送数据的大小
N_EPOCHS=1000#所有数据被循环应用的次数
```

[①]　多层感知机原理的简要介绍可以查看《多层感知机（MLP）》一文（网址：https://blog.csdn.net/qq_27388259/article/details/113210226）；有深入研究需求时，可以自行查找更深入解释的参考书籍。

10.1.3 下载数据并处理

```
#thsLogin=THS_iFinDLogin('******','******')#登录超级终端
#df1=THS_HQ(CODE,'open,high,low,close,volume','Interval:M,CPS:6',START_DATE,
END_DATE)#下载600000.SH2011年5月17日至2023年5月17日的月度数据
#thsLogout=THS_iFinDLogout()#退出超级终端
#df1=df1.data[['time','open','high','low','close','volume']]#选取所需列,并把数据格式
从同花顺格式改为DateFrame格式
#df=df1.rename(columns={'time':'Date','open':'Open','high':'High','low':'Low','close':
'Close','volume':'Volume'})#更改列名
#df.set_index('Date',inplace=True)#以'Data'为行索引
#prices=df['Close'].values#获得收盘价数据
#df.to_excel(r'C:\Users\****\Desktop\deeplearnning\dldata.xlsx')
df=pd.read_excel(r'C:\Users\****\Desktop\deeplearnning\dldata.xlsx')#没有权限下载数
据时,从指定网站下载教材提供数据,放到本地目录后,从这行代码开始运行
```

10.1.4 转换数据格式

```
def create_input_data(series,n_lags=1):#n_lags=1表示用时间t的股票价格来预测时间
t+1的价值;默认等于1,本程序中传输3
    X,y = [],[]
    for step in range(len(series)- n_lags):#把股票价格分开赋值给X和y
        end_step = step + n_lags
        X.append(series[step:end_step])#把t、t+1、t+2赋给X
        y.append(series[end_step])#把t+3赋给y
    return np.array(X),np.array(y)#返回数组格式的特征与标签
#用create_input_data函数实现把股票价格的时间序列转换为符合多层感知机输入格
式要求的数据
X,y=create_input_data(prices,N_LAGS)#把股票收盘价和3传输给格式转换函数
X_tensor=torch.from_numpy(X).float()#将Numpy数组X转换为PyTorch张量(浮点型数
据类型),并将其形状转换为(n_samples,n_features),其中n_samples是样本数量,n_features是
每个样本的特征数量,它们由输入数据自动确定
y_tensor=torch.from_numpy(y).float().unsqueeze(dim=1)#将Numpy数组y转换为PyTorch
张量,并将其形状转换为(n_samples,1),其中n_samples是样本数量(模型自动确认),输出是
一个标量(涨跌预测),因此需要设置第二个参数为1。unsqueeze(dim=1)函数将张量的第二
个维度设置为1
```

10.1.5 建立训练集和验证集

```
valid_ind=len(X)−VALID_SIZE#保留12期的数据做验证
```

dataset=TensorDataset(X_tensor,y_tensor)#将特征数据 X_tensor 和标签数据 y_tensor 打包成一个数据集 dataset,以便进行训练和验证

train_dataset=Subset(dataset,list(range(valid_ind)))#抽取训练集(未包括后面12期数据)

valid_dataset=Subset(dataset,list(range(valid_ind,len(X))))#抽取验证集,仅后面的12期数据。在非时间序列时,可以使用 random_split 随机拆分训练集和验证集

train_loader=DataLoader(dataset=train_dataset,batch_size=BATCH_SIZE)#前面引入库时已经引入 DataLoader,将训练数据集作为输入,并指定 batch_size 参数为 BATCH_SIZE,表示每个批次的样本数量。在机器学习中,batch 将数据集分成若干个小批次进行训练,以便在每个批次中计算梯度并更新模型参数。epoch 是指将整个数据集完整地过一遍的训练过程。即 batch_size 参数指定每个批次的样本数量,而数据加载器会在每个 epoch 中将数据集分成多个大小为 batch_size 的小批次进行训练和验证

valid_loader=DataLoader(dataset=valid_dataset,batch_size=BATCH_SIZE)#将验证数据集作为输入,并指定 batch_size 参数为 BATCH_SIZE,表示每个批次的样本数量

next(iter(train_loader))[0]#查看第一批次的特征值

输出如下：

[tensor（［［3.3303，2.8418，2.5341],

　　　　［2.8418，2.5341，2.4572],

　　　　［2.5341，2.4572，1.9327],

　　　　［2.4572，1.9327，2.4013],

　　　　［1.9327，2.4013，1.9048］），

tensor（［［2.4572],

　　　　［1.9327],

　　　　［2.4013],

　　　　［1.9048],

　　　　［1.8978］］）]

本节程序，用 TensorDataset 创建数据集，Subset 将数据集拆分为训练集和验证集，用 DataLoader 设定每次批量和整体循环次数，最后检查了第一批特征和对应的标签。

10.1.6　定义模型网络

```
class MLP(nn.Module):
    def __init__(self,input_size):#注意复制粘贴时,两个下划线会丢失
        super(MLP,self).__init__()
self.linear1=nn.Linear(input_size,8)
        self.linear2 = nn.Linear(8,4)
        self.linear3 = nn.Linear(4,1)
        self.dropout=nn.Dropout(p=0.2)#该函数定义了 MLP 类的初始化函数 __init__。初
```
始化函数中,input_size 表示模型的输入特征的维度;模型的结构包括三个全连接层(self.linear1,self.linear2,self.linear3),每个全连接层的输出维度在逐渐减小(前一层输出与下一层

的输入维度相等 8=8),最后输出维度为 1(标签)。此外,模型用 dropout 层降低了过拟合的可能性

```
def forward(self,x):
    x = self.linear1(x)
    x = F.relu(x)
    x = self.dropout(x)
    x = self.linear2(x)
    x = F.relu(x)
    x = self.dropout(x)
    x = self.linear3(x)
    return x#定义了模型的前馈网络。该函数接受一个参数 x,表示模型的输入特征。
```

该函数首先经过第一次全连接(self.linear1)和 ReLU 激活函数操作(F.relu),然后经过一个 dropout 层(self.dropout)降低过拟合的可能性,再经过第二次全连接(self.linear2)和 ReLU 操作(F.relu),其后再经过一个 dropout 层,最后经过第三次全连接(self.linear3)得到输出结果 x。另外,模型的训练过程将通过反向传播自动计算梯度,在给定的训练数据集上最小化损失函数(实现该损失函数需要自己定义)来优化模型的参数,达到提高模型预测能力的目的

10.1.7 实例化模型

```
torch.manual_seed(42)#为了每次产生相同的结果,对随机数生成器设置了种子
model=MLP(N_LAGS).to(device)#用 MLP 类创建一个 MLP 模型,该模型的输入特征维度为 N_LAGS,并用to方法将模型在指定设备(device)上计算
loss_fn=nn.MSELoss()#为计算模型输出与标签之间的误差,定义了损失函数 loss_fn,即均方误差(MSE)损失函数
optimizer=optim.Adam(model.parameters(),lr=0.001)#定义优化器 optimizer,即 Adam 优化算法。通过优化器更新模型参数,降低模型的预测误差。其中,model.parameters()表示要优化的参数,lr=0.001 表示学习率为 0.001
```

用 print(model)查看模型结果如下:
```
MLP(
    (linear1):Linear(in_features=3,out_features=8,bias=True)
    (linear2):Linear(in_features=8,out_features=4,bias=True)
    (linear3):Linear(in_features=4,out_features=1,bias=True)
    (dropout):Dropout(p=0.2,inplace=False)
)
```

10.1.8 模型训练和验证

```
PRINT_EVERY=50#每隔 50 个 epoch 打印一次训练和验证的损失值
train_losses,valid_losses=[],[]#用于存储训练和验证损失值的列表
for epoch in range(N_EPOCHS):#循环进行训练和验证,每次循环表示一个 epoch。在每
```

个 epoch 开始时,将训练和验证的损失值初始化为 0,并将模型设置为训练模式(model.train())

    running_loss_train = 0

    running_loss_valid = 0

    model.train()

    for x_batch, y_batch in train_loader: # 在每个 epoch 中,循环遍历训练数据集 train_loader

        optimizer.zero_grad()#对每个 batch,将优化器的梯度清零

        x_batch = x_batch.to(device)#将训练特征转移到指定设备上

        y_batch = y_batch.to(device)#将训练标签转移到指定设备上

        y_hat = model(x_batch)# 通过模型前向传播得到模型的训练(预测)结果

        loss = loss_fn(y_batch,y_hat)#计算预测结果和标签之间的损失

        loss.backward()#通过反向传播计算梯度

        optimizer.step()#更新参数

        running_loss_train += loss.item()* x_batch.size(0)#将该 batch 的损失值乘以 batch 大小后赋给 running_loss_train

        epoch_loss_train = running_loss_train /len(train_loader.dataset)#计算该 epoch 的训练损失值,即将 running_loss_train 除以训练数据集的总样本数,得到每个样本的平均损失值

        train_losses.append(epoch_loss_train)#将平均损失值添加到 train_losses 列表

    with torch.no_grad():

        model.eval()#将模型设置为评估模式

        for x_val,y_val in valid_loader:#循环遍历验证数据集

            x_val = x_val.to(device)#将验证特征转移到指定设备上

            y_val = y_val.to(device)#将验证标签转移到指定设备上

            y_hat = model(x_val)#通过模型前向传播得到模型的验证(预测)结果

            loss = loss_fn(y_val,y_hat)#计算预测结果和标签之间的损失

            running_loss_valid += loss.item()* x_val.size(0)#计算每个 batch 的验证损失值并将其加到 running_loss_valid

        epoch_loss_valid = running_loss_valid /len(valid_loader. dataset)# 将 running_loss_valid 除以验证数据集的总样本数,得到每个样本的平均损失值

        if epoch > 0 and epoch_loss_valid < min(valid_losses):#如果该 epoch 的验证损失值是目前为止最小的,则将该 epoch 的模型参数保存到指定路径下的 .pth 文件中

            best_epoch = epoch

            torch.save(model.state_dict(),'./mlp_checkpoint.pth')#存储在默认目录下,一般在 Anaconda 安装目录,打开 jupyter 后在 Home Page 下可以看到该文档

        valid_losses.append(epoch_loss_valid)

    if epoch % PRINT_EVERY == 0:#每隔 PRINT_EVERY 个 epoch 打印一次训练和验证的损失值

```
        print(f" < {epoch} > — Train. loss:{epoch_loss_train:. 2f} \t Valid. loss:{epoch_loss_
valid:.2f}")
        print(f'Lowest loss recorded in epoch:{best_epoch}')#训练结束后,输出最小的验证损失
值所对应的epoch
```

输出结果如图10-1所示。

```
<0> — Train. loss: 70.93        Valid. loss: 51.29
<50> — Train. loss: 7.98        Valid. loss: 0.96
<100> — Train. loss: 8.10        Valid. loss: 0.60
<150> — Train. loss: 6.90        Valid. loss: 0.39
<200> — Train. loss: 6.65        Valid. loss: 0.26
<250> — Train. loss: 4.75        Valid. loss: 0.22
<300> — Train. loss: 4.56        Valid. loss: 0.22
<350> — Train. loss: 3.96        Valid. loss: 0.38
<400> — Train. loss: 5.13        Valid. loss: 0.24
<450> — Train. loss: 3.66        Valid. loss: 0.10
<500> — Train. loss: 5.01        Valid. loss: 0.21
<550> — Train. loss: 3.37        Valid. loss: 0.23
<600> — Train. loss: 3.67        Valid. loss: 0.20
<650> — Train. loss: 2.61        Valid. loss: 0.06
<700> — Train. loss: 3.13        Valid. loss: 0.11
<750> — Train. loss: 2.87        Valid. loss: 0.28
<800> — Train. loss: 2.09        Valid. loss: 0.30
<850> — Train. loss: 2.83        Valid. loss: 0.33
<900> — Train. loss: 2.88        Valid. loss: 0.38
<950> — Train. loss: 2.19        Valid. loss: 0.66
Lowest loss recorded in epoch: 675
```

图10-1 训练过程及最小的验证损失值所对应的epoch值

10.1.9 模型损失的输出

```
import matplotlib.pyplot as plt
plt.rcParams['font.sans-serif']=['SimHei']#用于显示中文
plt.rcParams['axes.unicode_minus']=False#用于显示中文
train_losses=np.array(train_losses)#它的长度是1000,每个数值的次序是它的循环次数
valid_losses=np.array(valid_losses)
fig,ax=plt.subplots()#设置画布
ax.plot(train_losses,color='blue',label='训练损失')#画训练损失蓝色曲线
ax.plot(valid_losses,color='red',label='验证损失')
ax.set(title="损失-循环",xlabel='循环',ylabel='损失')#设置坐标和图名
ax.legend()#显示图例
plt.show()
```

输出结果如图10-2所示。

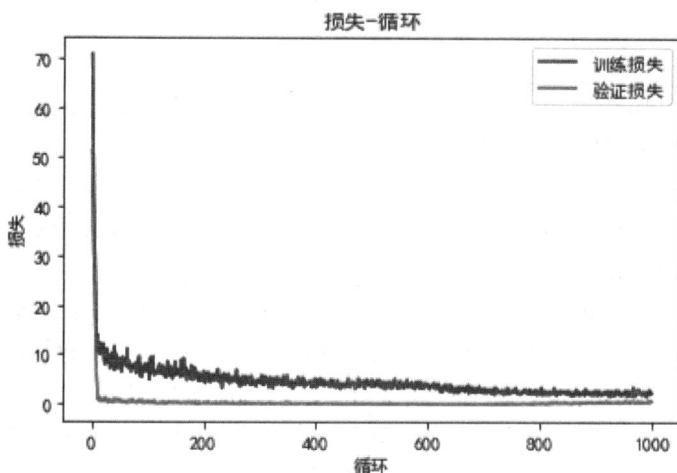

图 10-2　损失伴随训练次数增多而下降

从图 10-2 可以看出训练损失快速下降后，训练集和验证集上的损失逐渐趋于一致。

10.1.10　加载最佳模型

state_dict=torch.load('mlp_checkpoint.pth')#从默认路径上加载已经训练好的模型,可以继续训练,也可以直接用于实践

model.load_state_dict(state_dict)#把训练好的模型加载到 model 变量上,可以用 model 调用

10.1.11　预测

y_pred,y_valid=[],[]#定义两个空列表,用于存储模型的预测结果和真实标签
with torch.no_grad():
　model.eval()#将模型设置为评估模式
　for x_val,y_val in valid_loader:# 循环遍历验证数据集
　　x_val = x_val.to(device)#将验证特征转移到指定设备上
　　y_pred.append(model(x_val))#将验证特征代入已经训练好的模型,获得预测值,并追加到列表
　　y_valid.append(y_val)#将与预测值配对的真实值追加到列表
　y_pred=torch.cat(y_pred).numpy().flatten()#torch.cat()函数将多个张量沿着指定的维度连接起来。在这里,y_pred 是一个列表,其中每个元素都是一个张量,将这些张量沿着第 0 维(即样本维)连接起来,得到一个大的张量。torch.cat(y_pred)会将 y_pred 列表中的所有张量按顺序连接起来,返回一个新的张量。由于这个张量是在 GPU 上计算的,因此需要将其转换为 numpy 数组,用于后续的评估和可视化
　y_valid=torch.cat(y_valid).numpy().flatten()

10.1.12 评估

通过下面代码用均方误差（MSE）评估 MLP 模型在验证集上的表现，并可视化模型的预测结果和真实标签。

```
mlp_mse=mean_squared_error(y_valid, y_pred)# 使 用 scikit-learn 库 中 的
mean_squared_error()函数计算模型在验证集上的均方误差(MSE),其中 y_valid 表示真实标签,y_pred 表示模型的预测结果
    mlp_rmse=np.sqrt(mlp_mse)#计算均方根误差(RMSE),即 MSE 的平方根
    print(f"MLP's forecast-MSE:{mlp_mse:.2f},RMSE:{mlp_rmse:.2f}")#打印模型的 MSE 和
RMSE。数值保留两位小数
    fig,ax=plt.subplots()#创建一个新的图形,并返回一个包含图形和子图的元组
    ax.plot(y_valid,color='blue',label='真实')#在子图中绘制真实标签和模型的预测结果,
其中真实标签用蓝色表示,预测结果用红色表示
    ax.plot(y_pred,color='red',label='预测')
    ax.set(title="多层感知机的预测",xlabel='时间',ylabel='价格(元)')#设置图标题、轴标签
    ax.legend()#显示图例
    #plt.tight_layout()#防止重叠
    #plt.savefig('images/ch10_im8.png')#按默认路径保存图片
    plt.show()#显示图形
```

输出结果如图 10-3 所示。

```
MLP's forecast - MSE: 0.06, RMSE: 0.24
```

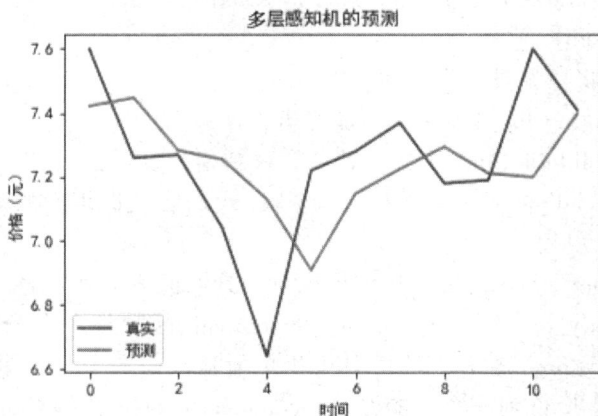

图 10-3　模型输出值与真实值的比较展示

从图 10-3 可以发现，预测线与实际线走向类似，但时间上延后，说明其实用性欠佳。另外，MLP'sforecast-MSE：0.06，RMSE：0.24，模型还有优化空间。读者可以自行更改批量大小、循环次数、学习率、滞后值以及实验隐藏层、神经元、激活函数数量，也可以对源数据进行归一化和标准化，改善模型性能。

为了判断预测误差（MSE）和均方根误差（RMSE）的大小，编写一段直接预测代码，获得误差值，作为基准值。模型误差值比直接预测的误差大则该模型不可用。

naive_pred=prices[len(prices)-VALID_SIZE-1:-1]#从 prices 数组的倒数第 12 个元素开始,到倒数第 2 个元素为止,即选取数据集的倒数 12 期作为预测结果

y_valid=prices[len(prices)-VALID_SIZE:]#y_valid 表示选取 prices 数组的倒数 12 期作为验证数据集,即将真实数据提取出来,用于计算预测误差

naive_mse=mean_squared_error(y_valid,naive_pred)#使用 mean_squared_error 函数计算模型对选取的验证数据集的均方误差(MSE)

naive_rmse=np.sqrt(naive_mse)#使用 np.sqrt 函数将 MSE 转换为 RMSE

print(f"Naïve forecast-MSE:{naive_mse:.3f},RMSE:{naive_rmse:.3f}")#打印模型的 MSE 和 RMSE。MSE 和 RMSE 越小,说明预测结果越接近真实值,预测能力越强

10.2 卷积神经网络在时间序列预测中的应用

卷积神经网络（Convolutional Neural Networks，CNN）是一类包含卷积计算且具有深度结构的前馈神经网络。对卷积神经网络的研究始于 20 世纪 80 年代，随着深度学习理论的提出和数值计算设备的改进，卷积神经网络在计算机视觉、自然语言处理等领域表现突出。[①]

典型的 CNN 架构包括：（1）卷积层：通过卷积过滤提取潜在特征；（2）池化层：减小图像或序列（数据维度，像素等）大小，并保留重要特征；（3）全连接层：通常在卷积神经网络末端设置全连接层，将网络提取的特征映射到标签。用一维 CNN 进行时间序列预测的优势包括：一维 CNN 可以有效发现整个数据集的固定长度块的特征；CNN 能够提取独立于时间维度（平移不变）的信息特征，并使用它来预测目标；一维 CNN 允许更大的过滤器；CNN 模型具有良好的抗噪声特性。下面介绍用 CNN 模型预测股票价格的程序。

10.2.1 导入库

```
from iFinDPy import *
import pandas as pd
import numpy as np
import random
import torch
import torch.optim as optim
import torch.nn as nn
import torch.nn.functional as F
from torch.utils.data import Dataset,TensorDataset,DataLoader,Subset
```

---

① 卷积神经网络模型原理的简要介绍可以查看《卷积神经网络模型》一文（网址：https://blog.csdn.net/Kevin_Carpricron/article/details/124070006）；有深入研究需求时，可以自行查找更深入解释的参考书籍。

```
from torch.utils.data import (Dataset,TensorDataset,DataLoader,Subset)
from sklearn.metrics import mean_squared_error
from collections import OrderedDict
device = 'cuda' if torch.cuda.is_available()else 'cpu'
```

10.2.2　设定参数

```
START_DATE='2011-05-17'#下载数据的起始时间
END_DATE='2023-05-17'#下载数据的终止时间
VALID_START='2022-05-17'#验证集的起始时间
N_LAGS=12#特征的滞后观测值
BATCH_SIZE=5#每次传送数据的大小
N_EPOCHS=2000#所有数据被循环应用的次数
```

10.2.3　下载数据和处理数据

```
#thsLogin=THS_iFinDLogin('******','******')#登录超级终端
#df1=THS_HQ(CODE,'open,high,low,close,volume','Interval:W,CPS:6',START_DATE,
END_DATE)#下载源数据(周数据)
#thsLogout=THS_iFinDLogout()#退出超级终端
#df1=df1.data[['time','open','high','low','close','volume']]#选取所需列,并把数据格式
从同花顺格式改为DateFrame格式
#df=df1.rename(columns={'time':'Date','open':'Open','high':'High','low':'Low','close':
'Close','volume':'Volume'})#更改列名
#df.set_index('Date',inplace=True)#以'Data'为行索引
#df.to_excel(r'C:\Users\****\Desktop\deeplearnning\cnndata.xlsx')
df=pd.read_excel(r'C:\Users\****\Desktop\deeplearnning\cnndata.xlsx')#没有权限下载
数据时,从指定网站下载教材提供数据,放到本地目录后,从这行代码开始运行
prices=df['Close'].values#获得收盘价数据
df=df.set_index('Date')#以'Data'为行索引
```
可以用以下代码，初步了解数据结构或趋势：
```
import matplotlib.pyplot as plt
from matplotlib.dates import AutoDateLocator,AutoDateFormatter
plt.rcParams['font.sans-serif']=['SimHei']#用于显示中文
plt.rcParams['axes.unicode_minus']= False#用于显示中文
fig,ax = plt.subplots()
ax.plot(pd.to_datetime(df.index),prices)
locator = AutoDateLocator()#以下4行程序的功能为防止横轴上显示的时间相互重叠
formatter = AutoDateFormatter(locator)
ax.xaxis.set_major_locator(locator)
```

```
ax.xaxis.set_major_formatter(formatter)
ax.tick_params(axis='x',rotation=45)#旋转45度显示
ax.set(title=f"{CODE}股票价格",xlabel='时间',ylabel='价格')#设置图名、x轴、y轴
```

输出结果如图10-4所示。

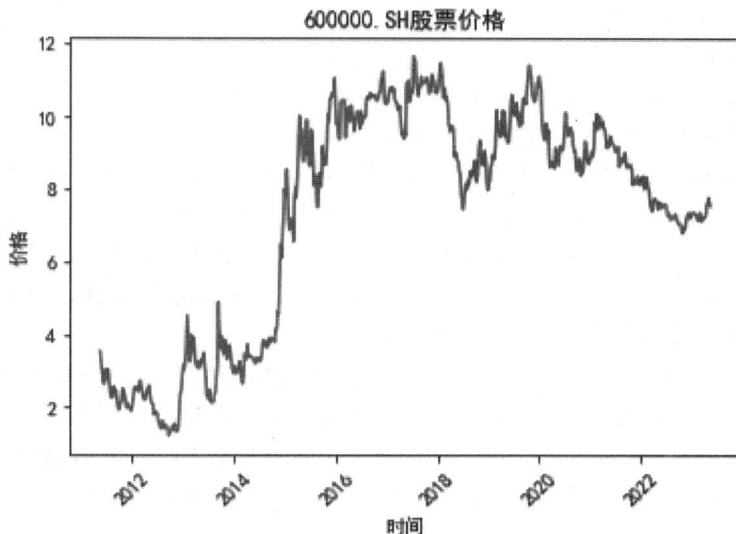

图10-4　股票价格图

10.2.4　转换格式

```
def create_input_data(series,n_lags=1):#n_lags=1表示用时间t的股票价格来预测时间
t+1的价格;默认为1,本程序中传输3
    X,y = [],[]
    for step in range(len(series)- n_lags):#把股票价格分开赋值给X和y
        end_step = step + n_lags
        X.append(series[step:end_step])#把t、t+1、t+2赋给X
        y.append(series[end_step])#把t+3赋给y
    return np.array(X),np.array(y)#返回数组格式的特征与标签
X,y=create_input_data(prices,N_LAGS)#用create_input_data函数实现把股票价格的时
```
间序列转换为符合卷积神经网络模型输入格式要求的数据

输出结果为：Naive forecast-MSE：0.01，RMSE：0.11。

这段程序用"naive"模型对时间序列数据进行预测，输出了计算预测误差（MSE）和均方根误差（RMSE）。这个结果是模型之间比较优劣的量化依据。

10.2.5　准备数据加载器

```
def custom_set_seed(seed):#获得随机种子参数后设置相关环境变量,使每次运行的输
```
出结果相同。在深度学习中常用此函数确保实验的可重复性

```
        torch.manual_seed(seed)

        torch.cuda.manual_seed_all(seed)

        torch.backends.cudnn.deterministic = True

        torch.backends.cudnn.benchmark = False

        np.random.seed(seed)

        random.seed(seed)

        os.environ['PYTHONHASHSEED']= str(seed)
```

custom_set_seed(42)#设置随机种子数值为42

valid_size=df.loc[VALID_START:END_DATE].shape[0]#获得验证集的长度

valid_ind=len(X)−valid_size#从数据集的尾部截取一个长度为 valid_size 的验证集

X_tensor=torch.from_numpy(X).float()#将数据集转换成 PyTorch 中的张量

y_tensor=torch.from_numpy(y).float().unsqueeze(dim=1)#将标签转换为张量,并且通过 unsqueeze(dim=1)操作将一维的标签转换成列向量

dataset=TensorDataset(X_tensor,y_tensor)#数据集和标签组合成一个数据集对象

train_dataset=Subset(dataset,list(range(valid_ind)))#从数据集抽取训练集

valid_dataset=Subset(dataset,list(range(valid_ind,len(X))))#从数据集抽取验证集

train_loader=DataLoader(dataset=train_dataset,batch_size=BATCH_SIZE)#用 DataLoader 对象加载数据集,batch_size 的大小决定了每个 batch 中有多少数据

valid_loader=DataLoader(dataset=valid_dataset,batch_size=BATCH_SIZE)#同上

10.2.6　设置 CNN 网络结构

class Flatten(nn.Module):#该类的主要功能是展平数据。forward 函数定义前向传播过程,函数的输 x 是一个张量,x.size()返回的是一个元组,元组的第一个元素表示张量的 batch size,第二个元素表示张量的通道数,第三个元素表示张量的高度,第四个元素表示张量的宽度;在这里不关心通道数,所以使用 x.size()[0]取出 batch size。再通过 x.view(x.size()[0],−1) 将输入张量 x 展平成一个一维的张量,其中−1 表示根据输入张量的大小自动推断展平后的张量大小。这样,该模块的前向传播过程就完成了,返回一个展平后的张量

```
        def forward(self,x):

            return x.view(x.size()[0],−1)

    def forward(self,x):

        return x.view(x.size()[0],−1)

    model = nn.Sequential(OrderedDict([

    ('conv_1',nn.Conv1d(1,32,3,padding=1)),

    ('max_pool_1',nn.MaxPool1d(2)),

    ('relu_1',nn.ReLU()),

    ('flatten',Flatten()),

    ('fc_1',nn.Linear(192,50)),

    ('relu_2',nn.ReLU()),
```

```
('dropout_1',nn.Dropout(0.4)),
('fc_2',nn.Linear(50,1))
```

]))#定义了一个 Sequential 模型,并按照给定的顺序添加了各个层。其中,conv_1 定义一个卷积层,输出通道为 32,卷积核大小为 3,padding 大小为 1;max_pool_1 定义一个最大池化层,大小为 2;relu_1 定义一个 Relu 激活函数;flatten 定义一个 Flatten 层,用于展平数据;fc_1 定义一个全连接层,输入特征为 192,输出特征为 50;relu_2 定义另一个 Relu 激活函数;dropout_1 定义一个 Dropout 层,并设置 dropout 概率为 0.4;fc_2 定义最后一个全连接层,输入特征为 50,输出特征为 1

```
print(model)
```

代码输出如下:

```
Sequential(
 (conv_1):Conv1d(1,32,kernel_size=(3,),stride=(1,),padding=(1,))
 (max_pool_1):MaxPool1d(kernel_size=2,stride=2,padding=0,dilation=1,ceil_mode=False)
 (relu_1):ReLU()
 (flatten):Flatten()
 (fc_1):Linear(in_features=192,out_features=50,bias=True)
 (relu_2):ReLU()
 (dropout_1):Dropout(p=0.4,inplace=False)
 (fc_2):Linear(in_features=50,out_features=1,bias=True)
)
```

输出了构建好的模型结构。对每个层都显示了其名称和信息,如对卷积层显示了输入通道数、输出通道数、池化大小等信息。

10.2.7　实例化模型

```
model=model.to(device)#调用已经创建的模型,在指定设备(device)上进行计算
loss_fn=nn.MSELoss()#为计算模型输出与标签之间的误差,定义了损失函数 loss_fn,即均方误差(MSE)损失函数
optimizer=optim.Adam(model.parameters(),lr=0.001)#定义优化器 optimizer,即 Adam 优化算法。
```

通过优化器更新模型参数,降低模型的预测误差。其中,model.parameters()表示要优化的参数,lr=0.001 表示学习率为 0.001

10.2.8　训练模型

```
import os
import torch
# 设置断点续训的参数
CHECKPOINT_PATH='./cnn_checkpoint.pth'#保存断点的路径
START_EPOCH=0#加载断点起始 epoch
```

```
    if os.path.exists(CHECKPOINT_PATH):#如果存在断点文件,则加载保存的模型状态、
优化器状态、训练损失和验证损失,并从上次的epoch继续训练。否则,从头开始训练
        checkpoint=torch.load(CHECKPOINT_PATH)#使用torch.load方法加载保存的模型
状态、优化器状态、训练损失和验证损失,并从上次的epoch继续训练
        model.load_state_dict(checkpoint['model_state_dict'])
        optimizer.load_state_dict(checkpoint['optimizer_state_dict'])
        START_EPOCH = checkpoint['epoch']+ 1
        train_losses = checkpoint['train_losses']
        valid_losses = checkpoint['valid_losses']
    else:
        train_losses,valid_losses = [],[]
#训练循环
PRINT_EVERY=50#定义了每隔多少个epoch打印一次训练和验证集的损失
best_epoch=0#初始化最佳epoch为0,用于记录验证集损失最小的epoch
for epoch in range(START_EPOCH, N_EPOCHS): # 从 START_EPOCH 开 始 循 环 到
N_EPOCHS
        running_loss_train = 0#初始化训练集损失
        running_loss_valid = 0#初始化验证集损失
        model.train()#将模型设置为训练模式,启用Dropout、BatchNormalization等层
        for x_batch,y_batch in train_loader:#循环训练集数据
            optimizer.zero_grad()#将优化器的梯度清零,用于反向传播计算梯度
            x_batch=x_batch.to(device)#在GPU上进行计算,输入数据x_batch
            x_batch=x_batch.view(x_batch.shape[0],1,N_LAGS)#改变输入数据x_batch的形状,
把二维数据变成三维数据;第一个维度表示batch size,第二个维度表示通道数(这里为1),第
三个维度表示时间步长
            y_batch=y_batch.to(device)#同 x_batch
            y_batch=y_batch.view(y_batch.shape[0],1,1)#改变标签数据y_batch形状,把原本的
一维数据变成三维数据;第一个维度表示batch size,第二个维度表示通道数(这里为1),第三
个维度为1
            y_hat=model(x_batch).view(y_batch.shape[0],1,1)#在模型中前向传播输入数据
x_batch,得到预测结果y_hat,并改变其形状与标签数据y_batch形状相同
            loss=torch.sqrt(loss_fn(y_batch,y_hat))#计算预测结果y_hat和标签数据y_batch之
间的均方根误差(RMSE)
            loss.backward()#反向传播计算梯度
            optimizer.step()#根据计算得到的梯度更新模型参数
            running_loss_train+=loss.item()*x_batch.size(0)#累加训练集损失
        epoch_loss_train=running_loss_train/len(train_loader.dataset)#计算本次循环训练损失
        train_losses.append(epoch_loss_train)#将本次循环训练集损失加入到训练集损失
```

列表

```
    with torch.no_grad():#关闭梯度计算
    model.eval()#设置模型进入评估模式,禁用Dropout和BatchNormalization等层
    for x_val,y_val in valid_loader:#循环验证集数据
        x_val = x_val.to(device)# GPU 上进行计算输入数据 x_val
        x_val = x_val.view(x_val.shape[0],1,N_LAGS)# 改变输入数据 x_batch 的形状,把
二维数据变成三维数据;第一个维度表示 batch size,第二个维度表示通道数(这里为 1),第
三个维度表示时间步长
        y_val=y_val.to(device)#同上
        y_val=y_val.view(y_val.shape[0],1,1)#同训练时一样
        y_hat=model(x_val).view(y_val.shape[0],1,1)#在模型中前向传播输入数据
x_batch,得到预测结果 y_hat,并改变其形状与标签数据 y_batch 形状相同
        loss=torch.sqrt(loss_fn(y_val,y_hat))#以下不再解释与训练代码相同部分
        running_loss_valid+=loss.item()*x_val.size(0)
    epoch_loss_valid = running_loss_valid / len(valid_loader.dataset)
    if epoch > 0 and epoch_loss_valid < min(valid_losses):
        best_epoch = epoch
        torch.save({
            'epoch':epoch,
            'model_state_dict':model.state_dict(),
            'optimizer_state_dict':optimizer.state_dict(),
            'train_losses':train_losses,
            'valid_losses':valid_losses
        },CHECKPOINT_PATH)#使用 torch.save 方法保存模型状态、优化器状态、训
练损失和验证损失,以便在下一次训练时加载。同时,记录了最佳epoch,以便在训练过程
中保存最佳模型
    valid_losses.append(epoch_loss_valid)#保存验证损失
    if epoch % PRINT_EVERY == 0:#每循环50次打印
    print(f"<{epoch}>-Train.loss:{epoch_loss_train:.6f}\tValid.loss:{epoch_loss_valid:.6f}
")#打印循环次数、训练损失、验证损失
print(f'Lowest loss recorded in epoch:{best_epoch}')#打印最优模型的位置
```

输出如下:

<0> – Train. loss：1.774343　Valid. loss：0.393559

<50> – Train. loss：1.151640　　　Valid. loss：0.628382

……

<1900> – Train. loss：0.784285　　Valid. loss：0.204030

<1950> – Train. loss：0.776568　　Valid. loss：0.181596

Lowest loss recorded in epoch：198

10.2.9 显示损失

```
train_losses=np.array(train_losses)
valid_losses=np.array(valid_losses)
fig,ax=plt.subplots()
ax.plot(train_losses,color='blue',label='训练损失')
ax.plot(valid_losses,color='red',label='验证损失')
ax.set(title="循环次数与损失关系",xlabel='循环次数',ylabel='损失')
ax.legend()
plt.show()
```

输出结果如图10-5所示。

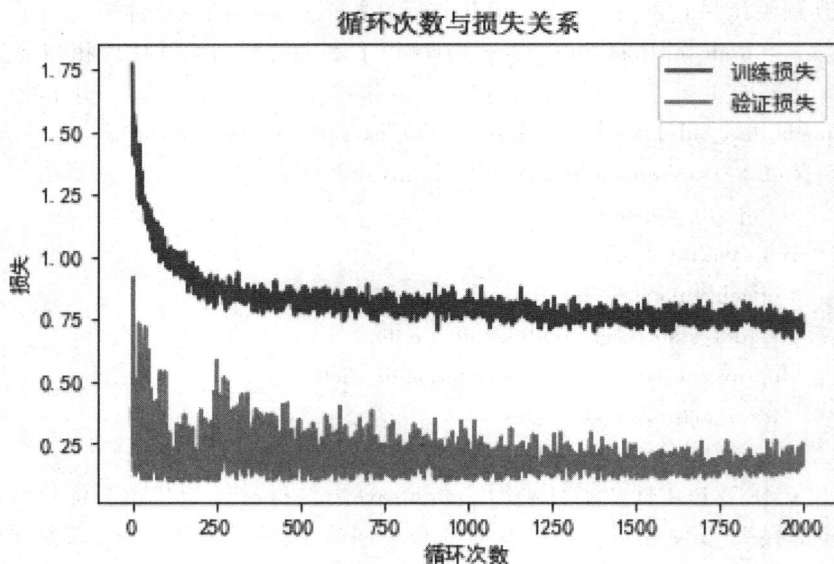

图10-5 循环次数与损失关系图

10.2.10 加载最优模型

state_dict=torch.load('cnn_checkpoint.pth')#从 cnn_checkpoint.pth 文件中加载模型参数的状态字典(该文件包含已训练好的模型参数)

model_dict=model.state_dict()#获取模型的状态字典,该字典包含模型所有参数

new_state_dict={k:v for k,v in state_dict.items()if k in model_dict}#创建新状态字典 new_state_dict,其中只包含在当前模型中存在的参数。这里使用了字典推导式,遍历加载的状态字典 state_dict 中的每一个键值对,如果该键也在当前模型的状态字典 model_dict 中,则将该键值对添加到新的状态字典 new_state_dict。以上三行代码与断点续训代码相互对应,如果没有设置断点续训,直接运行下面两行程序即可

model_dict.update(new_state_dict)#将新的状态字典 new_state_dict 中的参数更新到当

前模型的状态字典 model_dict 中。如果 new_state_dict 中的键已经在 model_dict 中,则使用 new_state_dict 中的值更新 model_dict 中的值;如果 new_state_dict 中的键不在 model_dict 中, 则将该键值对添加到 model_dict 中

model.load_state_dict(model_dict)#将更新后的状态字典 model_dict 加载到当前模型,更新模型参数

10.2.11 预测

y_pred,y_valid=[],[]#初始化预测结果列表 y_pred 和标签数据列表 y_valid

with torch.no_grad():#关闭梯度计算

model.eval()#将模型设置为评估模式,禁用 Dropout、BatchNormalization 等层

for x_val,y_val in valid_loader:# 循环验证集数据

x_val=x_val.to(device)#用 GPU 计算输入数据 x_val

x_val=x_val.view(x_val.shape[0],1,N_LAGS)#改变输入数据 x_val 形状,由二维数据变成三维数据,第一个维度表示 batch size,第二个维度表示通道数(这里为1),第三个维度表示时间步长

y_pred.append(model(x_val))#将模型对输入数据 x_val 的预测结果添加到预测结果列表 y_pred

y_valid.append(y_val)#在标签数据列表 y_valid 中添加标签数据 y_val

y_pred = torch.cat(y_pred).numpy().flatten()#把预测结果列表 y_pred 中的预测结果拼接成一个张量,后变成 NumPy 数组格式,并展平成一维数组

y_valid=torch.cat(y_valid).numpy().flatten()#将标签数据列表 y_valid 中的标签数据拼接成一个张量,然后将其转换为 NumPy 数组,并将其展平成一维数组

10.2.12 评估

cnn_mse=mean_squared_error(y_valid, y_pred)# 使用 scikit-learn 库中的 mean_squared_error()函数计算模型在验证集上的均方误差(MSE),其中 y_valid 表示真实标签,y_pred 表示模型的预测结果

cnn_rmse=np.sqrt(cnn_mse)#计算均方根误差(RMSE),即 MSE 的平方根

print(f"CNN's forecast-MSE:{cnn_mse:.2f},RMSE:{cnn_rmse:.2f}")#打印模型的 MSE 和 RMSE,数值保留两位小数

fig,ax=plt.subplots()#创建一个新的图形,并返回一个包含图形和子图的元组

ax.plot(y_valid,color='blue',label='实际')#在子图中绘制真实标签和模型的预测结果,其中真实标签用蓝色表示,预测结果用红色表示

ax.plot(y_pred,color='red',label='CNN 预测')

ax.plot(naive_pred,color='green',label='直接预测')

ax.set(title="卷积神经网络的预测",xlabel='时间',ylabel='价格')#设置图标题、轴标签

ax.legend()#显示图例

plt.show()#显示图形

输出结果如图 10-6 所示。

CNN's forecast — MSE: 0.03, RMSE: 0.18

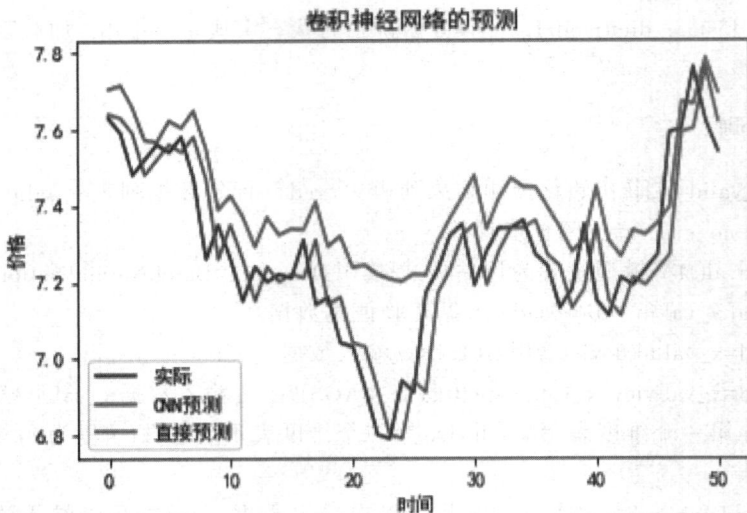

图 10-6 卷积神经网络模型预测展示

从图 10-6 可以看出，CNN 预测 MSE 为 0.03，RMSE 为 0.18，虽然数值小表明模型效果良好，但是从图形发现红线相对蓝线滞后，如果红线相对于蓝线提前，则实用性将大大增强。

10.3 递归神经网络在时间序列预测中的应用

知识课堂 10-3
递归神经网络
在时间序列
预测中的应用

递归神经网络（Recursive Neural Network）是具有树状阶层结构且网络节点按其连接顺序对输入信息进行递归的人工神经网络，属于深度学习算法。递归神经网络中引入门控单元后可以学习长距离依赖。递归神经网络的每个父节点都仅与一个子节点连接时，其结构等价于全连接的循环神经网络。作为循环神经网络的推广，从 1990 年开始应用后，基于可变的拓扑结构且权重共享的特点，其在包含结构关系的机器学习任务中被广泛应用，尤其在自然语言处理领域备受关注。长短期记忆（LSTM）、网络和门控循环单元（GRU）是 RNN 的扩展模型。[①]

前馈网络和 RNN 的主要区别在于前馈网络一次固定大小的输入产生固定大小的输出；RNN 不是一次获取所有输入数据，而是按顺序一次获取一个数据，每次网络都用一系列计算来产生输出（隐藏状态），然后，与下一个数据组合形成新的输入，直到输入序列的末尾。隐藏状态包含数据序列过去输入的上下文，因此可以描述其为 RNN 中的记忆，显然，RNN 用数据序列已有的观察结果对未来的观察结果进行建模。另外，当每个时间步长对序列的每个元素进行计算时，RNN 模型共享所有时间步长的权重/参

---

① 递归神经网络模型原理的简要介绍可以查看《递归神经网络》一文（网址：https://blog.csdn.net/qq_38376616/article/details/107450469）；有深入研究需求时，可以自行查找更深入解释的参考书籍。

数。应注意，RNN 用反向传播算法无法学习长期依赖性，原因是当梯度值累积得非常大时，将发生梯度爆炸导致无法得到优化函数的最小值，并且模型不稳定。梯度值过大问题可以用梯度裁剪（将梯度值限制在预定的阈值）方法解决；梯度的值过小（也是由于累积）问题可以用 ReLU 激活函数（不能用 tanh 或 sigmoid）或应用 LSTM、GRU 等模型解决。下面我们用 RNN 模型预测股票价格。

10.3.1 导入库

```
import numpy as np
import pandas as pd
import torch
import torch.optim as optim
import torch.nn as nn
from torch.utils.data import Dataset,TensorDataset,DataLoader,Subset
from collections import OrderedDict
from sklearn.metrics import mean_squared_error
from sklearn.preprocessing import MinMaxScaler
device = 'cuda' if torch.cuda.is_available()else 'cpu'
```

10.3.2 设定参数

```
CODE='600000.SH'
START_DATE='2011-05-17'#下载数据的起始时间
END_DATE='2023-05-17'#下载数据的终止时间
VALID_START='2022-05-17'#验证集的起始时间
N_LAGS=12#特征的滞后观测值
BATCH_SIZE=16#每次传送数据的大小
N_EPOCHS=100#所有数据被循环应用的次数
```

10.3.3 下载和处理数据

本案例用 CNN 模型应用的数据集，因此这里未编写源数据下载程序。直接从本地读取已经保存的数据集。

```
df=pd.read_excel(r'C:\Users\****\Desktop\deeplearnning\cnndata.xlsx')#读取本地数据
prices=df['Close'].values.reshape(-1,1)#读取收盘价,并调整为多行1列,赋值给 price
df=df.set_index('Date')#以 Date 为行索引
可以用以下代码,初步了解数据结构或趋势
import matplotlib.pyplot as plt
from matplotlib.dates import AutoDateLocator,AutoDateFormatter
plt.rcParams['font.sans-serif']=['SimHei']#用于显示中文
plt.rcParams['axes.unicode_minus']=False#用于显示中文
```

```
fig,ax=plt.subplots()
ax.plot(pd.to_datetime(df.index),prices)
locator=AutoDateLocator()#以下4行程序的功能为防止横轴上显示的时间重叠
formatter=AutoDateFormatter(locator)
ax.xaxis.set_major_locator(locator)
ax.xaxis.set_major_formatter(formatter)
ax.tick_params(axis='x',rotation=45)#旋转45度显示
ax.set(title=f"{CODE}股票价格",xlabel='时间',ylabel='价格')#设置图名、x轴、y轴
```

输出结果如图10-7所示。

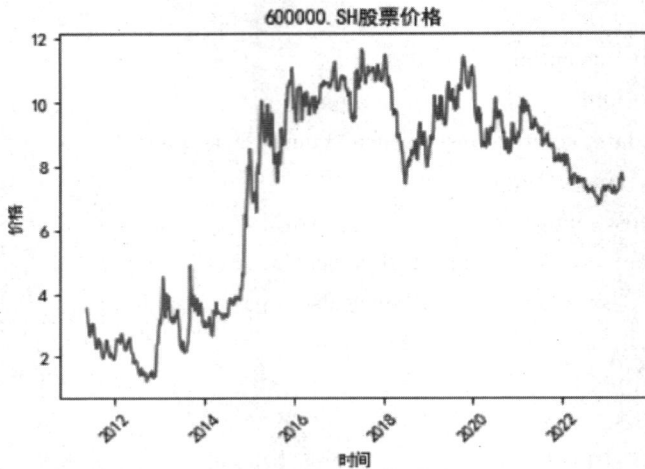

图10-7　股票价格图

10.3.4　数据的归一化和格式编辑

```
valid_size=df.loc[VALID_START:END_DATE].shape[0]#获得验证集长度
valid_ind=len(prices)-valid_size#计算训练集和验证集的分界点
minmax=MinMaxScaler(feature_range=(0,1))#用MinMaxScaler对象归一化价格数据
prices_train=prices[:valid_ind]#获取训练集
prices_valid=prices[valid_ind:]#获取验证集
minmax.fit(prices_train)#获得训练集最大值和最小值
prices_train=minmax.transform(prices_train)#归一化训练集
prices_valid=minmax.transform(prices_valid)#归一化验证集
prices_scaled=np.concatenate((prices_train,prices_valid)).flatten()#将归一化后的训练集
```
和验证集拼接成一个一维数组
```
#plt.plot(prices_scaled)#绘制归一化后的价格数据曲线图
X,y=create_input_data(prices,N_LAGS)#用create_input_data函数实现把股票价格的时
```
间序列转换为符合递归神经网络模型输入格式要求的数据。函数定义与CNN模型一样

10.3.5　准备数据加载器

```
def custom_set_seed(seed):#获得随机种子参数后设置相关环境变量,使每次运行的输
出结果相同。在深度学习中常用此函数确保实验的可重复性
    torch.manual_seed(seed)
    torch.cuda.manual_seed_all(seed)
    torch.backends.cudnn.deterministic = True
    torch.backends.cudnn.benchmark = False
    np.random.seed(seed)
    random.seed(seed)
    os.environ['PYTHONHASHSEED']= str(seed)
custom_set_seed(42)#设置随机种子数值为42
valid_size=df.loc[VALID_START:END_DATE].shape[0]#获得验证集的长度
valid_ind=len(X)−valid_size#从数据集的尾部截取一个长度为 valid_size 的验证集
X_tensor=torch.from_numpy(X).float().reshape(X.shape[0],X.shape[1],1)#将输入数据 X 转
```

换成三维 PyTorch 张量,第一个维度表示 batch size,第二个维度表示通道数,这里为 1,第三
个维度表示时间步长

```
    y_tensor=torch.from_numpy(y).float().reshape(X.shape[0],1)#将标签转换成二维 PyTorch
```

张量,第一个维度表示 batch size,第二个维度表示输出的维度,这里为 1

```
    dataset=TensorDataset(X_tensor,y_tensor)#创建 PyTorch 的 TensorDataset 数据集,统一管
```

理特征和标签数据

```
    train_dataset=Subset(dataset,list(range(valid_ind)))#创建训练数据集,用于训练模型,其
```

中 Subset 是从 torch.utils.data 导入的数据子集对象,其第一个参数为原始数据集,第二个参
数为需要选取的数据索引

```
    valid_dataset=Subset(dataset,list(range(valid_ind,len(X))))#创建验证数据集,用于验证模
```

型的训练效果。参数同上

```
    train_loader=DataLoader(dataset=train_dataset, batch_size=BATCH_SIZE, shuffle=True)#
```

创建训练集数据加载器,用于每次从训练数据集中抽取一个固定大小的子集进行训练。
其中 DataLoader 是从 torch.utils.data 库中导入的数据加载器对象,其第一个参数为数据集,
第二个参数为 batch size,即每次抽取的数据子集的大小,第三个参数为是否要在每个 epoch
开始时对数据进 shuffle

```
    valid_loader=DataLoader(dataset=valid_dataset,batch_size=BATCH_SIZE)#创建验证集
```

数据加载器,用于对模型训练效果进行验证。参数含义同上

```
    print(f'Size of datasets−training: {len(train_loader. dataset)}|validation: {len(valid_loader.
dataset)}')
```

输出结果为：Size of datasets−training：551|validation：51

10.3.6 设置 RNN 网络

```
class RNN(nn.Module):#定义 RNN 类,继承 PyTorch 的 nn.Module 类
    def __init__(self,input_size,hidden_size,n_layers,output_size):#定义 RNN 类的构造函
数,其中 input_size 表示特征数,hidden_size 表示隐藏层大小,n_layers 表示 RNN 层数,
output_size 表示输出维度
        super(RNN,self).__init__()#调用父类的构造函数,初始化 RNN 类的基类
        self.rnn = nn.RNN(input_size,hidden_size,n_layers,batch_first=True,nonlinearity=
'relu')#定义 RNN 类的 RNN 层,其中 input_size 表示输入的特征数,hidden_size 表示隐藏层
的大小,n_layers 表示 RNN 的层数,batch_first=True 表示输入数据的第一个维度为 batch
size,nonlinearity='relu'表示使用 ReLU 作为激活函数
        self.fc = nn.Linear(hidden_size,output_size)#定义 RNN 类的全连接层,其中
hidden_size 表示特征数,output_size 表示输出维度
    def forward(self,x):#定义 RNN 类的前向传播函数,其中 x 表示输入的数据
        output,_=self.rnn(x)#将输入数据 x 传入 RNN 层进行计算,output 表示 RNN 层的输
出,_表示 RNN 层的隐藏状态。
        output=self.fc(output[:,-1,:])#通过全连接层 self.fc 进行计算,得到最终的输出结果
        return output#返回最终的输出结果
```

10.3.7 实例化模型

```
model=RNN(input_size=1,hidden_size=6,n_layers=1,output_size=1).to(device)#创建 RNN
模型,其中 input_size=1 表示输入数据的特征数为 1,hidden_size=6 表示隐藏层的大小为 6,
n_layers=1 表示 RNN 的层数为 1,output_size=1 表示输出的维度为 1。使用 .to(device)将模
型移动到指定设备上运算
loss_fn=nn.MSELoss()#定义损失函数为均方误差损失(Mean Squared Error Loss)
optimizer=optim.Adam(model.parameters(),lr=0.001)#定义优化器为 Adam 优化器,学习
率为 0.001,优化模型中的所有参数
```

10.3.8 训练模型

```
PRINT_EVERY=10#定义每训练 10 个 epoch,打印一次训练损失和验证损失
train_losses,valid_losses=[],[]#定义存储训练损失和验证损失的数组
for epoch in range(N_EPOCHS):#遍历所有的 epoch
    running_loss_train = 0#定义 running_loss_train 用于记录训练集上的 loss
    running_loss_valid = 0#定义变量 running_loss_valid,用于记录验证集上的 loss
    model.train()#设置模型为训练模式
    for x_batch,y_batch in train_loader:#遍历训练集数据加载器,每次从训练数据集中抽
取一个固定大小的数据子集进行训练,其中 x_batch 表示数据子集的输入数据,y_batch 表
示数据子集的标签数据
```

```
optimizer.zero_grad()#清空优化器中的所有梯度
x_batch=x_batch.to(device)#将输入数据 x_batch 移动到指定的设备上
y_batch=y_batch.to(device)#同上
y_hat=model(x_batch)#将输入数据传入模型运算,得到输出结果 y_hat
loss=torch.sqrt(loss_fn(y_batch,y_hat))#计算损失函数的值,其中 loss_fn 表示之前定
```
义的损失函数,torch.sqrt 表示对均方误差进行开方操作,是为了方便对结果进行解读
```
loss.backward()#计算当前损失函数对模型参数的梯度
optimizer.step()#更新模型参数,使模型参数朝着损失函数最小值的方向移动
running_loss_train+=loss.item()*x_batch.size(0)#计算训练集 loss 值
epoch_loss_train=running_loss_train/len(train_loader.dataset)#计算本次 epoch 的平均
```
训练损失,并存储到 train_losses
```
train_losses.append(epoch_loss_train)
with torch.no_grad():#关闭梯度计算
model.eval()#设置模型为评估模式
for x_val,y_val in valid_loader:#遍历验证集数据加载器,每次从验证数据集中抽取
```
一个固定大小的数据子集进行验证,其中 x_val 表示数据子集的输入数据,y_val 表示数据
子集的标签数据
```
x_val=x_val.to(device)#将输入数据 x_val 移动到指定的设备上
y_val=y_val.to(device)#同上
y_hat=model(x_val)#模型运算验证数据,得到验证结果 y_hat
loss=torch.sqrt(loss_fn(y_val,y_hat))#计算损失函数的值,loss_fn 表示之前定义的
```
损失函数,torch.sqrt 表示对均方误差进行开方操作
```
running_loss_valid+=loss.item()*x_val.size(0)#计算验证集 loss 值
epoch_loss_valid = running_loss_valid / len(valid_loader.dataset)
if epoch > 0 and epoch_loss_valid < min(valid_losses):
best_epoch=epoch#储存发现最优模型的位置;损失最小为最优
torch.save(model.state_dict(),'./rnn_checkpoint.pth')#储存已经训练好的模型,默
```
认在 jupyter-homepage 下
```
valid_losses.append(epoch_loss_valid)#保存验证损失
if epoch % PRINT_EVERY==0:#每循环 50 次打印
print(f"<{epoch}>-Train.loss:{epoch_loss_train:.4f}\tValid.loss:{epoch_loss_valid:.4f}
")#打印循环次数、训练损失、验证损失
print(f'Lowest loss recorded in epoch:{best_epoch}')#打印最优模型的发现位置
```
输出结果为：

```
<0> - Train. loss：0.5172    Valid. loss：0.2719
<10> - Train. loss：0.0404    Valid. loss：0.0135
<20> - Train. loss：0.0390    Valid. loss：0.0144
<30> - Train. loss：0.0385    Valid. loss：0.0251
```

<40> – Train. loss：0.0371　　Valid. loss：0.0141

<50> – Train. loss：0.0350　　Valid. loss：0.0118

<60> – Train. loss：0.0350　　Valid. loss：0.0116

<70> – Train. loss：0.0338　　Valid. loss：0.0128

<80> – Train. loss：0.0334　　Valid. loss：0.0118

<90> – Train. loss：0.0331　　Valid. loss：0.0118

Lowest loss recorded in epoch：99

10.3.9　显示损失

```
train_losses = np.array(train_losses)
valid_losses = np.array(valid_losses)
fig,ax = plt.subplots()
ax.plot(train_losses,color='blue',label='训练损失')
ax.plot(valid_losses,color='red',label='验证损失')
ax.set(title="循环次数与损失关系",xlabel='循环次数',ylabel='损失')
ax.legend()
plt.show()
```

输出结果如图 10-8 所示。

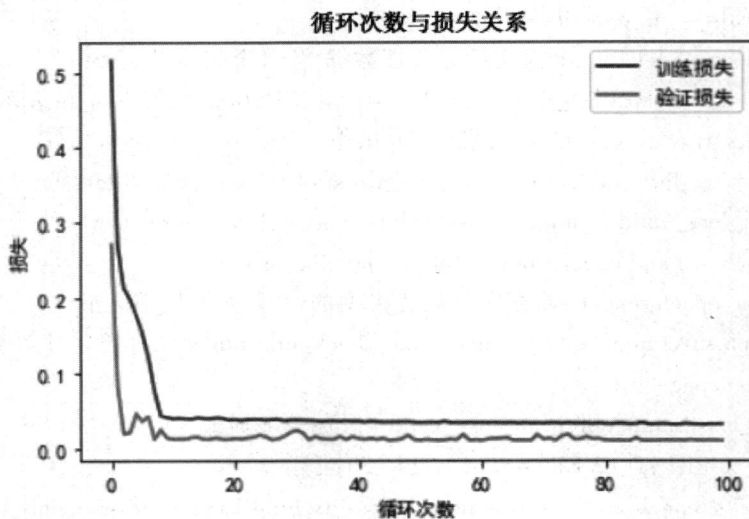

图 10-8　循环次数与损失关系图

10.3.10　加载最佳模型

```
state_dict=torch.load('rnn_checkpoint.pth')#从默认目录中加载训练后储存的模型
model.load_state_dict(state_dict)#获取模型的状态字典,该字典包含模型所有参数
```

10.3.11 预测

y_pred=[]#建空列表,用于存储RNN模型在验证集上的预测结果

with torch.no_grad():#关闭梯度计算

model.eval()#进入评估模式

for x_val,y_val in valid_loader:# 遍历验证集数据加载器,每次从验证数据集中抽取固定大小的数据子集进行验证,其中 x_val 表示数据子集的输入数据,y_val 表示数据子集的标签数据

x_val=x_val.to(device)#将输入数据 x_val 移动到指定的设备上

y_hat = model(x_val)

y_pred.append(y_hat)#将当前数据子集预测的结果 y_hat 添加到 y_pred 列表

y_pred = torch.cat(y_pred).numpy()#将列表 y_pred 中的多个张量在第一个维度上拼接起来,得到一个大的张量,然后将其转换成 NumPy 数组

y_pred=minmax.inverse_transform(y_pred).flatten()#反归一化 RNN 模型预测结果,并展平为一维数组,用于后续的计算和可视化

10.3.12 评估

rnn_mse=mean_squared_error(y_valid,y_pred)#计算RNN模型在验证集上的均方误差

rnn_rmse=np.sqrt(rnn_mse)#计算RNN模型在验证集上的均方根误差

print(f"RNN′s forecast−MSE:{rnn_mse:.4f},RMSE:{rnn_rmse:.4f}")#输出 RNN 模型在验证集上的均方误差和均方根误差

fig,ax=plt.subplots()#创建图形对象和子图对象。

ax.plot(y_valid,color='blue',label='实际')#在子图对象上绘制验证集的实际结果,以蓝色绘制线条,并添加标签

ax.plot(y_pred,color='red',label='RNN')

ax.plot(naive_pred,color='green',label='普通')

ax.set(title="RNN预测",xlabel='时间',ylabel='价格')#设置子图对象的标题、x轴和y轴标签

ax.legend()#显示图例

plt.show()#显示图形对象和子图对象

输出如下:

RNN 的预测－MSE：4.0315，RMSE：2.0079

图形输出结果如图 10-9 所示。

MSE=4.0315，RMSE=2.0079 相对较大，表明预测效果不理想，从图 10-9 看不管是RNN还是普通在时间上都滞后于实际，如果在时间上领先于实际则说明预测效果较好，实用性较强。

我们用平安银行数据，分别应用多层感知机、卷积神经网络、递归神经网络预测股价，获得的结果均不理想。这些结果说明，单变量时间序列在量化投资领域基本无法产

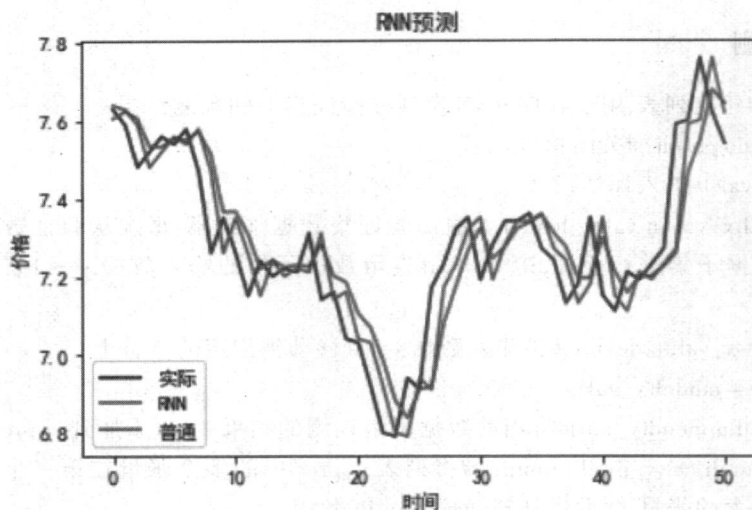

图10-9　RNN预测评估

生超额收益。通过对三个模型的学习，我们基本掌握了应用深度学习模型的方法，可以在以上代码的基础上扩展特征数量设计神经网络模型，神经网络模型应该能够获得超额收益。

10.4　投资实践流程及其解释

知识课堂10-4

投资实践流程
及其解释

10.4.1　投资实践整体流程

1）引入库

```
import pandas as pd
import numpy as np
import tushare as ts
import talib
import tensorflow as tf
from sklearn.model_selection import train_test_split
import matplotlib.pyplot as plt
import shap
import torch
import random
import os
%matplotlib inline
#查看已经安装的库及其版本时可以在cmd下输入conda list后按回车
# import pyfolio as pf#pf0.9.2可能与python、pandas等有版本冲突,无法运行
def custom_set_seed(seed):
```

```
        torch.manual_seed(seed)
        torch.cuda.manual_seed_all(seed)
        torch.backends.cudnn.deterministic = True
        torch.backends.cudnn.benchmark = False
        np.random.seed(seed)
        random.seed(seed)
        os.environ['PYTHONHASHSEED']= str(seed)
    custom_set_seed(42)
```

2）下载数据

```
stock_data1=pd. read_excel(r'C:\Users\****\Desktop\deeplearnning\cnndata.xlsx')#读取
数据
stock_data=stock_data1. rename(columns= {'Date': 'date', 'Open': 'open', 'High': 'high',
'Low':'low','Close':'close','Volume':'volume'})#更改列名
stock_data.head(1)
```

输出结果如图 10-10 所示。

	date	open	high	low	close	volume
0	2011-05-20	3.271081	3.593835	3.201151	3.534664	236518890

图 10-10　源数据结构

3）处理数据

stock_data［'MACD'］, stock_data［'MACD_signal'］, stock_data［'MACD_hist'］ = talib.MACD（stock_data［'close'］）#用 talib 库计算 MACD 值

stock_data['RSI']= talib.RSI(stock_data['close'])#用 talib 库计算 RSI 值,与 MACD 的 3 个值一起共 4 个,即特征数为 4

stock_data['ret']= stock_data['close'].pct_change(1)#注意是 1,(今天的 close-昨天的 close)-1,因此要往前放一位才能对齐,就是今天的特征预测今天的收益率,今天的收益率由明天的 colse 决定

stock_data['ret']=stock_data['ret'].shift(-1)#注意最后一行变成了空值,删除空值前保存好最后一行,最后一行一般用于预测

stock_data_last_row=stock_data.iloc[-1:,:]#保存最后一行

stock_data.dropna(inplace=True)#删除空值

#这里仅选择了常用的两个指标,talib 库中有近百种指标可以选择

stock_data_yuanshi=stock_data.copy()#保留原始数据,用于后期对比查看

print(stock_data.tail(2))#查看数据结构

print(stock_data_last_row)#最后一行,有空值。空值就是实践中需要预测的值。明天的 ret 是实践中最关心的,努力研究、建立模型计算,都是为了找到一个可信的、明天(或未来)的投资回报值

输出结果如图 10-11 和图 10-12 所示。

	date	open	high	low	close	volume	MACD	MACD_signal	MACD_hist	RSI	ret
611	2023-05-05	7.48	7.90	7.35	7.76	143857730	0.072310	0.009712	0.062599	67.845845	-0.018041
612	2023-05-12	7.77	8.22	7.58	7.62	450654900	0.085098	0.024789	0.060309	60.924205	-0.010499

图 10-11 数据结构

	date	open	high	low	close	volume	MACD	MACD_signal	MACD_hist	RSI	ret
613	2023-05-17	7.62	7.78	7.51	7.54	193802828	0.087765	0.037384	0.050381	57.325235	NaN

图 10-12 最后一行数据（用于预测）

4）数据预处理

stock_features = stock_data[['MACD','MACD_signal','MACD_hist','RSI']].values#获得特征数据。数据类型是数组,注意没有文字索引,只有序列索引

stock_labels = stock_data['ret'].values#获得标签数据

X_train, X_test, y_train, y_test, index_train, index_test = train_test_split(stock_features, stock_labels, np. array(stock_data. index), test_size=0.25, random_state=42)# 用 sklearn. model_selection库的 train_test_split函数把特征和标签分组,75%用于训练,25%用于测试

X_test_df = pd. DataFrame(X_test, columns= ['MACD','MACD_signal','MACD_hist','RSI'],index=index_test)#把测试特征数据变成 DataFrame格式

X_train_df = pd. DataFrame(X_train, columns= ['MACD','MACD_signal','MACD_hist','RSI'],index=index_train)#把训练特征数据变成 DataFrame格式

5）建立模型

input_shape = (X_train.shape[1],1)#以元组形式设置输入数据形状,该元组包含 X_train. shape[1]和 1 两个值。X_train.shape 有两个值,[0]是样本数量,[1]样本特征数。因此输入形状是 (特征数量,序列长度);序列长度为1,一行

model=tf. keras. Sequential([tf. keras. layers. LSTM(50, activation= 'relu', input_shape= input_shape),tf.keras.layers.Dense(1)])#设置 Keras 序列模型 ,模型包括 LSTM 层和一个密集层;其中 LSTM 层有 50 个神经元,使用 ReLU 激活函数 ,输入数据的形状为 input_shape;Dense 有 1 个神经元,本模型中 Dense 是最后一层,说明模型输出是一个数值。返回 Keras 模型对象,可以用于训练和评估

model.compile(optimizer=tf.keras.optimizers.Adam(0.001),loss='mse')#编译模型,为模型设置目标优化器和损失函数;其中优化器为 Adam,学习率为 0.001,损失函数为均方误差 (MSE)。返回编译后的模型

history =model.fit(X_train[:,:,np.newaxis],y_train,epochs=30,batch_size=16,validation_data =(X_test[:,:,np.newaxis],y_test),verbose=1)#用 fit()方法训练模型;其中 X_train 和 y_train 是特征和标签,epochs是训练迭代次数,batch_size是每次迭代使用的样本数量。validation_data 指定验证数据集,并且打开 verbose 模式(将训练信息输出到屏幕)。model.fit()方法返回一个 History 对象,它记录了每个轮次(epoch)的训练损失和验证损失。History 对象提供 history 属性,用于获取训练过程中的记录,其中包含以下内容:history.history['loss'],一个记录训练过程中损失值的列表;history.history['val_loss'],一个记录验证过程中损失值的列表;

history.epoch,一个记录训练过程中轮次数的列表

model.evaluate(X_test[:,:,np.newaxis],y_test)#使用测试数据对模型进行评估,返回模型的损失值。注意 evaluate 要求输入数据为三维,因此把原来的二维(145,4)数据扩展成三维(145,4,1)数据

predictions = model.predict(X_test[:,:,np.newaxis]).flatten()#用测试数据通过模型进行预测,预测结果存储在 predictions 变量。其中,flatten()方法将结果转换为一维数组(顺序与 X_test 的顺序一致),输入数据的形状为 (X_test 的数据量,每个时间步长的输入变量数量,1),这里为满足模型的输入形状要求,用 np.newaxis 把 X_test 最后一维扩展为 1。返回预测值的一维数组

输出结果如下：Train on 435 samples，validate on 145 samples

Epoch 1/30

435/435 [========================] − 1s 1ms/sample − loss：0.5247 − val_loss：0.0072

Epoch 2/30

435/435 [========================]− 0s 256us/sample − loss：0.0175 − val_loss：0.0090

……

Epoch 30/30

435/435 [========================]− 0s 229us/sample − loss：0.0029 − val_loss：0.0052

145/145 [============================]− 0s 21us/sample − loss：0.0052

6）评估

```
fig,ax=plt.subplots()
plt.rcParams['font.sans-serif']=['SimHei']#用于显示中文
plt.rcParams['axes.unicode_minus']=False#用于显示中文
plt.plot(history.history['loss'],label='训练')
plt.plot(history.history['val_loss'],label='测试')
ax.set(title="循环次数与损失关系",xlabel='循环',ylabel='损失')#设置坐标和图名
plt.legend()#现实图例
plt.show()#输出图形
train_loss=history.history['loss'][-1]#获得最后一个训练损失
test_loss=history.history['val_loss'][-1]#获得最后一个验证损失
print('Train loss:',train_loss)
print('Test loss:',test_loss)
```

输出结果如图 10-13 所示。

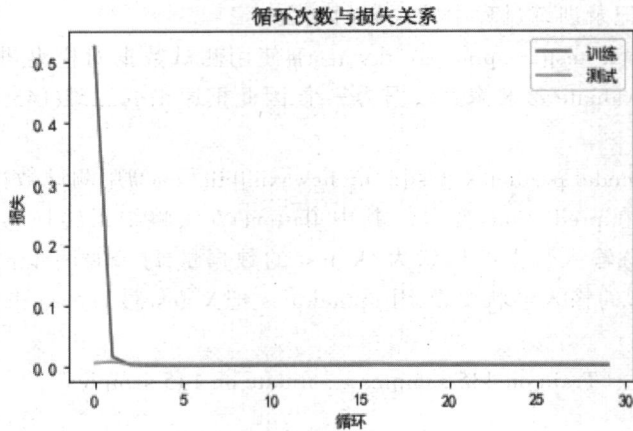

Train loss: 0.0029227354094431596
Test loss: 0.0052380568909876305

图10-13 循环次数与损失关系图

通过观察损失随循环次数的变化，评价模型在训练和测试阶段的性能表现，以及是否出现过拟合等问题。如果模型过拟合，会看到训练误差逐渐降低，而测试误差上升或波动，此时需要考虑采用一些正则化技术，如权重衰减、Dropout等。最后，输出了最优模型的训练误差和测试误差分别为train_loss=0.0029和test_loss=0.0052；通常，训练误差会比测试（验证）误差小，如果出现测试误差比训练误差小的情况，模型可能出现了欠拟合。

7）预测

```
predictions1=model.predict(stock_features[:,:,np.newaxis]).flatten()#对 stock_features 每一行进行预测,并将预测结果展平成一维数组。stock_features[:,:,np.newaxis] 部分把 stock_features 从二维数组转换为三维数组;np.newaxis 表示在最后一个维度后增加了一个维度。这就满足了神经网络模型输入三维数据(即样本数,时间步数,特征数)的需要。model.predict(stock_features[:,:,np.newaxis])部分使用训练好的神经网络模型对转换后的 stock_features 进行预测。flatten()部分将预测结果展平为一维数组;神经网络模型输出是三维数组,但只需要得到每个样本的预测结果,因此将其展平为一维数组

stock_data['pred']=predictions1#stock_data 表示增加一列存储预测值

stock_data['pred_wucha']=stock_data['pred']-stock_data['ret']#预测误差,预测值减去真实值
```

8）分析

```
plt.figure(figsize=(10,5))#设置画布

plt.plot(stock_data['date'].tail(20),stock_data['pred_wucha'].tail(20),label='预测-实际')#查看最近20个时间周期(周)的误差情况

plt.xlabel('日期')#横轴名

plt.ylabel('误差')

plt.legend()#图例
```

```
plt.grid()#网格
plt.show()#显示
```

输出结果如图10-14所示。

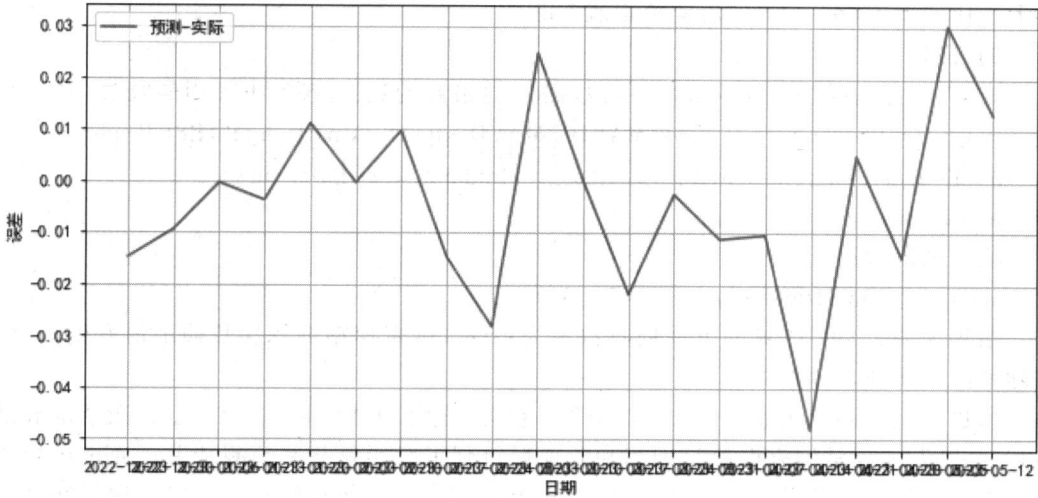

图10-14 预测和实际误差

```
#pyfolio库不稳定,因此用以下代码近似表达策略效果
stock_data['signal']=np.where(stock_data['pred']>0.01,1,0)#0.01是超参数,设置0.04后
```
准确率达到84%,但是累积收益率为0,原因是signal值都为0
```
stock_data['signal_shiji']=np.where(stock_data['ret']>0.01,1,0)#跟上一行需要一致,用于
```
计算准确率
```
stock_data['zhunquexing']=stock_data['signal']-stock_data['signal_shiji']#用于计算准
```
确率
```
stock_data['celue_shouyi']=stock_data['signal']*stock_data['ret']#signal等于1时才有收
```
益,预测上涨时买入股票,其他时间空仓;所以signal等于1时的收益率相加就能获得累积
收益率,通常来说,对数收益率才可以相加,百分比收益率相加后只能获得一个大概数据
```
stock_data['leiji_shouyi']=stock_data['celue_shouyi'].cumsum()*100#累加
stock_data.head(1)#查看当前数据结构
```

输出结果如图10-15所示。

volume	MACD	MACD_signal	MACD_hist	RSI	ret	pred	pred_wucha	signal	signal_shiji	zhunquexing	celue_shouyi	leiji_shouyi
318614351	-0.208067	-0.256111	0.048044	45.403508	0.116429	-0.001843	-0.118272	0	1	-1	0.0	0.0

图10-15 数据结构

```
zero_count=(stock_data['zhunquexing']==0).sum()#计算0的个数,0表示预测值和实际值
```
相等,相当于预测准确
```
total_count=len(stock_data['zhunquexing'])#获得总行数
moxingzhunquelv=zero_count/total_count#0占总行数的比例
```

moxingzhunquelv

输出结果为：0.66379。

注意：预测准确率随着模型训练次数输出值发生变化。须多训练几次，使这个值足够大，比如大于66%，不然后期预测值不准。

9）应用

```
#在训练好的模型中输入最后一行数据(就是最新的数据),预测下一周的收益
last_row=stock_data_last_row[['MACD','MACD_signal','MACD_hist','RSI']].values
predictions_last_row=model.predict(last_row[:,:,np.newaxis]).flatten()
predictions_last_row
```

输出结果为：

array（[−0.02106082]，dtype=float32）

结果说明，5月17日的下一周收益率为−2%（随着模型训练次数输出值发生变化，实际情况是下跌2.9%）。

通过以上代码，用简单的LSTM模型（包含一个LSTM层和一个Dense，激活函数是ReLU，损失函数是均方误差）训练和验证后得到了股票收益率预测结果。通过运行和分析发现该模型的优缺点。其优点是：LSTM层适合序列数据建模，可以挖掘时间序列中的长期依赖关系；模型结构简单，训练速度快，代码易于实现；通过评估和预测验证模型性能，可以进一步完善模型。其缺点是：模型过于简单，可能无法充分挖掘数据中的特征，存在欠拟合问题，没有使用正则化等技巧来缓解过拟合等问题；LSTM层的超参数（如神经元个数、学习率等）为主观设置，需要进行调整。

10.4.2　机器学习的interpret解释

LSTM模型对输入数据形状的要求比较严格，导致SHAP方法的应用相对复杂，而且有时候无法绘制shap.summary_plot。因此，引入另一个库interpret进行解释。

1）模型准备

```
#安装 pip install interpret
#引入库
from keras.models import Sequential
from keras.layers import LSTM
from keras.layers import Dense
from keras.optimizers import Adam
from keras import backend as K
from interpret.glassbox import ExplainableBoostingRegressor
from interpret import show
def root_mean_squared_error(y_true,y_pred):
    return K.sqrt(K.mean(K.square(y_pred−y_true)))
#数据预处理
stock_features=stock_data[['MACD','MACD_signal','MACD_hist','RSI']].values
```

```
stock_labels=stock_data['ret'].values
X_train, X_test, y_train, y_test, index_train, index_test=train_test_split(stock_features,
stock_labels,np.array(stock_data.index),test_size=0.25,random_state=42)
```

2）建立模型

```
input_shape=(X_train.shape[1],1)
model=Sequential([LSTM(50,activation='relu',input_shape=input_shape),Dense(1)])
model.compile(optimizer=Adam(0.001),loss=root_mean_squared_error)
```

3）训练模型

```
model.fit(X_train[:,:,np.newaxis],y_train,epochs=30,batch_size=16,validation_data=(X_test
[:,:,np.newaxis],y_test),verbose=1)
model_evaluation=model.evaluate(X_test[:,:,np.newaxis],y_test)
print(f"Model evaluation RMSE:{model_evaluation}")
```

4）解释模型

```
ebm=ExplainableBoostingRegressor()
ebm.fit(X_train,y_train)
global_explanation=ebm.explain_global(name='EBM')
show(global_explanation)
```

图 10-16 至图 10-18 是菜单式解释窗口输出图。特别说明：由于 LSTM 的内部机制
复杂，通常很难直接获得全局解释，因此通过 EBM 模型回归获得全局解释。下一章我
们将引入 LIME 和 SHAP 等局部解释方法。

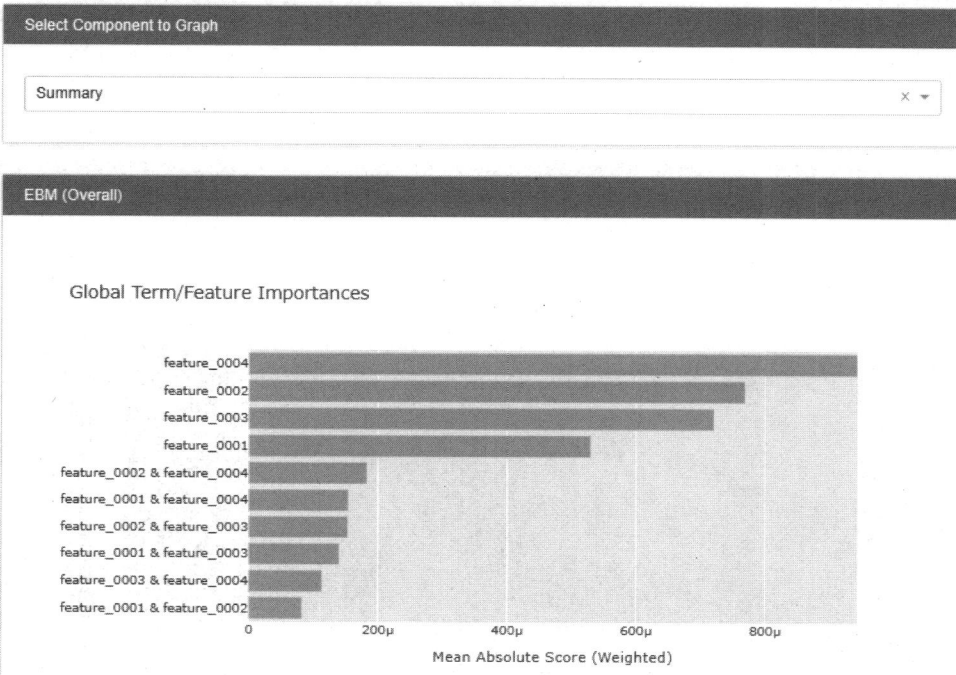

图 10-16　菜单式解释

Select Component to Graph

0 : Name (feature_0001) | Type (continuous) | # Unique (435.0)   ✕ ▾

EBM [0]

Term: feature_0001 (continuous)

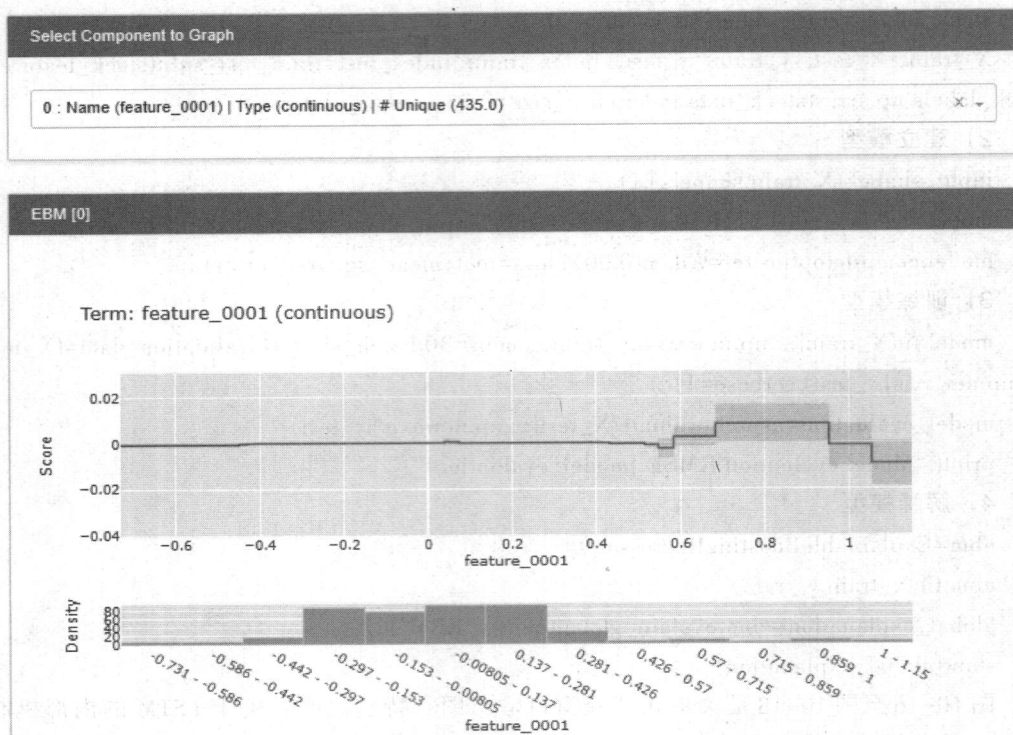

图 10-17 第一个特征的解释

Select Component to Graph

4 : Name (feature_0001 & feature_0002) | Type (interaction) | # Unique (nan)   ✕ ▾

EBM [4]

Term: feature_0001 & feature_0002 (interaction)

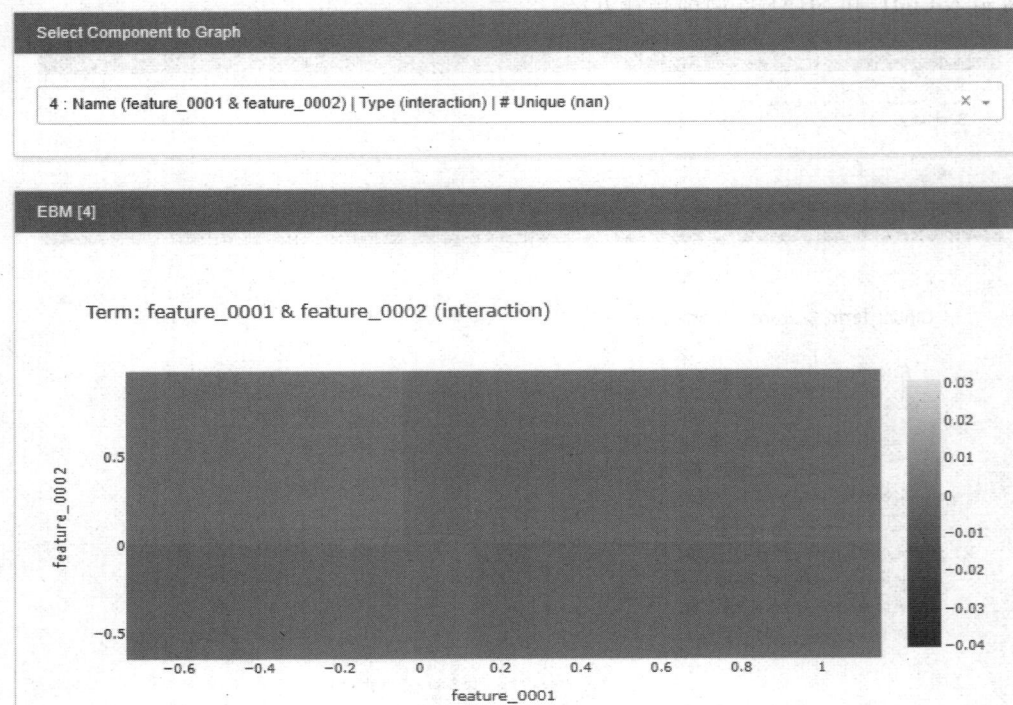

图 10-18 第一特征和第二特征交互作用解释

以上输出图的解读方法如下：

（1）全局解释图的解读方法：全局解释图通常会提供一个高层次的概览，展示模型的整体预测逻辑。这张图通常会展示特征的重要性排名，以及这些特征如何综合影响模型的最终预测。

例如：如果全局解释图显示特征 A、B、C 对模型预测的影响最大，那么可以初步推断在模型预测中，这三个特征起到了关键作用。

（2）特征重要性图的解读方法：特征重要性图通过条形图、饼图等形式，直观地展示了每个特征对模型预测的影响程度。通常，特征值越大，表明该特征对模型的贡献越大。例如：如果特征重要性图显示特征 A 的值为 0.8，特征 B 的值为 0.5，那么可以推断在模型中，特征 A 的重要性高于特征 B。

（3）特征如何影响预测图的解读方法：特征如何影响预测图展示了当某个特征的值发生变化时，模型预测将如何相应地变化。它可以帮助理解模型是如何整合各个特征来做出预测的。例如：如果特征如何影响预测图显示，当特征 A 的值增加时，模型预测也随之增加，那么可以理解特征 A 对模型预测起到了正面作用。

（4）交互效应图的解读方法：交互效应图揭示了不同特征之间是如何交互作用的，以及这种交互作用如何影响模型的预测。这对于发现非线性关系和特征间的复杂交互非常有用。例如：如果交互效应图显示，当特征 A 和特征 B 同时增加时，模型预测的增加幅度大于它们单独影响时的增加幅度之和，那么可以推断这两个特征之间存在正交互效应。

操作视频 10-1

机器学习及其解释

知识检测

1）单项选择题

（1）naive_pred = prices［len（prices）-valid_size-1：-1］中，naive_pred 的含义是（　　）。

A. 所有股价数据中的最后一个数据

B. 除去验证集后的所有股价数据

C. 验证集中的最后一个数据

D. 除去验证集后的最后一个数据

（2）train_loader = DataLoader（dataset=train_dataset，batch_size=BATCH_SIZE）中，train_loader 的含义是（　　）。

A. 将训练集数据划分为大小为 BATCH_SIZE 的多个批次

B. 将训练集数据划分为大小为 BATCH_SIZE 的多个子集

C. 将训练集数据划分为大小为 BATCH_SIZE 的多个样本

D. 将训练集数据划分为大小为 BATCH_SIZE 的多个特征

（3）optimizer = optim.Adam（model.parameters()，lr=0.001）中，optimizer 的含义是（　　）。

A. 使用 Adam 优化算法对模型参数进行优化的对象

B. 使用 Adam 优化算法对模型参数进行初始化的对象

C. 使用 Adam 优化算法对模型参数进行学习率调整的对象

D. 使用 Adam 优化算法对模型参数进行正则化的对象

（4）"for step in range（len（series）- n_lags）："用于迭代处理时间序列数据，此代码的含义是（　　）。

A.迭代处理时间序列数据中的每个时间步

B.迭代处理时间序列数据中的每个特征

C.迭代处理时间序列数据中的每个样本

D.迭代处理时间序列数据中的每个滞后期

（5）y_pred.append（model（x_val））的含义是（　　）。

A.将模型对验证集的预测结果添加到列表 y_pred 中

B.将模型对训练集的预测结果添加到列表 y_pred 中

C.将模型对测试集的预测结果添加到列表 y_pred 中

D.将模型对所有数据集的预测结果添加到列表 y_pred 中

（6）model.load_state_dict（checkpoint［'model_state_dict'］）中，以下（　　）内容被加载了。

A.模型的权重　　　　　　B.模型的结构　　　　C.优化器的状态　　　　D.损失函数的状态

2）多项选择题

（1）以下各项中，属于机器学习算法用于股价预测的编程步骤的有（　　）。

A.数据收集和预处理　　　B.特征工程　　　　C.模型选择和训练

D.模型评估和调优　　　　E.预测结果可视化

（2）用 PyTorch 构建的神经网络模型 model = nn.Sequential（OrderedDict（［（'conv_1'，nn.Conv1d（1，32，3，padding=1）），（'max_pool_1'，nn.MaxPool1d（2）），（'relu_1'，nn.ReLU()），（'flatten'，Flatten()），（'fc_1'，nn.Linear（192，50）），（'relu_2'，nn.ReLU()），（'dropout_1'，nn.Dropout（0.4）），（'fc_2'，nn.Linear（50，1）） ］ ）） 包括（　　）。

A.卷积层　　　　　　　　B.最大池化层　　　　C.ReLU 激活函数层

D.扁平化层　　　　　　　E.全连接层　　　　　F.Dropout 层

（3）以下各项中，属于递归神经网络在时间序列预测中的编程步骤的有（　　）。

A.准备训练数据和测试数据

B.定义递归神经网络模型

C.定义损失函数和优化器

D.进行模型训练

E.进行模型预测和评估

（4）以下各项中，属于准备训练数据和测试数据的编程步骤的有（　　）。

A.数据清洗和预处理

B.特征工程

C.数据标准化或归一化

D.划分训练集和测试集

E.数据加载和转换

（5）以下各项中，属于定义递归神经网络模型的编程步骤的有（　　）。

A.定义输入层、隐藏层和输出层的节点数

B.搭建递归神经网络的网络结构

C.初始化递归神经网络的权重和偏置

D.定义递归神经网络的激活函数

E.定义递归神经网络的损失函数

（6）以下各项中，属于定义损失函数和优化器的编程步骤的有（　　）。

A.定义损失函数

B.定义优化器

C.定义学习率

D.定义模型的训练目标

E.定义模型的评估指标

（7）以下各项中，属于模型训练的编程步骤的有（　　　）。

A.准备训练数据集　　　　　B.定义模型的损失函数　　　　C.定义模型的优化器

D.进行模型的训练　　　　　E.评估模型的性能　　　　　　F.定义模型的评估指标

（8）以下各项中，属于模型预测和评估的编程步骤的有（　　　）。

A.准备测试数据集

B.加载训练好的模型参数

C.对测试数据进行预测

D.计算模型预测结果与真实值之间的差异

E.评估模型的性能

3）判断题

（1）对于给定的代码 explainer=shap.DeepExplainer（model，X_train［:，:，np.newaxis］），explainer 是用于训练深度学习模型的训练器对象。　　　　　　　　　　　　　　（　　）

知识检测10-1

第10章

（2）ebm=ExplainableBoostingRegressor()中，ebm 是用于解释 Boosting 模型的解释器对象。（　　）

4）思考题

（1）用一种深度机器学习模型，选择2个以上股票的2个以上指标，编写程序判断一周后的涨跌情况。

（2）把上题中的指标扩展到5个以上，用 Interpret 或 Shap 库查看各特征的重要性，并查看删减指标对模型准确性的影响。

育德启智

中国文化中的"道"与"术"

（1）"道"在古代中国哲学中通常指宇宙和生命的本质规律，以及人类应该如何顺应这些规律以实现和谐共生的理想生活方式。老子、庄子等道家思想家认为，"道"是超越具体事物的普遍规律和原则，主张通过"悟道"来达到与自然和谐相处的境界。

（2）"术"则通常指具体的技能、技巧和实践方法，包括政治、军事、文化、艺术等方面的技能和策略。虽然"术"也是重要的，但在中国文化中，"道"的层次更高，因为只有掌握了"道"，才能真正理解和运用"术"。

（3）在文化层面，"道"是指中国传统文化的道德规范，如仁、义、礼、智、信等。这些价值观念被认为是中国文化的基石，是指导人们行为和思考的重要原则。而"术"则是在这些价值观指导下所采用的手段和方法，例如在工作生活中所采用的策略和技巧。总的来说，本课程属于"术"的范畴，应该以社会主义核心价值观为"道"，才能充分发挥本专业的潜力。

思政元素：三观教育　知信行统一

学有所悟：在中国文化中，"道"与"术"的理念深深植根于我们的思想深处。如同树木离不开土壤，人的成长也离不开"道"的指引和"术"的实践。党的二十大报告指出："解决好世界观、人生观、价值观这个总开关问题，自觉做共产主义远大理想和中国特色社会主义共同理想的坚定信仰者

思政课堂10-1

中国文化中的"道"与"术"

和忠实实践者。"作为新时代的青年，我们要树立正确的世界观、人生观和价值观，这就是"道"的引领。同时，我们还要掌握各种专业技能和知识，这就是"术"的运用。只有这样，我们才能更好地服务社会，实现个人价值和社会价值的统一。在未来的学习和工作中，我们应以"道"为纲，以"术"为用，不断提升自己，为实现中华民族伟大复兴的中国梦贡献自己的力量。

第 11 章
单股择时

■ 本章导读

通过前面10章的学习，学生已经可以基本掌握与金融大数据实践相关的各个知识点。本章通过介绍编写单股择时策略的代码，串联应用所学内容，使学生具备综合投资实践知识。编写该代码的总体思路是：首先下载中兴通讯股票的5年日度历史行情数据，通过talib库加工后形成86个变量，经相关性分析删减保留35个特征；然后以下一日的收益率作为标签，通过随机森林模型分析，获得预测值；最后用4种方法解释模型输出。

■ 学习目标

知识课堂 11-0

导学

知识目标：掌握单股择时数据处理的过程；了解常用的机器学习模型；掌握参数调优、模型存取、解释机器学习模型输出的方法。

能力目标：能够应用常用机器学习模型预测股票收益；能够应用SHAP、PDP、LIME、ELI5等库解释常用机器学习模型的输出。

素养目标：在学习和生活实践中确立正确的理想信念，科学把握个人与社会关系的实质，积极承担社会责任，履行社会义务。

11.1　引入库

```
from iFinDPy import *
import pandas as pd
import numpy as np
import datetime
import os
import time
np.set_printoptions(threshold=np.inf)
pd.set_option('display.width',300)# 设置字符显示宽度
pd.set_option('display.max_rows',None)# 设置显示最大行
pd.set_option('display.max_columns',None)#
np.set_printoptions(threshold=np.inf)
pd.set_option('display.width',300)# 设置字符显示宽度
pd.set_option('display.max_rows',None)# 设置显示最大行
pd.set_option('display.max_columns',None)
```

11.2　设置文件夹和读取数据

```
def jianliwenjianjia(wenjianjiamingcheng):#创建文件夹函数,参数为文件夹名称
    wenjianjiamingcheng=wenjianjiamingcheng#把传过来的参数赋值给变量
    isExists = os.path.exists(wenjianjiamingcheng)#判断文件夹是否已经存在,将结果赋
值给变量 isExists
    if not isExists:# 如果文件夹不存在,则使用 os.makedirs 函数创建该文件夹,否则打印
文件夹已经存在的信息
        os.makedirs(wenjianjiamingcheng)
    else:
        print(wenjianjiamingcheng + ' 目录已存在')
```

wenjianjiamingcheng= 'C: \\Users****\\Desktop\\ 数 据 11'# 定 义 变 量
wenjianjiamingcheng,表示要创建的文件夹的名称

jianliwenjianjia(wenjianjiamingcheng)# 调 用 jianliwenjianjia 函 数 , 传 入 参 数
wenjianjiamingcheng,创建一个名为"数据11"的文件夹

df=pd.read_excel(wenjianjiamingcheng+'\\000063.SZ.xlsx')#读取数据。这里忽略了从
同花顺读取数据的程序,可以参照图 11-1自行下载数据

df.head(1)#输出第一行,2018 年 3 月 5 日至 2023 年 3 月 3 日,5 年数据

	time	thscode	open	high	low	close	avgPrice	change	changeRatio	max_up	max_down	volume	amount	turnoverRatio	transaction.
0	2018-03-05	000063.SZ	31.8	32.38	31.68	32.15	32.054479	0.63	1.998731	34.67	28.37	49201512.0	1.577129e+09	1.432782	

图 11-1　原始数据内容

11.3　数据预处理

11.3.1　增加标签变量和变换数据类型

```
df.rename(columns={"turnoverRatio":"turnover"},inplace=True)#更改列名
df[['volume','turnover']]= df[['volume','turnover']].astype(float)#talib 运算要求数据类型
为浮点数
df['rt_1']= (df['close']-df['close'].shift(-1))/df['close'].shift(-1)#用 close 列,计算简单收
益率
df.tail(1)#输出如图 11-2 所示
```

	time	thscode	open	high	low	close	avgPrice	change	changeRatio	max_up	max_down	volume	amount	turnover	transactionA
1214	2023-03-03	000063.SZ	32.0	32.5	31.11	31.98	31.782483	-0.61	-1.87174	35.85	29.33	106964446.0	3.399596e+09	2.687629	13

图 11-2　预处理后的数据内容

11.3.2　计算技术指标

```
import talib#引入 talib 库,用于计算常用技术指标
#conda install –c conda-forge ta-lib#安装 talib 库的方法,直接 pip 安装可能报错
#打印数据的结构,细致了解数据,为后期模型运算和处理数据打好基础
print(df.columns)#打印列名
print(len(df.columns))#打印列长度,19
print(type(df.columns))#打印列索引的数据类型
print(df.columns[3])#打印第 4 列的列名,high
print(type(df.columns[3]))#打印第 4 列列名的数据类型,string
print(len(df))#打印行数,1215
```

输出如下:

Index（['time', 'thscode', 'open', 'high', 'low', 'close', 'avgPrice', 'change', 'changeRatio', 'max_up', 'max_down', 'volume', 'amount', 'turnover', 'transactionAmount', 'totalShares','totalCapital','ths_trading_status_stock','rt_1'],dtype='object'）

19

<class 'pandas.core.indexes.base.Index'>

high

<class 'str'>

1215

以下代码用talib库计算，重叠研究指标、波动量指标、量价指标和周期指标、价

格变化函数、动量指标、波动率指标、统计学指标7类75个常用技术指标。函数的具体
计算公式请登录talib库官网查阅或从网络上查看，也可以查阅技术指标类书籍。

```
# 1.重叠研究(overlap studies)
#1.1 五日移动平均SMA
SMA = talib.SMA(df['close'].values,5)
df['SMA']=SMA
# 1.2 布林线BBANDS
# 参数说明:talib.BBANDS(close,timeperiod,matype)
# close:收盘价;timeperiod:周期;matype:平均方法(bolling线的middle线 = MA,用于设定
MA的类型)
# MA_Type:0=SMA,1=EMA,2=WMA,3=DEMA,4=TEMA,5=TRIMA,6=KAMA,7=MAMA,
8=T3 (Default=SMA)
df['boll_upper'], df['boll_middle'], df['boll_lower'] = talib. BBANDS(df['close']. values, 5,
matype = talib.MA_Type.EMA)
# a,b,c= talib.BBANDS(df['close'],5)
#1.3 双移动平均线DEMA
df['DEMA']= talib.DEMA(df['close'].values,timeperiod = 30)
#1.4 MA
df['MA']= talib.MA(df['close'].values,timeperiod = 30,matype = 0)
# 1.5. EMA
df['EMA']= talib.EMA(df['close'].values,timeperiod = 6)
# 1.6. 考夫曼的自适应移动平均线KAMA
df['KAMA']= talib.KAMA(df['close'].values,timeperiod = 30)
# 1.7. 阶段中点价格MIDPRICE
df['MIDPOINT']= talib.MIDPOINT(df['close'].values,timeperiod=14)
# 1.8. 抛物线指标SAR
df['SAR']= talib.SAR(df['high'].values,df['low'].values,acceleration=0,maximum=0)
# 1.9. 阶段中点价格MIDPRICE(Midpoint Price over period)
df['MIDPOINT']= talib.MIDPOINT(df['close'].values,timeperiod=14)
# 1.10. 三重移动平均线T3
df['T3']= talib.T3(df['close'].values,timeperiod = 5,vfactor = 0)
# 1.11.三重指数移动平均线TEMA
df['TEMA']= talib.TEMA(df['close'].values,timeperiod=30)
# 1.12. 抛物面扩展SAREXT
df['SAREXT'] = talib. SAREXT(df['high']. values, df['low']. values, startvalue=0,
offsetonreverse=0, accelerationinitlong=0, accelerationlong=0, accelerationmaxlong=0,
accelerationinitshort=0,accelerationshort=0,accelerationmaxshort=0)
#1.13. 移动加权平均法WMA
```

```
df['WMA']=talib.WMA(df['close'].values,timeperiod = 30)
# 2.波动量指标
#2.1.真实波动幅度均值 ATR
df['ATR']= talib.ATR(df['high'].values,df['low'].values,df['close'].values,timeperiod=14)
# 2.2.归一化波动幅度均值 NATR
df['NATR'] = talib.NATR(df['high'].values, df['low'].values, df['close'].values, timeperiod
=14)
#2.3.真正的范围 TRANGE
df['TRANGE']= talib.TRANGE(df['high'].values,df['low'].values,df['close'].values)
# 3.量价指标和周期指标
# 3.1.量价指标 AD
df['AD']= talib.AD(df['high'].values,df['low'].values,df['close'].values,df['volume'].values)
# 3.2.震荡指标 ADOSC
df['ADOSC'] = talib.ADOSC(df['high'].values, df['low'].values, df['close'].values, df
['volume'].values,fastperiod=3,slowperiod=10)
# 3.3.能量潮 OBV
df['OBV']= talib.OBV(df['close'].values,df['volume'].values)
# 3.4.希尔伯特变换-主导周期 HT_DCPERIOD
df['HT_DCPERIOD']= talib.HT_DCPERIOD(df['close'].values)
# 3.5.希尔伯特变换-主导循环阶段 HT_DCPHASE
df['HT_DCPHASE']= talib.HT_DCPHASE(df['close'].values)
# 3.6.希尔伯特变换-希尔伯特变换相量分量 HT_PHASOR
df['HT_PHASOR_inphase'], df['HT_PHASOR_quadrature'] = talib.HT_PHASOR(df
['close'].values)
# 3.7.希尔伯特变换-正弦波 HT_SINE
df['HT_SINE_sine'],df['HT_SINE_leadsine']= talib.HT_SINE(df['close'].values)
# 3.8.希尔伯特变换-趋势与周期模式 HT_TRENDMODE
df['HT_TRENDMODE']= talib.HT_TRENDMODE(df['close'].values)
# 4.价格变化函数
# 4.1.平均价格 AVGPRICE
df['AVGPRICE']= talib.AVGPRICE(df['open'].values,df['high'].values,df['low'].values,df
['close'].values)
# 4.2.中位数价格 MEDPRICE
df['MEDPRICE']= talib.MEDPRICE(df['high'].values,df['low'].values)
# 4.3.代表性价格 TYPPRICE
df['TYPPRICE']= talib.TYPPRICE(df['high'].values,df['low'].values,df['close'].values)
# 4.4.加权收盘价 WCLPRICE
df['WCLPRICE']= talib.WCLPRICE(df['high'].values,df['low'].values,df['close'].values)
```

```
#5.动量指标
#5.1. 平均趋向指数 ADX
df['ADX']= talib.ADX(df['high'].values,df['low'].values,df['close'].values,timeperiod=14)
# 5.2. 平均趋向指数的趋向指数 ADXR
df['ADXR']= talib.ADXR(df['high'].values, df['low'].values, df['close'].values, timeperiod=14)
# 5.3. 价格震荡指数 APO
df['APO']= talib.APO(df['close'].values,fastperiod=12,slowperiod=26,matype=0)
# 5.4. 阿隆指标 AROON
df['AROON_aroondown'], df['AROON_aroonup'] = talib.AROON(df['high'].values, df['low'].values,timeperiod=14)
# 5.5. 阿隆振荡 AROONOSC
df['AROONOSC']= talib.AROONOSC(df['high'].values,df['low'].values,timeperiod=14)
# 5.6. 均势指标 BOP
df['BOP']= talib.BOP(df['open'].values,df['high'].values,df['low'].values,df['close'].values)
# 5.7. 顺势指标 CCI
df['CCI']= talib.CCI(df['high'].values,df['low'].values,df['close'].values,timeperiod=14)
# 5.8. 钱德动量摆动指标 CMO
df['CMO']= talib.CMO(df['close'].values,timeperiod=14)
# 5.9. 动向指标或趋向指标 DX
df['DX']= talib.DX(df['high'].values,df['low'].values,df['close'].values,timeperiod=14)
# 5.10. 平滑异同移动平均线 MACD
df['MACD_macd'], df['MACD_macdsignal'], df['MACD_macdhist'] = talib.MACD(df['close'].values,fastperiod=12,slowperiod=26,signalperiod=9)
# 5.11. MACD 延伸 MACDEXT
df['MACDEXT_macd'], df['MACDEXT_macdsignal'], df['MACDEXT_macdhist'] = talib.MACDEXT(df['close'].values, fastperiod=12, fastmatype=0, slowperiod=26, slowmatype=0, signalperiod=9,signalmatype=0)
# 5.12. 资金流量指标 MFI
df['MFI'] = talib.MFI(df['high'].values, df['low'].values, df['close'].values, df['volume'].values,timeperiod=14)
# 5.13. DMI 中的 DI 指标,负方向指标 MINUS_DI
df['MINUS_DI'] = talib.MINUS_DI(df['high'].values, df['low'].values, df['close'].values, timeperiod=14)
# 5.14. MINUS_DM
df['MINUS_DM']= talib.MINUS_DM(df['high'].values,df['low'].values,timeperiod=14)
#6.波动率指标
# 6.1. 上升动向值 MOM
```

```
df['MOM']= talib.MOM(df['close'].values,timeperiod=10)
# 6.2.PLUS_DI
df['PLUS_DI'] = talib. PLUS_DI(df['high']. values, df['low']. values, df['close']. values,
timeperiod=14)
# 6.3.PLUS_DM
df['PLUS_DM']= talib.PLUS_DM(df['high'].values,df['low'].values,timeperiod=14)
# 6.4. 价格震荡百分比指数PPO
df['PPO']= talib.PPO(df['close'].values,fastperiod=12,slowperiod=26,matype=0)
# 6.5. 变动率指标ROC
df['ROC']= talib.ROC(df['close'].values,timeperiod=10)
# 6.6. 变动百分比ROCP
df['ROCP']= talib.ROCP(df['close'].values,timeperiod=10)
# 6.7. 变动百分率ROCR
df['ROCR']= talib.ROCR(df['close'].values,timeperiod=10)
# 6.8. 变动百分率(*100)ROCR100
df['ROCR100']= talib.ROCR100(df['close'].values,timeperiod=10)
# 6.9. 相对强弱指数RSI
df['RSI']= talib.RSI(df['close'].values,timeperiod=14)
# 6.10. 随机指标(KD)STOCH
df['STOCH_slowk'],df['STOCH_slowd']= talib.STOCH(df['high'].values,df['low'].values,df
['close']. values, fastk_period=9, slowk_period=3, slowk_matype=1, slowd_period=3,
slowd_matype=1)
# 6.11. 快速随机指标STOCHF
df['STOCHF_fastk'], df['STOCHF_fastd'] = talib. STOCHF(df['high']. values, df['low'].
values,df['close'].values,fastk_period=5,fastd_period=3,fastd_matype=0)
#6.12. 随机相对强弱指数STOCHRSI
df['STOCHRSI_fastk'],df['STOCHRSI_fastd']= talib. STOCHF(df['high']. values, df['low'].
values,df['close'].values,fastk_period = 5,fastd_period = 3,fastd_matype = 0)
# 6.13. 三重平滑平均指数TRIX
df['TRIX']= talib.TRIX(df['close'].values,timeperiod=30)
# 6.14. 终极波动指标ULTOSC
df['ULTOSC'] = talib. ULTOSC(df['high']. values, df['low']. values, df['close']. values,
timeperiod1=7,timeperiod2=14,timeperiod3=28)
#6.15. 威廉指标WILLR
df['WILLR'] = talib. WILLR(df['high']. values, df['low']. values, df['close']. values,
timeperiod = 14)
#7.统计学指标
# 7.1. β系数(贝塔系数)BETA
```

```
df['BETA']= talib.BETA(df['high'].values,df['low'].values,timeperiod = 5)
# 7.2. 皮尔逊相关系数 CORREL
df['CORREL']= talib.CORREL(df['high'].values,df['low'].values,timeperiod = 30)
# 7.3. 线性回归 LINEARREG
df['LINEARREG']= talib.LINEARREG(df['close'].values,timeperiod=14)
# 7.4. 线性回归的角度 LINEARREG_ANGLE
df['LINEARREG_ANGLE'] = talib. LINEARREG_ANGLE(df['close']. values, timeperiod
=14)
# 7.5. 线性回归截距 LINEARREG_INTERCEPT
df['LINEARREG_INTERCEPT'] = talib. LINEARREG_INTERCEPT(df['close']. values,
timeperiod=14)
# 7.6. 线性回归斜率 LINEARREG_SLOPE
df['LINEARREG_SLOPE']= talib.LINEARREG_SLOPE(df['close'].values,timeperiod=14)
# 7.7. 标准偏差 STDDEV
df['STDDEV']= talib.STDDEV(df['close'].values,timeperiod=5,nbdev=1)
# 7.8. 时间序列预测 TSF
df['TSF']= talib.TSF(df['close'].values,timeperiod=14)
# 7.9. 方差 VAR
df['VAR']= talib.VAR(df['close'].values,timeperiod=5,nbdev=1)
df.to_excel(wenjianjiamingcheng+ '\\jiajisuanzhibiao000063.SZ.xlsx', index=False)# 储存
数据
len(df.columns)#输出列长度(列数)为 96
df.tail(2)
```

输出如图 11-3 所示，96 列数据无法在一张图上全部显示，在 Jupiter 中滑动窗口可以查看全部数据。

	time	thscode	open	high	low	close	avgPrice	change	changeRatio	max_up	max_down	volume	amount	turnover	transaction.
1213	2023-03-02	000063.SZ	32.75	33.52	32.31	32.59	32.853471	-0.32	-0.972349	36.20	29.62	140880524.0	4.628414e+09	3.539817	1
1214	2023-03-03	000063.SZ	32.00	32.50	31.11	31.98	31.782483	-0.61	-1.871740	35.85	29.33	106964446.0	3.399596e+09	2.687629	1

图 11-3　增加技术指标后的数据

11.3.3　数据整理

df=pd.read_excel（wenjianjiamingcheng+ '\\jiajisuanzhibiao000063.SZ.xlsx'）#读取数据。这行代码是为阶段性学习准备的，以上部分学习过后可以从这行代码继续学习。

```
df.drop('MFI',axis=1,inplace=True)#画热力图后发现,该列大部分没有数值(都是白色),
所以提前删除
df_zhibiao_beifen=df.copy()#后期更改 df 内容,把它先保存好,以备后期比较使用
#再次引入库,未关闭 Jupter 的情况下不需要以下 4 行代码
import pandas as pd
```

```
import numpy as np
import matplotlib.pyplot as plt
import seaborn as sns
df.rename(columns={"avg_price":"avgPrice"},inplace=True)#更改列名(按需更改,非
```
必要)
```
df['ths_trading_status_stock']= df['ths_trading_status_stock'].astype('category').cat.codes#
```
把"交易状态"的汉字"是、否"改为分类变量"1,0"
```
df.tail(2)
```
输出如图11-4所示。

ths_trading_status_stock		rt_1	SMA	boll_upper	boll_middle	boll_lower	DEMA	MA	EMA	KAMA	MIDPOINT	SAR	T3	1
	1	0.019074	31.826	33.983526	31.9446	29.905675	30.960397	28.495	31.736922	29.165099	30.44	11.85	30.327624	31.77
	1	NaN	32.202	33.064292	31.9564	30.848509	31.205428	28.680	31.806373	29.367157	30.44	11.85	30.677882	32.01

图11-4 交易状态的汉字改变未分类变量

df.columns#查看列名,为后面调整顺序做准备

输出如下：Index(['time','thscode','open','high','low','close','avgPrice','change', 'changeRatio','max_up','max_down','volume','amount','turnover','transactionAmount', 'totalShares', 'totalCapital', 'ths_trading_status_stock', 'rt_1', 'SMA', 'boll_upper', 'boll_middle','boll_lower','DEMA','MA','EMA','KAMA','MIDPOINT','SAR','T3', 'TEMA', 'SAREXT', 'WMA', 'ATR', 'NATR', 'TRANGE', 'AD', 'ADOSC', 'OBV', 'HT_DCPERIOD', 'HT_DCPHASE', 'HT_PHASOR_inphase', 'HT_PHASOR_quadrature', 'HT_SINE_sine', 'HT_SINE_leadsine', 'HT_TRENDMODE', 'AVGPRICE', 'MEDPRICE', 'TYPPRICE', 'WCLPRICE', 'ADX', 'ADXR', 'APO', 'AROON_aroondown', 'AROON_aroonup', 'AROONOSC', 'BOP', 'CCI', 'CMO', 'DX', 'MACD_macd', 'MACD_macdsignal', 'MACD_macdhist', 'MACDEXT_macd', 'MACDEXT_macdsignal', 'MACDEXT_macdhist', 'MINUS_DI', 'MINUS_DM', 'MOM', 'PLUS_DI', 'PLUS_DM', 'PPO', 'ROC', 'ROCP', 'ROCR', 'ROCR100', 'RSI', 'STOCH_slowk', 'STOCH_slowd', 'STOCHF_fastk', 'STOCHF_fastd', 'STOCHRSI_fastk', 'STOCHRSI_fastd', 'TRIX', 'ULTOSC', 'WILLR', 'BETA', 'CORREL', 'LINEARREG', 'LINEARREG_ANGLE', 'LINEARREG_INTERCEPT', 'LINEARREG_SLOPE', 'STDDEV', 'TSF', 'VAR'], dtype= 'object')

```
print(df.shape[0],df.shape[1])#查看 df 的形状,输出为 1215,95
```
#下面的程序是更改列的顺序,原因是两列的相关性大于0.95时将删除相对后面的列, 所以这里把想保留的列放在前面
#更改列的顺序,便于查看热力图
```
lieming=df.columns.tolist()
```
#把收益率和收盘价调整到前面,并删除 time 列和 ths_code 列
```
order= ['rt_1', 'close', 'open', 'high', 'low', 'avgPrice', 'change', 'changeRatio',
```

'max_up', 'max_down', 'volume', 'amount', 'turnover', 'transactionAmount', 'totalShares', 'totalCapital', 'ths_trading_status_stock', 'SMA', 'boll_upper', 'boll_middle', 'boll_lower', 'DEMA', 'MA', 'EMA', 'KAMA', 'MIDPOINT', 'SAR', 'T3', 'TEMA', 'SAREXT', 'WMA', 'ATR', 'NATR', 'TRANGE', 'AD', 'ADOSC', 'OBV', 'HT_DCPERIOD', 'HT_DCPHASE', 'HT_PHASOR_inphase', 'HT_PHASOR_quadrature', 'HT_SINE_sine', 'HT_SINE_leadsine', 'HT_TRENDMODE', 'AVGPRICE', 'MEDPRICE', 'TYPPRICE', 'WCLPRICE', 'ADX', 'ADXR', 'APO', 'AROON_aroondown', 'AROON_aroonup', 'AROONOSC', 'BOP', 'CCI', 'CMO', 'DX', 'MACD_macd', 'MACD_macdsignal', 'MACD_macdhist', 'MACDEXT_macd', 'MACDEXT_macdsignal', 'MACDEXT_macdhist', 'MINUS_DI', 'MINUS_DM', 'MOM', 'PLUS_DI', 'PLUS_DM', 'PPO', 'ROC', 'ROCP', 'ROCR', 'ROCR100', 'RSI', 'STOCH_slowk', 'STOCH_slowd', 'STOCHF_fastk', 'STOCHF_fastd', 'STOCHRSI_fastk', 'STOCHRSI_fastd', 'TRIX', 'ULTOSC', 'WILLR', 'BETA', 'CORREL', 'LINEARREG', 'LINEARREG_ANGLE', 'LINEARREG_INTERCEPT', 'LINEARREG_SLOPE', 'STDDEV', 'TSF', 'VAR']

```
df=df[order]#调整列的顺序
#把标签列剔除后,剩下特征列
```

cols= ['close', 'open', 'high', 'low', 'avgPrice', 'change', 'changeRatio', 'max_up', 'max_down', 'volume', 'amount', 'turnover', 'transactionAmount', 'totalShares', 'totalCapital', 'ths_trading_status_stock', 'SMA', 'boll_upper', 'boll_middle', 'boll_lower', 'DEMA', 'MA', 'EMA', 'KAMA', 'MIDPOINT', 'SAR', 'T3', 'TEMA', 'SAREXT', 'WMA', 'ATR', 'NATR', 'TRANGE', 'AD', 'ADOSC', 'OBV', 'HT_DCPERIOD', 'HT_DCPHASE', 'HT_PHASOR_inphase', 'HT_PHASOR_quadrature', 'HT_SINE_sine', 'HT_SINE_leadsine', 'HT_TRENDMODE', 'AVGPRICE', 'MEDPRICE', 'TYPPRICE', 'WCLPRICE', 'ADX', 'ADXR', 'APO', 'AROON_aroondown', 'AROON_aroonup', 'AROONOSC', 'BOP', 'CCI', 'CMO', 'DX', 'MACD_macd', 'MACD_macdsignal', 'MACD_macdhist', 'MACDEXT_macd', 'MACDEXT_macdsignal', 'MACDEXT_macdhist', 'MINUS_DI', 'MINUS_DM', 'MOM', 'PLUS_DI', 'PLUS_DM', 'PPO', 'ROC', 'ROCP', 'ROCR', 'ROCR100', 'RSI', 'STOCH_slowk', 'STOCH_slowd', 'STOCHF_fastk', 'STOCHF_fastd', 'STOCHRSI_fastk', 'STOCHRSI_fastd', 'TRIX', 'ULTOSC', 'WILLR', 'BETA', 'CORREL', 'LINEARREG', 'LINEARREG_ANGLE', 'LINEARREG_INTERCEPT', 'LINEARREG_SLOPE', 'STDDEV', 'TSF', 'VAR']

```
df_yuanshi=df.copy()#.copy()保存了原始数据,否则后续操作df会同步影响df_yuanshi,
即不能直接用df_yuanshi=df的方法保存原始数据
df=df.iloc[68:,:]#删除前67行,计算TEAM指标时,前67行为空值
df.fillna(df.mean(),inplace=True)#特征存在其他空值时,用该列均值填充,按需可使用以
下3种方法 df.fillna(method='ffill',inplace=True)或 df.fillna(method='bfill',inplace=True)或 df
[cols]=df[cols].fillna(0)
df.tail(1)
```

输出结果如图 11-5 所示。

	rt_1	close	open	high	low	avgPrice	change	changeRatio	max_up	max_down	volume	amount	turnover	transactionAmount	
1214	0.000303	31.98	32.0	32.5	31.11	31.782483	-0.61	-1.87174	35.85	29.33	106964446.0	3.399596e+09	2.687629	136919.0	

图 11-5　调整列顺序后的数据

df[cols].tail(1)#查看特征数据

输出结果如图 11-6 所示。

	close	open	high	low	avgPrice	change	changeRatio	max_up	max_down	volume	amount	turnover	transactionAmount	totalShares
1214	31.98	32.0	32.5	31.11	31.782483	-0.61	-1.87174	35.85	29.33	106964446.0	3.399596e+09	2.687629	136919.0	4736112508

图 11-6　特征数据

11.3.4　数据标准化

增加标准化后用新增数据预测时还需要与原始数据一起进行标准化,不然用标准化后的数据进行预测的模型无法适应未标准化的数据;如果不标准化,数据的量纲不一样会导致模型输出不准确。另外,以下程序运行过程中,数据有汉字时报错,比如交易状态的"交易"或"停牌"。

```
for item in cols:#遍历特征列
    mean_tmp = np.mean(np.array(df[item]))#每列取均值
    std_tmp = np.std(np.array(df[item]))#每列计算标准差
    if(std_tmp):#如果方差不等于0,计算标准化值
        df[item]= df[item].apply(lambda x:(x − mean_tmp)/ std_tmp)#对每列的每个元素进行标准化计算
df.tail(2)#查看标准化后的结果
```

输出结果如图 11-7 所示。

	rt_1	close	open	high	low	avgPrice	change	changeRatio	max_up	max_down	volume	amount	turnover	transactionAm
1213	0.019074	0.365815	0.392348	0.413721	0.407412	0.402603	-0.36427	-0.351056	0.409306	0.409561	0.903506	1.072716	0.640127	0.56
1214	0.000303	0.282875	0.290396	0.277890	0.240615	0.256755	-0.69316	-0.661148	0.366043	0.365748	0.373424	0.460629	0.185764	0.61

图 11-7　标准化后的数据

df_yuanshi.tail(2)#查看原始数据

输出结果如图 11-8 所示。

	rt_1	close	open	high	low	avgPrice	change	changeRatio	max_up	max_down	volume	amount	turnover	transactionAmount
1213	0.019074	32.59	32.75	33.52	32.31	32.853471	-0.32	-0.972349	36.20	29.62	140880524.0	4.628414e+09	3.539817	133882.0
1214	NaN	31.98	32.00	32.50	31.11	31.782483	-0.61	-1.871740	35.85	29.33	106964446.0	3.399596e+09	2.687629	136919.0

图 11-8　原始数据

标准化后的数据有变化,尤其是 rt_1 列最后一行由 NaN 变成了数据值。

11.3.5　删除相关性大的列

```
def trimm_correlated(df_in,threshold):#删除相关性大于 threshold 的列,删除两列的后者
    df_corr = df_in.corr(method='pearson',min_periods=1)#计算 df_in 中各列之间的相关
系数矩阵,其中 method='pearson'表示使用皮尔逊相关系数来计算相关性,min_periods=1 表
示只要有一个非缺失值就进行计算
```

df_not_correlated = ~(df_corr.mask(np.tril(np.ones([len(df_corr)]*2,dtype=bool))).abs()> threshold).any()#np.ones([len(df_corr)]*2,dtype=bool)创建一个布尔型的二维数组,其形状是 len(df_corr)行,len(df_corr)列,所有元素都为 True。np.tril(np.ones([len(df_corr)]*2,dtype=bool))将上三角部分的元素设为 False,得到一个下三角矩阵(其中 np.tril 表示取下三角部分,np.ones([len(df_corr)]*2,dtype=bool)表示创建一个布尔型的二维数组,其形状为 len(df_corr)行 len(df_corr)列,所有元素都为 True)。df_corr.mask(np.tril(np.ones([len(df_corr)]*2,dtype=bool))).abs()> threshold 部分将下三角部分的元素设为缺失值,并计算绝对值大于阈值 threshold 的元素所对应的布尔型数据框(其中 df_corr.mask 表示将下三角部分的元素设为缺失值,abs()表示计算绝对值,> threshold 判断是否大于阈值)。~(df_corr.mask(np.tril(np.ones([len(df_corr)]*2,dtype=bool))).abs()> threshold).any()判断每列是否存在绝对值大于阈值 threshold 的元素,得到一个布尔型的 Series(其中,~表示取反,.any()表示判断是否存在)

un_corr_idx = df_not_correlated.loc[df_not_correlated[df_not_correlated.index] == True].index#获取所有与其他列相关性小于阈值 threshold 的列的索引

df_out = df_in[un_corr_idx]#根据索引获取相关性小于阈值 threshold 的列,得到经过相关性剪枝后的数据框 df_out

return df_out#返回经过相关性剪枝后的数据 df_out

uncorrelated_factors = trimm_correlated(df,0.85)#调用 trimm_correlated 函数,对 df 进行相关性剪枝,并将剪枝后的数据赋值给 uncorrelated_factors,其中,0.85 表示阈值为 0.85

print(type(uncorrelated_factors))#uncorrelated_factors 的类型,输出为<class 'pandas.core.frame.DataFrame'>

uncorrelated_factors=uncorrelated_factors.sort_values(by="rt_1",ascending=False)#对变量 uncorrelated_factors 中的数据按照列 rt_1 的值进行降序排列。这一行代码似乎是多余的,因为后面并没有使用到排序后的结果

uncorrelated_factors2=uncorrelated_factors.drop(labels= [], axis=1, index=None, columns=None,inplace=False)#对变量 uncorrelated_factors 进行列剪枝,即删除所有空列。其中,labels=[]表示要删除的列的标签,axis=1 表示按列进行删除,inplace=False 表示不在原数据上进行修改,返回一个新的数据框,保存在变量 uncorrelated_factors2 中

uncorrelated_factors2=uncorrelated_factors2.corr()#计算变量 uncorrelated_factors2 中各列之间的相关系数矩阵,并将结果保存在变量 uncorrelated_factors2 中

uncorrelated_factors2.tail(5)#输出变量 uncorrelated_factors2 中最后 5 行数据,用于检查相关系数矩阵是否正确

输出结果如图 11-9 所示。

	rt_1	close	change	volume	amount	totalShares	ths_trading_status_stock	SAR	ATR	NATR	TRANGE	ADOSC	HT_D
TRIX	0.039759	0.437141	-0.032580	0.036274	0.305767	-0.101668	-0.017624	-0.110440	0.475549	0.091263	0.318025	-0.047940	
ULTOSC	-0.114230	0.176150	0.362371	0.318032	0.382260	-0.174322	-0.040967	0.071351	0.155129	0.038073	0.174889	0.737403	
BETA	0.011331	-0.107508	-0.136696	0.029112	0.000234	-0.107988	0.001228	0.116347	0.042879	0.152156	0.035287	-0.131969	
CORREL	0.038364	0.050484	-0.053106	0.238507	0.207736	-0.182004	0.007540	0.119187	0.255664	0.336098	0.168796	0.045793	
STDDEV	0.127906	0.317862	-0.033419	0.482283	0.643670	-0.110664	-0.024168	0.027842	0.535225	0.376936	0.670510	0.160086	

图 11-9　相关性相对小的数据

查看筛选后列和筛选前列的差别，即被删除的列名，先变成集合类型，然后相互进行减运算，接着把余部分转换成列表。

lst1=list(set(df.columns)-set(uncorrelated_factors2.columns))#直接输出 lst 时,每个元素占一行,占用页面比较大

lst2 = '[' + ','.join(lst1)+ ']'#从每行一个元素变成所有元素为一行

lst2

输出如下：

'［MACD_macdsignal，DEMA，changeRatio，EMA，max_up，avgPrice，MA，SMA，AVGPRICE，RSI，MOM，PPO，KAMA，transactionAmount，boll_upper，boll_lower，open，TEMA，T3，MINUS_DI，MIDPOINT，totalCapital，AD，STOCHRSI_fastk，MACD_macd，STOCH_slowk，MACDEXT_macd，VAR，TSF，TYPPRICE，STOCH_slowd，LINEARREG_INTERCEPT，OBV，high，PLUS_DI，SAREXT，LINEARREG_SLOPE，ROCP，ROCR100，STOCHF_fastd，ROCR，WILLR，low，max_down，ROC，turnover，WMA，LINEARREG_ANGLE，LINEARREG，MEDPRICE，ADXR，boll_middle，STOCHRSI_fastd，WCLPRICE，MACDEXT_macdsignal，AROONOSC］'

11.3.6　保留最后一行数据

df_last_raw=df.iloc[-1,:]#获得 df 的最后一行,注意归一化计算后 rt_1 的最后值由空值变成了有数据

#把最后一行提取出来,作为预测时的输入

df_prdict_x=df_last_raw.loc[uncorrelated_factors2.columns]#获得最后一行相关性未超过 0.95 的列

df_prdict_x.shape#输出为(1,36),包括 rt_1,数据类型为 tuple

df_prdict_x.head(5)#输出前 5 行

输出结果为：

rt_1   0.000303
close   0.282875
change   -0.693160
volume   0.373422
amount   0.460629
Name：1214，dtype：float64

df_prdict_x=df_prdict_x.to_frame().T#把 df_prdict_x 转为 DataFrame 并转置

df_prdict_x#查看数据

输出结果如图 11-10 所示。

	rt_1	close	change	volume	amount	totalShares	ths_trading_status_stock	SAR	ATR	NATR	TRANGE	ADOSC	HT_DCPERIOI
1214	0.000303	0.282875	-0.69316	0.373422	0.460629	1.014843		-0.02954	-0.4665	0.379729	0.217702	0.483172	-0.477358	1.59446

图 11-10　最后一行数据

df_prdict_x=df_prdict_x.iloc[:,1:]#删除第一列,即删除标签,获得真正要预测的特征

df_prdict_x

输出结果如图11-11所示。

	close	change	volume	amount	totalShares	ths_trading_status_stock	SAR	ATR	NATR	TRANGE	ADOSC	HT_DCPERIOD	HT_DCP
1214	0.282875	-0.69316	0.373422	0.460629	1.014843		-0.02954	-0.4665	0.379729	0.217702	0.483172	-0.477358	1.594464	0.4

图11-11 最后一行数据的特征部分

df_prdict_x.columns

获得特征的名称,输出如下:

Index(['close', 'change', 'volume', 'amount', 'totalShares', 'ths_trading_status_stock', 'SAR', 'ATR', 'NATR', 'TRANGE', 'ADOSC', 'HT_DCPERIOD', 'HT_DCPHASE', 'HT_PHASOR_inphase', 'HT_PHASOR_quadrature', 'HT_SINE_sine', 'HT_SINE_leadsine', 'HT_TRENDMODE', 'ADX', 'APO', 'AROON_aroondown', 'AROON_aroonup', 'BOP', 'CCI', 'CMO', 'DX', 'MACD_macdhist', 'MACDEXT_macdhist', 'MINUS_DM', 'PLUS_DM', 'STOCHF_fastk', 'TRIX', 'ULTOSC', 'BETA', 'CORREL', 'STDDEV'], dtype='object')

11.3.7 绘制热力图

#绘制uncorrelated_factors2中各列之间的相关系数矩阵的热力图

plt.subplots(figsize=(40,40))#创建一个画布,大小(40,40)

relitu1=sns. heatmap(uncorrelated_factors2. round(2), annot=True)# 调用 seaborn 库 的 heatmap函数绘制热力图,并将热力图对象保存在变量relitu1中;其中uncorrelated_factors2. round(2)表示先对uncorrelated_factors2中的元素保留两位小数,再绘制热力图;annot=True表示在热力图中显示每个元素的数值

relitu1#显示图形

输出结果如图11-12所示。

11.3.8 获得筛选后的数据

shaixuanlie=list(uncorrelated_factors2.columns)

shaixuanlie=str(shaixuanlie).strip('[').strip(']')#删除列表两边的方括号

df_shaixuanhou=df[shaixuanlie]#从原始数据中筛选出相关系数小于0.95的列,把这些数据代入模型运算

df_shaixuanhou=df_shaixuanhou. iloc[0: -1,:]# 删 除 最 后 一 行 ,被 删 除 数 据 已 经 在 df_prdict_x保存

df_shaixuanhou.tail()

输出结果如图11-13所示。

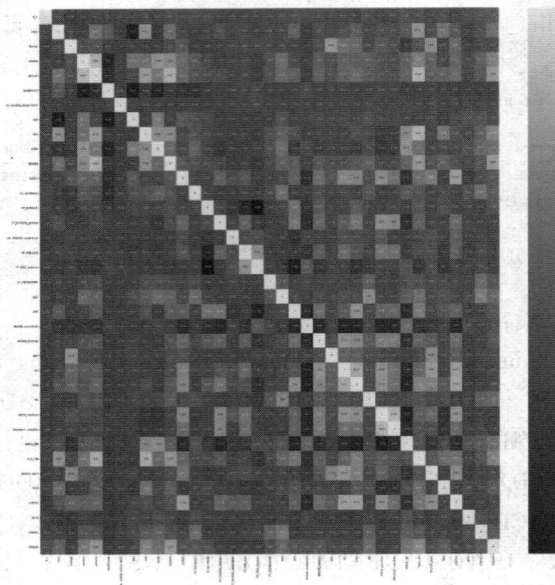

图 11-12 热力图

	rt_1	close	change	volume	amount	totalShares	ths_trading_status_stock	SAR	ATR	NATR	TRANGE	ADOSC	HT_DCPI
1209	-0.038031	0.027256	0.361558	-0.504965	-0.471082	1.014843	-0.02954	-0.4665	-0.050260	-0.121147	-0.239713	0.044007	0.1
1210	-0.029467	0.189058	1.348230	0.482531	0.528945	1.014843	-0.02954	-0.4665	0.067323	-0.092374	0.951709	0.388504	0.2
1211	-0.020359	0.318227	1.076044	1.702317	1.869868	1.014843	-0.02954	-0.4665	0.252003	0.037645	1.594273	0.029923	0.4
1212	0.009819	0.409325	0.758495	1.784888	2.018289	1.014843	-0.02954	-0.4665	0.354287	0.092076	1.005256	-0.013241	0.7
1213	0.019074	0.365815	-0.364270	0.903506	1.072716	1.014843	-0.02954	-0.4665	0.345460	0.113698	0.121730	-0.477074	1.1

图 11-13 筛选后的数据

df_shaixuanhou=df_shaixuanhou.dropna(axis=0,how="any")#删除空值的行

print(df_shaixuanhou.shape[0],df_shaixuanhou.shape[1])#查看数据形状(1146,54)

#把收益率(1天)高于0.01的rt_11列赋值1,其他赋值0

df_shaixuanhou['rt_11']=0#增加rt_11列,并全部赋值0

df_shaixuanhou.loc[df_shaixuanhou['rt_1']>0.01,'rt_11']=1#如果rt_1列的值大于1%,则rt_11列赋值1

df_shaixuanhou.tail(2)

输出结果如图11-14所示。

	CCI	CMO	DX	MACD_macdhist	MACDEXT_macdhist	MINUS_DM	PLUS_DM	STOCHF_fastk	TRIX	ULTOSC	BETA	CORREL	STDDEV	rt_11
210	1.858275	2.26554		0.997725	0.620868	-1.132635	1.151183	1.092992	0.921423	0.399468	0.208294	0.839057	1.088244	0
147	1.646352	2.26554		0.972765	0.650230	-1.174741	0.948958	0.798978	0.964683	0.209978	-0.031650	0.830231	0.741577	1

图 11-14 增加分类标签后的数据

#df_shaixuanhou.to_excel(wenjianjiamingcheng+'\\shaixuanhou.xlsx',index=False)#保存数据,编写过程中有必要保存和读取阶段性数据

11.4　模型运算

知识课堂 11-4

模型运算

操作视频 11-3

模型运算与
超参调优

11.4.1　引入库

```
import pandas as pd
import numpy as np
import matplotlib as mpl
import matplotlib.pyplot as plt
from sklearn.model_selection import train_test_split
from sklearn.model_selection import train_test_split
from sklearn.neighbors import KNeighborsClassifier
from sklearn.model_selection import GridSearchCV
# from sklearn.neighbors import KNeighborsRegressor
from sklearn.ensemble import RandomForestClassifier
np.set_printoptions(threshold=np.inf)
pd.set_option('display.width',300)# 设置字符显示宽度
pd.set_option('display.max_rows',None)# 设置显示最大行
pd.set_option('display.max_columns',None)#
import time
```

11.4.2　分离数据

```
df_shaixuanhou=pd.read_excel(wenjianjiamingcheng+'\\shaixuanhou.xlsx')#读取数据
def classification_tc(df):#定义 classification_tc 函数,X 是特征,y 是标签
    X=df[['close', 'change', 'volume', 'amount', 'totalShares', 'ths_trading_status_stock',
'SAR', 'ATR', 'NATR', 'TRANGE', 'ADOSC', 'HT_DCPERIOD', 'HT_DCPHASE',
'HT_PHASOR_inphase', 'HT_PHASOR_quadrature', 'HT_SINE_sine', 'HT_SINE_leadsine',
'HT_TRENDMODE', 'ADX', 'APO', 'AROON_aroondown', 'AROON_aroonup', 'BOP', 'CCI',
'CMO', 'DX', 'MACD_macdhist', 'MACDEXT_macdhist', 'MINUS_DM', 'PLUS_DM',
'STOCHF_fastk', 'TRIX', 'ULTOSC', 'BETA', 'CORREL', 'STDDEV']]# 从 df_shaixuanhou.
columns选择特征列
    y=df['rt_11']#从 df 中选取 rt_11 列作为标签,y 是一维数组
    return (X,y)#返回元组
X,y=classification_tc(df_shaixuanhou)#调用函数,把数据分为特征和标签
X_train,X_test,y_train,y_test=train_test_split(X,y,train_size=0.8)#使用 train_test_split 函
数将数据集拆分为训练集和验证集,其中 X_train 和 y_train 分别表示训练集的特征和标签,
X_test 和 y_test 分别表示验证集的特征和标签,train_size=0.8 表示训练集占总数据集的比
重为80%
```

```
type(X_test)#输出为 pandas.core.frame.DataFrame,其形状为(230,36)
```

11.4.3 建模、训练、评估

my_model = RandomForestClassifier(n_estimators=50,max_depth=3,random_state=10)#创建一个随机森林分类器的实例并将其赋值给变量 my_model;RandomForestClassifier 是 scikit-learn 库中用于创建随机森林分类器的类;n_estimators=50 指定了随机森林中树的数量;max_depth=3 表示每棵树的最大深度;random_state=10 表示设置随机种子,确保每次运行代码时,随机森林的构建方式都是相同的

my_model.fit(X_train,y_train)#my_model.fit 是 RandomForestClassifier 类的一个方法,用于训练模型;X_train 是一个二维数组,包含用于训练模型的特征数据,每一行是一个样本,每一列是一个特征;y_train 是一个一维数组,包含与 X_train 相对应的标签数据;它表示每个样本的类别或目标值

print(my_model.score(X_train,y_train))#输出训练集上的准确率。准确率是指对于给定的样本,模型正确预测其目标类别的比例。此处使用 score 函数来计算训练集上的准确率,该函数将训练集的特征和标签值作为输入,并返回模型在训练集上的准确率

print(my_model.score(X_test,y_test))#输出验证集上的准确率。同样,使用 score 函数计算模型在验证集上的准确率,其中验证集的特征为 X_test,标签值为 y_test。这里的准确率评估模型的泛化能力,即模型对未见过的新数据的分类能力

#输出为:0.6910480349344978 和 0.7

print(my_model.predict(df_prdict_x))#用 knn_clf.predict 函数预测当天的收益率,输出 0 表示当天的收益率小于 1%,输出 1 表示当天的收益率大于 1%。输出 1 时,第二天的开盘价低于第一天的收盘价,可以购买股票。df_prdict_x 的数据输入格式为 DataFrame(1,n)形式,这里 n=36。该代码的输出为:[0]

11.5 超参调优

from sklearn.model_selection import GridSearchCV#从 sklearn.model_selection 模块中导入 GridSearchCV 函数,以网格搜索方式找出模型的最佳参数组合

param_grid = [{'n_estimators':[40,50,60],'max_depth':[3,4,5]}]#定义一个参数网格 param_grid。网格搜索会遍历参数网格中的所有参数组合,寻找最佳的参数组合

my_model_1=GridSearchCV(RandomForestClassifier(), param_grid=param_grid, scoring='accuracy')#创建一个 GridSearchCV 对象,并初始化:RandomForestClassifier()随机森林分类器是要调优的模型;param_grid=param_grid 是要搜索的参数网格;scoring='accuracy'表示评分标准为准确率,即在网格搜索过程中,模型的表现会基于准确率进行评估

my_model_1.fit(X_train,y_train)#最优模型中传入训练数据(X_train 和 y_train)进行计算。运行此行代码后,my_model_1.具有以下三个属性:best_params_字典类型,返回最优参数的组合;best_score_浮点型,返回使用最优参数组合时的模型准确率;best_estimator_返回超参数调整后的最优模型对象

```
print('train_best_params= ', my_model_1.best_params_, '\n', 'train_best_score= ',
my_model_1.best_score_)#输出经过网格搜索得到的最优模型的最优参数(my_model_1.
best_params_)和最优得分(my_model_1.best_score_)。
```

输出为:

```
train_best_params= {'max_depth': 3, 'n_estimators': 50}
train_best_score= 0.6757899738655263
```

```
# 应用最优模型
my_model_2 = RandomForestClassifier(n_estimators=50,max_depth=3,random_state=10)
my_model_2 = my_model_1.best_estimator_
predictions = my_model_2.predict(X_test)
from sklearn.metrics import accuracy_score
test_score = accuracy_score(y_test, predictions)
print('test_score=', test_score)
```

11.6 模型解释

11.6.1 SHAP解释

知识课堂11-6

模型解释

操作视频11-4

模型解释

```
import shap#引入 SHAP(SHapley Additive exPlanations)库,用于解释机器学习模型的
输出
```

```
shap.initjs()#初始化 SHAP 的可视化环境,此步骤是 SHAP 解释的必要环节
```

```
explainer = shap.KernelExplainer(my_model_2.predict_proba,X_train)#创建一个 SHAP
解释器对象 explainer,其中 my_model_2.predict_proba 是 RandomForestClassifier 模型的预测
概率方法,用于计算每个特征对预测结果的影响,X_train 是训练数据集,用于训练 SHAP 解
释器对象
```

```
shap_values = explainer.shap_values(X_test.iloc[-1,:])#计算最后(最新且可知结果)一个
测试样本的 SHAP 值,即每个特征对预测概率的影响
```

```
shap_values#打印数值。两个数组,可以[0]或[1]分开选取
```

```
X_test_series = X_test.iloc[-1,:]# 在 X_test 中选取最后一行数据
```

```
new_index = ['close','change','volume','amount','totalShares','ths_trading_status_stock',
'SAR', 'ATR', 'NATR', 'TRANGE', 'ADOSC', 'HT_DCPERIOD', 'HT_DCPHASE',
'HT_PHASOR_inphase', 'HT_PHASOR_quadrature', 'HT_SINE_sine', 'HT_SINE_leadsine',
'HT_TRENDMODE', 'ADX', 'APO', 'AROON_aroondown', 'AROON_aroonup', 'BOP', 'CCI',
'CMO', 'DX', 'MACD_macdhist', 'MACDEXT_macdhist', 'MINUS_DM', 'PLUS_DM',
'STOCHF_fastk','TRIX','ULTOSC','BETA','CORREL','STDDEV']# 定义一个新的索引列表
new_index,准备为 X_test_series 重命名
```

```
X_test_series = X_test.iloc[-1,:].rename(index=dict(zip(X_test_series.index,new_index)))#
重命名列,SHAP画图时 Series 的索引不能是默认值
```

shap. force_plot(explainer. expected_value[-1], shap_values[-1], X_test_series, matplotlib=True)#输出最后一个测试样本的解释图。其中,explainer.expected_value[-1]是模型在特定数据点上的期望预测值(预测结果为1的预测值,说明有19%概率为1,有81%的概率为0),shap_values[-1]是最后一个测试样本的SHAP值,X_test.iloc[-1,:]是最后一个测试样本的特征值。解释图展示了每个特征对预测结果的贡献,正值表示增加该特征值会提高预测结果准确的概率,负值表示减小该特征值会降低预测结果准确的概率,色带长度表示对预测的影响程度(线的长度越长,表示该特征对预测结果的影响程度越大)。#别忘了设置matplotlib=True的参数,默认值False时,不输出图形

输出结果如图11-15所示。

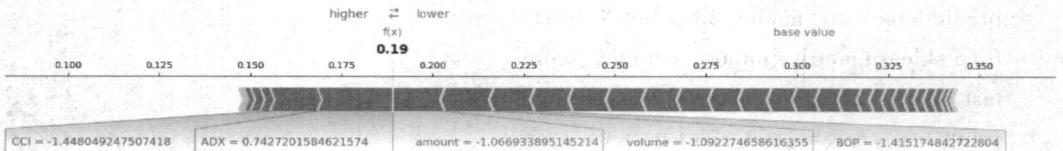

图11-15　SHAP解释图

#以 X_test.iloc[-1,:]的行索引(特征名)为行索引,以与其对应的 shap.values[0]值为内容,以 shap_value 为列名,建立 df

df = pd.DataFrame({'feature':X_test.iloc[-1,:].index,'shap_value':shap_values[0]})

df = df.set_index('feature').sort_values('shap_value',ascending=False)# 将 feature 列设置为索引,并按照 shap_value 进行排序

df.T

输出结果如图11-16所示。

feature	amount	volume	BOP	NATR	DX	STOCHF_fastk	HT_PHASOR_quadrature	CMO	change	TRIX	ATR	PLUS_DM	HT_
shap_value	0.014479	0.013354	0.011242	0.01051	0.010219	0.009878		0.009534	0.008826	0.008125	0.007898	0.006886	0.006308

图11-16　特征所得的SHAP值

11.6.2　ELI5解释

import eli5#导入 ELI5库,用于计算和可视化特征重要性

from eli5. sklearn import PermutationImportance# 从 eli5. sklearn 模块导入 PermutationImportance类,用于计算特征重要性

perm = PermutationImportance(my_model_2, random_state=1). fit(X_train, y_train)# 创建 PermutationImportance 对象 perm,并使用 fit 方法拟合训练数据集,获得特征重要性。其中, loaded_model_2是之前训练好的模型,random_state 参数用于设置随机数种子(保证每次运行时得到相同的结果)

eli5.show_weights(perm,feature_names = X_train.columns.tolist())

#上面代码,如果输出 invalid value encountered in double_scalars 警告,并且重要性都等于0,意味着计算过程中出现了除以0的情况,其原因可能是:某个特征的取值范围过小或方差为0导致计算特征重要性时出现无穷大或 NaN 值。如果所有特征的重要性都等于0,

可能特征之间存在高度相关性,导致计算特征重要性时出现冲突或混淆。在这种情况下,可以尝试使用其他特征选择方法或降维方法来减少特征数量或提高特征独立性

输出结果如图 11–17 所示。

Weight	Feature
0.0009 ± 0.0009	HT_DCPERIOD
0.0007 ± 0.0011	BETA
0.0007 ± 0.0011	SAR
0.0002 ± 0.0009	ADX
0.0000 ± 0.0020	totalShares
0 ± 0.0000	ths_trading_status_stock
0 ± 0.0000	HT_TRENDMODE
-0.0002 ± 0.0009	AROON_aroonup
-0.0002 ± 0.0016	TRIX
-0.0002 ± 0.0025	PLUS_DM
-0.0004 ± 0.0011	HT_PHASOR_inphase
-0.0007 ± 0.0011	AROON_aroondown
-0.0007 ± 0.0011	amount
-0.0007 ± 0.0030	STDDEV
-0.0009 ± 0.0009	CMO
-0.0009 ± 0.0016	STOCHF_fastk
-0.0011 ± 0.0011	HT_SINE_sine
-0.0011 ± 0.0014	ATR
-0.0011 ± 0.0020	close
-0.0013 ± 0.0016	MACDEXT_macdhist
...16 more ...	

图 11–17　ELI5 解释随机森林模型

在图 11–17 中, Weight 列显示了每个特征的权重,权重衡量了该特征的值被随机打乱对模型预测准确性的影响程度;权重越高, 表示该特征对模型的预测影响越大。Feature 列显示了每个特征的名称, 即 X_train 的列名;通过查看这一列, 可以知道哪些特征在模型中被认为是重要的。

用支持向量机模型预测后用 ELI5 进行解释

import eli5#导入 ELI5 库,用于计算和可视化特征重要性

from eli5. sklearn import PermutationImportance# 从 eli5. sklearn 模 块 中 导 入 PermutationImportance 类,用于计算特征重要性

from sklearn.svm import SVC#从 sklearn.svm 模块中导入 SVC 类,用于创建支持向量机分类器

svc = SVC().fit(X_train,y_train)#创建支持向量机分类器对象 svc,并用训练数据集训练该分类器

perm = PermutationImportance(svc).fit(X_train,y_train)#创建 PermutationImportance 对象 perm,并使用 fit 方法拟合训练数据集,计算特征重要性。其中,svc 是支持向量机分类器对象

eli5.show_weights(perm,feature_names = X_train.columns.tolist())#使用 show_weights 函数可视化特征重要性。其中,perm 是之前计算得到的特征重要性,feature_names 参数指定特征名称列表,这里使用 X_train.columns.tolist()获取训练数据集中所有特征的名称列表。函数输出的表格包含每个特征的重要性得分和排名

输出结果如图 11–18 所示。

Weight	Feature
0.0094 ± 0.0033	HT_PHASOR_quadrature
0.0083 ± 0.0017	amount
0.0081 ± 0.0011	PLUS_DM
0.0070 ± 0.0030	APO
0.0068 ± 0.0021	MACD_macdhist
0.0066 ± 0.0024	ATR
0.0059 ± 0.0030	ADOSC
0.0055 ± 0.0020	MINUS_DM
0.0048 ± 0.0022	TRIX
0.0041 ± 0.0025	HT_PHASOR_inphase
0.0039 ± 0.0011	STDDEV
0.0035 ± 0.0016	ULTOSC
0.0031 ± 0.0032	CMO
0.0031 ± 0.0035	HT_DCPERIOD
0.0028 ± 0.0011	MACDEXT_macdhist
0.0028 ± 0.0011	ADX
0.0026 ± 0.0022	volume
0.0026 ± 0.0022	DX
0.0024 ± 0.0042	TRANGE
0.0022 ± 0.0031	NATR
	… 16 more …

图 11-18　支持向量机模型的 ELI5 解释

11.6.3　部分依赖图解释

```
#用部分依赖图(PDP)解释提升树模型输出代码
from sklearn. datasets import make_hastie_10_2# 从 sklearn. datasets 模块中导入
make_hastie_10_2 函数,用于生成二分类数据集
from sklearn.inspection import PartialDependenceDisplay#从 sklearn.inspection 模块中导入 PartialDependenceDisplay 类,用于可视化部分依赖图
features = [0,1,2,3,4,5]#指定要绘制部分依赖图的特征,选择前 6 个特征
PartialDependenceDisplay. from_estimator(my_model_2, X_train, features)# 使用 from_estimator 方法创建一个 PartialDependenceDisplay 对象,用于显示部分依赖图。其中,X 是训练数据集中的特征,features 是要绘制部分依赖图的特征。函数将输出一个包含部分依赖图的图形界面。
```

输出结果如图 11-19 所示。

部分依赖图是反映可视化模型特征与预测结果之间关系的图形。部分依赖图帮助用户理解模型中每个特征的重要性和影响程度。通过观察部分依赖图,用户可分析发现每个特征对预测结果的影响程度和趋势,从而找出对预测结果影响最大的特征,并优化这些特征,提高模型的准确性。部分依赖图的解读方法如下:

（1）横轴：横轴表示特征的取值范围,通常是特征的最小值到最大值之间的区间。每个小竖条代表特征的一个取值。

（2）纵轴：纵轴表示预测结果的平均值,也就是在给定特征取值的情况下,模型对应的预测结果的平均值。

（3）蓝线：蓝线表示模型对应的预测结果随着特征取值的变化而变化的趋势。如果蓝线是上升的,则表示特征的取值越大,预测结果越大;如果蓝线是下降的,则表示特

征的取值越大，预测结果越小。

（4）灰带：灰带表示预测结果的置信区间，也就是在给定特征取值的情况下，预测结果可能出现的范围。灰带越窄，表示预测结果越准确。

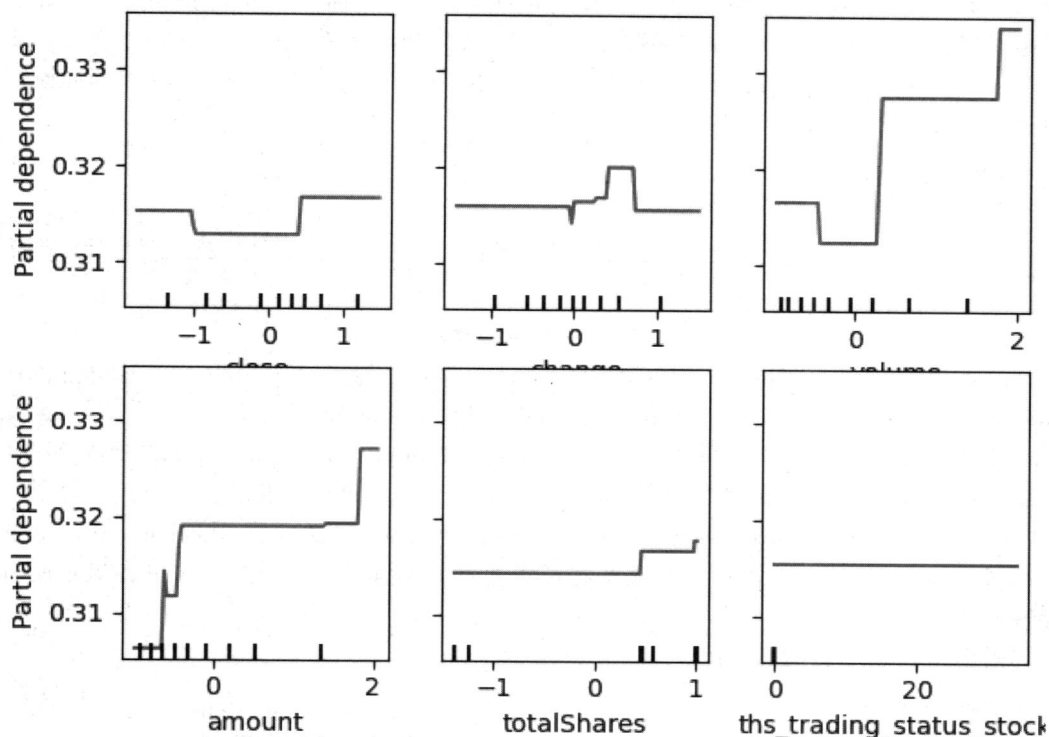

图 11-19 部分依赖图解释

11.6.4 LIME 解释

```
#用 LIME 解释随机森林模型输出代码如下：
import lime#导入 LIME 库
#conda install -c conda-forge lime#安装方法
import lime.lime_tabular#导入 LIME 的 Tabular 解释器
feature_names=['close', 'change', 'changeRatio', 'volume', 'amount', 'transactionAmount',
'totalShares', 'ths_trading_status_stock', 'SAR', 'ATR', 'NATR', 'TRANGE', 'AD', 'ADOSC',
'OBV', 'HT_DCPERIOD', 'HT_DCPHASE', 'HT_PHASOR_inphase', 'HT_PHASOR_
quadrature', 'HT_SINE_sine', 'HT_SINE_leadsine', 'HT_TRENDMODE', 'ADX', 'ADXR',
'APO', 'AROON_aroondown', 'AROON_aroonup', 'AROONOSC', 'BOP', 'CCI', 'CMO', 'DX',
'MACD_macd', 'MACD_macdsignal', 'MACD_macdhist', 'MACDEXT_macdsignal',
'MACDEXT_macdhist', 'MINUS_DI', 'MINUS_DM', 'MOM', 'PLUS_DI', 'PLUS_DM',
'STOCH_slowk', 'STOCHF_fastk', 'STOCHF_fastd', 'TRIX', 'ULTOSC', 'WILLR', 'BETA',
```

'CORREL','LINEARREG_ANGLE','STDDEV','VAR'#确定特征名称

explainer = lime. lime_tabular. LimeTabularExplainer(X_train, feature_names= feature_names,class_names=[0,1],discretize_continuous=False)#创建 Tabular 解释器对象,解释训练数据 train_X 的特征和标签。feature_names 是特征名称的列表,class_names 是标签名称的列表,discretize_continuous 参数指定是否将连续特征离散化

train_sample = X_train.sample(n=1)#从训练数据中随机选择一个样本,用于解释模型的预测结果

train_sample

输出结果如图 11-20 所示。

	close	change	volume	amount	totalShares	ths_trading_status_stock	SAR	ATR	NATR	TRANGE	ADOSC	HT_DCPERIOD	HT_DC
324	0.292393	-1.033392	-0.404434	-0.313779	-1.239863		-0.02954	-0.4665	0.217251	0.014884	-0.159392	-0.50657	-0.249097	-1.

图 11-20   训练样本

exp = explainer. explain_instance(X_train. values[-1], my_model_2. predict_proba, num_features=len(feature_names),top_labels=1)#解释选择的样本的预测结果。train_X. values[-1]是要解释的样本的特征值,my_model_2.predict_proba 是模型的预测函数,num_features 指定要考虑的特征数量,top_labels 指定要考虑的标签数量

exp.show_in_notebook(show_table=True,show_all=False)#在 Jupyter Notebook 中显示解释结果。show_table 参数指定是否显示特征重要性表格,show_all 参数指定是否显示所有标签的解释结果

输出结果如图 11-21 所示。

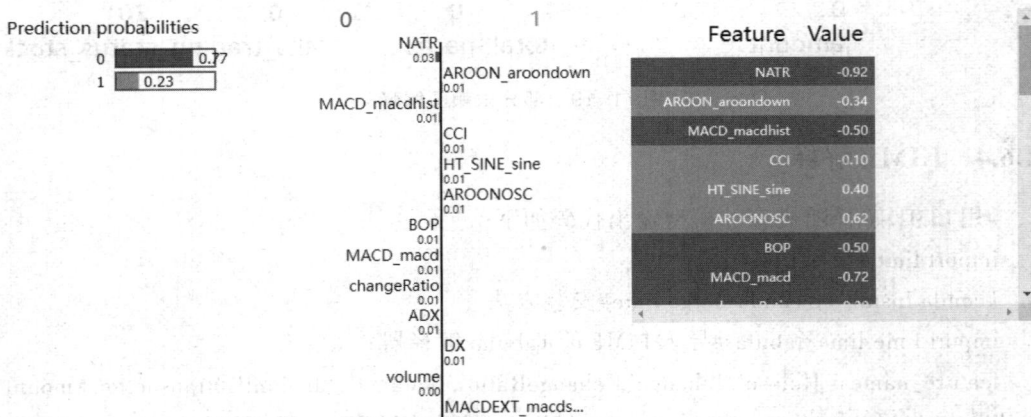

图 11-21   LIME 解释图

LIME 输出图形解读:(1)左侧为 Prediction probabilities,显示了模型对该样本的预测概率。该样本的预测概率为 0.77 和 0.23,分别对应类别 0 和类别 1。(2)中间是一个纵向轴,显示了特征名称和相应的值。每个特征都用一个柱状图表示,柱状图的长度表示该特征对模型预测的贡献程度。该特征的柱状图在中轴线左侧,表示该特征对类别 0 的预测更有影响力;柱状图在中轴线右侧,表示该特征对类别 1 的预测更有影响力。本例的特征较多导致每个特征的影响力都较小,柱状图不明显,把影响小的特征剔除后柱

状图更加明显。（3）右侧是一个表格，列名为 Feature 和 Value，其中 Feature 列显示了每个特征的名称，而 Value 列显示了该样本中每个特征的取值。这个表格可以帮助用户更好地理解中间柱状图的结果，以及每个特征如何影响模型的预测结果。

说明：SHAP 是一个比较流行的解释性机器学习库，提供了多种方法来计算 SHAP 值，包括 Kernel SHAP、Deep SHAP、Tree SHAP 等。SHAP 库的优点是可以处理多类别分类、回归、图像和文本等多种数据类型，适用于各种类型的机器学习模型。此外，SHAP 还提供了多种可视化工具，可以帮助用户更好地理解模型的预测结果。

ELI5 是一个用于解释各种机器学习模型的库，提供了多种方法来计算特征重要性，包括 Permutation Importance、Feature Importance 等。ELI5 库的优点是易于使用，可以与多种机器学习库和框架集成，如 scikit-learn、XGBoost、LightGBM、Keras 等。此外，ELI5 还提供了多种可视化工具，可以帮助用户更好地理解特征重要性的计算结果。

PartialDependence 是一个用于计算部分依赖图的库，可以帮助用户理解模型中各个特征对预测结果的影响。PartialDependence 库的优点是易于使用，可以与多种机器学习库和框架集成，如 scikit-learn、XGBoost、LightGBM 等。此外，PartialDependence 还提供了多种可视化工具，可以帮助用户更好地理解部分依赖图的计算结果。

LIME 是一个用于解释模型预测结果的库，提供了多种方法来计算局部可解释性模型（Local Interpretable Model-Agnostic Explanations，LIME），包括回归、分类、图像和文本等。LIME 库的优点是易于使用，可以与多种机器学习库和框架集成，如 scikit-learn、Keras、PyTorch 等。此外，LIME 还提供了多种可视化工具，可以帮助用户更好地理解局部可解释性模型的计算结果。

总的来说，这些库都是比较成熟和常用的解释性机器学习库，选择哪个库主要取决于具体的应用场景和用户的需求。如果需要计算 SHAP 值，可以选择 SHAP 库；如果需要计算特征重要性，可以选择 ELI5 库；如果需要绘制部分依赖图，可以选择 PartialDependence 库；如果需要计算局部可解释性模型，可以选择 LIME 库。

11.6.5 已经训练好的模型的保存和读取

```
import pickle
#存储模型
pickle.dump(my_model_2,open(wenjianjiamingcheng+'\\dtr.dat',"wb"))
# 加载模型
loaded_model = pickle.load(open(wenjianjiamingcheng+'\\dtr.dat',"rb"))
# 使用模型
print(loaded_model.score(X_train,y_train))
print(loaded_model.score(X_test,y_test))
```
输出结果为：0.6681222707423581 和 0.7608695652173914

知识检测

1）单项选择题

（1）对于给定的代码 isExists = os.path.exists（wenjianjiamingcheng），以下说法正确的是（　　）。

A.该代码用于创建文件或目录 wenjianjiamingcheng

B.该代码用于判断文件或目录 wenjianjiamingcheng 是否存在

C.该代码用于重命名文件或目录 wenjianjiamingcheng

D.该代码用于删除文件或目录 wenjianjiamingcheng

（2）对于给定的代码 df ['rt_1'] = （df ['close'] −df ['close']. shift （−1） ）/df ['close']. shift （−1），以下说法正确的是（　　）。

A.该代码计算了数据框 df 中每个时间点的收益率

B.该代码计算了数据框 df 中每个时间点的涨跌幅

C.该代码计算了数据框 df 中每个时间点的成交量

D.该代码计算了数据框 df 中每个时间点的开盘价与收盘价之差

（3）对于给定的代码 df ['HT_PHASOR_inphase']，df ['HT_PHASOR_quadrature'] = talib. HT_PHASOR （df ['close']. values），以下说法正确的是（　　）。

A.该代码计算了数据框 df 中每个时间点的趋势指标

B.该代码计算了数据框 df 中每个时间点的震荡指标

C.该代码计算了数据框 df 中每个时间点的相位分量

D.该代码计算了数据框 df 中每个时间点的动量指标

（4）对于给定的代码 df [item] = df [item]. apply （lambda x: （x − mean_tmp） / std_tmp），以下说法正确的是（　　）。

A.数据框 df 中的 item 列进行了平方处理

B.数据框 df 中的 item 列进行了归一化处理

C.数据框 df 中的 item 列进行了平移处理

D.数据框 df 中的 item 列进行了标准化处理

（5）对于给定的代码 df_not_correlated = ~ （df_corr.mask （np.tril （np.ones （ [len （df_corr）] *2, dtype=bool） ） ） .abs()> threshold） .any()，以下说法正确的是（　　）。

A.该代码计算了数据框 df_corr 中各列之间的相关性

B.该代码计算了数据框 df_corr 中各列之间的协方差

C.该代码判断了数据框 df_corr 中各列之间是否存在相关性

D.该代码判断了数据框 df_corr 中各列之间是否存在协方差

2）多项选择题

（1）relitu1=sns.heatmap （uncorrelated_factors2.round （2），annot=True） 的作用有（　　）。

A.绘制一个热力图，显示数据框 uncorrelated_factors2 中的数据

B.将数据框 uncorrelated_factors2 中的数据保留两位小数

C.在热力图上显示注释

D.绘制一个散点图，显示数据框 uncorrelated_factors2 中的数据

（2）对于给定的代码 knn_clf_1=GridSearchCV （KNeighborsClassifier（），param_grid=param_grid，scoring='accuracy'），GridSearchCV 是用来进行模型参数调优的，以下选项正确的有（　　）。

A. 网格搜索算法会遍历 param_grid 中的所有参数组合

B. scoring='accuracy' 指定了使用准确率作为模型评估指标

C. knn_clf_1 是一个已经训练好的 KNN 分类器

D. param_grid 是一个包含 KNN 分类器需要调优的参数和对应取值的字典

（3）对于给定的代码 shap.force_plot（explainer.expected_value［-1］，shap_values［-1］，X_test.iloc［-1,:］），以下选项描述正确的有（　　）。

A.explainer.expected_value［-1］是模型的期望值

B.shap_values［-1］是计算得到的 SHAP 值

C.X_test.iloc［-1,:］是要可视化的样本数据

D.shap.force_plot 函数用于计算 SHAP 值

（4）对于给定的代码 pickle.dump（rf_model_1，open（wenjianjiamingcheng+'\\dtr.dat'，"wb"）），以下选项描述正确的有（　　）。

A.rf_model_1 是要保存的模型对象

B.wenjianjiamingcheng 是保存文件的路径

C.dtr.dat 是保存的文件名

D.pickle.dump 是用于加载模型的函数

3）判断题

（1）在机器学习中，SHAP（SHapley Additive exPlanations）解释是一种局部可解释性方法，它可以用于解释模型中各个特征的重要性，并对模型的预测做出解释。（　　）

（2）LIME 是一种全局可解释性方法，可以用于解释机器学习模型中各个特征的重要性，并对模型的预测做出解释。（　　）

（3）PDP 是一种可视化方法，用于展示机器学习模型中单个特征与目标变量之间的关系，以探索它们之间的非线性关系。（　　）

（4）PDP 通过固定其他特征值，改变一个特定特征的取值范围，并计算模型对应的预测结果的平均值来解释该特征与目标变量之间的关系。（　　）

（5）ELI5 解释方法的原理是通过简化语言、使用比喻、提供具体例子和强调关键点，以通俗易懂的方式解释复杂的概念和模型，使非专业人士也能够理解。这种方法提高了模型的可解释性，使人们能够更好地理解和应用机器学习模型。

知识检测 11-1

第 11 章

4）思考题

（1）把股票数据更改为基金数据（基金数据没有基本面数据，更适合本案例）后运行本章提供的代码。

（2）查阅三种解释库的输入数据要求。

育德启智

中国文化中的"天时地利人和"

（1）"天时"指的是顺应自然规律的时机和条件，包括天象、季节、气候等因素。在中国文化中，天时被认为是决定成败的关键因素之一。例如，古人认为春天是万物生长的季节，适合出征和耕种；冬天则适合储备和休养生息。因此，在不同的季节采取不同的行动，顺应自然规律，是取得成功的必要条件。

（2）"地利"指的是地理环境和地域特色，包括山河、湖泊、森林等自然地理因素，以及各地的

风土人情、习俗习惯等人文地理因素。占据有利的地形和资源，能够使团队更加高效运转，提高成功的概率。

（3）"人和"指的是人与人之间的关系和配合，包括工作关系、家庭关系、朋友关系等社会关系。在中国文化中，人和被认为是最重要的因素之一。只有人们团结一心、相互支持、共同努力，才能够取得成功。因此，建立和谐的人际关系，协调各方面的力量，是实现目标的重要保障。

思政元素：绿色发展　协调发展　人际和谐

学有所悟：在中国文化中，"天时地利人和"是一个深邃而又实用的理念。它教会我们，在追求成功的道路上，要顺应自然规律、占据有利地形和团结一心。正如党的二十大报告中所强调的，"推动绿色发展，促进人与自然和谐共生"，这正是顺应"天时"的体现。同时，我们要充分利用我国的地理优势和人文资源，促进区域协调发展，这是"地利"的智慧。更重要的是，我们要加强社会建设，促进人际和谐，凝聚各方力量共同奋斗，这就是"人和"的力量。

思政课堂 11-1

中国文化中的
"天时地利
人和"

第 12 章

区块链

■ 本章导读

区块链是互联网普及的产物，它的设计思想很有魅力。区块链的核心思想是分布式存储，有人将其描述为去中心化，可以简单理解为大家共同持有、更新、认证各自的资产账本。区块链的各组件运用巧妙的算法，完美实现了功能和应用的双重目标。区块链的字面意思非常明确地表述了其组成，即通过链接区块组成，区块的核心是资产账本，把上一期账本压缩为独一无二的标识符放在下一期区块内，就实现了各期区块的链接。压缩账本的目的是防止账本过大，确保账本在网络上快速传播。猜测随机数的方法保障了记账人的去中心化，多数人表决的方式确保了账本的真实性。本章模仿比特币的代码编写了单机版区块链程序，学习过程中应重点掌握各功能模块的算法，并理解各模块组合成整体的逻辑；实际应用过程中应该重点关注联盟链和智能合约方向的研究和实践。

■ 学习目标

知识课堂12-0

导学

知识目标：掌握编程逻辑；掌握应用 Python 语言编写区块链程序的方法。

能力目标：能够编写简单的数字货币程序和智能契约程序。

素养目标：树立良好的思想品德、社会公德和职业道德，培养社会活动能力和社会适应能力，增强团队协作精神。

12.1　概念介绍

区块链由相互链接的区块组成，每个区块中记录交易数据（一定时长内需要记录的数据记录或交易信息），采用适当算法形成一条可信的链条，构建出一个不可篡改、全员共有的分布式账本。区块链系统由数据层、网络层、共识层、激励层、合约层和应用层组成（参照 TCP/IP 协议的 OSI 七层模型提出的，信息网络专业的读者阅读时容易混淆，虽然有类似之处，但区别还是很大的）。区块链一般分为公有链、联盟链、私有链三类，其中公有链具有典型意义，但联盟链比较普遍。比特币是典型的公有链，长时间的运行证明了该链的安全性和可靠性。公有链的重要特征之一是：在互联网上共享其源代码，供专业人员判断是否实现了去中心化。区块链在比特币的应用中诞生，因此与金融行业产生了密不可分的关系，其核心技术的应用从数字货币逐步扩展到智能合约以及法律、零售、物联、医疗等领域。区块链技术能快速拓展应用的主要原因在于它在脱离第三方提供的信用机制或信息共享机制的条件下，成功解决了信任问题，并提高了点对点的运行效率以及整体效率。

知识课堂12-1

概念介绍

12.2　编程逻辑

编写基于区块链的比特币代码涉及交易、复式记账法、未消费交易输出、中心化、区块、区块链、创世区块、去中心化原理、分布式存储、对等网络、交易池、"挖矿"、创币交易、工作量证明、共识与共识算法、确认、诚实节点和恶意节点、区块链分叉、双重支付、虚拟机、矿机和矿池等概念或方法（其详细介绍可以阅读裴尧尧的《从零开始自己动手写区块链》）。为方便理解和学习，本章代码对比特币源代码进行了删减，并增加了在单机上模拟运行的程序。

知识课堂12-2

编程逻辑

为程序逻辑清晰，编写了以下 7 个类：节点类、钱包类、区块类、工作量证明类、交易类、交易编码类、区块链类。

节点类首先定义一个全局变量来保存区块链上的所有节点，再定义一个节点的结构，每个节点都包含唯一的端口、节点名称、唯一的钱包和一个区块链的副本，从而模拟去中心化网络中的节点。初始化钱包类使用椭圆曲线算法生成私钥和公钥对，进而确定一个账户；创建账户后，用该账户的地址和公钥、私钥生成签名，其中账户地址由公钥先经哈希算法再进行 Base64 算法计算而成；签名生成的是一串二进制字符串，可以将其转换成 ASCII 字符串；然后用验证函数验证签名是否正确；总体上实现生成账户、账户地址、公钥信息、签名等功能。区块类把钱包和交易功能更新到区块链。工作量证明类实现挖矿成功后获得加密数字货币作为奖励的奖励机制。交易类记录交易的发送方、接收方、交易数量，以及用来验证交易的发送方公钥和发送方签名。交易编码类把数据按照 json 格式存储。区块链类建立区块链。

为便于理解程序逻辑和区块链运行逻辑，程序中增加很多 print（）语句，如果对区块链的运行顺序或逻辑不熟悉，可以把相应的#号去掉后打印出相应文字。

12.3　实现代码

import threading#线程的模块。通过 Thread 的使用，将目标函数实例化为 Thread 对象，每个 Thread 对象代表着一个线程，调用 start()方法开始运行。本代码仅为了模拟网络中的多个终端，与区块链的真正内涵的关系不大。

from ecdsa import SigningKey，SECP256k1，VerifyingKey，BadSignatureError#ecdsa库可以快速创建密钥对（签名密钥和验证密钥）、签名消息和验证签名。

import binascii#用于进制和字符串之间的转换。常用于二进制和 ASCII 编码转换。

import base64#base64 模块用来进行 base64 编码解码，编码后的数据是一个字符串，包括 a-z、A-Z、0-9、/、+，共 64 个字符，即可用 6 个字节表示。

from hashlib import sha256

import hashlib#提供字符加密功能的模块，包含 MD5 和 SHA 的加密算法，具体支持 md5、sha1、sha224、sha256、sha384、sha512 等算法。

from datetime import datetime

import socket#该模块提供套接字操作和一些相关功能。本程序中，可以把 socket 理解为网络连接端点。网络两个节点两端使用各自的 socket 来监听信息并发送和接收信息。应用时，每个 socket 需要绑定一个特定的 IP 地址和端口。

import json#JSON（JavaScript Object Notation）通过对象和数组的组合来表示数据，数据结构为 {key1：value1，key2：value2}。JSON 是一种文本序列化格式（它输出 unicode 文本）。

import pickle#pickle 模块实现了用于序列化和反序列化 Python 对象结构的二进制协议。"Pickling" 是将 Python 对象层次结构转换为字节流的过程，"unpickling" 将字节流（来自二进制文件或类似字节的对象）转换回对象层次结构。

```python
import sys,os
import time
# jiedian_liebiao = []
class jiedianlei(threading.Thread):#建立节点类
    # print('正在运行节点类')
    def __init__(self,name,port,host="localhost"):#初始化类
        # print('正在初始化节点类')
        threading.Thread.__init__(self,name=name)#初始化线程模块
        self.host = host# 服务器地址,本地电脑都设为 localhost
        self.port = port# 每个节点对应唯一的端口号
        self.name = name#节点的名称
        self.qianbao = qianbaolei()#增加钱包属性,调用钱包类;返回后增加公钥、私钥等
属性
        self.qukuailian = None  # 存储一个区块链副本
```

def run(self):#调用节点类时,执行 thread 的 run()方法。#run()方法不启动一个新线程,在主线程中调用一个普通函数。start()方法启动一个子线程,线程名是自己定义的 name

    # print('正在运行 run!')

    self.init_qukuailian()#调用区块链初始化函数

    # print('返回区块链初始化函数')

    sock = socket.socket(socket.AF_INET,socket.SOCK_STREAM)#创建套接字,绑定套接字到本地 IP 与端口;socket.AF_INET 服务器之间网络通信,socket.SOCK_STREAM 针对 TCP 协议

    sock.bind((self.host,self.port))#将套接字绑定到本地地址。对于 IP 套接字,地址是主机和端口的配对;主机必须引用本地主机

    jiedian_liebiao.append({"name":self.name,"host":self.host,"port":self.port})#把新节点存储到节点列表中

    # print('正在运行 run')

    sock.listen(1)#开始监听链接,或者说一直查询是否有新的节点接入

    print(self.name,"运行中 ...")

    while True:

        lianjie,dizhi = sock.accept()#等待接入节点,传入节点后返回一个节点信息和客户端地址。地址是客户端地址和端口(本模拟环境中依次为'127.0.0.1'和8011)

        try:

            print(self.name,"处理请求内容 ...")

            self.chuliqingqiu(lianjie)#调用处理请求方法

        except socket.timeout:

            print('超时!')

        except Exception as e:#如果处理请求发生错误,把错误打印出来,e就是错误的内容

            print(e,)

        lianjie.close()#断开连接

    def chuliqingqiu(self,lianjie):

        # print('正在运行 chuliqingqiu')

        data = []#用于存储数据(或者说准备存储交易信息)

        PER_BYTE = 1024

        while True:

            buf = lianjie.recv(PER_BYTE)#从套接字接收最多1024个字节。当没有数据可用时,阻塞直到至少有一个字节可用或直到远端关闭。关闭远端并读取所有数据时,返回空字符串

            if not buf:

                break

```
            data.append(buf)
         if len(buf)< PER_BYTE:
            break
      t = pickle.loads(b''.join(data))#读取 pickle 类交易信息
      # print('t=',t)#可以查看信息内容
      if isinstance(t,jiaoyilei):#如果 t 的类型是交易类的子类
         print("处理交易请求 ...")
         if yanzhengqianming(t.gongyao,str(t),t.qianming):#调用验证签名函数,用公钥、信
息、签名为参数
            print(self.name,"验证交易成功")
            new_qukuai = qukuailei(jiaoyichi=[t],prev_hash="")
            print(self.name,"生成新的区块 ...")
            w = gongzuoliangzhengming(new_qukuai,self.qianbao)
            qukuai = w.wakuang()
            print(self.name,"将新区块添加到区块链中")
            self.qukuailian.add_qukuai(qukuai)
            print(self.name,"将新区块广播到网络中 ...")
            self.guangbo_xin_qukuai(qukuai)
         else:
            print(self.name,"交易验证失败!")
      elif isinstance(t,qukuailei):
         print("处理新区块请求 ...")
         if self.queren_qukuai(t):
            print(self.name,"区块验证成功")
            self.qukuailian.add_qukuai(t)
            print(self.name,"添加新区块成功")
         else:
            print(self.name,"区块验证失败!")
      else:
         lianjie.send(pickle.dumps(self.qukuailian))
   def queren_qukuai(self,qukuai):
      # print('正在运行确认区块')
      DIFFICULTY = 3
      xinxineirong = hashlib.sha256()
      xinxineirong.update(str(qukuai.prev_hash).encode('utf-8'))
      xinxineirong.update(str(qukuai.jiaoyichi).encode('utf-8'))
      xinxineirong.update(str(qukuai.timestamp).encode('utf-8'))
      xinxineirong.update(str(qukuai.nonce).encode('utf-8'))
```

```python
        digest = xinxineirong.hexdigest()
        prefix = '0' * DIFFICULTY
        return digest.startswith(prefix)
    def guangbo_xin_qukuai(self,qukuai):
        # print('正在运行广播新区块')
        for jiedian in jiedian_liebiao:
            host = jiedian['host']
            port = jiedian['port']
            if host == self.host and port == self.port:
                print(self.name,"忽略自身节点")
            else:
                print(self.name,"广播新区块至 %s" % (jiedian['name']))
                sock = socket.socket(socket.AF_INET,socket.SOCK_STREAM)
                sock.connect((host,port))
                sock.send(pickle.dumps(qukuai))
                sock.close()
    def init_qukuailian(self):#区块链初始化函数
        # print('正在运行区块链初始化函数')
        if jiedian_liebiao:#如果节点列表不是空值
            host = jiedian_liebiao[0]['host']#列表中的第一个元素的host赋值给host
            port = jiedian_liebiao[0]['port']
            name = jiedian_liebiao[0]["name"]
            print(self.name,"发送初始化请求 %s" % (name))
            sock = socket.socket(socket.AF_INET,socket.SOCK_STREAM)
            sock.connect((host,port))
            sock.send(pickle.dumps('INIT'))
            data = []
            PER_BYTE = 1024
            while True:
                buf = sock.recv(PER_BYTE)
                if not buf:
                    break
                data.append(buf)
                if len(buf)< PER_BYTE:
                    break
            sock.close()
            self.qukuailian = pickle.loads(b''.join(data))
            print(self.name,"初始化完成")
```

```
            # jiedian_liebiao.append({"name":self.name,"host":self.host,"port":self.port})
        else:#如果节点列表是空值,或者第一次建立节点时运行
            qukuai = qukuailei(jiaoyichi=[],prev_hash="")#调用区块类,由于第一个区块的
建立,交易池为空列表,前区块哈希值为空值
            # print('运行完区块类返回到空值节点列表程序部分')
            w = gongzuoliangzhengming(qukuai,self.qianbao)#先调用钱包属性。然后运行工
作量证明函数,并传送交易池、父区块哈希值、钱包内容
            # print('运行完工作量证明函数')
            chuangshi_qukuai = w.wakuang()#用工作量证明函数的返回值,调用挖矿函数
            self.qukuailian = qukuailianlei()
            self.qukuailian.add_qukuai(chuangshi_qukuai)
            print("生成创世区块")
    def chuli_jiaoyi(self,transaction):
        # print('正在运行 chuli_jiaoyi')
        # print(jiedian_liebiao)
        for jiedian in jiedian_liebiao:
            host = jiedian['host']
            port = jiedian['port']
            if host == self.host and port == self.port:
                print(self.name,"忽略自身节点")
            else:
                # print('正在运行 else')
                print(self.name,"广播新区块至 %s:%s" % (self.host,self.port))
                sock = socket.socket(socket.AF_INET,socket.SOCK_STREAM)
                sock.connect((jiedian["host"],jiedian["port"]))
                sock.send(pickle.dumps(transaction))
                sock.close()
    def chaxunyue(self):
        # print('正在运行查询余额')
        yue = 0#初始余额为零
        for qukuai in self.qukuailian.xinzeng_qukuai:
            for t in qukuai.jiaoyichi:
                if t.fasongzhe == self.qianbao.dizhi.decode():
                    yue -= t.jiaoyiliang
                elif t.jieshouzhe == self.qianbao.dizhi.decode():
                    yue += t.jiaoyiliang
        print("当前拥有%.1f个加密货币" % (yue))
    def print_qukuailian(self):
```

```
        print("区块链包含区块个数:%d" % len(self.qukuailian.xinzeng_qukuai))
        for qukuai in self.qukuailian.xinzeng_qukuai:
            print("上个区块哈希:%s" % qukuai.prev_hash)
            print("区块内容:%s" % qukuai.jiaoyichi)
            print("区块哈希:%s" % qukuai.hash)
            # print("")
class qianbaolei:#钱包类
    # print('正在运行钱包类')
    def __init__(self):
        # print('初始化钱包类')
        self._private_key = SigningKey.generate(curve=SECP256k1)#用 ecdsa 库创建私钥
        # print('私钥为:',self._private_key)
        self._public_key = self._private_key.get_verifying_key()#用私钥库创建配对的公钥
        # print('公钥为:',self._public_key)
    @property
    def dizhi(self):
        # print('调用钱包类的地址属性')
        h = sha256(self._public_key.to_pem())#把公钥转换为 PEM 格式后哈希运算得到钱
包地址
        # print('钱包地址为:',h)
        return base64.b64encode(h.digest())#使用 Base64 对 h.digest()进行编码,返回 bytes
对象
    @property
    def gongyao(self):
        # print('正在运行钱包公钥属性')
        return self._public_key.to_pem()#把公钥转换为 PEM 格式
    def sign(self,xinxineirong):
        # print('正在运行钱包签名方法')
        h = sha256(xinxineirong.encode('utf8'))#对钱包信息 utf8 编码后哈希运算
        return binascii.hexlify(self._private_key.sign(h.digest()))
def yanzhengqianming(gongyao,xinxineirong,qianming):#验证签名函数
    # print('正在运行验证签名函数')
    verifier = VerifyingKey.from_pem(gongyao)#对以 PEM 格式存储的公钥初始化
    h = sha256(xinxineirong.encode('utf8'))#以 utf8 格式编辑信息内容后哈希运算
    return verifier.verify(binascii.unhexlify(qianming),h.digest())#验证 h 的签名
class qukuailei:#区块类
    # print('正在运行区块类')
    def __init__(self,jiaoyichi,prev_hash):#初始化区块类
```

```
    # print('正在运行初始化区块类')
    self.prev_hash = prev_hash#上一个区块的哈希值,如果是第一区块就是空值
    self.jiaoyichi = jiaoyichi#交易池列表
    self.timestamp = datetime.now().strftime("%Y-%m-%d %H:%M:%S")#获得现在时
间,并转换为字符串型
    self.nonce = None#初始化时,随机数(用于挖矿)为空
    self.hash = None#初始化时,空值的哈希应为空值
    def __repr__(self):#__repr__是由object对象提供的特殊方法,由于所有类都是object
类的子类,所以所有类都会继承该方法。object提供的__repr__方法总是返回一个对象的"
类名+obejct at+内存地址"。想在自定义类中实现 "自我描述"功能必须重写 __repr__
方法
    return "区块内容:%s 哈希值:%s" % (json.dumps(self.jiaoyichi),self.hash)
class gongzuoliangzhengming:#工作量证明类 PoW
    # print('正在运行工作量证明类')
    def __init__(self,qukuai,kuanggong,difficult=5):#初始化工作量证明函数,获得交易
池、父区块哈希值、钱包内容
    # print('正在初始化工作量证明类')
    self.qukuai = qukuai#交易池和父区块信息
    self.difficulty = 3#工作量难度为3,如果设置5,挖矿速度明显变慢
    self.kuanggong = kuanggong#钱包信息
    self.jiangli_jiaoyiliang = 1#每次交易奖励为1
def wakuang(self):#挖矿函数
    print('正在运行挖矿函数')
    i = 0#挖矿次数计数器
    prefix = '0' * self.difficulty#挖空难度参数。增加的零越多,挖矿越难,时间越长
    t = jiaoyilei(fasongzhe= "", jieshouzhe=self. kuanggong. dizhi, jiaoyiliang=self.
jiangli_jiaoyiliang)#调用交易类,参数为:发送者(因为创世区块,所以空值)、接受者(钱包地
址)和交易量
    sig = self.kuanggong.sign(json.dumps(t,cls=jiaoyibianma))#调用钱包的签名属性
    t.shezhiqianming(sig,self.kuanggong.gongyao)
    self.qukuai.jiaoyichi.append(t)
    while True:
        xinxineirong = hashlib.sha256()
        xinxineirong.update(str(self.qukuai.prev_hash).encode('utf-8'))
        xinxineirong.update(str(self.qukuai.jiaoyichi).encode('utf-8'))
        xinxineirong.update(str(self.qukuai.timestamp).encode('utf-8'))
        xinxineirong.update(str(i).encode("utf-8"))
        digest = xinxineirong.hexdigest()
```

```
            if digest.startswith(prefix):
                self.qukuai.nonce = i
                self.qukuai.hash = digest
                return self.qukuai
            i += 1
class jiaoyilei:#交易类
    # print('正在运行交易类')
    def __init__(self,fasongzhe,jieshouzhe,jiaoyiliang):#交易类初始化函数。获得参数为:
发送者(创世区块为空值)、接受者(钱包地址)和交易量
        # print('正在运行交易类初始化函数')
        if isinstance(fasongzhe,bytes):#如果发送者是 bytes 类型
            fasongzhe = fasongzhe.decode('utf-8')#用 utf8 解码发送者
        self.fasongzhe = fasongzhe
        if isinstance(jieshouzhe,bytes):
            jieshouzhe = jieshouzhe.decode('utf-8')
        self.jieshouzhe = jieshouzhe
        self.jiaoyiliang = jiaoyiliang
    def shezhiqianming(self,qianming,gongyao):#为验证交易,发送方输入其公钥和签名
        print('正在运行设置签名,请稍等')#设置签名
        self.qianming = qianming#发送方签名
        self.gongyao = gongyao#发送方公钥
    def __repr__(self):#__repr__是由 object 对象提供的特殊方法,由于所有类都是 object
类的子类,所以所有类都会继承该方法。object 提供的__repr__方法总是返回一个对象的"
类名+obejct at+内存地址"。想在自定义类中实现 "自我描述"功能必须重写 __repr__
方法
        if self.fasongzhe:# 按照是否有发送方,把交易分为挖矿所得和转账交易
            s = "从 %s 转至 %s %d 个加密货币" % (self.fasongzhe,self.jieshouzhe,self.
jiaoyiliang)
        else:
            s = "%s 挖矿获取%d个加密货币" % (self.jieshouzhe,self.jiaoyiliang)
        return s
class jiaoyibianma(json.JSONEncoder):#交易编码类
    # print('正在调用交易编码类')
    def default(self,obj):
        if isinstance(obj,jiaoyilei):
            return obj.__dict__#在对象的__dict__中存储 self.xxx
        else:
            return json.JSONEncoder.default(self,obj)#按照 json 格式编码
```

```
class qukuailianlei:#建立区块链类
    # print('正在运行区块链类')
    def __init__(self):
        self.xinzeng_qukuai = []#初始区块为空列表
    def add_qukuai(self,qukuai):
        self.xinzeng_qukuai.append(qukuai)#增加新增区块
if __name__=='__main__':
    jiedian_liebiao = []
    jiedian1 = jiedianlei("节点1",8010)#调用节点类,建立节点1。端口设置为8010,如
果不退出IDLE需要重新设置端口,否则端口占用报错,改为80xx即可
    print('正在建立节点1(为等待运算和缓冲输出,设置了input函数,等一段时间后请
按回车,快速回车会报错):')
    jiedian1.start()#激活一个线程,一个节点只能调用一次。.start是threading模块自带
的方法
    input()
    jiedian1.print_qukuailian()#打印当前区块链情况
    input()
    jiedian2 = jiedianlei("节点2",8011)
    print('正在建立节点2,请稍等')
    input()
    jiedian2.start()
    input()
    jiedian2.print_qukuailian()
    input()
    print('节点1的余额为:')
    jiedian1.chaxunyue()
    print('节点2的余额为:')
    jiedian2.chaxunyue()
    input()
    print('为实现交易,节点1向节点2发送0.3单位货币')
    xin_jiaoyi = jiaoyilei(fasongzhe=jiedian1. qianbao. dizhi, jieshouzhe=jiedian2. qianbao.
dizhi,jiaoyiliang=0.3)
    sig = jiedian1.qianbao.sign(str(xin_jiaoyi))
    xin_jiaoyi.shezhiqianming(sig,jiedian1.qianbao.gongyao)
    jiedian1.chuli_jiaoyi(xin_jiaoyi)
    input()
    jiedian1.print_qukuailian()
    input()
```

```
jiedian2.print_qukuailian()
print('节点 1 的余额为:')
jiedian1.chaxunyue()
print('节点 2 的余额为:')
jiedian2.chaxunyue()
os._exit(0)#中断程序,否则 while TRUE 语句的监听程序一直运行
sys.exit()
```

输出结果为:

C:*****anaconda3\python.exe C:/******PycharmProjects/pythonProject2/去中心化网络.py

正在建立节点 1（为等待运算和缓冲输出，设置了 input 函数，等一段时间后请按回车，快速回车会报错）:

正在运行挖矿函数

正在运行设置签名，请稍等

生成创世区块

节点 1 运行中 ...

区块链包含区块个数：1

上个区块哈希：

区块内容：［UtSGt7eEkTLdNzUMKlsL9QjM0qqcGia8RMluUUiR9Ko= 挖矿获取 1 个加密货币］

区块哈希：00000ade63fd2889a6094d215fb4de5edf5e9a043dc4424b33fd18220a07f797

正在建立节点 2，请稍等

节点 2 发送初始化请求 节点 1

节点 1 处理请求内容 ...

节点 2 初始化完成

节点 2 运行中 ...

区块链包含区块个数：1

上个区块哈希：

区块内容：［UtSGt7eEkTLdNzUMKlsL9QjM0qqcGia8RMluUUiR9Ko= 挖矿获取 1 个加密货币］

区块哈希：00000ade63fd2889a6094d215fb4de5edf5e9a043dc4424b33fd18220a07f797

节点 1 的余额为:

当前拥有 1.0 个加密货币

节点 2 的余额为:

当前拥有 0.0 个加密货币

为实现交易，节点 1 向节点 2 发送 0.3 单位货币

正在运行设置签名，请稍等

节点 1 忽略自身节点

节点 1 广播新区块至 localhost：8010

节点 2 处理请求内容...

处理交易请求...

节点 2 验证交易成功

节点 2 生成新的区块...

正在运行挖矿函数

正在运行设置签名，请稍等

节点 2 将新区块添加到区块链中

节点 2 将新区块广播到网络中...

节点 2 广播新区块至 节点 1

节点 1 处理请求内容...

处理新区块请求...

节点 1 节点 2 区块验证成功

节点 1 添加新区块成功忽略自身节点

区块链包含区块个数：2

上个区块哈希：

区块内容：［UtSGt7eEkTLdNzUMKlsL9QjM0qqcGia8RMluUUiR9Ko= 挖矿获取 1 个加密货币］

区块哈希：00000ade63fd2889a6094d215fb4de5edf5e9a043dc4424b33fd18220a07f797

上个区块哈希：

区块内容：［从 UtSGt7eEkTLdNzUMKlsL9QjM0qqcGia8RMluUUiR9Ko= 转至 RmkfFlVqzoOydfI4PShINLVYukXxKzS4lHEJtgkkLGc= 0 个加密货币，RmkfFlVqzoOydfI4PShINLVYukXxKzS4lHEJtgkkLGc= 挖矿获取 1 个加密货币］

区块哈希：00000970cc84b3ef7caab95bee3bb135fcc8975ac5557831c7a46dd3fa9234cc

区块链包含区块个数：2

上个区块哈希：

区块内容：［UtSGt7eEkTLdNzUMKlsL9QjM0qqcGia8RMluUUiR9Ko= 挖矿获取 1 个加密货币］

区块哈希：00000ade63fd2889a6094d215fb4de5edf5e9a043dc4424b33fd18220a07f797

上个区块哈希：

区块内容：［从 UtSGt7eEkTLdNzUMKlsL9QjM0qqcGia8RMluUUiR9Ko= 转至 RmkfFlVqzoOydfI4PShINLVYukXxKzS4lHEJtgkkLGc= 0 个加密货币，RmkfFlVqzoOydfI4PShINLVYukXxKzS4lHEJtgkkLGc= 挖矿获取 1 个加密货币］

区块哈希：00000970cc84b3ef7caab95bee3bb135fcc8975ac5557831c7a46dd3fa9234cc

节点 1 的余额为：

当前拥有 0.7 个加密货币

节点 2 的余额为：

当前拥有 1.3 个加密货币

知识检测

1）单项选择题

（1）区块链的概念是（　　　　）。

A.区块链是一种中心化的数据库系统，由一家公司或组织控制

B.区块链是一种去中心化的分布式账本技术，记录了所有参与者的交易信息

C.区块链是一种加密货币，可用于进行跨境支付和投资

D.区块链是一种人工智能技术，可用于自动化合同和交易管理

（2）在比特币中，交易是指（　　　　）。

A.比特币网络中的节点之间的通信方式

B.比特币网络中的数据传输方式

C.比特币网络中的价值转移方式

D.比特币网络中的共识算法

（3）在比特币中，"未消费交易输出"（UTXO）指的是（　　　　）。

A.比特币网络中的交易记录

B.比特币网络中的未确认交易

C.比特币网络中的已确认但尚未被使用的交易输出

D.比特币网络中的交易手续费

（4）在 Python 中，sock = socket.socket（socket.AF_INET，socket.SOCK_STREAM）的作用是（　　　　）。

A.创建一个 TCP 套接字　　　　　　　　　　B.创建一个 UDP 套接字

C.创建一个 HTTP 连接　　　　　　　　　　D.创建一个 FTP 连接

2）多项选择题

（1）区块链可以根据不同的特性和应用场景进行分类，以下属于区块链类型的有（　　　　）。

A.公有链　　　　　　　　B.私有链　　　　　　　　C.侧链　　　　　　　　D.联盟链

（2）分布式记账在区块链中的作用有（　　　　）。

A.确保交易的安全性和可信度

B.实现去中心化的交易验证和记账

C.提供高效的交易处理和确认

D.防止双重支付和欺诈行为

E.保护用户隐私和匿名性

（3）挖矿在区块链中的作用有（　　　　）。

A.验证和确认交易的有效性

B.创建新的区块并添加到区块链上

C.分发数字货币给矿工作为奖励

D.维护区块链的安全性和完整性

E.提供网络中的节点之间的通信服务

（4）以下属于去中心化原理特点的有（　　　　）。

A.没有单一的中心化机构或权威控制

B.数据存储在多个节点上，而不是集中在单个服务器上

C.所有节点都有相同的权利和责任

D.通过共识算法来实现数据一致性

E.可以实现高度的可扩展性

3）判断题

（1）h = sha256（self._public_key.to_pem()）使用 SHA256算法对公钥进行加密。　　（　　）

（2）去中心化系统的特点是所有节点都有相同的权利和责任，没有一个节点能够单独控制整个系统。因此，去中心化系统不需要采用共识算法来保证数据的一致性。　　（　　）

（3）工作量证明是一种通过计算难题来证明参与者的身份的机制，它可以避免恶意行为，保证系统的安全性和可靠性。　　（　　）

（4）共识是指在分布式系统中，所有节点对于系统状态达成共识。在分布式系统中，由于节点之间的通信延迟、网络故障等原因，可能导致节点对于系统状态的认知存在差异。共识的目标是通过协调和同步节点之间的状态，使所有节点达成共识。　　（　　）

（5）共识算法是用来解决分布式系统中的共识问题的算法，通过节点间的协作和共识来达成对于系统状态的一致。常见的共识算法包括拜占庭容错算法（Byzantine Fault Tolerance，BFT）、拜占庭容错共识算法（Practical Byzantine Fault Tolerance，PBFT）、工作量证明（Proof of Work，PoW）等。　　（　　）

知识检测12-1

第12章

4）思考题

（1）区块链的核心思想是分布式存储。请从本章代码中查找实现分布式存储功能的部分，并进行优化。

（2）针对本章代码，画出相应的程序逻辑图。

育德启智

区块链的作用——以数字货币为例

（1）提高金融效率：数字货币采用先进的区块链技术，可实现点对点直接转账，降低交易成本，提高金融交易的效率。这不仅可以降低企业的资金成本，还有助于提升整个社会的经济运行效率。

（2）促进普惠金融：数字货币能够突破传统金融服务的地域限制，使更多人能够享受到金融服务。这有助于缩小城乡金融服务差距，推动普惠金融的发展。

（3）提升货币政策有效性：数字货币的发行有助于央行更好地实施货币政策，通过数字货币的调节，可以更精确地控制货币供应量，进而调节经济活动。

（4）推动经济转型升级：数字货币的发展将推动中国经济向数字化、智能化转型升级。数字货币的研发和应用将催生新的产业、新的业态、新的模式，推动中国经济实现高质量发展。

（5）提升国际支付结算效率：数字货币可以降低跨境支付的成本，提高支付结算的效率，推动国际贸易的发展。这有助于提升中国在全球经济中的地位和影响力。

思政元素：诚实守信　科技创新

思政课堂12-1

区块链的作用
——以数字
货币为例

学有所悟：数字货币背后的区块链技术不仅代表着金融科技的进步，而且体现了社会诚信与协作精神的升华。数字货币的发展，正是以人民为中心，推动金融科技与经济社会深度融合的生动体现，它让我们每个人的交易行为更加透明、可追溯，促进了市场的公平竞争和社会的公正与正义。同时，这也提醒我们，在享受科技带来的便利时，更要注重保护个人隐私和数据安全。只有坚持诚信为本，才能在数字化时代立于不败之地，共同构建一个更加和谐、智能、安全的数字金融新生态。

参考文献

［1］希尔皮斯科．Python金融大数据分析［M］．姚军，译．2版．北京：人民邮电出版社，2020．

［2］王宇韬，房宇亮，肖金鑫，等．Python金融大数据挖掘与分析全流程详解［M］．北京：机械工业出版社，2019．

［3］王宇韬，钱妍竹．Python大数据分析与机器学习商业案例实战［M］．北京：机械工业出版社，2020．

［4］斯文．基于Python的金融分析与风险管理［M］．北京：人民邮电出版社，2019．

［5］马伟明．Python金融数据分析［M］．高明，译．北京：机械工业出版社，2018．

［6］吴喜之．贝叶斯数据分析——基于R与Python的实现［M］．北京：中国人民大学出版社，2020．

［7］丹尼尔．Python数据分析：活用Pandas库［M］．武传海，译．北京：人民邮电出版社，2020．

［8］约翰逊．Python科学计算和数据科学应用：使用NumPy、SciPy和matplotlib［M］．黄强，译．北京：清华大学出版社，2020．

［9］希尔皮斯科．Python金融衍生品大数据分析：建模、模拟、校准与对冲［M］．蔡立尚，译．北京：电子工业出版社，2020．

［10］李锐．Python统计分析［M］．北京：人民邮电出版社，2018．

［11］DOWNEY．贝叶斯思维：统计建模的Python学习法［M］．许扬毅，译．北京：人民邮电出版社，2015．

［12］LEWINSON E. Python for Finance Cookbook：Over 50 Recipes for Applying Modern Python Libraries to Financial Data Analysis［M］．Birmingham：Packt Publishing，2020．

［13］HETLAND．Python基础教程［M］．袁国忠，译．北京：人民邮电出版社，2018．

［14］张启智．证券投资学［M］．北京：经济管理出版社，2021．

［15］裴尧尧．从零开始自己动手写区块链［M］．北京：机械工业出版社，2018．

［16］范凌杰．自学·区块链：原理、技术及应用［M］．北京：机械工业出版社，2019．

［17］张宁，赵亮．金融科技人工智能实战：以Python为工具［M］．北京：电子工

业出版社，2020.

[18] 段小手.深入浅出 Python 量化交易实战［M］.北京：清华大学出版社，2021.

[19] 永胜.基于 Python 语言的金融数据分析方法［M］.北京：中国商务出版社，2021.

[20] 永胜.论技术资本与公司治理的关系［M］.北京：中国商务出版社，2020.

[21] 永胜，智敏.新时代金融人才培养模式探索——以内蒙古财经大学金融科技专业为例［J］.内蒙古教育，2022（10）：21-26.

[22] 永胜，杨幻云.浅析大数据视角下的数字经济［J］.北方经济，2018（10）：50-54.

[23] 永胜.无人值守传感器目标分类方法［J］.计算机测量与控制，2018，26（05）：278-281.

附 录

附录1 所用库及其版本

作者调试程序时，终端上安装的库及其版本见附表1。

获取方法如下：

在 dos 中输入 conda list 回车后显示已经安装的列表。全部选择后右击复制，打开记事本粘贴并保存。把相关内容复制粘贴到 Word 文档，并用一个空格替代两个空格，直到没有两个空格为止。把获得的内容粘贴到记事本并保存。记录路径，然后在 jupyter 中运行以下程序：

```
# 把 txt 文档的内容用空格分开,添加到 Excel 文件
import pandas as pd
with open(r'C:\\Users\\****\\Desktop\\wyjazdk1.txt','r')as f:# 读取 txt 文件
    content = f.readlines()
content_list = [line.strip().split(' ')for line in content]#用空格分割字符串并转化为列表
df = pd.DataFrame(content_list)#将列表转换为 DataFrame 格式
df.to_excel(r'C:\\Users\\****\\Desktop\\bb.xlsx',index=False,header=False)#将数据写入
Excel 文件
```

把相关内容编辑好后粘贴到 Word 文档，调整格式得到附表1。

```
(base)PS C:\WINDOWS\system32>conda list
#packages in environment at C:\ProgramData\Anaconda3:
```

附表1　　　　　　　　　　终端上安装的库及其版本

Name（名称）	Version（版本）	Build（构建）	Channel（通道）
_ipyw_jlab_nb_ext_conf	0.1.0	py37_0	https://repo.anaconda.com/pkgs/main
_tflow_select	2.2.0	eigen	defaults
absl−py	1.3.0	py37haa95532_0	defaults
Alabaster	0.7.12	py37_0	https://repo.anaconda.com/pkgs/main
Anaconda	2020.02	py37_0	https://repo.anaconda.com/pkgs/main
anaconda−client	1.7.2	py37_0	https://repo.anaconda.com/pkgs/main
anaconda−navigator	1.9.12	py37_0	https://repo.anaconda.com/pkgs/main
anaconda−project	0.8.4	py_0	https://repo.anaconda.com/pkgs/main
Appdirs	1.4.4	pypi_0	pypi
Apscheduler	3.10.1	pypi_0	pypi

Name（名称）	Version（版本）	Build（构建）	Channel（通道）
Argh	0.26.2	py37_0	https://repo.anaconda.com/pkgs/main
asn1crypto	1.3.0	py37_0	conda-forge
Astor	0.8.1	py37haa95532_0	defaults
Asteroid	2.3.3	py37_0	https://repo.anaconda.com/pkgs/main
Astropy	4.0	py37he774522_0	https://repo.anaconda.com/pkgs/main
async-generator	1.10	pypi_0	pypi
Atomicwrites	1.3.0	py37_1	https://repo.anaconda.com/pkgs/main
Attrs	19.3.0	py_0	conda-forge
autopep8	1.4.4	py_0	https://repo.anaconda.com/pkgs/main
Babel	2.8.0	py_0	https://repo.anaconda.com/pkgs/main
Backcall	0.1.0	py37_0	https://repo.anaconda.com/pkgs/main
Backports	1.0	py_2	conda-forge
backports-zoneinfo	0.2.1	pypi_0	pypi
backports.functools_lru_cache	1.6.4	pyhd8ed1ab_0	conda-forge
backports.shutil_get_terminal_size	1.0.0	py37_2	https://repo.anaconda.com/pkgs/main
backports.tempfile	1.0	py_0	conda-forge
backports.weakref	1.0.post1	pyhd8ed1ab1003	conda-forge
Backtrader	1.9.78.123	pypi_0	pypi
Bcrypt	3.1.7	py37he774522_0	https://repo.anaconda.com/pkgs/main
beautifulsoup4	4.12.2	pypi_0	pypi
Bitarray	1.2.1	py37he774522_0	https://repo.anaconda.com/pkgs/main
Bkcharts	0.2	py37_0	https://repo.anaconda.com/pkgs/main
Blas	1.0	mkl	https://repo.anaconda.com/pkgs/main
Bleach	3.1.0	py37_0	https://repo.anaconda.com/pkgs/main
Blis	0.7.9	pypi_0	pypi
Blosc	1.16.3	h7bd577a_0	https://repo.anaconda.com/pkgs/main
bokeh	1.4.0	py37_0	conda-forge

Name（名称）	Version（版本）	Build（构建）	Channel（通道）
boto	2.49.0	py37_0	https://repo.anaconda.com/pkgs/main
bottleneck	1.3.2	py37h2a96729_0	https://repo.anaconda.com/pkgs/main
bs4	0.0.1	pypi_0	pypi
bzip2	1.0.8	he774522_0	https://repo.anaconda.com/pkgs/main
ca-certificates	2020.1.1	0	defaults
catalogue	2.0.8	pypi_0	pypi
certifi	20191128	pypi_0	pypi
cffi	1.14.0	py37h7a1dbc1_0	https://repo.anaconda.com/pkgs/main
chardet	3.0.4	py37_1003	conda-forge
charset-normalizer	3.1.0	pypi_0	pypi
click	8.1.3	pypi_0	pypi
cloudpickle	1.3.0	py_0	https://repo.anaconda.com/pkgs/main
clyent	1.2.2	py37_1	https://repo.anaconda.com/pkgs/main
colorama	0.4.6	pypi_0	pypi
comtypes	1.1.7	py37_0	https://repo.anaconda.com/pkgs/main
conda	22.9.0	py37h03978a9_1	conda-forge
conda-build	3.18.11	py37_0	https://repo.anaconda.com/pkgs/main
conda-env	2.6.0	1	https://repo.anaconda.com/pkgs/main
conda-package-handling	2.0.2	pyh38be061_0	conda-forge
conda-package-streaming	0.7.0	pyhd8ed1ab_1	conda-forge
conda-verify	3.4.2	py_1	https://repo.anaconda.com/pkgs/main
confection	0.0.4	pypi_0	pypi
console_shortcut	0.1.1	4	https://repo.anaconda.com/pkgs/main
contextlib2	0.6.0post1	py_0	https://repo.anaconda.com/pkgs/main
cryptography	40.0.2	pypi_0	pypi
curl	7.68.0	h2a8f88b_0	https://repo.anaconda.com/pkgs/main
cycler	0.10.0	py37_0	https://repo.anaconda.com/pkgs/main
cymem	2.0.7	pypi_0	pypi

Name（名称）	Version（版本）	Build（构建）	Channel（通道）
cython	0.29.15	py37ha925a31_0	https://repo.anaconda.com/pkgs/main
cytoolz	0.10.1	py37he774522_0	https://repo.anaconda.com/pkgs/main
dask	2.11.0	py_0	https://repo.anaconda.com/pkgs/main
dask-core	2.11.0	py_0	https://repo.anaconda.com/pkgs/main
decorator	4.4.1	py_0	https://repo.anaconda.com/pkgs/main
defusedxml	0.6.0	py_0	https://repo.anaconda.com/pkgs/main
diff-match-patch	20181111	py_0	https://repo.anaconda.com/pkgs/main
distributed	2.10.0	pypi_0	pypi
docutils	0.16	py37_0	conda-forge
eli5	0.11.0	pyhd8ed1ab_0	conda-forge
empyrical	0.5.5	pypi_0	pypi
empyrical-reloaded	0.5.9	pypi_0	pypi
entrypoints	0.3	py37_0	https://repo.anaconda.com/pkgs/main
et_xmlfile	1.0.1	py37_0	https://repo.anaconda.com/pkgs/main
exceptiongroup	1.1.1	pypi_0	pypi
fastai	2.7.12	pypi_0	pypi
fastcache	1.1.0	py37he774522_0	https://repo.anaconda.com/pkgs/main
fastcore	1.5.29	pypi_0	pypi
fastdownload	0.0.7	pypi_0	pypi
fastprogress	1.0.3	pypi_0	pypi
filelock	3.0.12	py_0	https://repo.anaconda.com/pkgs/main
flake8	3.7.9	py37_0	conda-forge
flask	1.1.1	py_0	https://repo.anaconda.com/pkgs/main
flit-core	3.6.0	pyhd3eb1b0_0	defaults
fonttools	4.38.0	pypi_0	pypi
freetype	2.9.1	ha9979f8_1	https://repo.anaconda.com/pkgs/main
frozendict	2.3.8	pypi_0	pypi
fsspec	0.6.2	py_0	https://repo.anaconda.com/pkgs/main

Name（名称）	Version（版本）	Build（构建）	Channel（通道）
future	0.18.2	py37_0	conda-forge
futures	3.0.5	pypi_0	pypi
gast	0.5.3	pyhd3eb1b0_0	defaults
geos	3.8.0	h33f27b4_0	defaults
get_terminal_size	1.0.0	h38e98db_0	https://repo.anaconda.com/pkgs/main
gevent	1.4.0	py37he774522_0	https://repo.anaconda.com/pkgs/main
glob2	0.7	py_0	conda-forge
google-pasta	0.1.6	pypi_0	pypi
graphviz	2.38.0	h6538335_1011	conda-forge
greenlet	0.4.15	py37hfa6e2cd_0	https://repo.anaconda.com/pkgs/main
grpcio	1.27.2	py37h351948d_0	defaults
h11	0.14.0	pypi_0	pypi
h5py	2.10.0	py37h5e291fa_0	https://repo.anaconda.com/pkgs/main
hdf5	1.10.4	h7ebc959_0	https://repo.anaconda.com/pkgs/main
heapdict	1.0.1	py_0	conda-forge
helpdev	0.7.1	pypi_0	pypi
html5lib	1.1	pypi_0	pypi
hypothesis	5.5.4	py_0	https://repo.anaconda.com/pkgs/main
icc_rt	2019.0.0	h0cc432a_1	https://repo.anaconda.com/pkgs/main
icu	58.2	ha66f8fd_1	https://repo.anaconda.com/pkgs/main
idna	2.6	pypi_0	pypi
imageio	2.6.1	py37_0	conda-forge
imagesize	1.2.0	py_0	https://repo.anaconda.com/pkgs/main
importlib-metadata	6.0.0	pypi_0	pypi
importlib_metadata	1.5.0	py37_0	conda-forge
intel-openmp	2020.0	166	https://repo.anaconda.com/pkgs/main
intervaltree	3.0.2	py_0	conda-forge
ipykernel	5.1.4	py37h39e3cac_0	https://repo.anaconda.com/pkgs/main

Name（名称）	Version（版本）	Build（构建）	Channel（通道）
ipython	7.12.0	py37h5ca1d4c_0	https://repo.anaconda.com/pkgs/main
ipython_genutils	0.2.0	py37_0	https://repo.anaconda.com/pkgs/main
ipywidgets	7.5.1	py_0	https://repo.anaconda.com/pkgs/main
isort	4.3.21	py37_0	https://repo.anaconda.com/pkgs/main
itchat	1.3.10	pypi_0	pypi
itchatmp	0.0.17	pypi_0	pypi
itsdangerous	1.1.0	py37_0	https://repo.anaconda.com/pkgs/main
jdcal	1.4.1	py_0	conda-forge
jedi	0.14.1	py37_0	https://repo.anaconda.com/pkgs/main
jieba	0.42.1	pypi_0	pypi
jinja2	2.11.1	py_0	https://repo.anaconda.com/pkgs/main
joblib	0.14.1	py_0	https://repo.anaconda.com/pkgs/main
jpeg	9b	hb83a4c4_2	https://repo.anaconda.com/pkgs/main
json5	0.9.1	py_0	https://repo.anaconda.com/pkgs/main
jsonschema	3.2.0	py37_0	conda-forge
jupyter	1.0.0	py37_7	https://repo.anaconda.com/pkgs/main
jupyter_client	5.3.4	py37_0	conda-forge
jupyter_console	6.1.0	py_0	https://repo.anaconda.com/pkgs/main
jupyter_core	4.6.1	py37_0	https://repo.anaconda.com/pkgs/main
jupyterlab	1.2.6	pyhf63ae98_0	https://repo.anaconda.com/pkgs/main
jupyterlab_server	1.0.6	py_0	https://repo.anaconda.com/pkgs/main
keras	2.3.1	0	defaults
keras-applications	1.0.8	py_1	defaults
keras-base	2.3.1	py37_0	defaults
keras-preprocessing	1.1.2	pyhd3eb1b0_0	defaults
keyring	21.1.0	py37_0	https://repo.anaconda.com/pkgs/main
kiwisolver	1.1.0	py37ha925a31_0	https://repo.anaconda.com/pkgs/main
krb5	1.17.1	hc04afaa_0	https://repo.anaconda.com/pkgs/main

Name（名称）	Version（版本）	Build（构建）	Channel（通道）
langcodes	3.3.0	pypi_0	pypi
lazy-object-proxy	1.4.3	py37he774522_0	https://repo.anaconda.com/pkgs/main
libarchive	3.3.3	h0643e63_5	https://repo.anaconda.com/pkgs/main
libcurl	7.68.0	h2a8f88b_0	https://repo.anaconda.com/pkgs/main
libiconv	1.15	h1df5818_7	https://repo.anaconda.com/pkgs/main
liblief	0.9.0	ha925a31_2	https://repo.anaconda.com/pkgs/main
libpng	1.6.37	h2a8f88b_0	https://repo.anaconda.com/pkgs/main
libprotobuf	3.19.1	h23ce68f_0	defaults
libsodium	1.0.16	h9d3ae62_0	https://repo.anaconda.com/pkgs/main
libspatialindex	1.9.3	h33f27b4_0	https://repo.anaconda.com/pkgs/main
libssh2	1.8.2	h7a1dbc1_0	https://repo.anaconda.com/pkgs/main
libta-lib	0.4.0	he774522_0	conda-forge
libtiff	4.1.0	h56a325e_0	https://repo.anaconda.com/pkgs/main
libxml2	2.9.9	h464c3ec_0	https://repo.anaconda.com/pkgs/main
libxslt	1.1.33	h579f668_0	https://repo.anaconda.com/pkgs/main
lime	0.2.0.1	pyhd8ed1ab_1	conda-forge
lime-python	2.0.13	pypi_0	pypi
llvmlite	0.39.1	pypi_0	pypi
locket	0.2.0	py37_1	https://repo.anaconda.com/pkgs/main
lxml	4.9.2	pypi_0	pypi
lz4-c	1.8.1.2	h2fa13f4_0	https://repo.anaconda.com/pkgs/main
lzo	2.10	h6df0209_2	https://repo.anaconda.com/pkgs/main
m2w64-gcc-libgfortran	5.3.0	6	conda-forge
m2w64-gcc-libs	5.3.0	7	conda-forge
m2w64-gcc-libs-core	5.3.0	7	conda-forge
m2w64-gmp	6.1.0	2	conda-forge
m2w64-libwinpthread-git	5.0.0.4634.697f757	2	conda-forge

Name（名称）	Version（版本）	Build（构建）	Channel（通道）
markdown	3.4.1	py37haa95532_0	defaults
markupsafe	1.1.1	py37he774522_0	https://repo.anaconda.com/pkgs/main
matplotlib	3.5.3	pypi_0	pypi
mccabe	0.6.1	py37_1	https://repo.anaconda.com/pkgs/main
menuinst	1.4.16	py37he774522_0	https://repo.anaconda.com/pkgs/main
mistune	0.8.4	py37he774522_0	https://repo.anaconda.com/pkgs/main
mkl	2020.0	166	https://repo.anaconda.com/pkgs/main
mkl-service	2.3.0	py37hb782905_0	https://repo.anaconda.com/pkgs/main
mkl_fft	1.0.15	py37h14836fe_0	https://repo.anaconda.com/pkgs/main
mkl_random	1.1.0	py37h675688f_0	https://repo.anaconda.com/pkgs/main
mock	4.0.1	py_0	https://repo.anaconda.com/pkgs/main
more-itertools	8.2.0	py_0	https://repo.anaconda.com/pkgs/main
mpmath	1.1.0	py37_0	https://repo.anaconda.com/pkgs/main
msgpack-python	0.6.1	py37h74a9793_1	https://repo.anaconda.com/pkgs/main
msys2-conda-epoch	20160418	1	conda-forge
multipledispatch	0.6.0	py37_0	https://repo.anaconda.com/pkgs/main
multitasking	0.0.11	pypi_0	pypi
murmurhash	1.0.9	pypi_0	pypi
mxnet	1.7.0post2	pypi_0	pypi
navigator-updater	0.2.1	py37_0	https://repo.anaconda.com/pkgs/main
nbconvert	5.6.1	py37_0	https://repo.anaconda.com/pkgs/main
nbformat	5.0.4	py_0	https://repo.anaconda.com/pkgs/main
networkx	2.4	py_0	https://repo.anaconda.com/pkgs/main
nltk	3.4.5	py37_0	https://repo.anaconda.com/pkgs/main
nose	1.3.7	py37_2	conda-forge
notebook	6.0.0	pypi_0	pypi
numba	0.56.4	pypi_0	pypi
numexpr	2.7.1	py37h25d0782_0	https://repo.anaconda.com/pkgs/main

续表

Name（名称）	Version（版本）	Build（构建）	Channel（通道）
numpy	1.21.6	pypi_0	pypi
numpydoc	0.9.2	py_0	https://repo.anaconda.com/pkgs/main
oauthlib	3.2.2	pypi_0	pypi
olefile	0.46	py37_0	https://repo.anaconda.com/pkgs/main
openpyxl	3.0.3	py_0	https://repo.anaconda.com/pkgs/main
openssl	1.1.1d	he774522_4	defaults
optionaldict	0.1.2	pypi_0	pypi
outcome	1.2.0	pypi_0	pypi
packaging	23.0	pypi_0	pypi
pandas	1.2.0	pypi_0	pypi
pandas-datareader	0.10.0	pypi_0	pypi
pandoc	2.2.3.2	0	https://repo.anaconda.com/pkgs/main
pandocfilters	1.4.2	py37_1	https://repo.anaconda.com/pkgs/main
paramiko	2.7.1	py_0	https://repo.anaconda.com/pkgs/main
parso	0.5.2	py_0	https://repo.anaconda.com/pkgs/main
partd	1.1.0	py_0	https://repo.anaconda.com/pkgs/main
path	13.1.0	py37_0	https://repo.anaconda.com/pkgs/main
path.py	12.4.0	0	https://repo.anaconda.com/pkgs/main
pathlib2	2.3.5	py37_0	https://repo.anaconda.com/pkgs/main
pathtools	0.1.2	py_1	conda-forge
pathy	0.10.1	pypi_0	pypi
patsy	0.5.1	py37_0	https://repo.anaconda.com/pkgs/main
pdpbox	0.2.1	pyhd8ed1ab_0	conda-forge
pep8	1.7.1	py37_0	https://repo.anaconda.com/pkgs/main
pexpect	4.8.0	py37_0	conda-forge
pickleshare	0.7.5	py37_0	https://repo.anaconda.com/pkgs/main
pillow	7.0.0	py37hcc1f983_0	https://repo.anaconda.com/pkgs/main
pip	23.1.2	pypi_0	pypi

Name（名称）	Version（版本）	Build（构建）	Channel（通道）
pkginfo	1.5.0.1	py37_0	https://repo.anaconda.com/pkgs/main
pluggy	0.13.1	py37_0	https://repo.anaconda.com/pkgs/main
ply	3.11	py37_0	https://repo.anaconda.com/pkgs/main
powershell_shortcut	0.0.1	3	https://repo.anaconda.com/pkgs/main
preshed	3.0.8	pypi_0	pypi
prometheus_client	0.7.1	py_0	https://repo.anaconda.com/pkgs/main
prompt_toolkit	3.0.3	py_0	https://repo.anaconda.com/pkgs/main
protobuf	3.19.1	py37hd77b12b_0	defaults
psutil	5.6.7	py37he774522_0	https://repo.anaconda.com/pkgs/main
ptyprocess	0.7.0	pyhd3deb0d_0	conda-forge
py	1.8.1	py_0	https://repo.anaconda.com/pkgs/main
py-lief	0.9.0	py37ha925a31_2	https://repo.anaconda.com/pkgs/main
pyalgotrade	0.20	pypi_0	pypi
pycodestyle	2.5.0	py37_0	https://repo.anaconda.com/pkgs/main
pycosat	0.6.3	py37he774522_0	https://repo.anaconda.com/pkgs/main
pycparser	2.19	py37_0	https://repo.anaconda.com/pkgs/main
pycrypto	2.6.1	py37hfa6e2cd_9	https://repo.anaconda.com/pkgs/main
pycurl	7.43.0.5	py37h7a1dbc1_0	https://repo.anaconda.com/pkgs/main
pydantic	1.10.7	pypi_0	pypi
pydocstyle	4.0.1	py_0	https://repo.anaconda.com/pkgs/main
pyflakes	2.1.1	py37_0	https://repo.anaconda.com/pkgs/main
pyfolio	0.9.2	pypi_0	pypi
pyfolio-reloaded	0.9.4	pypi_0	pypi
pygments	2.5.2	py_0	https://repo.anaconda.com/pkgs/main
pyhamcrest	2.0.4	pypi_0	pypi
pyhumps	3.8.0	pypi_0	pypi
pylint	2.4.4	py37_0	https://repo.anaconda.com/pkgs/main
pympler	1.0.1	pypi_0	pypi

续表

Name（名称）	Version（版本）	Build（构建）	Channel（通道）
pynacl	1.3.0	py37h62dcd97_0	https://repo.anaconda.com/pkgs/main
pyodbc	4.0.30	py37ha925a31_0	https://repo.anaconda.com/pkgs/main
pyopenssl	19.1.0	py37_0	conda-forge
pyparsing	2.4.6	py_0	https://repo.anaconda.com/pkgs/main
pypng	0.20220715.0	pypi_0	pypi
pyqrcode	1.2.1	pypi_0	pypi
pyqt	5.9.2	py37h6538335_2	https://repo.anaconda.com/pkgs/main
pyqt5	5.12.3	pypi_0	pypi
pyqt5-sip	12.12.1	pypi_0	pypi
pyqtwebengine	5.12.1	pypi_0	pypi
pyreadline	2.1	py37_1	https://repo.anaconda.com/pkgs/main
pyrsistent	0.15.7	py37he774522_0	https://repo.anaconda.com/pkgs/main
pysocks	1.7.1	py37_0	conda-forge
pytables	3.6.1	py37h1da0976_0	https://repo.anaconda.com/pkgs/main
pytest	5.3.5	py37_0	https://repo.anaconda.com/pkgs/main
pytest-arraydiff	0.3	py37h39e3cac_0	https://repo.anaconda.com/pkgs/main
pytest-astropy	0.8.0	py_0	https://repo.anaconda.com/pkgs/main
pytest-astropy-header	0.1.2	py_0	conda-forge
pytest-doctestplus	0.5.0	py_0	https://repo.anaconda.com/pkgs/main
pytest-openfiles	0.4.0	py_0	https://repo.anaconda.com/pkgs/main
pytest-remotedata	0.3.2	py37_0	https://repo.anaconda.com/pkgs/main
python	3.7.6	h60c2a47_2	https://repo.anaconda.com/pkgs/main
python-dateutil	2.8.1	py_0	conda-forge
python-graphviz	0.8.4	pypi_0	pypi
python-jsonrpc-server	0.3.4	py_0	https://repo.anaconda.com/pkgs/main
python-language-server	0.31.7	py37_0	https://repo.anaconda.com/pkgs/main
python-libarchive-c	2.8	py37_13	https://repo.anaconda.com/pkgs/main

Name（名称）	Version（版本）	Build（构建）	Channel（通道）
python_abi	3.7	2_cp37m	conda-forge
pytz	2023.3	pypi_0	pypi
pytz-deprecation-shim	0.1.0post0	pypi_0	pypi
pywavelets	1.1.1	py37he774522_0	https://repo.anaconda.com/pkgs/main
pywin32	227	py37he774522_1	https://repo.anaconda.com/pkgs/main
pywin32-ctypes	0.2.0	py37_1000	conda-forge
pywinpty	0.5.7	py37_0	https://repo.anaconda.com/pkgs/main
pyyaml	5.3	py37he774522_0	https://repo.anaconda.com/pkgs/main
pyzmq	19.0.2	pypi_0	pypi
qdarkstyle	2.8	py_0	https://repo.anaconda.com/pkgs/main
qt	5.9.7	vc14h73c81de_0	https://repo.anaconda.com/pkgs/main
qtawesome	0.6.1	py_0	https://repo.anaconda.com/pkgs/main
qtconsole	4.6.0	py_1	https://repo.anaconda.com/pkgs/main
qtpy	1.9.0	py_0	https://repo.anaconda.com/pkgs/main
requests	2.30.0	pypi_0	pypi
requests-oauthlib	1.3.1	pypi_0	pypi
retrying	1.3.4	pypi_0	pypi
rope	0.16.0	py_0	https://repo.anaconda.com/pkgs/main
rtree	0.9.3	py37h21ff451_0	https://repo.anaconda.com/pkgs/main
ruamel_yaml	0.15.87	py37he774522_0	https://repo.anaconda.com/pkgs/main
scikit-image	0.16.2	py37h47e9c7a_0	https://repo.anaconda.com/pkgs/main
scikit-learn	1.0.2	pypi_0	pypi
scipy	1.4.1	py37h9439919_0	https://repo.anaconda.com/pkgs/main
seaborn	0.10.0	py_0	https://repo.anaconda.com/pkgs/main
selenium	4.8.3	pypi_0	pypi
send2trash	1.5.0	py37_0	https://repo.anaconda.com/pkgs/main
setuptools	67.3.2	pypi_0	pypi
shap	0.41.0	pypi_0	pypi

Name（名称）	Version（版本）	Build（构建）	Channel（通道）
shapely	1.7.1	py37h06580b3_0	defaults
simplegeneric	0.8.1	py37_2	https://repo.anaconda.com/pkgs/main
simplejson	3.19.1	pypi_0	pypi
singledispatch	3.4.0.3	py37_0	https://repo.anaconda.com/pkgs/main
sip	4.19.8	py37h6538335_0	https://repo.anaconda.com/pkgs/main
six	1.14.0	py37_0	conda-forge
slicer	0.0.7	pypi_0	pypi
smart-open	6.3.0	pypi_0	pypi
snappy	1.1.7	h777316e_3	https://repo.anaconda.com/pkgs/main
sniffio	1.3.0	pypi_0	pypi
snowballstemmer	2.0.0	py_0	https://repo.anaconda.com/pkgs/main
sortedcollections	1.1.2	py37_0	https://repo.anaconda.com/pkgs/main
sortedcontainers	2.1.0	py37_0	https://repo.anaconda.com/pkgs/main
soupsieve	1.9.5	py37_0	https://repo.anaconda.com/pkgs/main
spacy	3.5.2	pypi_0	pypi
spacy-legacy	3.0.12	pypi_0	pypi
spacy-loggers	1.0.4	pypi_0	pypi
sphinx	2.4.0	py_0	https://repo.anaconda.com/pkgs/main
sphinxcontrib	1.0	py37_1	https://repo.anaconda.com/pkgs/main
sphinxcontrib-applehelp	1.0.1	py_0	https://repo.anaconda.com/pkgs/main
sphinxcontrib-devhelp	1.0.1	py_0	https://repo.anaconda.com/pkgs/main
sphinxcontrib-htmlhelp	1.0.2	py_0	https://repo.anaconda.com/pkgs/main
sphinxcontrib-jsmath	1.0.1	py_0	conda-forge
sphinxcontrib-qthelp	1.0.2	py_0	https://repo.anaconda.com/pkgs/main
sphinxcontrib-serializinghtml	1.1.3	py_0	https://repo.anaconda.com/pkgs/main
sphinxcontrib-websupport	1.2.0	py_0	https://repo.anaconda.com/pkgs/main

Name（名称）	Version（版本）	Build（构建）	Channel（通道）
spyder	4.0.0	pypi_0	pypi
spyder-kernels	1.8.1	py37_0	https://repo.anaconda.com/pkgs/main
sqlalchemy	1.3.13	py37he774522_0	https://repo.anaconda.com/pkgs/main
sqlite	3.31.1	he774522_0	https://repo.anaconda.com/pkgs/main
srsly	2.4.6	pypi_0	pypi
statsmodels	0.11.0	py37he774522_0	https://repo.anaconda.com/pkgs/main
sympy	1.5.1	py37_0	conda-forge
ta-lib	0.4.19	py37hda49f71_2	conda-forge
tabulate	0.9.0	pyhd8ed1ab_1	conda-forge
tbb	2020.0	h74a9793_0	https://repo.anaconda.com/pkgs/main
tblib	1.6.0	py_0	https://repo.anaconda.com/pkgs/main
tensorboard	1.14.0	py37he3c9ec2_0	defaults
tensorflow	1.14.0	eigen_py37hcf3f2 53_0	defaults
tensorflow-base	1.14.0	eigen_py37hdbc3f 0e_0	defaults
tensorflow-estimator	1.14.0	py_0	defaults
termcolor	2.1.0	py37haa95532_0	defaults
terminado	0.8.3	py37_0	https://repo.anaconda.com/pkgs/main
testpath	0.4.4	py_0	https://repo.anaconda.com/pkgs/main
thinc	8.1.10	pypi_0	pypi
threadpoolctl	3.1.0	pypi_0	pypi
tk	8.6.8	hfa6e2cd_0	https://repo.anaconda.com/pkgs/main
toolz	0.10.0	py_0	https://repo.anaconda.com/pkgs/main
torch	1.13.1	pypi_0	pypi
torchvision	0.14.1	pypi_0	pypi
tornado	5.1.1	pypi_0	pypi

续表

Name（名称）	Version（版本）	Build（构建）	Channel（通道）
tqdm	4.42.1	py_0	https://repo.anaconda.com/pkgs/main
traitlets	4.3.3	py37_0	conda-forge
trio	0.22.0	pypi_0	pypi
trio-websocket	0.10.2	pypi_0	pypi
tushare	1.2.89	pypi_0	pypi
tweepy	4.14.0	pypi_0	pypi
typed-ast	1.4.3	pypi_0	pypi
typer	0.7.0	pypi_0	pypi
typing-extensions	4.5.0	pypi_0	pypi
typing_extensions	4.4.0	py37haa95532_0	defaults
tzdata	2023.3	pypi_0	pypi
tzlocal	4.3	pypi_0	pypi
ujson	1.35	py37hfa6e2cd_0	https://repo.anaconda.com/pkgs/main
unicodecsv	0.14.1	py37_0	https://repo.anaconda.com/pkgs/main
urllib3	1.22	pypi_0	pypi
vc	14.1	h0510ff6_4	https://repo.anaconda.com/pkgs/main
vs2015_runtime	14.16.27012	hf0eaf9b_1	https://repo.anaconda.com/pkgs/main
wasabi	1.1.1	pypi_0	pypi
watchdog	0.10.2	py37_0	https://repo.anaconda.com/pkgs/main
wcwidth	0.1.8	py_0	https://repo.anaconda.com/pkgs/main
webencodings	0.5.1	py37_1	https://repo.anaconda.com/pkgs/main
websocket-client	0.57.0	pypi_0	pypi
wechatpy	1.8.18	pypi_0	pypi
werkzeug	1.0.0	py_0	https://repo.anaconda.com/pkgs/main
wheel	0.34.2	py37_0	conda-forge
widgetsnbextension	3.5.1	py37_0	https://repo.anaconda.com/pkgs/main

Name（名称）	Version（版本）	Build（构建）	Channel（通道）
win_inet_pton	1.1.0	py37_0	conda-forge
win_unicode_console	0.5	py37_0	conda-forge
wincertstore	0.2	py37_0	https://repo.anaconda.com/pkgs/main
winpty	0.4.3	4	conda-forge
wrapt	1.11.2	py37he774522_0	https://repo.anaconda.com/pkgs/main
ws4py	0.5.1	pypi_0	pypi
wsproto	1.2.0	pypi_0	pypi
xgboost	0.82	pypi_0	pypi
xlrd	1.2.0	py37_0	https://repo.anaconda.com/pkgs/main
xlsxwriter	1.2.7	py_0	https://repo.anaconda.com/pkgs/main
xlwings	0.17.1	py37_0	https://repo.anaconda.com/pkgs/main
xlwt	1.3.0	py37_0	https://repo.anaconda.com/pkgs/main
xmltodict	0.13.0	pyhd8ed1ab_0	conda-forge
xz	5.2.4	h2fa13f4_4	https://repo.anaconda.com/pkgs/main
yaml	0.1.7	hc54c509_2	https://repo.anaconda.com/pkgs/main
yapf	0.28.0	py_0	https://repo.anaconda.com/pkgs/main
yfinance	0.2.18	pypi_0	pypi
zeromq	4.3.1	h33f27b4_3	https://repo.anaconda.com/pkgs/main
zict	1.0.0	py_0	https://repo.anaconda.com/pkgs/main
zipp	3.14.0	pypi_0	pypi
zlib	1.2.11	h62dcd97_3	https://repo.anaconda.com/pkgs/main
zstandard	0.18.0	py37h2bbff1b_0	defaults
zstd	1.3.7	h508b16e_0	https://repo.anaconda.com/pkgs/main

附录 2　实验项目卡

学校（系）　实验室：　　　　制卡日期：　年 月 日 编号：

实验项目		所属课程	
实验内容			
实验目的			
实验类别		课程属性		实验要求	
实验学时		每组人数		学　期	
面向专业		实验者类别		
实验教材		考核要求		
备注			

实验设备套数		实验指导书	

主要实验设备	仪器（设备）名称	规格要求	数量	设备性质	设备现状

主要实验软件	软件名称	软件类型	数量	软件版本	软件现状

主要实验材料	材料名称	型号规格	计量单位	单价	消耗或需要量	金额	材料性质

一次性材料：　　（元）；非一次性材料：　　（元）；合计：　　（元）

实验室（系）主任：　　　　填报人：

附录 3 停用词表

停用词表（见附表 2）中收录了共 1 978 个停用词，仅供参考。停用词表可以自行增、删、改。把此表变成单列，粘贴到 txt 文档。把 txt 文档上传到 Jupyter 的 Home page 后可以从默认目录上调用停用词。

附表 2   停用词表

！	当即	全身心	至若	不论	某些	哪边	风雨无阻
	当口儿	全部	致	不起	某某	哪里	饱
"	当地	全都	般的	不足	根据	哼	首先
"	当场	全面	良好	不过	根本	哼唷	马上
，	当头	八	若	不迭	格外	唉	高低
；	当庭	八成	若夫	不问	梆	唯有	默然
；	当时	公然	若是	不限	概	啊	默默地
#	当然	六	若果	与	次第	啊呀	齐
$	当真	兮	若非	与其	欢迎	啊哈	一是
%	当着	共	范围	与其说	吱	啊哟	二是
&	形成	共同	莫	与否	正值	唪	三是
'	彻夜	共总	莫不	与此同时	正在	啥	四是
(	彻底	关于	莫不然	专门	正如	啦	五是
)	彼	其	莫如	且	正巧	啪达	六是
*	彼时	其一	莫若	且不说	正常	唧当	七是
+	彼此	其中	莫非	且说	正是	喀	八是
，	往	其二	获得	两者	此	喂	九是
-	往往	其他	借以	严格	此中	嗒	〈
--	待	其余	虽	严重	此后	喔唷	！
.	待到	其后	虽则	个	此地	喽	#
..	很	其他	虽然	个人	此处	嗬	$
...	很多	其实	虽说	个别	此外	嗷嗷	%
......	很少	其次	蛮	中小	此时	嗬	&
....	后来	具体	行为	中间	此次	嗯	'

./	后面	具体地说	行动	丰富	此间	嗳	（
.一	得	具体来说	表明	串行	殆	嘎	）
.数	得了	具体说来	表示	临	毋宁	嘎嘎	）÷（1—
.日	得出	具有	被	临到	每	嘎登	）、
/	得到	兼之	要	为	每个	嘘	*
//	得天独厚	内	要不	为主	每天	嘛	+
0	得起	再	要不是	为了	每年	嘻	#NAME?
1	心里	再其次	要不然	为什么	每当	嘿	++
2	必	再则	要么	为什么	每时每刻	嘿嘿	,
3	必定	再有	要是	为何	每每	四	，也
4	必将	再次	要求	为止	每逢	因	—
5	必然	再者	见	为此	比	因为	#NAME?
6	必要	再者说	规定	为着	比及	因了	——
7	必须	再说	觉得	主张	比如	因此	—［*］—
8	快	冒	比喻	主要	比如说	因着	.
9	快要	冲	譬如	举凡	比方	因而	/
:	忽地	决不	认为	举行	比照	固	0
：//	忽然	决定	认真	乃	比起	固然	0：02
::	怎	决非	认识	乃至	比较	在	1
;	怎么	况且	让	乃至于	毕竟	在下	1
<	怎么办	准备	许多	么	毫不	在于	12%
0	怎么样	凑巧	论	之	毫无	地	2
>	怎奈	凝神	论说	之一	毫无例外	均	2.30%
>>	怎样	几	设使	之前	毫无保留地	坚决	3
?	怎么	几乎	设或	之后	汝	坚持	4
@	怕	几度	设若	之后	沙沙	基于	5
A	急匆匆	几时	诚如	之所以	没	基本	5：00
Lex	怪	几番	诚然	之类	没奈何	基本上	6
［	怪不得	几经	话说	乌乎	没有	处在	7

续表

\	总之	凡	该	乎	沿	处处	8
]	总是	凡是	该当	乒	沿着	处理	9
^	总的来看	凭	说明	乘	注意	复杂	:
_	总的来说	凭借	说来	乘势	活	多	;
`	总的说来	出	说说	乘机	深入	多么	<
exp	总结	出于	请勿	乘胜	清楚	多亏	<±
sub	总而言之	出去	诸	乘虚	满	多多	<Δ
sup	恍然	出来	诸位	乘隙	满足	多多少少	<λ
|	恐怕	出现	诸如	九	漫说	多多益善	<φ
}	恰似	分别	谁	也	焉	多少	<<
~	恰好	分头	谁人	也好	然	多年前	=
~~	恰如	分期	谁料	也就是说	然则	多年来	#NAME?
·	恰巧	分期分批	谁知	也是	然后	多数	#NAME?
×	恰恰	切	谨	也罢	然后	多次	=(
×××	恰恰相反	切不可	黯然	了	然而	够瞧的	=—
Δ	恰逢	切切	贼死	了解	照	大	=[
Ψ	您	切勿	赖以	争取	照着	大不了	=|
γ	你们	切莫	赶	二	牢牢	大举	>
μ	您是	则	赶快	二来	特别是	大事	>λ
φ	惟其	则甚	赶早不赶晚	二话不说	特殊	大体	?
φ.	惯常	刚	起	二话没说	特点	大体上	@
B	意思	刚好	起先	于	犹且	大凡	A
—	愤然	刚巧	起初	于是	犹自	大力	LI
——	愿意	刚才	起头	于是乎	独	大多	R. L.
———	慢说	初	起来	云云	独自	大多数	ZXFITL
'	成为	别	起见	云尔	猛然	大大	[
'	成年	别人	起首	互	猛然间	大家	[①①]
',	成年累月	别处	趁	互相	率尔	大张旗鼓	[①②]
"	成心	别是	趁便	五	率然	大批	[①③]

续表

"	我	别的	趁势	些	现代	大抵	[①④]
",	我们	别管	趁早	交口	现在	大概	[①⑤]
…	我是	别说	趁机	亦	理应	大略	[①⑥]
……	我的	到	趁热	产生	理当	大约	[①⑦]
………③	或	到了儿	趁着	亲口	理该	大致	[①⑧]
'∈	或则	到处	越是	亲手	瑟瑟	大都	[①⑨]
'丨	或多或少	到头	距	亲眼	甚且	大量	[①A]
℃	或是	到头来	跟	亲自	甚么	大面儿上	[①B]
Ⅲ	或曰	到底	路经	亲身	甚或	失去	[①C]
↑	或者	到目前为止	转动	人	甚而	奇	[①D]
→	或许	前后	转变	人人	甚至	奈	[①E]
∈[	战斗	前此	转贴	人们	甚至于	奋勇	[①]
∪φ∈	截然	前者	轰然	人家	用	她	[①a]
≈	截至	前进	较	人民	用来	她们	[①c]
①	所	前面	较为	什么	甫	她是	[①d]
②	所以	加上	较之	什么样	甭	她的	[①e]
②c	所在	加之	较比	什么	由	好	[①f]
③	所幸	加以	边	仅	由于	好在	[①g]
③]	所有	加入	达到	仅仅	由是	好的	[①h]
④	所谓	加强	达旦	今	由此	好象	[①i]
⑤	才	动不动	迄	今后	由此可见	如	[①o]
⑥	才能	动辄	迅速	今天	略	如上	[②]
⑦	扑通	勃然	过	今年	略为	如上所述	[②①]
⑧	打	匆匆	过于	今后	略加	如下	[②②]
⑨	打从	十分	过去	介于	略微	如今	[②③]
⑩	打开天窗说亮话	千	过来	仍	白	如何	[②④]
——	扩大	千万	运用	仍旧	白白	如其	[②⑤]
■	把	千万千万	近	仍然	的	如前所述	[②⑥]

▲	抑或	半	近几年来	从	的确	如同	[②⑦]
、	抽冷子	单	近年来	从不	的话	如常	[②⑧]
。	拦腰	单单	近来	从严	皆可	如是	[②⑩]
〈	拿	单纯	还	从中	目前	如期	[②B]
〉	按	即	还会	从事	直到	如果	[②G]
《	按时	即令	还是	从今以后	直接	如次	[②]
》	按期	即使	还有	从优	相似	如此	[②a]
》），	按照	即便	还要	从古到今	相信	如此等等	[②b]
」	按理	即刻	还存	从古至今	相反	如若	[②c]
『	按说	即如	仍存	从头	相同	始而	[②d]
』	挨个	即将	这	从宽	相对	姑且	[②e]
【	挨家挨户	即或	这一来	从小	相对而言	存在	[②f]
】	挨次	即是说	这个	从新	相应	存心	[②g]
〔	挨着	即若	这么	从无到有	相当	孰料	[②h]
〕	挨门挨户	却	这么些	从早到晚	相等	孰知	[②i]
〕〔	挨门逐户	却不	这么样	从未	省得	宁	[②j]
⑻	换句话说	历	这么点儿	从来	看	宁可	[③①]
还会	换言之	原来	这些	从此	看上去	宁愿	[③⑩]
一	据	去	这会儿	从此以后	看出	宁肯	[③F]
一.	据实	又	这儿	从而	看到	它	[③]
一一	据悉	又及	这就是说	从轻	看来	它们	[③a]
一下	据我所知	及	这时	从速	看样子	它们的	[③b]
一个	据此	及其	这样	从重	看看	它是	[③c]
一些	据称	及时	这次	他	看见	它的	[③d]
一何	据说	及至	这点	他人	看起来	安全	[③e]
一切	掌握	双方	这种	他们	真是	完全	[③g]
一则	接下来	反之	这般	他是	真正	完成	[③h]
一则通过	接着	反之亦然	这边	他的	眨眼	定	[④]
一天	接著	反之则	这里	代替	着	实现	[④a]

一定	接连不断	反倒	这么	以	着呢	实际	[④b]
一方面	放量	反倒是	进入	以上	矣	宣布	[④c]
一旦	故	反应	进去	以下	矣乎	容易	[④d]
一时	故意	反手	进来	以为	矣哉	密切	[④e]
一来	故此	反映	进步	以便	知道	对	[⑤]
一样	故而	反而	进而	以免	砰	对于	[⑤]]
一次	敞开儿	反过来	进行	以前	确定	对应	[⑤a]
一片	敢	反过来说	连	以及	碰巧	对待	[⑤b]
一番	敢于	取得	连同	以后	社会主义	对方	[⑤d]
一直	敢情	取道	连声	以外	离	对比	[⑤e]
一致	数/	受到	连日	以后	种	将	[⑤f]
一般	整个	变成	连日来	以故	积极	将才	[⑥]
一起	断然	古来	连袂	以期	移动	将要	[⑦]
一转眼	方	另	连连	以来	究竟	将近	[⑧]
一边	方便	另一个	迟早	以至	穷年累月	小	[⑨]
一面	方才	另一方面	迫于	以至于	突出	少数	[⑩]
七	方能	另外	适应	以致	突然	尔	[*]
万一	方面	另悉	适当	们	窃	尔后	[—
三	旁人	另方面	适用	任	立	尔尔	[]
三天两头	无	另行	逐步	任何	立刻	尔等	]
三番两次	无宁	只	逐渐	任凭	立即	尚且	]∧'=[
三番五次	无法	只当	通常	任务	立地	尤其	][
上	无论	只怕	通过	企图	立时	就	—
上下	既	只是	造成	伙同	立马	就地	a]
上去	既...又	只有	逢	会	竟	就是	b]
上来	既往	只消	遇到	伟大	竟然	就是了	c]
上述	既是	只要	遭到	传	竟而	就是说	e]
上面	既然	只限	遵循	传说	第	就此	f]
下	日复一日	叫	遵照	传闻	第二	就算	ng昉

续表

下列	日渐	叫作	避免	似乎	等	就要	丨
下去	日益	召开	那	似的	等到	尽	丨一
下来	日臻	叮咚	那个	但	等等	尽可能	丨
下面	日见	叮当	那么	但凡	策略地	尽如人意	丨
不	时候	可	那么些	但愿	简直	尽心尽力	丨>
不一	昂然	可以	那么样	但是	简而言之	尽心竭力	~
不下	明显	可好	那些	何	简言之	尽快	~±
不久	明确	可是	那会儿	何乐而不为	管	尽早	~+
不了	是	可能	那儿	何以	类如	尽然	￥
不亦乐乎	是不是	可见	那时	何况	粗	尽管	上半年
不仅	是以	各	那末	何处	精光	尽管如此	下半年
不仅...而且	是否	各个	那样	何妨	紧接着	尽量	年末
不仅仅	是的	各人	那般	何尝	累年	局外	季度
不仅仅是	显然	各位	那边	何必	累次	居然	第一季度
不会	显著	各地	那里	何时	纯	届时	第二季度
不但	普通	各式	那么	何止	纯粹	属于	第三季度
不但...而且	普遍	各种	部分	何苦	纵	屡	第四季度
不光	暗中	各级	都	何须	纵令	屡屡	一年期
不免	暗地里	各自	鄙人	余外	纵使	屡次	年代
不再	暗自	合理	采取	作为	纵然	屡次三番	去年同期
不力	更	同	里面	你	练习	岂	年度
不单	更为	同一	重大	你们	组成	岂但	财年
不变	更加	同时	重新	你是	经	岂止	去年末
不只	更进一步	同样	重要	你的	经常	岂非	去年
不可	曾	后	鉴于	使	经过	川流不息	年来
不可开交	曾经	后来	针对	使得	结合	左右	年内
不可抗拒	替	后者	长期以来	使用	结果	巨大	年底
不同	替代	后面	长此下去	例如	给	巩固	当年
不外	最	向	长线	依	绝	差一点	今年以来

续表

不外乎	最后	向使	长话短说	依据	绝不	差不多	近几年
不够	最大	向着	问题	依照	绝对	己	年前
不大	最好	吓	间或	依靠	绝非	已	五年
不如	最后	吗	防止	便	绝顶	已矣	年均
不妨	最近	否则	阿	便于	继之	已经	下半年
不定	最高	吧	附近	促进	继后	巴	今明两年
不对	有	吧嗒	陈年	保持	继续	巴巴	年期
不少	有些	吱	限制	保管	继而	带	近两年
不尽	有关	呀	陡然	保险	维持	帮助	三年期
不尽然	有利	呃	除	俺	综上所述	常	年率
不巧	有力	呆呆地	除了	俺们	缕缕	常常	近十年来
不已	有及	呐	除却	倍加	罢了	常言说	近十年
不常	有所	呕	除去	倍感	老	常言说得好	年份
不得	有效	呗	除外	倒不如	老大	常言道	五年期
不得不	有时	呜	除开	倒不如说	老是	平素	历年
不得了	有点	呜呼	除此	倒是	老老实实	年复一年	年间
不得已	有的	呢	除此之外	倘	考虑	并	往年
不必	有的是	周围	除此以外	倘使	者	并不	年初
不怎么	有着	呵	除此而外	倘或	而	并不是	近两年来
不怕	有著	呵呵	除非	倘然	而且	并且	去年底
不惟	望	呸	随	倘若	而况	并排	年末
不成	朝	呼哧	随后	借	而又	并无	本年
不拘	朝着	呼啦	随时	借以	而后	并没	近年
不择手段	末##末	咋	随着	借此	而外	并没有	明年
不敢	本	和	随着	假使	而已	并肩	上半年
不料	本人	咚	隔夜	假如	而是	并非	上年
不断	本地	咦	隔日	假若	而言	广大	每月
不日	本着	咧	难得	偏偏	而论	广泛	当月
不时	本身	咱	难怪	做到	联系	应当	月初

续表

不是	权时	咱们	难说	偶尔	联袂	应用	月底
不曾	来	咳	难道	偶尔	背地里	应该	月均
不止	来不及	哇	难道说	傥然	背靠背	庶乎	月度
不止一次	来得及	哈	集中	像	能	庶几	逐月
不比	来看	哈哈	零	儿	能否	开外	五月
不消	来着	哉	需要	允许	能够	开始	同月
不满	来自	哎	非但	元／吨	腾	开展	月份
不然	来讲	哎呀	非常	充其极	自	引起	月末
不然的话	来说	哎哟	非徒	充其量	自个儿	弗	各季
不特	极	哗	非得	充分	自从	弹指之间	上季
不独	极为	哗啦	非特	先不先	自各儿	强烈	季末
不由得	极了	哟	非独	先后	自后	强调	下季
不知不觉	极其	哦	靠	先后	自家	归	本季
不管	极力	哩	顶多	先生	自己	归根到底	季初
不管怎样	极大	哪	顷	光	自打	归根结底	每季
不经意	极度	哪个	顷刻	光是	自身	归齐	一键复制
不胜	极端	哪些	顷刻之间	全体	臭	当	编辑
不能	构成	哪儿	顷刻间	全力	至	当下	Web IDE
不能不	果然	哪天	顺	全年	至于	当中	原始数据
不至于	果真	哪年	顺着	全然	至今	当儿	按行查看
不若	某	哪怕	顿时			当前	历史
不要	某个	哪样	颇				

附录4 结构化和非结构化数据来源表

结构化数据来源见附表3。

附表3 　　　　　　　　　　　　　　　　　结构化数据来源表

序号	数据来源	内容概要
1	中华人民共和国国家统计局网站 http://www.stats.gov.cn/	最基础的数据来源，多维、权威数据

序号	数据来源	内容概要
2	内蒙古自治区统计局网站 http://tj.nmg.gov.cn/datashow/index.htm	省级多维、权威数据
3	呼和浩特市统计局网站 http://tjj.huhhot.gov.cn/	地市级多维、权威数据
4	国务院发展研究中心信息网 http://www.drcnet.com.cn/	宏观调控政策、世界经济数据
5	中华人民共和国财政部网站 http://www.mof.gov.cn/	财政政策，政府债券、彩票、预决算执行、国有企业财务情况
6	中国人民银行网站 http://www.pbc.gov.cn/	货币政策，社会融资规模、货币统计概览、金融机构资产负债统计、金融机构信贷收支统计、金融市场统计、企业商品价格指数
7	中华人民共和国人力资源和社会保障部网站 http://www.mohrss.gov.cn/	人力资源和社会保障政策，就业和再就业、城镇职工基本养老保险、城乡居民基本养老保险、失业保险、工伤保险、劳动人事争议处理、劳动保障监察信息
8	国家税务总局网站 http://www.chinatax.gov.cn/	税收政策，税收收入、税收减免信息
9	中国海关网站 http://www.customs.gov.cn/	进出口政策，出口/进口商品主要贸易方式量值，出口/进口商品类章金额，出口/进口主要商品量值
10	中国科技统计网 http://www.sts.org.cn/	科技政策，全国科技经费投入、全国科学研究与试验发展（R&D）资源
11	万得数据库 https://www.wind.com.cn/newsite/edb.html	股票、基金、债券、外汇、保险、期货、金融衍生品、现货交易、宏观经济、财经信息
12	同花顺财经 http://www.10jqka.com.cn/	股票、基金、债券、外汇、保险、期货、金融衍生品、现货交易、宏观经济、财经信息，以及公司治理结构信息、中小企业信息、供应链信息等
13	知网数据库（统计年鉴） https://kns.cnki.net/kns8/AdvSearch? dbprefix=CYFD	各级政府、各部门的统计年鉴，按需要提高数据质量或准确性
14	联合国统计司、世界贸易组织、美国劳工统计局、美国统计信息局、美国联邦统计局、美国经济分析局、美国普查局、日本统计局、欧盟统计局、美国国家经济研究局	补充所需数据

非结构化数据来源见附表4。

附表4   非结构化数据来源表

序号	分类	数据来演	内容概要
1	网站类	和讯网 https://www.hexun.com/	股票、基金、外汇、期货、保险、贵金属、原油等资讯，理财产品，研报，评论
2		中金在线 https://cnfol.com/	股票、黄金、基金、外汇、期货等方面的市场主力动向、研报、点评；投资组合建议、规划、产品；博客、论坛、微博等社区互动，路演信息
3		金融界 https://www.jrj.com.cn/	财经、股票、基金、期货、债券、外汇、银行、保险、贵金属、房产、上市公司、股市论坛等金融资讯与财经信息
4		新浪财经网 finance.sina.com.cn/	实时新闻热点、综合类金融数据、金融法律法规实时修改信息、上市公司信息、股票基金市场评论信息
5		东方财富 https://www.eastmoney.com/	实时财经新闻热点，股票、基金研报及数据，个股股吧评论信息，银行、保险、信托等理财咨询
6		第一财经 https://www.yicai.com/	实时新闻热点、上市公司信息
7		证券之星 https://www.stockstar.com/	实时财经新闻热点，股票、基金、期货、外汇市场的研报以及数据分析，保险、贵金属、银行等金融领域的行业分析、走势预测等
8		中国证券网 http://www.cnstock.com/	证监会指定信息披露媒体，中国资本市场信息披露平台，上市公司、行业信息，股票、基金、期货交易信息以及实时数据
9		财经频道 https://tv.cctv.com/live/cctv2/	实时新闻热点、政策、行业信息、公众反馈信息、金融专家座谈
10		凤凰财经 https://www.ifeng.com/	财经实时热点、股票信息
11	电视类	新闻联播（文字版）	宏观政策引导、领导人活动信息、地方政府实时财政政策、国内重大财经新闻
12		焦点访谈（文字版）	宏观政策重点、行业信息、市场信息、政策评论以及政策解读

续表

序号	分类	数据来演	内容概要
13		央视财经频道	财经政策重点、实时新闻热点、行业信息、公众反馈信息、金融专家政策评论及解读
14		地方财经频道	地方财经政策重点、"一带一路"相关经济信息、本地产业新闻
15		《中国证券报》	上市企业信息、金融行业实时热点、行业市场信息，以及基金、证券、保险、期货实时信息
16		《证券日报》	上市企业信息、金融机构信息、市场投资信息、财经论坛讨论区、金融政策评论以及解读
17		《证券时报》	上市企业信息，财经快讯及解读，股票基金研报及评论，上市公司、金融机构公告
18	报纸类	《上海证券报》	上市企业信息，金融政策及政策解读，基金、股票、债券市场分析及研报
19		《中国经营报》	银行、资管、信托交易、保险、资本市场、金融市场相关信息
20		《21世纪经济报道》	实时金融政策及政策解读、政策建议及政策预测、宏观经济分析
21		《经济观察报》	各行各业的产业分析以及评论
22		《第一财经日报》	实时金融政策及政策解读、政策建议及政策预测、宏观经济分析

附录5 常用库及其功能表

常用库及其功能见附表5。

附表5　　　　　　　　　　　常用库及其功能表

	库名	功能概述
科学运算和数据结构	numpy	数值运算矩阵运算
	scipy	科学计算
	pandas	数据结构和数据分析工具；其在金融领域的拓展库为ffn

续表

	库名	功能概述
	quantdsl	金融交易领域定量分析
	statistics	基础统计运算
	sympy	符号数学
	pymc3	概率编程，贝叶斯建模
金融工具和定价	PyQL	Quantlib 的接口
	pyfin	期权定价
	vollib	计算期权价格，隐含波动率和希腊值
	QuantPy	定量金融分析，还有 Finance-Python 库
	pynance	获取股票和衍生品市场的数据，分析和可视化
	pysabr	实现 SABR 模型
技术指标	ta	计算技术指标
	pandas_talib	整合 Pandas 和 Talib，计算技术指标
	finta	计算常见的技术指标
	Tulipy	技术指标库（tulipindicators 的 Python 绑定）
量化交易/回溯检验	TA-Lib	计算技术指标，与 Numpy 整合
	trade	开发金融应用的基础包
	zipline	回溯检验框架。zipline 扩展库：pipeline-live 用于实盘交易；zipline-extensions 适配 QuantRocket；pylivetrader 为实时交易库
	QuantSoftware Toolkit	创建和管理投资组合
	quantitative	定量金融的基础工具，回溯检验
	analyzer	接收实时报价并回溯检验
	pybacktest	向量化回溯检验框架，向量化允许进行快速的回溯
	tradingWithPython	提供一系列函数和自定义类来管理量化交易
	Pandas TA	拓展 Pandas，包含 115 种技术指标，快速创建交易策略
	algobroker	算法交易的部署引擎
	Pysentosa- sentosa	交易系统的 Python 接口
	finmarketpy	分析市场数据，支持简单回溯检验

续表

	库名	功能概述
	binary-martingale	自动化交易程序，用马丁格尔策略交易二元期权
	fooltrader	利用大数据技术进行量化分析，包含回溯检验
	zvt	获取数据、计算因子、选股、回溯检验和实盘交易
	moonshot	向量化回溯检验和交易引擎
	PyPortfolioOpt	金融投资组合优化，包括创建有效边界和其他高级算法
	riskparity.py	设计风险平价投资组合
	pinkfish	证券分析
	aat	异步算法交易引擎
	quantstats	投资组合分析
	freqtrade	开源数字货币交易机器人
	DeepDow	用深度学习优化投资组合
风险分析	pyfolio	计算投资组合和交易策略的业绩指标
	empyrical	计算常用的风险和业绩指标
	fecon235	leptokurtotic 风险高斯混合模型，自适应 Boltzmann 投资组合
	finance	计算金融风险
	qfrm	定量金融风险管理
	visualize-wealth	构建投资组合和定量分析
	VisualPortfolio	可视化投资组合表现
时间序列	ARCH- Python	实现 ARCH 模型
	statsmodels	创建回归模型，统计检验，时序模型
	dynts	操纵和分析时间序列
	PyFlux	时间序列模型和因果推断
	tsfresh	从时间序列中提取有意义的特征
	hasura/quandl-metabase	可视化 Quandl 的时间序列数据集
日历	trading_calendars	股票交易所财经日历
	bizdays	工作日计算和效用工具

	库名	功能概述
数据源	pandas_market_cal endars	拓展 Pandas，股票交易所财经日历
	findatapy	获取彭博终端，Quandl 和雅虎财经的数据
	googlefinance	从谷歌财经获取实时股票价格
	yahoo-finance	从雅虎财经下载股票报价，历史价格，产品信息和财务报表
	pandas-datareader	从多个数据源获取经济/金融时间序列，包括谷歌财经、雅虎财经、圣路易斯联储（FRED）、OECD、Fama/French、世界银行、欧元区统计局等，是 Pandas 生态系统的重要组成
	pandas-finance	高级接口下载，分析金融时间序列
	pyhoofinance	从雅虎财经批量获取股票数据
	wallstreet	实时股票和期权报价
	stock_extractor	从网络上爬取股票信息
	finsymbols	获取全美上市公司的详细数据
	inquisitor	从 Econdb 获取经济数据，Econdb 是全球经济指标聚合器
	chinesestockapi	获取 A 股数据
	exchange	获取最新的汇率报价
	ticks	命令行程序，获取股票报价
	pybbg	彭博终端 COM 的 Python 接口
	ccy	获取外汇数据
	tushare	获取中国股票、基金、债券和期货市场的历史数据
	jsm	获取日本股票市场的历史数据
	cn_stock_src	从不同数据源获取中国的股票数据
	coinmarketcap	从 coinmarketcap 获取数字货币数据
	after-hours	获取美股盘前和盘后的市场价格
	bronto-python	整合 Bronto API 接口
	pytdx	获取中国国内股票的实时报价
	pdblp	整合 Pandas 和彭博终端的公共接口
	tiingo	获取股票日 K 线和实时报价

续表

	库名	功能概述
	IEX	获取股票的实时报价和历史数据
	alpaca-trade-api	获取股票实时报价和历史数据
	metatrader5	集成 Python 和 MQL5 交易平台，适合外汇交易
	akshare	获取中国股票、基金、债券和宏观经济数据
	investpy	从英为财经（Investing.com）获取数据
Excel集成	xlwings	整合 Python 和 Excel
	openpyxl	读取/写入 Excel 2007 xlsx/xlsm 文件
	xlrd	从 Excel 电子表格提取数据
	xlsxwriter	将数据写入 Excel 电子表格
	xlwt	创建跨平台和向后兼容的电子表格
	xlloop	创建 Excel 用户自定义函数
	Expy-Excel插件	允许用户从电子表格中执行 Python 代码和定义自定义函数
	Pyxll-Excel插件	从 Excel 中执行 Python 代码
可视化	Matplotlib	数据可视化的基础包，二维图表到三维图表
	Seaborn	基于 Matplotlib，创建统计图表
	Plotly	创建动态和交互式的图表
	Altair	统计可视化工具，同时支持静态和交互式图表
	D-Tale	可视化 Pandas 数据结构

因子分析库 alphalens 用于分析预测性因子的表现

资料来源：佚名. 史上最全的 Python 定量金融三方库汇总［EB/OL］.［2020-09-27］. https://blog.csdn.net/weixin_42731853/article/details/108832458.有修改.